HEYNE <

THILO WYDRA

EINE LIEBE IN PARIS
ROMY & ALAIN

WILHELM HEYNE VERLAG
MÜNCHEN

Sollte diese Publikation Links auf Webseiten Dritter enthalten, so übernehmen wir für deren Inhalte keine Haftung, da wir uns diese nicht zu eigen machen, sondern lediglich auf deren Stand zum Zeitpunkt der Erstveröffentlichung verweisen.

MIX
Papier | Fördert gute Waldnutzung
FSC® C014496

Penguin Random House Verlagsgruppe FSC® N001967

Taschenbucherstausgabe 11/2022

Redaktion: Nina Lieke
Umschlaggestaltung: Eisele Grafik-Design, München,
unter Verwendung der Fotos von Jean-Pierre BONNOTTE/Getty Images (Titel) und AFP/Kontributor/Getty Images (Rückseite)
Satz: Vornehm Mediengestaltung GmbH, München
Druck: GGP Media GmbH, Pößneck
Printed in Germany
ISBN: 978-3-453-60619-7

www.heyne.de

Inhalt

Vorspann
Cannes, 19. Mai 2019 11

TEIL I – KINDHEIT UND JUGEND

Alain. Die ersten Jahre:
Frankreich, 1935 19

Romy. Die ersten Jahre:
Deutschland, 1938 41

TEIL II – LIEBE

Ein folgenschweres Remake und die erste große Liebe:
Christine, 1958 81

Nach der Trennung – diese Tage, Wochen, Monate:
L'enfer, 1964 147

Beichte am Berg: Syberbergs Dokumentarfilm
Romy. Portrait eines Gesichts, 1966 169

TEIL III – FREUNDSCHAFT

Legendär & stylish – Kult am Pool:
Der Swimmingpool (*La piscine*), 1969 193

Politstück und letzte gemeinsame Arbeit:
Das Mädchen und der Mörder. Die Ermordung Trotzkis
(*The assassination of Trotsky*), 1972 243

Begegnungen, Projekte, Träume:
Der gekaufte Tod (*La mort en direct*), 1979 259

Annus horribilis:
1982 277

Abspann
Delon. Die Gegenwart 295

ANHANG

Anmerkungen 314

Zeittafel Romy Schneider 322

Zeittafel Alain Delon 328

Filmographie 332

Theatrographie 336

Bibliographie 337

Personenregister 342

Werkregister 347

Dank 349

Bildnachweis 352

Er war ausschlaggebend für mein ganzes Leben.
Er gab meinem Leben eine neue Richtung.

ROMY SCHNEIDER ÜBER
ALAIN DELON

Ich habe sie immer geliebt.
Für mich bedeutet sie vierundzwanzig Jahre
meines Lebens und meines Herzens.

ALAIN DELON ÜBER
ROMY SCHNEIDER

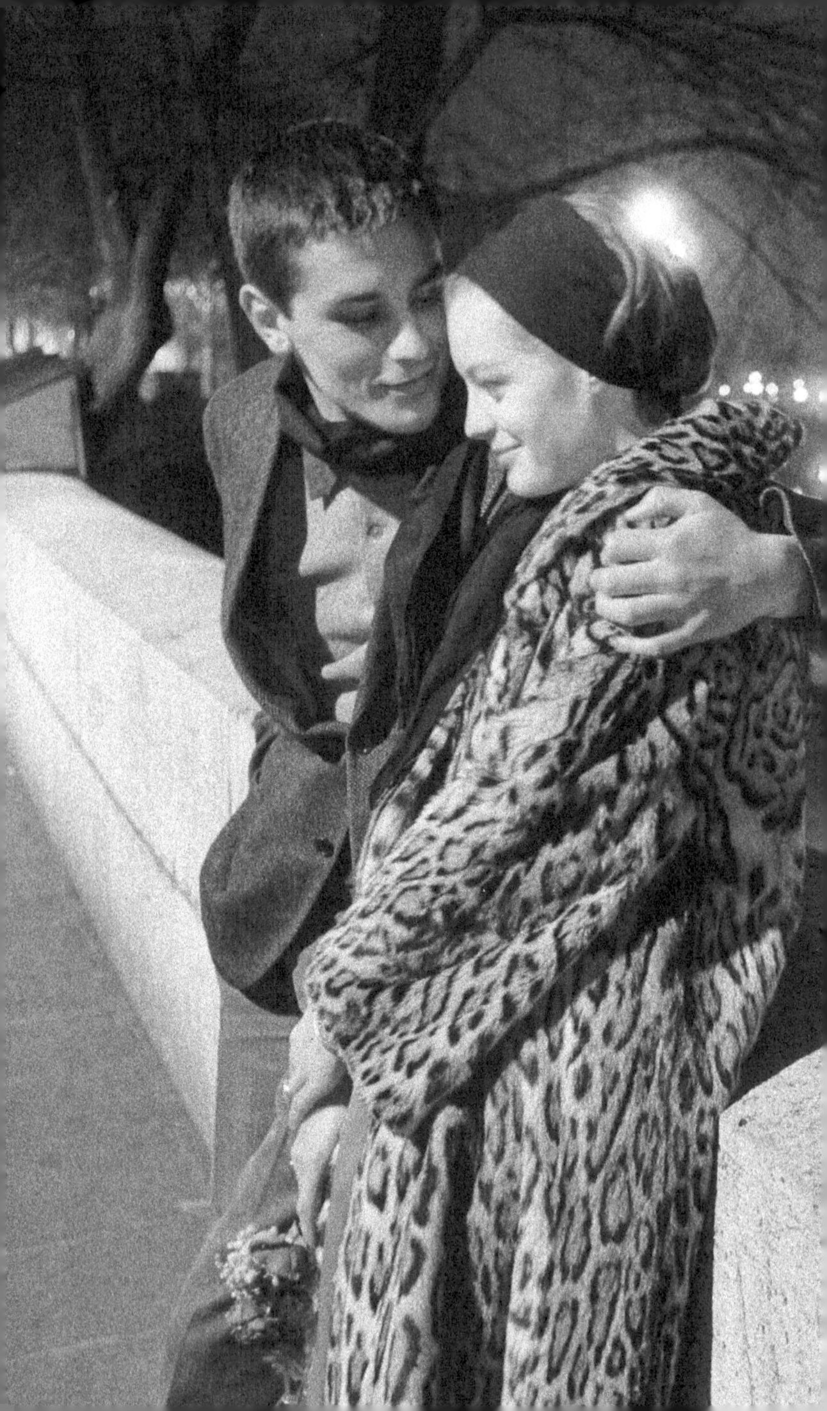

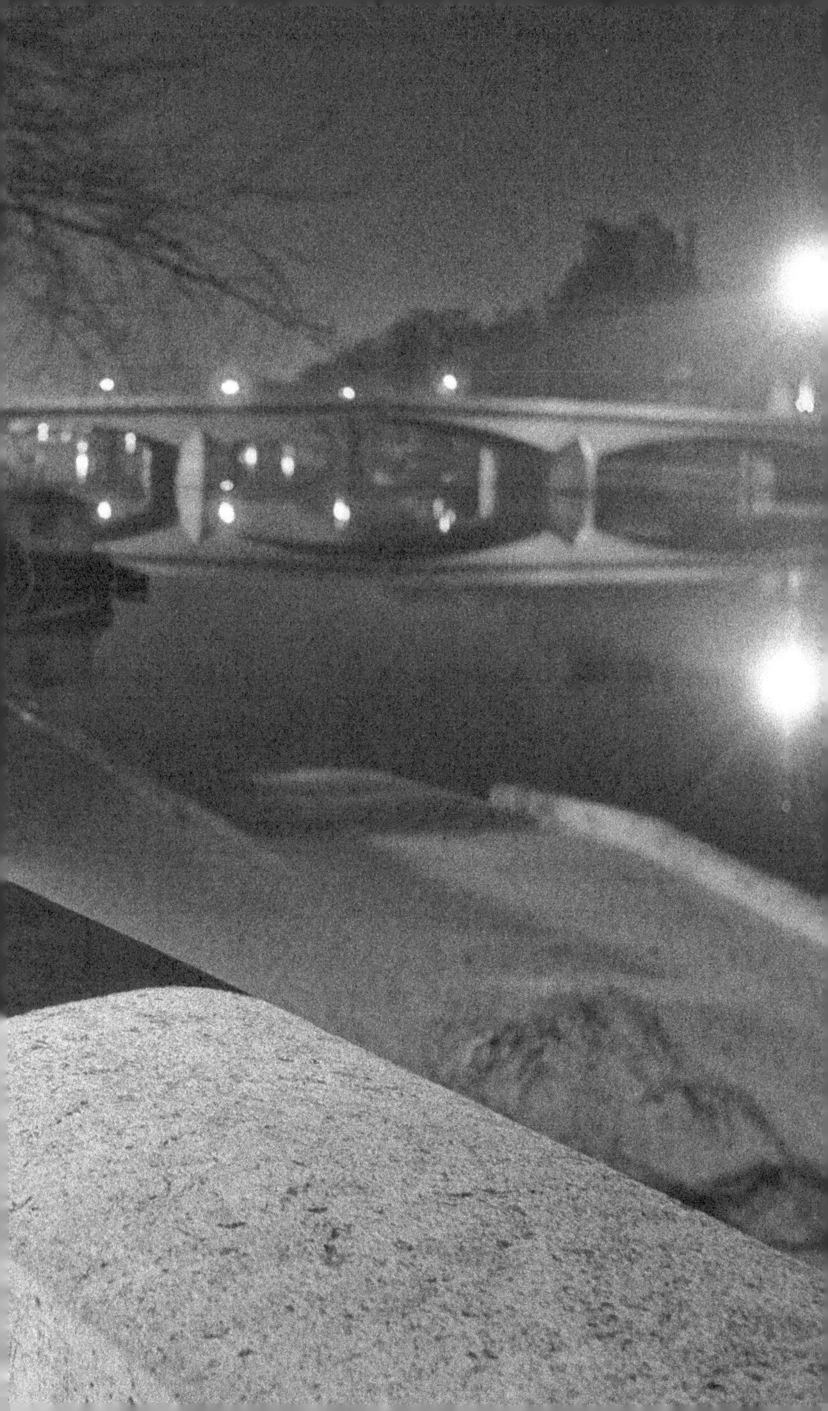

Vorspann

Cannes, 19. Mai 2019

Der wichtigste Mann in meinem Leben war und ist Delon.
Wenn ich ihn brauche, ist seine Hand immer für mich da.
Auch heute noch ist Alain der einzige Mann, auf den ich rechnen kann.
Er würde mir jederzeit helfen.
Alain hat mich nie mir selbst überlassen, auch heute nicht.

ROMY SCHNEIDER, 1977

Wir haben über fünf Jahre beieinander gelebt.
Du mit mir.
Ich mit dir.
Zusammen.

ALAIN DELON, 1982

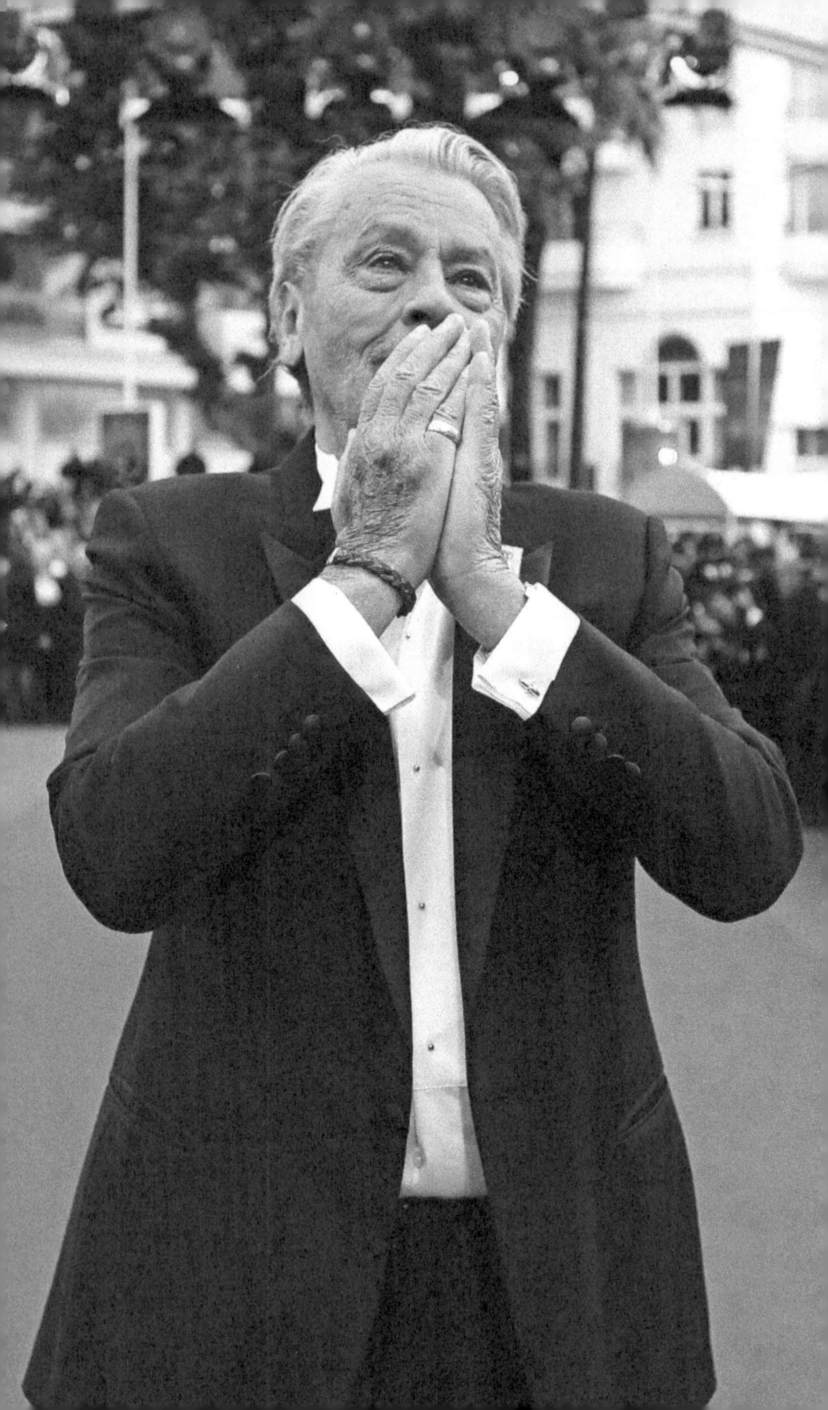

Es ist der 19. Mai 2019. Ein Sonntag. Der Abend bricht an und senkt sich allmählich über die kleine Küstenstadt an der Côte d'Azur. *Blue hour.* Tagsüber lichtdurchflutete Kulisse vor azurblauem Meer, abends sind es Glamour und Glitter, die die Festival-Nacht an diesem Ort hell erstrahlen lassen. Hierher kehrt er nun noch einmal zurück, vielleicht zum letzten Mal. Ein Hauch von Wehmut liegt in der lauen Luft dieses Abends über den Internationalen Filmfestspielen von Cannes.

Alain Delon kehrt nach Cannes zurück – an diesen ebenso magischen wie mythischen Ort des Kinos, wo im Mai 1957 alles begann, als er als Einundzwanzigjähriger erstmals die berühmte Croisette entlangschlenderte und niemand ihn kannte. Jahrzehnte liegen zwischen diesen beiden Fixpunkten, Jahre eines intensiv gelebten Lebens, eine weit über hundert Kino- und Fernsehfilme umspannende internationale Schauspielkarriere. Alain Delon, er ist längst selbst schon zum Mythos geworden.

Als er auf der Bühne des großen Debussy-Saals des Palais des Festivals et des Congrès steht, dort, wo er in den vergangenen Jahrzehnten einige Male schon stand, da ist dieser dreiundachtzigjährige Mann sichtlich angefasst und bewegt. Alain Delon stehen die Tränen in den Augen, als seine Tochter Anouchka ihm die Palme d'Or d'Honneur, die Goldene Ehren-Palme für sein Lebenswerk überreicht, nachdem sie vorher auf der Bühne an ihn gewandt gesagt hat: »Das Kino kann von Glück reden, dass es dich hat. Du stehst zu deinen Überzeugungen, du bist authentisch, und du traust dich was.«

Vater und Tochter umarmen sich, und mit Stolz und Ergriffenheit hebt er die begehrte goldene Auszeichnung hoch, woraufhin sich der gesamte Saal erhebt und ihm Respekt zollt.

Standing Ovations, viele Minuten lang.

Dann ergreift Alain Delon das Wort: »Ich freue mich sehr, diese Palme für mein Lebenswerk zu bekommen, dem einzigen auf der Welt, auf das ich stolz bin. Für mich ist dieser Abend weniger das Ende einer Laufbahn als das Ende eines Lebens. Dass ich ein Star bin, verdanke ich einzig und allein den Zuschauern. Ich habe immer nur meine Arbeit gemacht. Vielen, vielen Dank.«[1]

Er will schon die Bühne verlassen, ist bereits ein paar Schritte gegangen, da macht Delon plötzlich kehrt und kommt noch einmal kurz zurück. Dann nennt er schließlich, neben dem Namen seiner früheren Lebensgefährtin, der französischen Schauspielerin Mireille Darc, auch *ihren* Namen:

»Je pense à Mireille et à Romy.«

Delon ist in diesem Moment auf der Bühne nicht weniger ergriffen als zuvor, doch es kommt noch etwas anderes hinzu: Er strahlt Sanftheit aus, scheint plötzlich weich und verletzlich. Dort vorne, auf der Bühne dieses großen Saals, in dem mithin die wichtigsten Filmtrophäen der Welt verliehen werden, steht ein Mann, der entgegen dem öffentlich skizzierten Bild, das das Publikum seit jeher von ihm besaß, durch Sensibilität und Authentizität berührt. Es ist ein großer Moment – des Kinos und des Lebens.

*

Sie konnten nicht miteinander und nicht ohneeinander.

Es gibt sie, diese schicksalhaften Verbindungen: Die Liebe ist entfacht, die Leidenschaft wild, das Herz klopft, Schmetterlinge im Bauch – und doch ist da im selben Moment zugleich auch etwas anderes. Etwas, das von einer großen Schwere ist. Eine Art Unausweichlichkeit. Etwas, das beide früh schon ahnen lässt: Das ist nichts für die Ewigkeit. Das wird, das muss ein Ende finden. Diese extremen Höhen, diese extremen Tiefen – eine Achterbahnfahrt, die nur eine Zeit lang lebbar, aushaltbar ist. Die Intensität der Gefühle schwingt in beide Richtungen aus, himmelhoch jauchzend, zu Tode betrübt. Dieses magnetische Voneinander-angezogen-Sein, dem immer auch ein Voneinander-Wegstoßen folgt.

Himmel und Hölle zugleich.

So ist es auch zwischen Romy Schneider und Alain Delon, diesem geradezu magisch anmutenden Paar, das die französische Zeitschrift *Paris Match* einmal *»le couple le plus charmant de Paris«* nennt. Jahre nach ihrer Verbindung, die in den späten 1950er- und den frühen 1960er-Jahren die Schlagzeilen mitbestimmte, notiert Romy Schneider einmal an einer Stelle in ihr Tagebuch: »Schon am Anfang unserer Beziehung war das Ende unausbleiblich.«[2]

Und da ist auch die Erkenntnis: »Zwischen Alain und mir lag eine Welt«. Romy weiter: »Niemand kann aus seiner Haut. Niemand kann alle Einflüsse einfach abschütteln, die ihn von Kindheit an geprägt haben. Alain konnte es nicht, ich konnte es nicht. Nur wußten wir das damals noch nicht.«

Das Damals, es liegt im Jahr 1958: Romy Schneider wird in diesem Jahr zwanzig, Alain Delon dreiundzwanzig. Sie sind jung, sie sind schön, und die ganze Welt steht ihnen offen. Sie haben sich zuvor noch nie gesehen, sie sprechen die Sprache des anderen nicht, und ganz zu Anfang ist da alles andere als ein *coup de foudre*, als Liebe auf den ersten Blick.

Dann wird es für beide die Liebe ihres Lebens werden. Fünf Jahre werden sie zusammen sein. Drei Filme werden sie miteinander drehen – zwei davon Jahre nach ihrer Liebesbeziehung, einer soll zu einem zeitlosen Kult-Klassiker werden: *Christine* (1958), *Der Swimmingpool* (1969) und *Die Ermordung Trotzkis* (1972).

Sie werden zu Freunden, werden einander begleiten, das Leben des jeweils anderen verfolgen. Sie werden einander Wegbegleiter sein. Als Romy Schneider am 29. Mai 1982 im Alter von nur dreiundvierzig Jahren viel zu früh stirbt, da ist es Alain Delon, der zu den Ersten zählt, die bei ihr sind, die Totenwache halten. Er ist es, der ihre Beerdigung organisiert und bezahlt. Er ist es, der sich um restlos alles kümmert. Er ist es, der einen Tag nach ihrer Beerdigung – als die Heerscharen an Reporten, Fotografen und Fernsehteams, die aus über dem Friedhof kreisenden Hubschraubern heraus filmen, abgezogen sind – an ihr Grab geht und in aller Stille von ihr Abschied nimmt. Allein.

Im Jahr 2017 nennt Alain Delon Romy Schneider *»Le grand amour de ma vie«*[3].

TEIL I

KINDHEIT UND JUGEND

Alain.
Die ersten Jahre:

Frankreich, 1935

Für mich war Paris zuerst Alain Delon.

ROMY SCHNEIDER, 1960

Sie hat mich mit ihrer Reinheit erobert.

ALAIN DELON, 1960

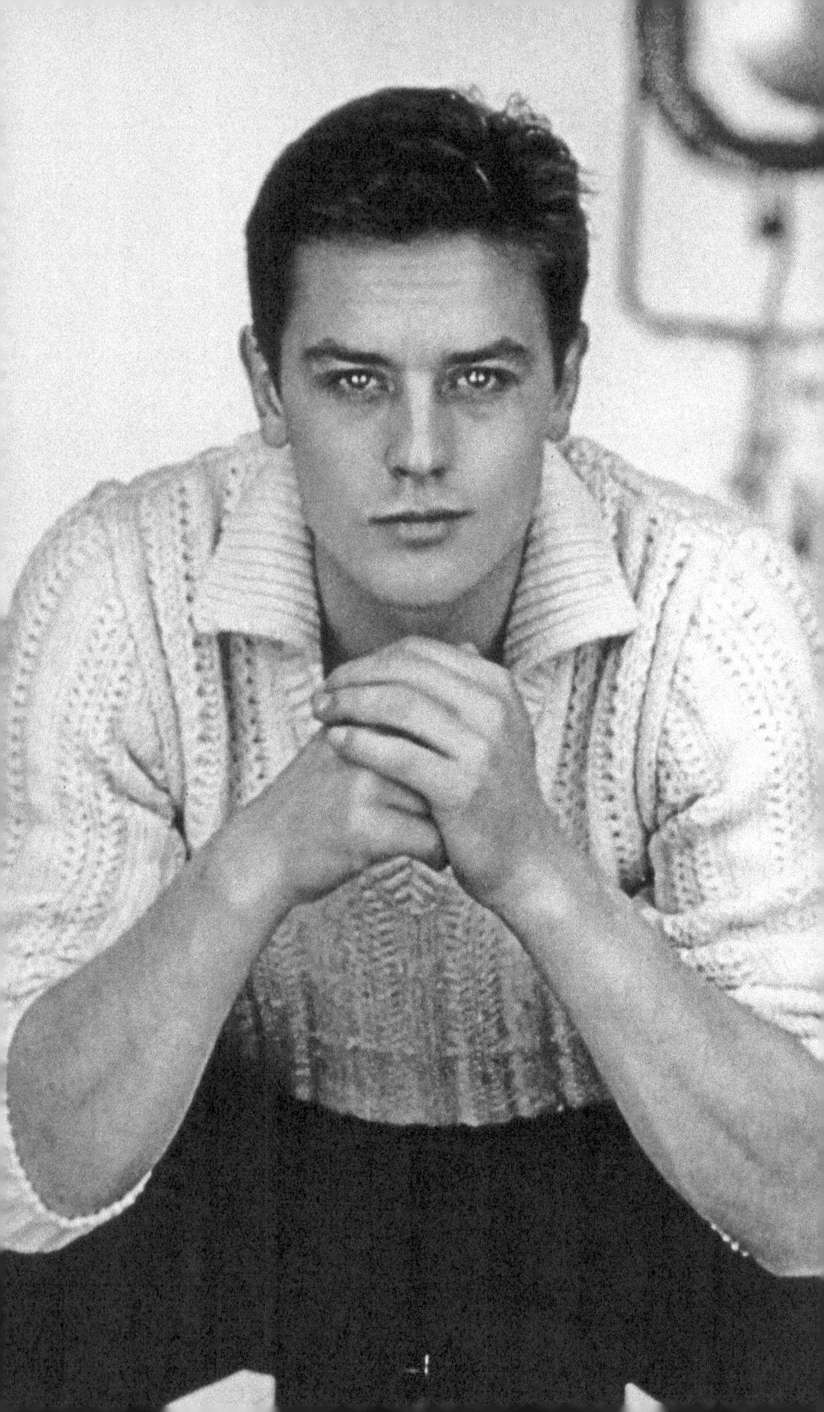

Es ist der Spätherbst des Jahres 1935. In dem kleinen Pariser Vorort Sceaux im Département Hauts-de-Seine kommt am 8. November frühmorgens um vier Uhr der Junge Alain Fabien Maurice Marcel Delon zur Welt. Es ist ein sehr kleinbürgerliches Milieu, in das er hineingeboren wird und das für einige wenige Jahre sein Zuhause sein soll. Seine Mutter Édith Arnold (1911–1995) arbeitet eine Zeit lang zunächst als Assistentin in einer örtlichen Apotheke, sein korsischer Vater Fabien Delon (1904–1977) ist stolzer Betreiber des einzigen Filmtheaters am Platz, des Le Régina. Eigentlich ist der kleine Alain ein Kind der Liebe, er ist ein Wunschkind seiner Mutter Édith.

Als Alain vier Jahre alt ist, trennen sich seine Eltern jedoch. »Ich habe meine Eltern einander niemals küssen sehen«, wird Alain Delon rückblickend sagen.

1939 heiratet Édith Arnold den Schlachtermeister Paul Boulogne. Sie leben nun in Bourg-la-Reine, einer Nachbargemeinde von Sceaux, an der Route d'Orléans etwa zehn Kilometer südlich von Paris gelegen. Monsieur Boulogne besitzt in Bourg-la-Reine eine eigene Schlachterei mit einem guten Dutzend Angestellter, gelegen in der einzigen großen Durchfahrtsstraße des Ortes, der Grande-Rue.

Hier in Bourg-la-Reine, im Alter von vier Jahren, setzt mit der Trennung der Eltern die familiäre Haltlosigkeit Alain Delons ein, die einerseits die Suche nach Liebe nach sich zieht, ein Leben lang, andererseits zugleich den ausgeprägten Hang zu Isolation und Einsamkeit begründet.

Hier liegt der Grundstein der tief ausgeprägten Ambivalenz, die Delons vielschichtigen Charakter ausmacht: die Suche nach Liebe und zugleich der Drang nach Einsamkeit; das durchaus Dunkel-Zwielichtige und zugleich die große Hilfsbereitschaft, wenn Freunde oder Ex-Frauen in Not sind.

Es sind die zwei Gesichter des Alain Delon.

In den 1980er-Jahren spricht Delon in einem Fernseh-Interview darüber, wie sehr er die Einsamkeit brauche, wenn er sie für einige Zeit nicht gespürt habe. Ohne sie könne er schlicht nicht leben. Einsamkeit sei kein Makel, so Delon, sondern etwas, was er liebe. Er kennt sie seit seiner Kindheit vor den Toren von Paris.

Delon und Nähe, Delon und Greifbarkeit – das ist nicht ganz einfach, das ist vielmehr fast unvereinbar. Immer auch wird Alain Delon später, als öffentliche Person, vorsichtig und misstrauisch sein, scheu der Presse gegenüber. Nur selten, und dann ungern, wird er Interviews geben.

»In meiner Familie hatte ich einen schweren Stand. Meine Eltern waren geschieden. Ich lebte zwischen einer Mutter und einem Stiefvater auf der einen, einem Vater und einer Stiefmutter auf der anderen Seite. Ich war ein Störenfried, das überzählige Kind, der Bengel zwischen zwei Paaren, der allen auf die Nerven ging. Wirklich. Ich war ein Kind der Liebe, aber als die Liebe in die Brüche ging, machten beide neue Kinder. Keiner wusste mit mir noch etwas anzufangen.«[4]

Er ist das schwarze Schaf, das Enfant terrible.

Bald schon kommt der junge Alain vorübergehend zu Pflegeeltern, es ist der nächste biographische Bruch in diesen frühen Jahren. Viele dieser Brüche sollen noch folgen.

Als am 1. September 1939 in Europa der Zweite Weltkrieg ausbricht, da wird Deutschland, das Nachbarland jenseits des Rheins, zum Erzfeind.

Alain Delons Kindheit ist auch eine Kindheit in Kriegszeiten. Es ist eine schwierige, entbehrungsreiche Kindheit, recht einfach, recht freudlos, und vor allen Dingen ohne ein rechtes Zuhause.

Als die Deutsche Wehrmacht den Frankreich-Feldzug am 10. Mai 1940 beginnt und vier Wochen später, am 14. Juni, schließlich in Paris einmarschiert und die französische Metropole unter die Besetzung der *Boches* fällt, da ist der kleine Alain noch keine fünf Jahre alt. In den kommenden fünf Kriegsjahren wird er immer wieder am Rande ein wenig davon mitbekommen, was vor sich geht.

Diese dunkle Zeit der 1940er-Jahre beschreibt Alain Delon im Jahr 2018 auf eindrückliche Weise wie folgt:

»Ich kam 1935 auf die Welt. 1945 war ich zehn. Ich war kein Idiot. Ich sah alles, verstand alles. Ich wohnte damals in Bourg-la-Reine, meine Mutter war Verkäuferin. Ich lieferte Lebensmittel an Leute aus, die mir dafür was zu essen gaben. Gegenüber gab es einen Laden, dessen Besitzer aus dem Fenster sah, um die Deutschen durchziehen zu sehen, und sich dabei eine Kugel in den Kopf einfing. Tot. Auch ich habe die Deutschen gesehen. Ich sah, wie die französischen Streitkräfte des Inneren vierzig Frauen festnahmen, um ihnen die Köpfe zu scheren. Für eine Weile wurde ich nach Reims geschickt, dann zu Freunden in die Bretagne, nahe dem Wohnort von Jean Gabin, weil meine Eltern Angst um mich hatten.«[5]

Die einzige Bezugsperson für Alain ist seine Mutter Édith, die er über lange Zeit liebevoll »Mounette« nennt. Édith Boulogne, ehemalige Delon, liebt ihren Sohn Alain, doch auch sie ist überfordert, weiß nicht recht wohin mit ihm. Immerhin, sie unterrichtet ihren Sohn ab seinem fünften Lebensjahr im Klavierspiel.

In einem unveröffentlichten Interview, 1981 in Bourg-la-Reine geführt, aus dem nur einige wenige Auszüge jemals publiziert wurden, erinnert sich Mutter Édith an ihren kleinen Sohn Alain und weiß unter anderem zu erzählen: »Er stellte alles auf den Kopf, verlangte immer eine Sonderbehandlung. Wenn ich Alain auf dem Schoß hatte, traute sich kein anderes Kind in meine Nähe. Er nahm sich meinen Schlüsselbund und zog den anderen damit eins über.«[6]

Sechsmal fliegt Alain von der Schule. Immer wieder wird er zu seiner Mutter zurückgeschickt, immer wieder beschweren sich die Eltern anderer Schüler über den Schüler Delon, der sich nicht anpassen kann, der anders ist als die anderen. »Er stellte lauter unerhörten Unfug an«, so Mutter Édith. Er ist verhaltensauffällig, die Menschen kommen nicht mit ihm klar. Alain eckt immer und überall an. Er sei *terrible* gewesen als Junge, schrecklich, sagt Delon über sich selbst.

»Ich kam zu einer Pflegefamilie nach Fresnes. Mein Pflegevater war Gefängniswärter. Ich war dabei, als am 15. Oktober 1954 Pierre Laval erschossen wurde (Premierminister unter Pétain). Ja, wirklich dabei. Nicht in seiner Nähe, aber wir wussten alles. Es hieß: ›Sieht aus, als hätten sie ihn hingeschleppt, er konnte nicht mehr gehen, und dann haben sie ihn erschossen.‹ Dann kam ich zu meinem Stiefvater, der mich halb totschlug, und meine Mutter bekam eine Tochter und einen zweiten Sohn. Ich war ein Taugenichts.«[7]

Nach der Station bei der Familie Nérot, den Pflegeltern im nordfranzösischen Fresnes, an die Delon bis heute gute Erinnerungen hat, kommt Alain auf das Jesuiten-Internat Saint-Nicolas d'Igny. Es heißt, dass er neben den Jesuiten auch bei den Franziskanern von Saint-Nicolas und bei den Benediktinern von Saint-Gabriel de Bagneux gewesen sei. Nirgendwo bleibt er sehr lange. Alle beklagen seinen Mangel an Disziplin, etwas, was er früh schon regelrecht kultivieren wird. Mit zwölf empfängt Alain immerhin die heilige Kommunion.

Dieses Lebensgefühl, das einmal da ist, es geht nicht mehr weg, wird sich manifestieren und Delon fortan begleiten: Nirgendwo gehört er dazu, nirgendwo wird er angenommen. Er ist ein Unangenommener. Ein Ungeliebter, auch. Früh schon geht damit ein Gefühl der Entwurzelung einher, das sich, einem roten Faden gleich, durch Delons ganzes Leben ziehen soll. Dass daraus nur die Rebellion entstehen kann, das Rebellische in ihm ohnehin angelegt zu sein scheint, mag da nur die logische Konsequenz sein. Delon, der Rebell. Der Unbequeme. Der sich – ob damals, ob heute – von nichts und niemandem etwas sagen lässt.

Delon, *le solitaire.* Delon, *le samouraï.*

Er tut es seinem Stiefvater gleich und absolviert im Alter von vierzehn Jahren eine Lehre als Schlachter. Tote Tiere traktieren. Später wird Delon augenzwinkernd immer mal wieder zum Besten geben, er sei wohl der einzige Schauspieler, der von der Pike auf gelernt habe, eine *pâté en croûte*, eine Pastete im Teigmantel richtig zubereiten sowie Schinken und Salami korrekt schneiden zu können.

»Ich war ein Taugenichts, wurde Metzger, machte alles, was anfiel. Ich war ein Niemand. Auf das Metzgerdasein hatte ich nicht die geringste Lust. Mit sechzehn, siebzehn hatte ich die Nase voll. In der Zeitung sah ich Anzeigen für die Armee. Die war mein einziger Ausweg. Erst wollte ich Flieger werden, aber da musste man ein halbes oder sogar ganzes Jahr warten. Also entschied ich mich für die Marine, um praktisch sofort verschwinden zu können. Ich war einer der Jüngsten.«

Und der junge Alain erhält die Unterschrift seiner Eltern, die er benötigt, um zum Militär und in den Indochina-Krieg gehen zu können. Delon sagt dazu heute: »Als ich das meinem Vater mitteilte, fiel er mir um den Hals vor Glück. Ich dankte ihm, dachte ›Hoffentlich gibt er mir die Unterschrift.‹ Dann, nach etwas Überlegung, dachte ich: ›Moment mal! Wer würde seinem siebzehn Jahre alten Sohn erlauben, nach Indochina zu gehen?‹ Tja, so war das ... Ich nahm ihnen das lange übel. Vor allem meinem Vater.«[8]

Im September 2018 gibt Alain Delon der großen französischen Tageszeitung *Le Monde* in seinen am Pariser Boulevard Haussmann gelegenen Büroräumen ein mehrstündiges Interview, das die Zeitung am 22. September veröffentlicht. Nur einen Tag vor Romy Schneiders Geburtstag. Zufall? Auf mehreren Druckseiten steht Delon Rede und Antwort und nimmt, wenige Wochen vor seinem dreiundachtzigsten Geburtstag, kein Blatt vor den Mund. Mehrfach entfährt ihm ein *J'en ai rien à foutre* oder ein *Je m'en fous.* Es sei ihm schlichtweg egal. Absolut egal. Egal auch, was die Leute über ihn denken, von ihm halten.

»1952 war ich siebzehn«, erzählt Delon. »Ich verpflichtete mich, ging nach Indochina und war überglücklich. Aus privaten, familiären Gründen wollte ich nur weg.«

Ausgerechnet im Krieg in Indochina, ausgerechnet in der Armee scheint Alain Delon etwas zu finden, was er bisher vergeblich suchte. Er ist weit weg von zu Hause und weit weg von seinen Freunden aus der Vorstadt. Er fühlt sich hier zum ersten Mal frei. Frei, unabhängig und bei sich.

Von Paris aus geht es erst zur Marine nach Brest, dann nach Toulon und schließlich nach Marseille. In Marseille legt das Schiff *Claude-Bernardin* mit seinen 2000 Rekruten ab und ist vier Wochen auf See, mit Stationen im ägyptischen Port Said, Dschibuti und Singapur, bevor es Saigon erreicht. Auch wenn er unter der Seekrankheit leidet, bezeichnet Delon die Schiffsreise, die ihn in den Krieg bringen wird, als *»un souvenir fabuleux«*.

Angekommen in Vietnam, in diesem ihm fremden Land, sieht der junge Alain Delon bald die ersten Menschen sterben, darunter auch etliche seiner Kameraden. Die Katastrophe von

Dien Bien Phu macht die Stadt zum Massengrab. Immer wieder sieht der junge Soldat – er ist achtzehn, neunzehn, zwanzig – die Toten in diesem sinnlosen Krieg, den Frankreich fernab der Heimat führt und schließlich verliert. Der Tod wird Delons ständiger Begleiter.

Über seine Erfahrungen in Indochina wird Alain Delon einmal sagen, dass er *un animal sauvage* gewesen sei, ein wildes Tier.

Er wird diese Jahre in der Fremde später zu der prägendsten Zeit seines Lebens zählen, und auch – dies mag durchaus befremden – zu seiner glücklichsten. Doch Delon wäre nicht Delon, würden ihn auch hier die Reaktionen auf solcherlei unbequeme, nahezu verstörende Äußerungen im Geringsten stören. *Il s'en fout.*

»Ich veränderte mich. Die Armee hat mich zum Mann gemacht. Am 23. Januar 1953 brach ich nach Indochina auf, am 1. Mai 1956 kam ich zurück. Manchmal war es schwer, manchmal war ich glücklich. Das klingt vielleicht, als wäre ich verrückt. Aber ich sage es gern noch mal: Der Armee verdanke ich alles, ob es Ihnen passt oder nicht.«

Doch auch aus der Armee – so wie seinerzeit als Junge aus sechs Schulen – wird der Aufsässige am Ende entfernt.

»Bei der Armee habe ich Disziplin gelernt, den Umgang mit anderen, mit Vorgesetzten, mit Stress, mit Angst. Gehen musste ich am Ende, weil ich Dummheiten gemacht hatte. Ich ging denen so sehr auf die Nerven, dass sie mich ›unehrenhaft‹ entließen, was nur selten vorkommt. Heute kennt man so was gar nicht mehr. Ich hatte für fünf Jahre unterschrieben, und die schickten mich nach drei Jahren und drei Monaten bereits nach Hause.«

Warum man ihn denn letztlich rausgeschmissen habe, fragt der *Monde*-Journalist daraufhin.

»Ich war ein junger Kerl und musste das Arsenal in Saigon

bewachen, ein schwieriger Posten. Aber es ging so weit alles gut. Dann habe ich mit Freunden Dummheiten gemacht. Am 8. November 1955 saß ich im Gefängnis. An meinem zwanzigsten Geburtstag, wie mir da erst aufging. 20 000 Kilometer entfernt von meiner Familie saß ich an meinem Geburtstag in meiner Zelle und vergoss ein paar Tränen.«[9]

Der junge Soldat Delon, der mit siebzehn nach Indochina kommt, ist dort, so wird es später einmal sein Kommandeur berichten, geradezu berüchtigt für seine Grausamkeit und Apathie. Dieser Kommandeur, sein Vorgesetzter Henri Guy de Vignac, sagt rückblickend einmal über Delon: Er war »ein Sadist, ein Junge, der Spaß hatte am Töten, ein sexuell Abartiger«.[10]

De retour à Paris: Im Mai trifft Alain Delon in Paris ein, sein Zug kommt am Gare de Lyon an. Nach seiner Rückkehr vom Militärdienst nach dreieinviertel Jahren – innerlich abgehärtet – geht Delon zunächst Gelegenheitsjobs nach, er ist Taxifahrer, Kellner, Straßenmusiker. Außerdem arbeitet er im kruden Kosmos des Pariser Großmarkts *Les Halles* und schlägt sich dort eben so durch. Und er kellnert für eine recht überschaubare Zeit in einem Café in einer schmalen Seitenstraße der Champs-Élysées, ist einer der *garçons.*

Diese Seitenstraße ist die Rue du Colisée, rechter Hand des breiten Boulevards gelegen, der zum Arc de Triomphe hochführt. Noch heute erinnert sich Delon an seine kurze Tätigkeit als Kellner:

»Im Café geriet ich mit dem Oberkellner aneinander. Ich habe ihm seine weiße Jacke und seine schwarze Hose zurechtgestutzt und bin gegangen. Das war Ende '56 … Neben dem Colisée, das heute nicht mehr existiert, gab es ein Kino gleichen Namens. Zwei Jahre später lief dort jeden Tag Delon-Schneider, in *Christine.*«[11]

Dem *patron*, so will es die Legende, habe er beim stürmischen Verlassen des Cafés noch entschlossen zugerufen: »Warten Sie's nur ab, ich komme noch groß raus!«

Der Zufall will es, dass Alain Delon ein Jahr später, 1957, vor einer kleinen Konditorei, nicht weit entfernt vom Café Colisée, an einem der anderen Boulevards, die zum Triumphbogen führen, vor der Kamera steht – es ist sein erster Drehtag überhaupt.

»In meiner ersten Szene kam ich mit Sophie Daumier aus einer Pâtisserie an der Ecke Avenue Victor Hugo, die es heute noch gibt. Eine Schachtel Kuchen in der Hand, sah ich zum ersten Mal die ganze Armada vor mir – die Kamera, die Dollyschienen, die Scheinwerfer, die vielen Leute ... Und ich fühlte mich sofort wie ein Fisch im Wasser.«[12]

Doch zunächst wechselt Delon noch von einem kleinen Job zum nächsten. Es ist alles nicht das, was ihn interessiert. Eigentlich weiß er auch gar nicht, was ihn interessieren könnte. Erneut steht er da – ohne Halt und ohne Ziel.

Er ist ein Unbeheimateter in der Heimatstadt Paris.

»Zurück aus Indochina, 1956, wusste ich nicht recht, wohin mit mir«, so Delon. »Ich dachte, ich würde bestimmt nicht lange überleben, Gauner der ich war. So funktioniere ich nun mal. Ich wohnte in Pigalle bei einem Freund, in einem Hotel, das mich geprägt hat. Das Hotel Régina. Mein ganzes Leben ist geprägt vom Wort ›Regina‹. Ich bin ein ›Reginaburger‹, weil ich aus Bourg-la-Reine stamme. Mein Vater war Direktor des Kinos Régina.«[13]

Aus dem rauen Milieu seiner Kindheit und Jugend geht es in die brutale Welt des Krieges, und auch die nächste Welt, die sich Delon aussucht, ist kalt und ohne Seele: Es ist das Rotlicht-Milieu im Pariser Montmartre-Viertel rund um Pigalle und Clichy.

»Neben meinem Hotel lag eine zwielichtige Bar namens Les Trois Canards. Nach ein, zwei Monaten hatte ich acht Mädchen, die in mich verliebt waren und für mich arbeiten wollten. Was sagen Sie dazu? Wo wäre ich wohl heute, wenn das Kino nicht gewesen wäre? Ich hatte Frauen in einem gewissen Viertel von Paris und stand kurz davor, Zuhälter zu werden. Aber da ich auch in einem anderen Viertel Frauen hatte, wurde ich zum Star.«[14]

Es ist dieser Moment, in dem sich in Alain Delons unstetem Leben etwas ändern soll. Wenn er, der in mehreren Vierteln seine Frauen hat, durch die Stadt geht, oben in Montmartre etwa den Boulevard de Clichy zwischen Moulin Rouge und Place de Clichy entlang, oder an der *rive gauche* in Saint-Germain den Boulevard Saint-Germain-des-Prés, dann bleiben die Menschen stehen, drehen sich nach ihm um und sehen ihm nach. Die Frauen ohnehin. Aber auch die Männer. Diese perfekten Gesichtszüge. Das pechschwarze, streng gescheitelte Haar. Diese stahlblauen Augen ....

Ein anmutiger Erzengel. *Quel beauté!*

Zur selben Zeit dreht Mario Adorf mit Romy Schneider in Deutschland *Robinson soll nicht sterben.* Wenige Jahre später lernt er auch Delon in Rom kennen und erinnert sich heute:

»Er war wirklich ein schöner Mann. Er war schön!«[15]

Und nach einer nachdenklichen Pause fügt Adorf an: »Delon war auch bewundernswert. Es war ja seine besondere Wirkung, dass er gerade in den französischen Filmen diese Kälte ausstrahlte. Er hatte diese – für mich – doch etwas böse Ausstrahlung. Er konnte charmant sein, aber seinen Charme fand ich viel weniger geglückt als das andere. Der Charme, den er auch hatte, der war nicht echt. Wenn er lachte, hatte er ein ganz ausgestelltes, lautes Lachen. Das schien mir nicht so echt wie das andere. – *Das* war er: Dieses Kalte.«

Die französischen Filme, von denen Mario Adorf spricht, sie sind noch nicht gedreht. Doch eine Frau wird Alain Delon schon bald den Weg dorthin weisen. Sie heißt Brigitte Auber.

*

Die Schauspielerin Brigitte Auber, geboren 1928 in Paris, die in den 1940er-Jahren in sehr jungen Jahren mit Legenden wie Jean-Louis Barrault und Juliette Gréco am Theater in Paris arbeitete, erinnert sich heute noch gut an ihre eigenen Anfänge, die so viele Jahrzehnte schon zurückliegen. Hoch oben in Montmartre, oberhalb des Boulevard de Clichy, in einer im 17. Arrondissement gelegenen Dachgeschoss-Wohnung im 9. Stockwerk.

Es ist, als seien Ereignisse, die Jahrzehnte zurückliegen, gestern erst geschehen, so klar sind die Erinnerungen dieser kleinen, zierlichen Dame. Ab und an fällt der sympathischen ehemaligen Actrice, die voller Anekdoten steckt, immer wieder auflacht und den Zuhörer charmant anlächelt, ein Name nicht sofort ein, dann schimpft sie kurz mit sich selbst – *Mon Dieu! Allez hopp!* –, und sie hat den Namen wieder parat.

Seit den frühen 1940er-Jahren ist Paris die Stadt der Existenzialisten, es ist das Paris von Albert Camus, von Jean-Paul Sartre und Simone de Beauvoir. Rauchend sitzen sie im Café de Flore oder im Café Les Deux Magots und debattieren über die Sinnlosigkeit, über das Absurde der irdischen Existenz. Dieses graue Nachkriegs-Paris, dem der Krieg noch in den Knochen steckt, man stellt es sich wie selbstverständlich in Schwarz-Weiß vor. Farbe hat hier noch keinen Raum.

Zu ebendieser Zeit, die retrospektiv betrachtet einem magischen Mythos gleichkommt, werden Brigitte Auber und Alain Delon ein Paar. Eine gewisse Zeit lang. Bei Delon, damals schon, ist nie genau erkennbar, wann etwas wirklich angefangen hat, wann etwas wirklich endet. Ob es eine große Liebe war, das lässt Brigitte Auber mit einem charmanten Lächeln offen.

Regisseur Jacques Becker ist es, der Brigitte Auber 1947 in einer ersten, noch sehr kleinen Rolle besetzt, in *Zwei in Paris* (*Antoine et Antoinette*). Nur zwei Jahre später castet Becker Auber sodann für die weibliche Hauptrolle in *Jugend von heute* (*Rendez-vous de Juillet*). »Das war damals meine erste große Rolle«[16], erinnert sie sich heute an den in Schwarz-Weiß gedrehten atmosphärischen Pariser Nachkriegsfilm Vor allen Dingen aber spielt Auber damals viel Theater, tritt als Akrobatin auf, absolviert Nummern am Trapez und zu Pferd.

»Zu dieser Zeit«, so Auber heute, »war man wirklich jeden Abend unterwegs – der Jazz, Cha-Cha-Cha, Mambo, all das, in den kubanischen Clubs mit ihren Orchestern aus Kuba. *C'était sublime comme époque*«, schwärmt die Schauspielerin, es sei eine großartige Epoche gewesen. »Man hat einfach nicht mehr geschlafen. Und ich war mit alledem viel mehr beschäftigt als mit meiner Karriere. Ich war damit beschäftigt zu leben, ich liebte es, tanzen zu gehen.«

Eines Tages lernt diese junge, sportliche und energiegeladene Frau, deren Kurzhaarschnitt ihren burschikosen kecken Look nur mehr verstärkt, einen jungen Mann kennen, der sie auf Anhieb fasziniert. Er ist so anders. Und er fällt auf – durch seine bezwingende Schönheit. Er ist ein arroganter Filou, ein dunkelhaariger Adonis, einer, der den Schalk im Nacken hat und die Frauen reihenweise um den Finger wickelt. Auber ist mit Freundinnen am Boulevard Saint-Germain unterwegs, wieder einmal in einem der angesagten vibrierenden Jazz-Clubs, ganz in der Nähe ist das Café de Flore.

»An dem Tag war ich im Keller des Club Saint-Germain, da, wo getanzt wurde«, erinnert sich Brigitte Auber heute, »und Freundinnen meinten, da sei ein Mann, der mich unbedingt kennenlernen wolle. Sie sagten, er warte in einem kleinen Café gegenüber, in der Rue Saint-Benôit.« Was er denn von ihr wolle, fragt Brigitte ihre vollkommen enthusiastischen und sichtlich aufgekratzten Freundinnen, und wer das denn überhaupt sei? Und ihre Freundinnen sagen ihr, dass das alles vollkommen egal sei – »ein schlanker Dunkelhaariger mit strahlend blauen Augen« warte auf sie gegenüber im Café. Doch Brigitte lehnt es ab, den Unbekannten zu treffen: »Er wollte mich unbedingt kennenlernen, und mir war das vollkommen schnurz.

Am nächsten Tag dieselbe Nummer, und am übernächsten auch. Am dritten Tag beschloss ich, den mysteriösen Fremden doch zu treffen. Meine Freundinnen hatten nicht zu viel versprochen, er hatte wirklich umwerfende Augen. Das Dumme war nur: Er hatte beim Warten mindestens fünfzehn Bier gekippt und war voll wie eine Haubitze. Ich bin mit ihm zu einem Grillimbiss gegangen, habe ihm was Deftiges zu essen besorgt und ihn wieder aufgepäppelt.«

Eine Liebesgeschichte beginnt. Die beiden jungen Menschen – sie ist achtundzwanzig, er einundzwanzig – leben in einem Appartement im 7. Pariser Arrondissement und verbringen alle Zeit der Welt miteinander, können nicht, wollen nicht ohneeinander sein, Brigitte Auber nennt es »eine wirklich nette und schöne Beziehung – trotz der einen oder anderen Spannung«. Von Beginn an ist allerdings auch der Altersunterschied zwischen ihnen spürbar, Brigitte ist in allem viel erfahrener, viel weiter als Alain. So sind sie nicht nur Liebende, er wird zugleich auch unweigerlich zu ihrem Protegé. Für Brigitte ist Alain zunächst, »perfekt, liebevoll und zärtlich«.

Die amouröse Verbindung der beiden ist schließlich nicht von allzu langer Dauer, die junge Brigitte Auber gibt sich keinerlei Illusionen hin, denn sie spürt bald, dass Delon von irgendetwas getrieben zu sein scheint, das ihn stets weiterziehen lassen muss. Von Film zu Film, und bald schon von Frau zu Frau. »Zwei Jahre haben wir auf der *rive gauche* zusammengewohnt, erst in der Rue du Pré-aux-Clercs, dann in der Rue des Boulangers. Seine Mutter – Mounette – fand das herrlich.«

Und Brigitte spürt noch etwas anderes, etwas, das sie auch heute noch in ihren Erinnerungen abrufen kann, wenn sie von Alains »schauderhaftem Charakter« spricht: »Er ist eben Skorpion, zerrissen von inneren Konflikten. Ich glaube, ein Teil seiner Exzesse ist immer nur gespielt. Alain muss immer etwas vorspielen, etwas darstellen.«

Brigitte Auber ist es letztlich auch, über die Alain Delon, wenngleich über kleine Umwege, Regisseur Yves Allégret kennenlernt. Doch zunächst fahren sie im Mai 1957 in einem grünen MG Cabriolet zusammen runter an die lichtdurchflutete Côte d'Azur, zu den Filmfestspielen von Cannes.

Der Ort soll für Delon zur künstlerischen Initiation werden.

Bis heute ist Delon Cannes wichtig, dieses weltweit bedeutendste Filmfestival, selbst längst schon zum kultischen Mythos erhoben. Und bis heute kann er nicht vergessen, dass er über Jahre hinweg nicht von der Festivalleitung eingeladen wurde, nicht wahrgenommen zu werden schien. Bis er schließlich selbst entscheidet, verletzt und gekränkt, diesen Ort fortan zu meiden. Erst Jahre später werden sich das Festival und der Star wieder einander annähern – bis Delon schließlich am 19. Mai 2019 die größte Ehre zuteilwird, die das Festival zu vergeben hat: die Verleihung der Palme d'Or d'Honneur, der Goldenen Ehren-Palme für sein Lebenswerk.

Damals ist Cannes für Alain Delon der Ort des Anfangs, des Aufbruchs. In Cannes lernt er an einem der Festival-Tage Jean-Claude Brialy kennen – an einem Nachmittag am Strand. Brialy fällt der zwei Jahre jüngere Delon sofort auf. Sie freunden sich rasch miteinander an, promenieren, einem Schaulaufen gleich, die Croisette hinauf und hinunter, schleichen sich auf die Cocktailpartys der Produzenten und Filmverleiher, sitzen in den Lobbys des berühmten Carlton Hotels, des Majestic oder des Martinez, ziehen abends durch die Clubs, von Cannes bis Monte-Carlo. Während Brialy bereits erste kleine Rollen gespielt hat, ist der unbekannte Delon in Cannes ohne veritables Ziel. Er ist einfach da und lässt sich treiben.

Wie es der Zufall will, ist der Abschlussfilm der diesjährigen, zehnten Festival-Ausgabe der dritte und letzte Film der *Sissi*-Trilogie, *Schicksalsjahre einer Kaiserin* (1957). Am Abend sind Romy Schneider, ihr Filmpartner Karlheinz Böhm sowie Romys Mutter Magda Schneider zur Gala anwesend. Romy hält sich zu diesem Zeitpunkt ohnehin an der Côte d'Azur auf – in den Studios de la Victorine in Nizza dreht sie unter der Regie von Géza von Radványi gerade *Ein Engel auf Erden* (*Mademoiselle Ange*, 1959). An ihrer Seite steht ein noch unbekannter Newcomer vor der Kamera, ein gewisser Jean-Paul Belmondo, der nur kurz darauf, im Sommer 1959, in Jean-Luc Godards bahnbrechendem *Außer Atem* (*À bout de souffle*, 1960) mitwirken und über Nacht zum Star der frühen Nouvelle Vague hochkatapultiert werden soll.

Ob Delon Romy dort, im Palais des Festivals et des Congrès in Cannes, auf der Leinwand gesehen haben mag? Vermutlich eher nicht. Und doch ist es ein erster kleiner Wink des Schicksals.

An einem dieser unbeschwerten Maitage in Cannes wird Alain Delon von einem Herrn angesprochen. Der Herr, so stellt sich heraus, ist ein Talentscout und arbeitet für niemand Geringeren als David O. Selznick, seines Zeichens einer der einflussreichsten Produzenten in Hollywood, der 1939 *Vom Winde verweht* (*Gone with the Wind*) produzierte und für einige Jahre unter anderem

Alfred Hitchcock, Ingrid Bergman und Vivien Leigh unter Vertrag hatte. Harry Wilson, Selznicks Gesandter, wird auf den jungen Delon aufmerksam, als dieser mit einem Smoking, der natürlich nur geliehen ist, aus der Festival-Vorführung von Jules Dassins *Der Mann, der sterben muss* (*Celui qui doit mourir*, 1957) kommt. Harry Wilson fragt Alain Delon, ob er Schauspieler sei. Delon, offenbar ziemlich verdutzt, verneint sofort – nein, er sei kein Schauspieler. Das beeindruckt Wilson nicht sonderlich, er bittet den Einundzwanzigjährigen anderntags zum Termin.

»Also ging ich am nächsten Tag zu seinem Hotel«, berichtet Delon Jahre später, »er nahm ein Gespräch mit mir auf Tonband auf – damals sprach ich noch kein Englisch. Danach sagte er: ›Ich fahre jetzt nach Rom zurück … Wenn Sie mir Ihre Telefonnummer geben, werde ich Sie Montag zwischen acht und zwölf anrufen.‹ Ich traute meinen Ohren nicht.«[17]

Der Anruf aus Rom kommt an jenem Montagmorgen tatsächlich – David O. Selznick wolle ihn umgehend sehen. So fliegt Delon kurzerhand nach Rom, um in den Cinecittà-Studios – in denen gerade Rock Hudson und Jennifer Jones für Charles Vidors Hemingway-Adaption *In einem anderen Land* (*A Farewell to Arms*, 1957) vor der Kamera stehen – Probeaufnahmen von sich machen zu lassen, die sich der mächtige Mogul einige Tage später ansieht.

Die Aufnahme zeigt Delon, wie er den Abschiedsbrief seiner Frau vorliest, die sich von ihm trennt, um mit seinem besten Freund zusammen zu sein. Fast könnte die Szene aus Delons eigenem Leben stammen. Drei Tage sollen vergehen, da kommt der nächste Telefonanruf – der Produzent befindet die Probeaufnahmen für gut.

David O. Selznick bietet Alain Delon daraufhin einen der seinerzeit in Hollywood üblichen, unter Schauspielern jedoch nicht unumstrittenen Sieben-Jahres-Verträge an, mit denen er

Delon exklusiv an sich binden will. Hierfür müsse dieser in den kommenden drei Monaten zuerst Englisch lernen und im August dann nach Los Angeles übersiedeln. Es sieht nach einer einzigartigen Chance aus, die sich dem jungen Mann, der über keinerlei Schauspiel-Erfahrung verfügt und in all das geradezu hineinzustolpern scheint, da bietet. Eine Chance, die am Wegesrand liegt – er muss sie nur aufheben und annehmen.

Doch am Ende soll alles ganz anders kommen. Alain Delon wird Selznicks Lockruf nach Hollywood letztlich nicht folgen, sondern ein anderes Angebot annehmen und in Frankreich bleiben, seinem Heimatland, das er liebt und dem er ein Leben lang sehr verbunden bleibt: »Jeder von uns trägt doch zeitlebens ein bißchen von dieser Kindheitserde an den Schuhsohlen mit sich herum.«[18]

*

Im Juni, nach Brigittes und Alains gemeinsamer Rückkehr von dieser Initiationsreise, steht für Alain Delon erstmals ein Ziel fest – es ist noch etwas vage, doch eine Vorstellung davon ist da: *C'est le cinéma.*

Brigitte Auber erinnert sich lebhaft: »Dieses Milieu zog ihn magisch an. Ständig sagte er: ›Ich schaffe das! Ich werde es allen zeigen, ich schaffe das!‹ Er wollte unbedingt berühmt werden.

Ich habe ihm Filmleute vorgestellt und ihn zu meiner Freundin Simone Jarnac zum Schauspiel-Unterricht geschickt. Sie hielt ihn für sehr begabt, weil er beim Spielen immer er selbst blieb.« Über diese Vermittlung lernt Alain Delon schließlich Michèle Cordoue kennen, die Frau des Regisseurs Yves Allégret. Delon und Allégret treffen sich, das Gespräch dauert zwei Stunden – dann hat Delon die Rolle. Allégret besetzt Alain Delon in seiner ersten Filmrolle überhaupt, der des jungen Ganoven Jo in

Killer lassen bitten (*Quand la femme s'en mêle*, 1957). Gedreht wird im Juli und August in den legendären Studios von Boulogne-Billancourt bei Paris, wo Delon sich an der Seite von Jean Servais, Bernard Blier und Edwige Feuillère wiederfindet. Mit diesem Schritt wird sich vieles ändern.

Die ihm wichtigste, zumal einzige Regieanweisung überhaupt, die Yves Allégret ihm, dem Debütanten, geben wird, lautet: »Sei einfach nur du selbst, bewege dich wie du, gehe wie du. Versuche bloß nicht, zu spielen oder die Rolle auszulegen. Sei du selbst, dann bist du auch meine Figur.«[19]

Er wird diese Worte nie vergessen, sein Leben lang nicht, wird sie beherzigen und in stilbildenden Filmen wie *Nur die Sonne war Zeuge* (*Plein soleil*, 1960), *Der eiskalte Engel* (*Le samouraï*, 1967) oder *Der Swimmingpool* (*La piscine*, 1969), allesamt moderne Klassiker, regelrecht auf die Spitze treiben und zur eigenen Kunstform erheben.

Es ist der Sommer 1957. Alain Delon – dieser französische James Dean –, er ist noch immer einundzwanzig. Sein neues Leben hat gerade erst begonnen. Als sein zweiter Film *Sei schön und halt den Mund* (*Sois belle et tais-toi*, 1957) in den französischen Kinos anläuft, titeln die Zeitungen: »*Une étoile est née*«. Ein Star ist geboren. Aus dieser frühen Sternstunde soll sich einmal eine der größten Karrieren der französischen und europäischen Filmgeschichte entwickeln.

»Brigitte Auber war in den Fünfzigern ein Star«, erinnert sich Alain Delon 2011 anerkennend. »Sie war die Heldin aus Jacques Beckers *Jugend von Heute* (*Rendez-vous de juillet*), spielte aber auch mit Grace Kelly und Cary Grant in Hitchcocks *Über den Dächern von Nizza* (*To Catch a Thief*).«[20]

Delon weiter: »Ich war damals ein Niemand, frisch zurück aus Indochina. Meine Begegnung mit Brigitte in einem Jazz-Club in der Rue Saint-Benôit änderte alles. Bald zog ich bei ihr ein. Sie stellte mir Michèle Cordoue vor, die Frau des Regisseurs Yves Allégret. Die empfahl mich ihrem Mann, der mir dann meine erste Rolle gab, in *Killer lassen bitten* (*Quand la femme s'en mêle*, wörtlich etwa: Wenn die Frau sich einmischt). Ein passender Titel. Auch heute, fünfzig Jahre später, weiß ich noch gut, was ich diesen beiden Frauen verdanke.«[21]

Brigitte Auber und Alain Delon – bis heute erinnern sie sich beide gut an diese längst vergangene Zeit Mitte der 1950er-Jahre. Eine Zeit, die ganz aus der Ferne noch immer zu strahlen scheint, ein weit entferntes Leuchten. Kontakt miteinander haben sie hingegen keinen mehr. Schon lange, sehr lange nicht mehr. Sie sind heute nicht mehr die, die sie damals waren. »Er hat einen Weg eingeschlagen, der ihn weit von mir wegführte«, resümiert Brigitte Auber, ebenso bescheiden wie authentisch in ihrem Appartement hoch oben über den Dächern von Paris.

Das Damals, Delon selbst fasst es ebenso knapp wie konzise zusammen: »Brigitte war der Anfang meiner Filmkarriere.«[22]

*

Der Unterschied könnte größer kaum sein: Während Alain Delon gerade seine ersten beiden Erfahrungen vor einer laufenden Filmkamera mit *Killer lassen bitten* und *Sei schön und halt den Mund* macht, kann Romy Schneider jetzt schon, im Alter von nur neunzehn Jahren, auf ein gutes Dutzend Filmproduktionen zurückblicken.

Romy ist ein Star. Alain ein nahezu Unbekannter. Noch.

»Ich brannte darauf, künstlerisch Neuland zu gewinnen. Für das Publikum hieß ich ›Sissi‹, für die Produzenten war ich die leibhaftige Verkörperung der süßen, unschuldigen Kaiserlichen Hoheit. Ich ganz allein schien zu wissen: Ich war keine Sissi.«[23] So Romy.

»Ich habe keinerlei Ausbildung und überhaupt nichts vorzuweisen. Ich komme frisch aus Indochina, man hält mir die Kamera ins Gesicht, und ich mache drei Filme hintereinander.« So Delon.

Der dritte dieser ersten sehr frühen Filme in Alain Delons Karriere wird *Christine* heißen und im Sommer 1958 gedreht werden.

Seine Filmpartnerin heißt Romy Schneider.

Romy.
Die ersten Jahre:

Deutschland, 1938

Vor ihm wusste ich nichts …

ROMY SCHNEIDER, 1963

Romy ist nie ein gewöhnliches Mädchen gewesen.

ALAIN DELON, 1963

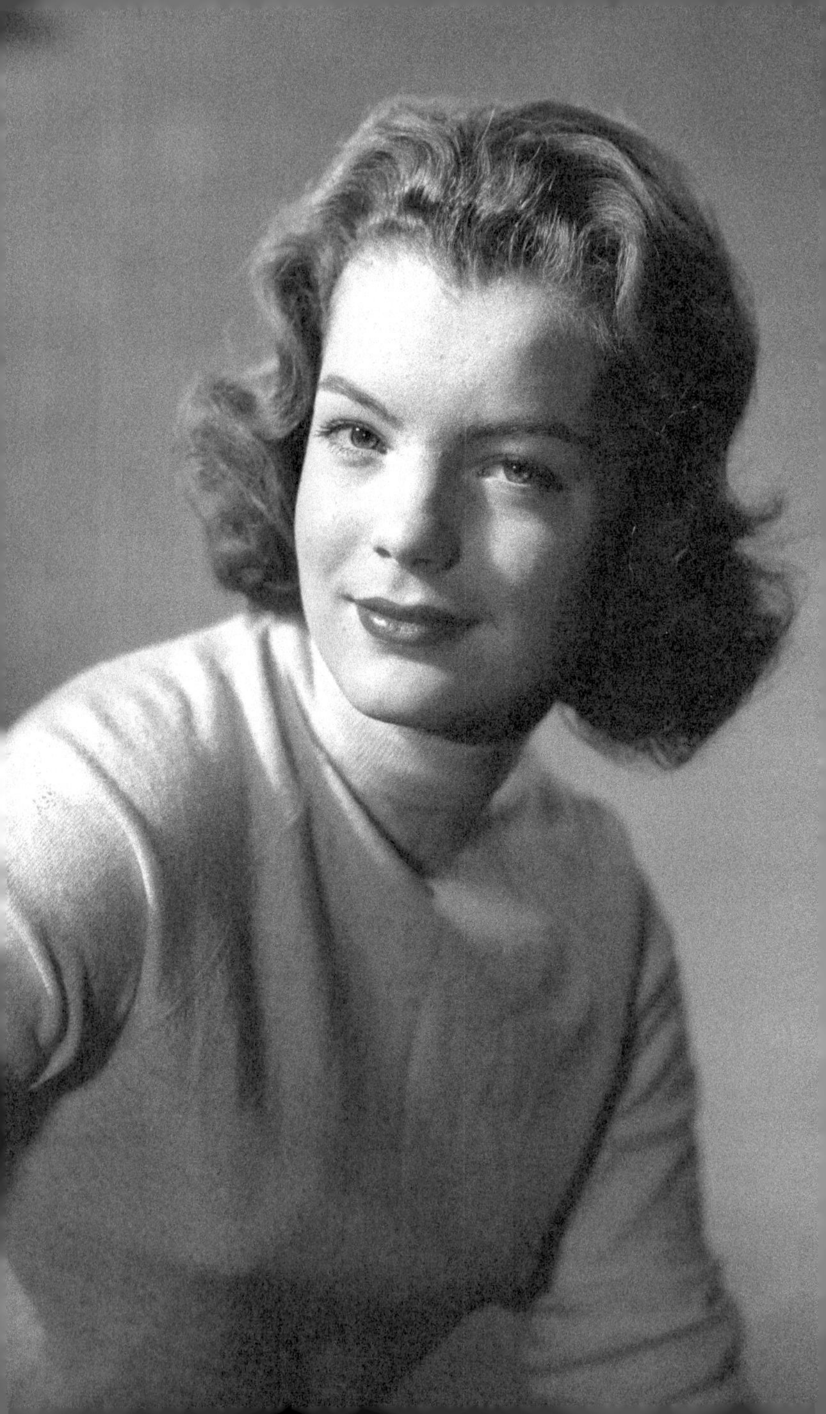

Als sich Magda Schneider (1909–1996) und Wolf Albach-Retty (1906–1967) erstmals im historisch so unheilvollen Jahr 1933 begegnen, stehen sich zwei Schauspieler aus sehr unterschiedlichen Familien gegenüber.

Albach-Rettys Mutter Rosa (1874–1980), die stolze hundertfünf Jahre alt wurde, war ein Urgestein des österreichischen Theaters: Sie stand ein halbes Jahrhundert lang in Wien auf jenen Brettern, die die Welt bedeuten – von 1903 bis 1958 war sie Ensemble-Mitglied am renommierten Burgtheater. Sie war die letzte, die noch den Titel »K.-u.-k.-Hofschauspielerin« tragen durfte. Ganz ähnlich wie später ihre Enkelin Romy, die im Alter von fünfzehn Jahren erstmals vor einer Filmkamera stehen wird, stand die junge Rosa bereits 1890 erstmals auf einer Theaterbühne. Da war sie ihrerseits gerade fünfzehn Jahre alt. So öffnen und schließen sich Kreise.

Rosa Albach-Retty war verheiratet mit Karl Albach, vor der Ehe noch Leutnant und Offizier Kaiser Franz Josephs, später Jurist. Parallel zu ihrer jahrzehntelangen Theaterarbeit stand Rosa Albach-Retty seit den frühen 1930er-Jahren bis Mitte der 1950er-Jahre für verschiedene Kinofilme vor der Kamera – von *Geld auf der Straße* (1930) und *Hotel Sacher* (1939) über *Die heimliche Gräfin* (1942) bis hin zu *Der Kongreß tanzt* (1955). In *Hotel Sacher* und *Die heimliche Gräfin* spielte Rosa Seite an Seite mit ihrem Sohn Wolf Albach-Retty. Dieser wiederum wirkte zwischen 1927 und 1965 in etwa einhundert Filmen mit – ein unbehauster Vieldreher, ein getriebener Workaholic, ein galanter

Gentleman mit Wiener Charme, ein Frauenschwarm mit nur wenig Sinn für Familiäres.

In vielen Charaktereigenschaften mag der ferne Vater so manchem der unsteten Männer ähneln, in die sich seine Tochter Romy einmal verlieben wird – allen vorweg dem dunkelhaarigen Beau Alain Delon. Als sie Delon nach ihrer Verlobung 1959 einmal einem Freund vorstellt, da meint Romy: »Sieht er nicht aus wie das Papili?«[24]

Am 28. Mai 1906 als Wolfgang Helmut Walter Albach in Wien geboren, entschließt sich der junge Wolf Albach-Retty nach einem ihn nicht sonderlich erfüllenden Chemiestudium, seiner Mutter zu folgen und Schauspieler zu werden. Die Eltern akzeptieren den Wunsch ihres Sohnes, und so meldet Rosa ihren Wolf am Max-Reinhardt-Seminar in Wien an. Nach ersten Auftritten in verschiedenen Stücken am Burgtheater, auch an der Seite seiner berühmten Mutter, entdeckt ihn ein Ufa-Produzent auf der Bühne. Da ist der junge Wolf gerade Anfang zwanzig. Er wird für den Film engagiert, dreht nunmehr oft und viel, nicht nur in Wien, sondern auch in Berlin, und wird bis zu seinem frühen Tod 1967 in über hundert Kino- und Fernseh-Produktionen zu sehen sein. Seine ersten, noch kleineren Leinwand-Auftritte hat der junge, aufstrebende Mann in Filmen wie *Das grobe Hemd* (1927), der noch ein Stummfilm ist, *Ein Wiener Musikantenmädel* (1928) und *Der geheimnisvolle Spiegel* (1928). Galant und charmant, das dunkle Haar immer streng gescheitelt und stets ein gewinnendes Lächeln im Gesicht, erobert der Schauspieler aus Wien ebenso schnell die Leinwände wie die Herzen der Frauenwelt.

Als Wolf Albach-Retty im Frühjahr 1933 die Verwechslungs-Komödie *Kind, ich freu' mich auf Dein Kommen* dreht, lernt er dort am Set Magda Schneider kennen – auch sie steht für den letzten deutschen Film des jüdischen Regisseurs Kurt Gerron vor der Kamera. Bald schon wird Gerron als Regisseur ausgetauscht, auf

Drängen von Propagandaminister Goebbels hin, den deutschen Film schnellstmöglich »judenfrei« zu machen. Die Ufa gehorcht und ersetzt Gerron durch zwei linientreue Co-Regisseure, Erich von Neusser und Hans Steinhoff. Vor den Augen von Magda und Wolf wird Gerron an einem Drehtag Anfang April vom Set verwiesen, der Regisseur kann mit seiner Frau und seinen Eltern gerade noch nach Paris fliehen, bevor er sich schließlich in Amsterdam niederlässt. Kurt Gerron wird im Oktober 1944 im Konzentrationslager Auschwitz ermordet.

Die Dreharbeiten zur Komödie *Kind, ich freu' mich auf Dein Kommen* werden unter neuer Regie umgehend fortgesetzt, und es geschieht an jenem Set in den Babelsberger Ufa-Studios, dass sich Magda unsterblich in den schönen Wolf verliebt. Dieser dunkelhaarige, adrette Beau, das ist der Mann fürs Leben. Sie kann all ihr Glück, das sie zu dieser Zeit ereilt, kaum fassen: Gerade erst hat sie durch ihre Hauptrolle in Max Ophüls' Arthur-Schnitzler-Verfilmung *Liebelei* (1933) einen großen Erfolg feiern können, der sich in dieser Form im Laufe ihrer Karriere nie mehr wiederholen soll. *Liebelei* ist Magda Schneiders künstlerischer Durchbruch und Höhepunkt zugleich, es ist ihr bedeutendster Film, der aus all den harmlosen, netten Unterhaltungsfilmen wie ein einsamer Fels herausragt: Die Rolle von Schnitzlers Wiener Musikertochter Christine Weiring dürfte *die* Rolle ihres Lebens sein – genau fünfundzwanzig Jahre später wird ihre Tochter Romy in dem französischen Remake *Christine* (1958), bei dessen Dreharbeiten sie Alain Delon kennenlernen wird, ebendiese Rolle spielen und in die Fußstapfen der Mutter treten.

Maria Magdalena Schneider, am 17. Mai 1909 in Augsburg als Tochter des Klempners und Installateurs Franz Xaver Schneider und seiner Frau, der Hausfrau und Mutter Maria Meier-Hörmann geboren, wächst in einem Internat auf, bevor sie im Alter von sechzehn Jahren eine Ballettschule besucht. Sie wird als Kind Lena oder auch Leni gerufen, später erst nennt sie sich Magda. Den zusätzlichen Gesangsunterricht am Leopold-Mozart-Konservatorium, den sie gegen den Willen ihrer Eltern nimmt, finanziert sie sich selbst, indem sie als Sekretärin und Stenotypistin in einer Getreidehandlung arbeitet. Nach einem ersten Engagement in Augsburg wird Magda Schneider als Operettensängerin am Gärtnerplatz-Theater in München angenommen und steht dort etliche Male im Monat bei miserabler Bezahlung als Soubrette auf der Bühne. Einen ihrer ersten Bühnenauftritte hat sie in Johann Strauss' *Die Fledermaus*. Die Begegnung mit Filmregisseur Ernst Marischka, der sie auch an das Theater an der Wien holt, wird für Magda Schneider wegweisend; wie Wolf wird auch sie von der Produktionsgesellschaft Ufa für den Film verpflichtet und dreht fortan oftmals in Berlin. Von 1930, ihrem Debüt in *Boykott*, bis 1962 spielt sie in rund sechzig Filmen mit, viele darunter sind von geringer Bedeutung.

Magda Schneider und Wolf Albach-Retty drehen Film auf Film – manches Mal stehen sie getrennt an verschiedenen Filmsets vor der Kamera, manches Mal wieder gemeinsam für harmlose Musicals, Heimat- und Liebes-Schmonzetten wie *G'schichten aus dem Wiener Wald* (1934), *Die Puppenfee* (1936) oder *Frühlingsluft* (1938). Insgesamt neun Kinofilme werden sie zusammen drehen, die Ehe-Komödie *Zwei glückliche Menschen* (1943) ist der letzte. Daneben drehen beide allein noch zahllose weitere, Wolf noch erheblich mehr als Magda. Über all die Jahre pendeln sie zwischen Berlin, Wien und Berchtesgaden. Es ist ein rastloses, ruheloses Nomadenleben, ein Schauspieler-Leben.

In diese Rastlosigkeit hinein wird ihre Tochter Romy geboren.

Der 23. September 1938 ist ein Freitag. Im Wiener Billrothkrankenhaus, heute als Rudolfinerhaus bekannt, im 19. Gemeindebezirk Döbling, kommt gegen 22 Uhr das Mädchen Rosemarie

Magdalena Albach zur Welt. Ihr erster Vorname setzt sich aus den Vornamen ihrer Großmütter zusammen – Wolfs Mutter Rosa und Magdas Mutter Maria. Rosemarie – die sehr bald schon Romy gerufen wird – ist das erste von zwei Kindern des seit dem 11. Mai 1937 verheirateten Schauspieler-Ehepaars.

Romys jüngerer Bruder Wolfdieter – meist Wolfi gerufen – kommt drei Jahre nach seiner Schwester zur Welt, am 21. Juni 1941. Er wird später als Arzt in Zürich praktizieren.

Nur einen Monat nach Romys Geburt verlässt die Familie Österreich und zieht nach Deutschland, siedelt von Wien ins bayerische Schönau bei Berchtesgaden um. Magda Schneider sagt 1957 einmal über den Wohnort Schönau: »Zwischen Berchtesgaden und dem Königsee liegt der Ort Schönau, und diese Gegend ist im wahrsten Sinne des Wortes eine schöne Au«.[25] Das einst leuchtende München ist nicht weit vom oberbayerischen Idyll entfernt.

In Schönau, inmitten der Berge, wächst die junge Romy bei ihren Großeltern mütterlicherseits, Maria und Franz Xaver, in dem 1936 erbauten Haus Mariengrund auf. Das mehrgeschossige, großzügige Haus mit seinem weiten Garten, im typisch oberbayerischen Landhaus-Stil errichtet, in dem Magda Schneider bis zu ihrem Tod im Juli 1996 lebt, existiert noch heute und wirkt von außen nahezu unverändert.

Magda Schneiders Eltern, die inzwischen aus Augsburg nach Berchtesgaden gezogen sind, werden schon in Romys erstem Lebensjahr zu ihren wichtigsten Bezugspersonen und kümmern sich gemeinsam mit dem neu angestellten Kindermädchen Hedwig liebevoll um ihre kleine Enkelin, denn beide, Magda wie Wolf, glänzen vor allen Dingen durch kontinuierliche Abwesenheit. So ist Vater Wolf nicht einmal bei der Geburt in der Stadt – er dreht im fernen Berlin an der Seite von Hilde Krahl *Der Hampelmann* (1938) und sieht offenbar keinerlei Notwendigkeit, zur Geburt, und sei es für ein, zwei Tage, anzureisen. Auch nach dem Umzug von Wien nach Schönau ist er nur für kurze Zeit da, bevor er sich wieder zu bevorstehenden Dreharbeiten zu Erich Engels *Hotel Sacher* (1939) verabschiedet. Ohnehin wird Wolf sich in den kommenden Jahren gerne in seiner Berliner Wohnung am Kurfürstendamm aufhalten, wo er frei und unabhängig ist und diesen Umstand mit diversen Liebschaften auskostet – fernab vom eigentlichen Zuhause in Berchtesgaden.

Auch Mutter Magda ist nach dem Umzug lediglich sporadisch in ihrem eigenen, so hart ersparten Haus, diesem von ihr oftmals so hymnisch gepriesenen Mariengrund. Im Gegenteil: Romy ist keine drei Monate alt, da packt ihre Mutter im Dezember die Koffer und reist zu einer Tour ab, um quer durch das Land den Kinostart ihres neuen Films *Die Frau am Scheidewege* (1938) von Regisseur Josef von Báky zu bewerben. Auch während der folgenden Kriegsjahre – von denen man in Berchtesgaden wenig mitbekommt, während die Dreharbeiten von dem zusehends Bombenangriffen ausgesetzten Berlin dagegen immer öfter in andere Städte verlegt werden, Städte wie Prag – drehen Romy Schneiders Eltern weiterhin Film auf Film. Magda dreht ein halbes Dutzend, Wolf gleich über zwanzig. Magdas Eltern werden so zu Romys Ersatzeltern.

1943, Romy wird in diesem Jahr gerade einmal fünf, trennen sich ihre Eltern. Ihre Ehe hat nur sechs Jahre gehalten, besteht am Ende nur noch auf dem Papier, hat das unstete Leben und die vielen Abwesenheiten nicht ausgehalten, und auch die vielen Flirts des Charmeurs Albach-Retty nicht. Magda Schneider wird dies lange nicht verwinden, auch wenn sie bald schon einen neuen Mann an ihrer Seite haben wird. Wolf Albach-Retty, dieser notorisch untreue *Homme à femmes*, hat sich in der Zwischenzeit längst einmal mehr anderweitig verliebt und ist nun mit der österreichischen Schauspielkollegin Trude Marlen zusammen, die er später auch heiraten wird. In Schönau lässt er sich nie wieder sehen.

Der Verlust ist groß für Romys Mutter. 1957 bekundet Magda: »›Alle Männer sind schwach‹, habe ich neulich in der *Münchner Illustrierten* gelesen. Wolf war es wirklich. Ich habe gewartet, daß er zurückkommen würde. Als ich sah, daß es keine Hoffnung mehr gab, hatte ich einmal schon den Revolver in der Hand. Der Gedanke an meine Kinder hielt mich zurück. Als die Zeit verging, tröstete mich dieser Gedanke auch. Er half mir darüber hinweg.«[26]

Viele Jahre später noch wird Magda Schneider rückblickend über ihren früheren Mann Wolf sagen: »Er war ein Mann zum Verlieben, aber kein Mann für eine Familie.«

Im September 1944 wird die kleine Romy in Berchtesgaden eingeschult, vier Jahre soll sie dort zur Schule gehen, bis sie zunächst nach Schloss Ort kommt, ein Mädchen-Pensionat in Gmunden bei Bad Ischl, und nach einem dort recht unglücklich verbrachten Jahr – Romy hat zudem große Probleme im Fach Mathematik – daraufhin auf ein anderes Internat gebracht wird, Schloss Goldenstein im Salzburger Land.

Im Februar 1945 schließlich lassen sich Romy Schneiders Eltern scheiden. Ein erstes Lebenskapitel schließt sich damit auch für die kleine Romy. Romy Schneider hat ihre Kindheit nicht in einem intakten, harmonischen Elternhaus verbracht, hat Mutter und Vater nie zusammen erlebt, hat ein elterliches Behütetsein nie kennenlernen können.

*

Von Mariengrund – diesem nur vermeintlich fernab allen unguten Weltgeschehens gelegenen Flecken Erde in Schönau – ist der Blick auf die Alpen frei, und auch auf den nahen Obersalzberg:

Hoch oben auf dem Bergplateau steht Adolf Hitlers Berghof-Domizil. Hier, unweit des romantischen Königssee-Idylls – wo Magda und Wolf nach der standesamtlichen Trauung in Berlin-Charlottenburg im August 1937 auch kirchlich in St. Bartolomä geheiratet haben –, wird das Schicksal Europas zum Teil verhandelt. Am 15. März 1938 marschiert Hitler, vom Jubel der Menschenmenge begleitet, in Wien ein, der »Anschluss« Österreichs an das Deutsche Reich ist vollzogen.

Adolf Hitler empfängt auch die Schauspielerin Magda Schneider, bekannt für ihre ausgeprägte Heimatliebe, dort oben auf dem Berghof – dies geschieht wahrscheinlich im Kriegsjahr 1941, ob einmal oder mehrmals, ist allerdings unbekannt. Doch historische Fotografien und dokumentarische Farbfilm Aufnahmen dieser dunklen Zeit zeugen von ihrer Begegnung auf dem Berghof. Magda Schneider ist im dunklen Mantelüberwurf, mit Hut und Handtasche deutlich zu erkennen. Als sie Adolf Hitler begegnet, nimmt Schneider die Sonnenbrille ab. Gemeinsam mit der Schauspielkollegin Else von Möllendorff lächelt sie in die Kamera, während Hitler, mit dem rechten Arm auf einen Gehstock gestützt, neben ihnen steht. Andere Sequenzen dieser Filmaufnahmen, die den Privatfilmen von Eva Braun, Hitlers Geliebter, entstammen, zeigen Magda Schneider und Else von Möllendorff beieinander untergehakt, wie sie durch die Schneelandschaft Berchtesgadens spazieren, auf dem Weg hoch zu Hitlers Berghof.[27]

Es ist außerdem bekannt, dass Adolf Hitler während Magda Schneiders Münchner Theaterzeit Ende der 1920er-Jahre regelmäßig ins Theater am Gärtnerplatz ging – nur, um *sie* dort zu sehen, wie er ihr angeblich einmal auf einem Empfang gesagt haben soll. Er ließ Blumensträuße in ihre Garderobe zustellen, während er in der ersten Reihe saß und ihr begeistert Beifall spendete. Es heißt, Magda Schneider sei in diesen Zeiten Hitlers

Lieblings-Schauspielerin gewesen. Überliefert ist sein an Magda gerichteter Satz: »Ich hoffe, Sie wissen, dass ich damals in München nur Ihretwegen ins Theater gegangen bin.«[28]

Über den Kontakt zwischen dem deutschen Reichskanzler und der populären Ufa-Schauspielerin ist im Laufe der Jahre immer wieder wild spekuliert worden.

Anlässlich des achtzigsten Geburtstags Romy Schneiders am 23. September 2018, strahlt der Fernsehsender Arte eine neue Dokumentation aus, die auf dem Tonband-Interview basiert, welches Alice Schwarzer am 12. Dezember 1976 in Köln in einem kleinen, über der jungen *Emma*-Redaktion unterm Dach gelegenen Appartement mit Romy Schneider geführt hat.

Die erste Ausgabe der Zeitschrift ist in Vorbereitung. Draußen ist es längst dunkel, es regnet. Es wird spät werden an diesem Abend, die Beleuchtung des wenige Gehminuten entfernten Kölner Doms ist bereits erloschen.

Die Schauspielerin und die Herausgeberin begegnen sich nach fünf Jahren zum zweiten Mal. Die erste Begegnung findet im Frühjahr 1971 in Paris statt, anlässlich der von Schwarzer initiierten Protestaktion »Wir haben abgetrieben!« gegen den Paragrafen 218. Insgesamt 374 Frauen bekennen sich im Juni 1971 im *Stern* öffentlich zu ihrer Abtreibung. Darunter befinden sich etwa Schauspielerinnen wie Senta Berger, Sabine Sinjen, Lis Verhoeven – und auch Romy Schneider.

1976 folgt nun also die zweite Begegnung. Zweiundvierzig Jahre später stellt die Journalistin Schwarzer dem französischen Dokumentarfilmer Patrick Jeudy die Tonbänder zur Verfügung, die sie selbst Jahre vorher schon einmal für ihr 1998 erschienenes Buch *Romy Schneider. Mythos und Leben* in Teilen ausgewertet hatte. Damals lässt sie noch einige sensible Stellen und Zitate weg, hatte Romy sie an jenem Dezemberabend in Köln doch eindringlich gebeten: »Du darfst mich nicht verraten!« Diesmal nun sind es alle Tonbänder, die die Journalistin dem Filmautor zugänglich macht. Die Gesprächspassagen, bei denen Romy damals ausdrücklich darum bat, kurz das Tonband abzustellen, füllt Schwarzer nun, in die Kamera sprechend, selbst aus. Es sind auch die Interview-Passagen darunter, in denen es um einen möglichen Missbrauch durch Stiefvater Hans Herbert »Daddy« Blatzheim geht, um Romys Beziehungen zu Frauen und schließlich auch um das komplizierte Verhältnis zur Mutter Magda Schneider und um Romys Elternhaus. Diese Eltern nennt Alice Schwarzer vor laufender Kamera »Nazi-Eltern«.[29]

In den Tagen vor der Fernseh-Ausstrahlung widmen die großen seriösen Zeitungen Romy Schneider ausführliche Hommagen, der runde Geburtstag der Aktrice wird allenthalben gewürdigt. In der *Welt* schreibt Alice Schwarzer den Text zu Geburtstag und Dokumentation denn gleich selbst.[30] Auch die deutsche Boulevard-Presse nimmt das Romy-Jubiläum und die Schwarzer-Dokumentation zum Anlass für schlagzeilenträchtige, massenwirksame Aufmacher der schlichten Art. So titelt etwa die *Bild*-Zeitung in Bezug auf die Tonbänder und das, was die Journalistin in der Dokumentation geradewegs in die Kamera spricht, dabei Romy zitierend, auf Seite eins: »Meine Mutter schlief mit Hitler«.[31]

Während Magda Schneiders eher diffuse, wie auch immer zu definierende Haltung zu Adolf Hitler bis heute als diskrepant erscheint und auch weiterhin umstritten bleibt, es sich damals mutmaßlich zu einem gewissen Grad schlichtweg um naiven Opportunismus der im Dritten Reich beliebten, regelrecht verehrten Volksschauspielerin handelt – verhält sich die Sache bei ihrem früheren Ehemann hingegen weniger uneindeutig: Der gebürtige Österreicher Wolf Albach-Retty, der sich im Laufe der frühen 1940er-Jahre wiederum zusehends von Berchtesgaden fernhält, nimmt 1937 noch vor dem »Anschluss« die deutsche

Staatsbürgerschaft an. Bereits seit dem 1. Mai 1933 ist er »Förderndes Mitglied der SS«, vier Monate später, am 1. September 1933, tritt er freiwillig der Deutschen Arbeitsfront bei.[32]

1940, zwei Jahre nach dem »Anschluss« Österreichs, beantragt Romy Schneiders Vater in der Ortsgruppe Berchtesgaden seine Mitgliedschaft in der NSDAP. Entsprechend hat er nach Kriegsende als ehemaliges Parteimitglied vorübergehend Schwierigkeiten, gute Engagements zu bekommen. Schließlich sind es die Theater im heimatlichen Wien, die den Burgschauspieler rufen und wieder beschäftigen. Im Film hingegen bleiben die tragenden Hauptrollen aus, der Ufa-Star Wolf Albach-Retty muss sich nun überwiegend mit Nebenrollen begnügen.

Auch Magda Schneiders Filmkarriere bricht 1945 abrupt ab: *Eines Tages* wird ihr vorerst letzter Film sein, erst Jahre später kann sie die Arbeit wieder aufnehmen. Mit Ausnahme zweier Filme – Hubert Marischkas *Ein Mann gehört ins Haus* (1948) und Jürgen von Altens *Die Sterne lügen nicht* (1950) – wird es das Leinwand-Debüt ihrer Tochter Romy in *Wenn der weiße Flieder wieder blüht* sein, das Mutter Magda 1953 die Rückkehr auf die Leinwände der jungen, 1949 gegründeten Bundesrepublik sichert. Sie selbst formuliert es mit Blick auf die unmittelbare Nachkriegszeit 1957 wie folgt: »Für mich aber hatte sich das Leben gründlich verändert. Mein Beruf war zunächst tot. Es wurden keine Filme produziert.«[33]

*

Im Alter von zehn Jahren kommt Romy im Sommer 1949 nach ihrem Jahr in Gmunden auf das am Rande des Städtchens Elsbethen in der Nähe von Salzburg gelegene katholische Mädchen-Internat Schloss Goldenstein, das von Augustiner-Ordensschwestern geführt wird.

Steht man heute vor diesem monströs wirkenden Gebäude, vermittelt es den Anschein einer mittelalterlichen Trutzburg, einer uneinnehmbaren Festung. Man vermutet eher Raubritter dahinter als Nonnen und kleine Mädchen. Kälte strahlt dieser hohe Bau aus. Es ist wahrlich kein Ort, der etwas Anheimelndes an sich hat oder Geborgenheit vermittelt. Kein Ersatz für ein Zuhause.

Auf einer an der vorderen schweren Hofmauer angebrachten Inschrift heißt es: »Ob Sonnenschein, ob Nacht und Sturm, der Herr ist uns ein starker Thurm. Erbaut im J. 1882.« Die Adresse vorne am Grundstücks-Eingang lautet »Mädchenhauptschule, Internat, Schloss Goldenstein, Goldensteinstr. 2«. Eine rigide Wirkung geht von diesen steinernen Inschriften und Schildern aus.

Hier verbringt Romy vier Jahre ihres Lebens – vom 1. Juli 1949 bis zum 12. Juli 1953 –, hier wächst sie ohne ihre Eltern auf. Ihre Mutter Magda besucht sie auf Goldenstein in diesen Jahren immerhin einige wenige Male, vor allem aber schreibt sie ihrer Tochter Briefe. Der von ihr so idealisierte Vater Wolf kommt nicht ein einziges Mal nach Goldenstein, um sie zu besuchen. Ihm soll Romy erst Jahre später wieder begegnen. Sie vermisst ihn sehr, und es ist eine dieser existenziellen Wunden, die sie ein Leben lang mit sich tragen wird – die Abwesenheit des geliebten Vaters.

Unter der Leitung von Internatsdirektorin Schwester Theresa sowie Schwester Augustina, die Romys Klasse in nahezu allen Fächern unterrichtet, verbringt Romy in der religiösen Einrichtung viel Zeit, mehr als viele ihrer fünfzig Mitschülerinnen, die von ihren Eltern besucht werden oder zu ihnen reisen können. Wenn die anderen Mädchen einmal im Monat zu ihren Eltern fahren, ist es Romy, die allein im Schloss zurückbleibt. Das längst in ihr angelegte Grundgefühl der Einsamkeit muss in dieser Zeit weiter gewachsen sein. Ebenso der Hang zur Melancholie.

Zugleich fällt Romy durch ihr fröhliches, herzliches und offenes Naturell auf, durch ihr Temperament und ihre Zugänglichkeit. Tagsüber wird im mit wenigen Holzmöbeln ausgestatteten Klassenzimmer gelernt, und schnell entwickelt Romy ihre Stärken, die in den Fächern Englisch und Kunst liegen, sowie ihre Aversion gegen das Naturwissenschaftliche, das Rationale, die Mathematik vor allem. Sie zeichnet gerne, hat musisches Talent und fertigt durchaus gelungene Holzmalereien an. Nachts schläft Romy zusammen mit einem Dutzend anderer Mädchen im großen Schlafsaal. Sie ist zwar die Schauspieler-Tochter, doch sie wird sowohl von den Ordensschwestern als auch von ihren Mitschülerinnen behandelt wie alle anderen auch. Gerade diese Gleichbehandlung mag ihr die Kraft für diese vier Jahre geben.

Am meisten geht Romy im Spielen von Theaterstücken auf. Das ist es, das ist ihre Sache. In Romy scheint ein regelrechter Drang zum Spiel verankert zu sein. Sie liest die Klassiker, lernt Texte und führt Stücke in der Aula auf. Wenn sie in einer ihrer Rollen ist, dann ist sie kaum mehr ansprechbar, dann wirkt sie beinahe apathisch, spürt und fühlt und denkt nur noch die Rolle, die Figur. Das soll sich zeitlebens nicht ändern, sondern nur mehr verstärken. Romy spielt nicht nur die jeweilige Figur, sie *ist* sie auch. Im Internat sind das Rollen wie Shakespeares Hamlet oder die des Mephisto, es sind auffallenderweise Männerrollen, die sie besonders interessieren.

»Ihre Eltern hatten gerade das Scheidungsverfahren eingeleitet, und Romy war sich selbst überlassen«, wird sich Schwester Augustina in späteren Jahren erinnern. »Magda Schneider setzte ihre Tournee fort und besuchte nur selten ihre Tochter. (…) Sie fühlte sich am besten, wenn sie spielte. Wenn ich sagte: ›Jetzt werden wir spielen‹, begannen ihre Augen sofort zu glänzen. Sie sprang hoch und schrie vor Freude laut auf. Wenn keine Aufführrung in Sicht war, zeigte sie sich verstimmt und hatte schlechte Laune.«[34]

Als Romy an ihrem dreizehnten Geburtstag von ihrer Mutter ein Tagebuch in rotem Ledereinband geschenkt bekommt, beginnt sie, darin aufzuschreiben, was sie bewegt, klebt Fotografien ein, von ihren Eltern und auch von Schauspielern, für die sie heimlich schwärmt. Peggy, wie sie ihr Tagebuch nennt, wird zu ihrer imaginierten Ansprechpartnerin und verlässlichen Vertrauten, zu dem, was ihr im realen Leben oftmals fehlt. Sie wird es ihr Leben lang aufbewahren.

Der erste Eintrag in Peggy stammt vom Geburtstag selbst, dem 23. September 1951: »(…) Musik, Theater, Film, Reisen, Kunst. Ja! Das sind meine Elementseigenschaften. Diese fünf Worte machen mein Theaterblut kochend.«[35]

Mitte Juli 1953 verlassen die Mädchen das Internat, ihre Wege zerstreuen sich in alle Himmelsrichtungen, es ist ein großer Abschied für sie alle. Eine Zeit lang noch hält Romy brieflich Kontakt zu Schwester Augustina, solange, wie sie noch in Deutschland arbeitet. Als sie nach Frankreich geht, bricht auch dieser Kontakt allmählich ab. Die Sommerferien des für Romy letztlich wegweisenden Jahres 1953, die ihre letzten dieser Art sind, verbringt sie daraufhin in Schönau, zu Hause auf Mariengrund, mit ihrem Bruder Wolfi, ihrer Mutter und dem neuen Mann in deren Leben, Hans Herbert Blatzheim (1905–1968), mit dem Magda inzwischen verheiratet ist.

Seit 1934 schon kennt Magda Schneider diesen Mann, der nun in Romys Leben tritt. Der gesetzte Kölner Geschäftsmann Blatzheim, seines Zeichens Hotelier und Gastronom, hat so gar keine Ähnlichkeit mit Romys leiblichem Vater Wolf. Intuitiv steht sie ihm distanziert gegenüber, versucht aber, ihn zu akzeptieren, da er nun einmal der Mann an der Seite ihrer Mutter ist.

Sie nennt ihn »Daddy«, wohl in erster Linie auch deshalb, weil Blatzheim sie schlichtweg darum bittet. Als Romy sich anfangs immer wieder sträubt, Blatzheim so zu nennen, da sperren die Eltern sie wiederholt ins Badezimmer.[36] Später, dann deutlich reservierter, ist er für Romy Schneider nur der »zweite Mann meiner Mutter«.

Schon im Herbst soll es mit dem eher beschaulichen Leben für die junge Romy vorbei sein: Für September ist sie bereits an der Kölner Kunstgewerbeschule eingeschrieben. Sie liebt es doch zu zeichnen, liebt Kostüme, könnte vielleicht Modezeichnerin werden, Kleider entwerfen, später einmal in der Modebranche tätig sein. Der Zufall will es, dass sie sich zwischen ihren beiden Leidenschaften entscheiden muss: Zeichnen oder Spielen. Romy entscheidet sich.

*

Als Mutter Magda während jener Sommerferien in München von dem Produzenten der Berolina-Film, Kurt Ulrich, die weibliche Hauptrolle in Hans Deppes *Wenn der weiße Flieder wieder blüht* angeboten bekommt – ihre letzten Dreharbeiten zu Jürgen von Altens *Die Sterne lügen nicht* liegen inzwischen drei ganze Jahre zurück –, da fehlt immer noch die Besetzung von Magdas Filmtochter Evchen. Bei den Gesprächen in München kommt die Rede auf Magda Schneiders eigene Tochter. Warum eigentlich nicht Romy besetzen? Magda Schneider denkt über diese Möglichkeit nach, während sie im Hotel Bayerischer Hof in ihrer Suite sitzt.

»Ich muß gestehen: ich fühle mich. Ich sitze im Speisewagen und fahre nach München«[37], notiert Romy am 15. Juli 1953. Sie weiß nicht, warum sie in die Stadt reisen soll, nur, dass ihre Mutter Magda sie am Hauptbahnhof abholen wird und sie im

Bayerischen Hof logieren. Noch am selben Tag wird Romy dem Produzenten Kurt Ulrich und dem Regisseur Hans Deppe vorgestellt, und die Herren willigen am Ende ein, mit Magda Schneiders Tochter Probeaufnahmen zu machen, Anfang September in den alten Berliner Studios der Ufa in Tempelhof. Am 2. September ist es schließlich so weit – Romy Schneider steht, nachdem sie gerade zum ersten Mal in ihrem Leben mit einem Flugzeug geflogen ist, für Probeaufnahmen erstmals in einem Filmstudio vor einer Kamera.

Am 4. September 1953 – es ist drei Wochen vor ihrem fünfzehnten Geburtstag, und noch kann sie nicht wissen, dass sie bald ihre erste Filmrolle bekommen wird – vertraut Romy ihrem Tagebuch Peggy an:

»Wenn ich doch bloß schon wüßte, ob sie mich nun nehmen für den Film oder nicht. Ich hatte mir eigentlich vorgestellt, daß alles einfacher gehen würde. Es ist eine nervenaufreibende Geschichte, Filmschauspielerin zu werden. Vielleicht sollte ich doch lieber auf eine Kunstgewerbeschule gehen und dort Teller bemalen und das machen, von dem ich schon vorher weiß, daß es mir Spaß macht und vor allen Dingen, daß es einfach ist. Filmen ist nicht einfach!«[38]

Filmen ist nicht einfach, notiert die junge Romy.

Es mag angesichts des weiteren Verlaufs von Romy Schneiders Leben und Arbeiten wie eine kluge Einsicht, eine weitsichtige Vorwegnahme dessen wirken, was da noch kommen wird.

Nach den ersten Probeaufnahmen und einer Woche Wartezeit bekommt die Vierzehnjährige die Rolle der Evchen, ohne jemals auch nur eine Stunde Schauspiel-Unterricht gehabt zu haben. Sie überzeugt alle.

Am 6. September kommt die Nachricht per Telegramm, und die Familie Schneider erfährt, dass nicht nur die Mutter, sondern auch die Tochter engagiert ist: »Es hat geklappt! Es hat geklappt!!! Am 8. September fahren Mammi und ich nach Wiesbaden. Es geht los. Ich filme! Toll, einfach toll!!!«[39]

Das Mädchen kann ihr Glück gar nicht fassen – ihr Traum geht plötzlich in Erfüllung. Es muss sich für sie wie ein kleines Wunder anfühlen.

Die Dreharbeiten zu Romy Schneiders Schauspiel-Debüt *Wenn der weiße Flieder wieder blüht* beginnen Mitte September und dauern bis Anfang November: Gedreht wird zunächst in Wiesbaden, wurde die hessische Landeshauptstadt doch von den Bomben des Zweiten Weltkriegs weitestgehend verschont und ist mit ihren prachtvollen historischen Ensembles aus Gründerzeit und Wilhelminismus in weiten Teilen erhalten geblieben. Für einen heiteren Unterhaltungsfilm mit Gesangseinlagen und Heile-Welt-Ambiente bietet die Kurstadt die passende Kulisse, hier werden daher alle Außenaufnahmen gedreht. Die Innenaufnahmen finden im Anschluss an die Wiesbadener Drehzeit in den Studios in Berlin statt.

Am letzten Drehtag hält Romy fest: »Mein erster Film ist also fertig. Ob es der einzige bleiben wird? Von mir aus könnte es jetzt immer so weitergehen. Die Atmosphäre hier gefällt mir. Jetzt zum Beispiel: Ich sitze in meiner Garderobe, und alles strömt diesen herrlichen Duft aus, den der Film verbreitet.«[40]

Noch Ende des Jahres, im Winter '53/'54, gelangt der Film in die bundesrepublikanischen Lichtspielhäuser. Erstmals können die Kinobesucher die Neuentdeckung Romy Schneider auf der Leinwand sehen, sowie den jungen Götz George in seiner ersten Nebenrolle. Romy wird im Vorspann zwar noch als Romy Schneider-Albach angeführt, allerdings bereits an dritter Stelle, direkt hinter den Stars Willy Fritsch und Magda Schneider. Insgesamt acht Filme werden es einmal sein, in denen Mutter und Tochter Schneider Seite an Seite zusammen spielen – Rolf Thieles *Die Halbzarte* (1958) wird, kurz bevor Romy Deutschland für Jahre verlassen wird, ihr letzter gemeinsamer Film sein.

Für die Tochter soll die ununterbrochene Nähe und Obhut der Mutter, die zunehmend über ihr Handeln wacht und über Verträge und Projekte entscheidet, Segen und Fluch gleichermaßen sein. Protektion und Gefängnis, Förderung und Ausnutzung – es ist ein sehr ambivalentes Mutter-Tochter-Verhältnis, und das wird es bis zum frühen Tod von Romy Schneider im Mai 1982 auch bleiben.

In einem frühen Fernseh-Interview mit einem niederländischen Sender sitzen Romy und Magda Schneider einträchtig nebeneinander und stehen Rede und Antwort. Die Schwarz-Weiß-Bilder zeigen den Fernseh-Reporter nicht, der aus dem Off nach Romys Ausbildung fragt, und ob sie denn auf dem Konservatorium oder auf der Schauspielschule gewesen sei. »Nein … Nein, ich bin von der Schulbank direkt weg zum Film«, antwortet Romy unsicher. Der Reporter nimmt die Antwort hörbar skeptisch auf und fragt ungläubig wiederholt nach. Daraufhin schreitet Magda Schneider ein und erwidert: »Sie ist ein sogenanntes – wie man bei uns sagt – Naturtalent. Von mir hat sie gar nicht so viel gelernt. Es war gar nicht nötig. Wir haben sie ins Wasser geschmissen, und da habe ich mir gedacht: ›Schwimmt sie, ist gut, schwimmt sie nicht, dann ziehe ich sie wieder heraus. Und sie schwamm. Sie schwamm ganz allein.‹«[41] Lacht und klopft sich auf den Rock. Als das Wort »Naturtalent« fällt, da zuckt Romy mit den Achseln und sieht zögernd und fragend erst zur Mutter und dann in die Kamera. Dabei lächelt sie. Bilder sagen mehr als Worte.

»Magda Schneider war eine relativ einfache Frau«[42], erinnert sich die Schauspielerin Senta Berger heute in ihrem unweit der Bavaria Filmstudios gelegenen Haus in München-Grünwald über die Mutter ihrer Freundin und Kollegin Romy Schneider. »Sie war zu einer anderen Zeit aufgewachsen, und sie hatte vielleicht von der Gefährlichkeit so mancher Aussagen in verschiedenen Boulevard-Blättern wenig Ahnung. Romy hatte ein sehr zärtliches Verhältnis zu ihrer Mutter. Und ich weiß, dass die Romy – egal wie ambivalent das Verhalten von der Magda war – ihre Mutter geliebt hat.«

Zu dieser Zeit schreibt Wolf Albach-Retty seiner Tochter Romy einen Brief. Da schreibt der von seiner Tochter liebevoll-verspielt »Papili« genannte Vater an seine von ihm »Mausili« gerufene Tochter, wie stolz er doch auf sie sei und dass er sie zur jungen Filmlaufbahn beglückwünsche. Es ist ein eher ungelenker Versuch, ihr Mut zu machen, sie zu bestärken in dem, was sie tut. Der unbeholfene, stets abwesende Vater, er kann nicht anders.

Er legt dem Brief noch einen Zettel bei, auf den er ein leicht variiertes Zitat von Max Reinhardt schreibt, das dessen im Februar 1928 an der New Yorker Columbia University gehaltenen *Rede über den Schauspieler* entnommen ist:

»Steck Deine Kindheit in die Tasche und renne davon, denn das ist alles, was Du hast.«

Die Worte »Deine Kindheit« unterstreicht Romy. Sie wird diesen für sie wertvollen Zettel des Vaters stets aufbewahren, wird ihn manchmal auch bei sich tragen, so, als könne dieser Zettel mit dem vom Vater geschriebenen Satz ihr einen Halt, eine Sicherheit geben.

Für Romy soll nach ihrem ersten Film nun nichts mehr so sein, wie es einmal war – ihr Leben wird sich grundlegend ändern. Bald schon wird sie einen Film nach dem anderen drehen.

Am 20. Mai 1954 schreibt Romy Schneider mit einer für ihr Alter frappierenden Klarsicht eine Notiz in ihr Tagebuch, die wie die Antizipation ihrer eigenen Karriere wirkt: »Ich weiß, daß ich in dieser Schauspielerei aufgehen kann. Es ist wie ein Gift, das man schluckt und an das man sich gewöhnt und das man doch verwünscht.«[43]

*

Es vergeht nicht allzu viel Zeit, da steht Romy Schneider nach der Premiere und der Kinotour zu *Wenn der weiße Flieder wieder blüht* für ihren zweiten Film vor der Kamera. Von jetzt an wird sie nur noch Romy Schneider genannt, die Rosemarie Albach, die lässt sie hinter sich. In Kurt Hoffmanns *Feuerwerk* (1954) spielt sie – dieses Mal ohne ihre Mutter – an der Seite der aus Posen stammenden Emigrantin Lilli Palmer, die hier nach der Rückkehr aus ihrem US-Exil erstmals wieder in einer deutschen Produktion mitwirkt. Für beide Darstellerinnen wird Hoffmanns im Zirkusmilieu angesiedelter Musikfilm ein Erfolg, und das Schicksal will es, dass sie vier Jahre später nochmals zusammen vor der Kamera stehen, in dem für Romy Schneiders künstlerische Entwicklung so bedeutenden Drama *Mädchen in Uniform* (1958). Das Lied, das Lilli Palmer in *Feuerwerk* als Zirkusdirektorin Iduna singt, *Oh mein Papa*, wird bald schon zum eingängigen Hit werden. Während der Dreharbeiten in den Münchner Bavaria Filmstudios in Geiselgasteig kann Romy eine neue Schauspiel-Erfahrung machen: Mit dem jungen Kollegen Claus Biederstaedt erlebt sie ihren ersten Filmkuss, den Regisseur Hoffmann auch gleich mehrfach proben lässt.

Die Produktion, bei der Romy im Anschluss in diesem Spätsommer '54 mitwirkt – es ist ihr dritter Kinofilm –, dürfte den entscheidenden Grundstein für all die darauffolgenden kaiserlich-königlichen Schmonzetten legen, die sie in den kommenden sechs Jahren bis einschließlich der von Robert Siodmak inszenierten französischen Produktion *Katja, die ungekrönte Kaiserin*

(*Katia*, 1959) drehen wird: Der gebürtige Wiener Regisseur Ernst Marischka – ohnehin ein langjähriger, guter Freund der Familie, der im Verlauf der 1950er-Jahre ein halbes Dutzend Spielfilme mit Romy drehen wird – bietet ihr bei einem Gesprächstreffen in München die Hauptrolle der englischen Königin Victoria in *Mädchenjahre einer Königin* an. Natürlich, es versteht sich geradezu von selbst, sind auch Magda Schneider und Hans Herbert Blatzheim bei diesem Gespräch anwesend. Neben Romy werden Adrian Hoven als Prinz Albert von Sachsen-Coburg, Paul Hörbiger und auch wieder Magda Schneider mitspielen, die Filmsets befinden sich im vertrauten Wien auf Schloss Belvedere sowie in den Wiener Ateliers von Sievering.

Pünktlich zu Weihnachten 1954 kommt dieser Film – wie es später auch bei allen drei *Sissi*-Teilen der Fall sein wird und zu einer alljährlichen Tradition werden soll – in die Kinos. *Mädchenjahre einer Königin* wird ein Erfolg, das aus Mutter und Tochter bestehende Schneider-Duo kommt beim Publikum offenbar gut an, und so setzt Regisseur Marischka weiterhin auf diese Doppelkarte: Es gilt, Romy und Magda in Zukunft so oft wie möglich gemeinsam zu besetzen.

Für die junge Romy sollen es nun alljährlich drei Filme sein, die sie dreht. Jahr für Jahr, Film auf Film. Sie ist sechzehn Jahre jung und wird nun ebenjenes Leben führen, das ihre Schauspieler-Eltern Magda und Wolf ihr stets vorgelebt haben.

Auch einen Manager hat Romy nun unverhofft: Während Magda Schneider darüber befindet, welches Drehbuch Romy gut anstehen mag, ist es nun Hans Herbert Blatzheim, der die Gagen-Verträge seiner Stieftochter mit den Produktionsgesellschaften aushandelt. Monetäre Grenzen nach oben kennt der Mann nicht, der sich in seinen ebenso großspurigen wie geschwätzigen, 1966 erschienenen Memoiren *Was ist schon tabu?* selbst den »größten deutschen Gastronom« nennt.[44]

Dieser Blatzheim ist ein rheinisch-jovialer Macher in Adenauers neuem Wirtschaftswunderland. Mit Geld kennt sich der in seiner Erscheinung ebenso bodenständig und bieder wirkende wie den Luxus und den Glamour der Stars liebende Kölner Großgastronom und Multimillionär schließlich aus. Wird Romy Schneider, die ihre Freunde und Kollegen immer großzügig beschenkt, ihr Leben lang keinen Bezug zu Geld haben, so hat ihn Blatzheim umso mehr.

Mario Adorf erinnert sich heute in seiner Münchner Wohnung durchaus mit gemischten Gefühlen an Romy Schneiders zweiten Vater, dem er in den 1950er- und 1960er-Jahren auch begegnet ist: »Wenn ich zurückdenke, gab es doch auch die merkwürdige Rolle, die ›Daddy‹ Blatzheim spielte. Eine Rolle, die man nie ganz wirklich durchleuchtet hat. Er hatte schon damals keinen guten Ruf, dieser Blatzheim.«

Diese merkwürdige Rolle, die Hans Herbert Blatzheim innerhalb des Familiengefüges einnimmt und die in der Tat nie vollständig durchleuchtet wird, ist zunächst einmal die des Ehemanns von Magda Schneider. Für beide ist es die zweite Ehe. Seit ihrer Heirat am 11. Dezember 1953 in Köln – von Blatzheim wird eine Fotografie der medienwirksam in Szene gesetzten standesamtlichen Trauung in aller Bescheidenheit als »das große Paradebild von der größten Hochzeit des Winters 1953« bezeichnet – leben sie abwechselnd in Berchtesgaden und im während des Krieges stark zerstörten Köln, an dessen Rheinufer in Rodenkirchen auch Blatzheims Hotel Bellevue steht, in dem er oftmals samt Familie logiert. Es ist ein Pendeln zwischen Oberbayern und dem Rheinland, zwei denkbar gegensätzlichen Orten. Auch Romy wird in den kommenden Jahren an diesen beiden Plätzen leben, bis sie Deutschland 1958 verlässt. Insbesondere Köln, die Stadt ihres Stiefvaters, wird ihr in unguter Erinnerung bleiben.

Denn bald schon soll die familiäre Beziehung zwischen Romy und »Daddy« wiederholt auf die Probe gestellt werden. Jahre später, Romy Schneider ist bereits für alle Welt nur noch Sissi, kommt Blatzheim eines Tages mit vier schwarzen Geldkoffern mit einer Million D-Mark nach Schönau, in jedem der Koffer zahllose Geldscheine, und sucht Romy, so heißt es, in ihrem Kinderzimmer auf Mariengrund auf, wo er ihr inmitten all ihrer Stofftiere das viele Geld zeigt, um sie für einen Film zu gewinnen.

Er will unbedingt, dass sie *Sissi IV* dreht.

Sie will partout nie wieder Sissi sein müssen.

»Er hat versucht, mit mir zu schlafen. Und das nicht nur einmal.«[45] Romy Schneider habe das so angeblich Alice Schwarzer erzählt, in ebendiesem Wortlaut, das Tonband war erneut ausgeschaltet, in jener Nacht des 12. Dezember 1976, als sie erstmals nach vielen Jahren wieder in Köln ist, in »Daddys« Stadt. Mit heftiger, lauter Stimme, immer noch sehr verletzt, so, als sei alles gerade erst passiert und noch ganz frisch. »Ihr größtes Trauma war ihr Stiefvater«, äußert Alice Schwarzer in Patrick Jeudys Dokumentation *Ein Abend mit Romy.* Mutter Magda, sie habe ihre Tochter Romy auch hier nicht geschützt.

Mit Ekel und Tränen habe Romy Schneider an diese Zeit in Köln zurückgedacht.

Hans Herbert Blatzheim stirbt am 1. Mai 1968 im Alter von zweiundsechzig Jahren an einem Herzinfarkt in seiner Villa im Tessin. Romy, die im Frühjahr '68 im *Swinging London* für die britische Komödie *Otley* (1969) nach einer längeren Auszeit erstmals wieder vor der Kamera steht – sie erscheint nicht zu »Daddys« Beerdigung.

*

Im Frühjahr 1955 folgt für Romy Schneider der Film *Die Deutschmeister*, der im Salzkammergut und in Wien gedreht wird, erneut unter der Regie von »Ernstl«, wie Romy Regisseur Ernst Marischka inzwischen mit familiärer Vertrautheit nennt. Es ist ein weiterer Musik- und Heimatfilm, volkstümlich, heiter und harmlos, mit Siegfried Breuer jr. als Romys Partner. Romy singt hier unter dem Dirigat des großen Robert Stolz das Lied *Wenn die Vöglein musizieren.*

Kaum abgedreht, stehen die Dreharbeiten zu *Der letzte Mann* (1955) an, einem Remake von Friedrich W. Murnaus gleichnamigem Stummfilm-Klassiker aus dem Jahr 1924, in dem Emil Jannings als Hotelportier zu bewundern ist. Harald Braun, der zuvor etwa Thomas Manns *Königliche Hoheit* (1953) verfilmte, realisiert die Geschichte in Baden-Baden und in den Bavaria Filmstudios. Romys Partner sind Hans Albers und der junge Joachim Fuchsberger: Albers spielt den Part, den in Murnaus Original Emil Jannings innehatte, den alternden Oberkellner des Hotels Hövelmann, Karl Knesebeck. Fuchsberger stellt den aalglatten Vetter und Mit-Erben Alwin Radspieler dar, der Knesebeck zum Toilettenwärter degradiert und die junge, von Romy gespielte Hotelerbin Niddy Hövelmann schamlos umwirbt.

Regisseur Harald Braun verlegt Murnaus expressionistisches Meisterwerk in die Zeit des bundesrepublikanischen Wirtschaftswunders, zudem dreht er seinen Hotelfilm in einer Zeit farbgesättigter Heimatfilme in zurückgenommenem Schwarz-Weiß. Kann dieses Kammerspiel auch in keiner Weise den Vergleich mit dem filmhistorisch bedeutsamen Original bestehen, so ist gerade das Spiel zwischen dem etablierten *Münchhausen*-Star Albers und der jungen, aufstrebenden Romy von reizvollem Charme. Geht von Albers eine väterliche Zuneigung aus, so ist bei Romy stets der Respekt einer sehr jungen Frau vor einem so lebenserfahrenen Menschen zu spüren. Beides hat etwas Anrührendes.

Romy Schneiders damaliger Filmpartner, der Schauspieler und spätere Fernseh-Moderator Joachim »Blacky« Fuchsberger, erinnert sich einmal während eines Gesprächs in seinem Haus im Münchner Vorort Grünwald – bis zu seinem Tod im September 2014 für Jahrzehnte sein Wohnort – an die Zeiten, in denen er Romy immer wieder einmal erlebt hat. Es beginnt mit *Der letzte Mann,* als der Schauspieler achtundzwanzig Jahre alt ist und die großen Erfolge, etwa in den zahlreichen ab 1959 entstehenden Edgar-Wallace-Filmen, noch vor sich hat.

Fuchsberger erzählt: »Romy Schneider war ein wunderbares Menschenkind. Als ich sie kennenlernte, war sie, so glaube ich, sechzehn. Ich habe mit ihr gedreht, ich habe ein bisschen erlebt, wie sie die große Sissi wurde, was sie ja noch nicht war, als ich sie kennenlernte. Sie war damals die sehr umsorgte und umhegte Tochter der Magda Schneider und ihres Stiefvaters Hans Herbert Blatzheim. (…) Und ich habe sie später dann noch ein paar Mal getroffen und wenn man so will, waren wir auch befreundet. Ich habe sie dann noch mal längere Zeit in Rom getroffen, da hat sie mit Visconti gedreht und ich mit dem Antonio Pietrangeli. Da war sie schon verheiratet mit Harry Meyen. Sonst habe ich mit großem Interesse ihren Weg verfolgt und war zutiefst betrübt, als die Nachricht von ihrem Tod kam.«[46]

Der letzte Mann ist abgedreht. In fünf Filmen hat Romy Schneider inzwischen mitgespielt und notiert am 1. Juli 1955 mit durchaus kritischem Blick auf ihre Karriere in ihr Tagebuch: »(…) Eine tolle Rolle für Albers – und eine herrliche für mich: meine erste moderne. Bis jetzt war ich ja immer Prinzessin oder eine Königin oder ein Mädel, das zu einer Zeit lebte, als an mich noch nicht im Traum zu denken war. Jetzt spiel' ich endlich mal einen Film, der in unserer Zeit handelt.«[47]

Das soll sich allerdings mit den nächsten Produktionen wieder ändern, denn Ernst Marischka tritt mit der *Sissi*-Trilogie auf den Plan. Er wird Romy ein Korsett anlegen und es festzurren, so fest, dass es ihr irgendwann die Luft zum Atmen nimmt und sie nur noch ausbrechen und davonlaufen will – am besten in ein anderes Land, weit weg. In drei Jahren schon, 1958, wird dieses Ausbrechen aus allem die vielleicht größte Zäsur in ihrer ersten Lebenshälfte markieren.

*

Romy ist inzwischen siebzehn Jahre alt, als Regisseur Ernst Marischka ihr die Rolle der Kaiserin Elisabeth von Österreich anbietet. Es soll unfreiwillig für viele Jahre die Rolle ihres Lebens werden, jene Rolle, über die sie Jahre später einmal sagen wird: »Sie pappt mir an wie Grießbrei.«

Bereits in den frühen 1930er-Jahren hatte Marischka den K.-u.-k.-Stoff als Operette in Wien auf die Bühne gebracht, mit Paula Wessely als Kaiserin. Es ist einer seiner Leib-und-Magen-Stoffe, er enthält alle Ingredienzien eskapistischer Ablenkung und Realitätsflucht, nach denen das harmoniesüchtige Publikum der bleiernen Nachkriegszeit verlangt.

Die drei in den kommenden Jahren entstehenden *Sissi*-Filme sollen ein Millionenpublikum erreichen: *Sissi* sehen 6,5 Millionen Kinogänger, *Sissi, die junge Kaiserin* 6,4 Millionen und *Sissi – Schicksalsjahre einer Kaiserin* zieht schließlich 5,8 Millionen Besucher in die Filmtheater. Die Filme sollen sich als Goldgrube erweisen. Und Romy ist das Goldkind, von dem alle profitieren wollen.

Sissi wird im Herbst 1955 gedreht; allein die Wahl der Drehorte liest sich geradezu wie eine Sightseeingtour durch Österreich und Oberbayern: Wien, Schloss Schönbrunn, Donau, Fuschl, Bad Ischl, die oberbayerischen Seen sowie weitere Postkarten-Motive. In Possenhofen am Starnberger See, dort, wo Sissi groß geworden ist und wo später einmal, 1971, Luchino Visconti einige Sequenzen für *Ludwig II.* drehen wird, macht Marischka keine Aufnahmen. Das weiß getünchte Gebäude steht noch heute, ist aber in Privatbesitz und nicht öffentlich zugänglich. Im benachbarten Feldafing, im Hotel Kaiserin Elisabeth, das ebenfalls noch heute existiert und wie aus einer vollkommen anderen Zeit anmutet, übernachten Romy und Magda Schneider selbst einmal.

Marischka hat es sich zur Aufgabe gemacht, das vom Krieg versehrte Publikum zu betören, es zu verführen. Mit einer süßlichen Romanze zu Hofe, fernab der authentischen Historie. Der mit Romy und ihrer Mutter Magda sowie Karlheinz Böhm und Gustav Knuth besetzte Historienfilm wird zu einem in dieser Form nicht da gewesenen Erfolg, der die Massen bewegt. *Sissi* begeistert nicht nur erst in Österreich und anschließend in Deutschland, sondern bald schon in ganz Europa, sowie später auch im angloamerikanischen Raum. Auf Mariengrund kommen körbeweise Post und Geschenke an. Der erste Teil der *Sissi*-Trilogie leitet ein unerwartetes Massenphänomen ein. Überall, wo die junge Schauspielerin nun erscheint, ruft man euphorisch nach Sissi.

Doch die junge Frau, der die Rufe gelten, heißt Romy.

Ernst Marischka macht sich sofort daran, einen zweiten *Sissi*-Film vorzubereiten. *Sissi, die junge Kaiserin* wird 1956 gedreht, wenngleich Romy Schneider, die noch keine achtzehn Jahre alt ist, eine Fortsetzung schon zu diesem Zeitpunkt eigentlich nicht mehr will. Aber Mutter Magda und Stiefvater »Daddy« Blatzheim wollen. Sie vermarkten die populär gewordene Tochter nach allen Kräften, sind Journalisten und Fotografen gegenüber stets aufgeschlossen, für welche Geschichte und welche Fotostrecke auch immer. Währenddessen wacht »Daddy« Blatzheim über die Gagen, die Romy für ihre Filme erhält, und verwaltet diese. Romy sieht stets nur ein kleines Taschengeld.

»In meinem Privatleben verlangte man immer von mir. Man verlangte und verlangte. Ich war wie ein Hund. Ich habe ›schön‹ gemacht, bis ich Krämpfe bekam«[48], notiert Romy.

Viele Menschen bedienen sich ihrer, wie es ihnen passt, benutzen sie, schlagen Profit aus ihr. Eine Siebzehnjährige wird zum Produkt für die Massen. In wenigen Jahren wird die junge Romy Schneider die Kraft und den Mut haben, diesen Menschen zu entsagen, sich abzuwenden von denjenigen, die sich bei aller übertriebenen Protektion auch in ihrem Ruhm sonnen. Früh schon wird Romy letztlich missbraucht – finanziell wie emotional.

»Ich habe mich daran gewöhnt, seit meinem 17. Lebensjahr wie eine Ware beliebig verkauft und verpackt zu werden«, bekennt Romy. »Ich glaube, das ist einfach der Preis einer Karriere, die mit 15 begonnen hat – in einem Alter, in dem man sich nicht zu wehren weiß und noch keine eigene Meinung hat.«[49]

Nach Romys Erinnerungen an ihre Kindheit und Jugend gefragt, antwortet sie später einmal: »Welche Kindheit und Jugend? Die bestand doch nur aus Filmen.«

Paradigmatisch für die *Sissi*-Zeit mag folgende Situation sein: Anlässlich eines Kinostarts fliegen Romy Schneider und Karlheinz Böhm zusammen mit Magda Schneider und »Daddy« Blatzheim nach Madrid. Mit an Bord der *Super Constellation* sitzt auch Otto von Habsburg.

Alle lassen ihm den Vortritt, als man sich anschickt, aus dem Flieger auf die Treppe des Rollfelds hinauszutreten. Doch zu aller Überraschung bleibt die am Flughafen versammelte Menschenmenge ruhig. Nichts geschieht, als der echte Habsburger erscheint. Stille. Als zu guter Letzt Romy Schneider und Karlheinz Böhm hinaustreten, brandet tosender Jubel auf. Gemeinsam gehen sie die Treppe hinunter, während die Masse in Bewegung gerät. Es sind mehrere Tausend Menschen, die auf dem Flugfeld bis zur Halle stehen, es heißt, es seien 35 000. Sie alle sind gekommen, um Kaiserin Sissi und Kaiser Franz Joseph zu sehen. Vom realen Otto von Habsburg nehmen sie keinerlei Notiz.

Karlheinz Böhm versucht Romy zu schützen, denn die Sicherheitsleute sind machtlos angesichts der Schubkraft, die die große Menge entwickelt. Menschen werden verletzt, Scheiben zersplittern, das Gedränge ist gigantisch. Dann werden Romy und Böhm von den Menschen plötzlich hochgehoben und vom Flugplatz bis zum Hallenausgang, dorthin, wo die Wagen auf sie warten, im wahrsten Wortsinn auf Händen getragen. Eine Szene, die einem Film entnommen sein könnte – so jedenfalls beschreibt es glaubhaft Karlheinz Böhm in einem Fernseh-Interview.

Der beinahe hysterische Empfang von Romy Schneider und Karlheinz Böhm am Flughafen in Madrid ist ein anschauliches Symptom für die *Sissi*-Manie dieser Zeit: *Sissi,* das ist eine Art Volksheldin der Nachkriegszeit.

Hörbar verächtlich im Ton wird Romy sich selbst zwanzig Jahre später »Romy Schneider – deutsches Nationalgut«[50] nennen, sich wütend und verärgert als *»public property«* bezeichnen, als öffentliches Eigentum.

Zwischen dem zweiten und dem dritten *Sissi*-Film liegen drei Arbeiten Romys, die in Thema und Form allesamt nichts mit royaler Süßlichkeit gemein haben: *Kitty und die große Welt* (1956) von Alfred Weidenmann, *Robinson soll nicht sterben* (1956), inszeniert von Josef von Báky, und schließlich Helmut Käutners *Monpti* (1957).

Mit den beiden Letzteren geht eine Begegnung einher, über die in dieser Zeit in der Presse die wildesten Spekulationen angestellt werden: Romy Schneider lernt Horst Buchholz

(1933–2003) kennen, der fünf Jahre älter ist als sie und bereits in maßgeblichen Filmen wie Georg Tresslers Drama *Die Halbstarken* (1956) mitspielte. Romy mag den Kollegen, der etwas Rebellisches an sich hat. Gemeinsam spielen sie die Hauptrollen in der Daniel-Defoe-Geschichte *Robinson soll nicht sterben* – das Drehbuch stammt von Johannes Mario Simmel – und in der Adaption von Gábor von Vaszarys Roman *Monpti*. Für Käutners Liebesgeschichte dreht Romy nun erstmals in Paris.

Was liegt da für die bundesrepublikanische Regenbogenpresse näher, als die Vermutung anzustellen, dass es spätestens bei der Pariser Geschichte zwischen den beiden Jungschauspielern doch kräftig gefunkt haben muss?

Romy selbst bekundet: »Ich habe mich mit Horst Buchholz gleich gut verstanden. Mir gefiel sein Mut, für sich einzustehen. Immer sagt er, was er denkt. Auch wenn es den werten Erwachsenen nicht gefällt. (...) Er ist genau das, was ich mir unter einem Revolutionär vorstelle. Er vergißt niemals, wie er als Kind, als Bub, als junger Kerl gelebt hat.«[51]

»Hotte« Buchholz erklärt zu dieser Zeit einmal, und er mag dabei durchaus Bezug auf die unvermeidlichen medialen Spekulationen nehmen: »Ich kenne Romy besser. Romy ist nicht nur ›ein liebes Mädel, das durch seinen jugendlichen Charme die Kinogänger für sich gewinnt‹ – Romy ist sehr begabt, sehr fleißig und in der Arbeit wie kaum eine Schauspielerin rücksichtslos gegen sich selbst.«[52]

Fotos der Jahre 1956 und '57 zeigen die beiden ausgelassen und fröhlich, etwa auf einem Karussell auf dem Münchner Volksfest Auer Dult, im Schnee in den Bergen auf einem Schlitten, in Paris am Set von *Monpti* oder auch im Jardin du Luxembourg im Frühling, sich verschmitzt anlächelnd, miteinander ganz vertraut. Vielleicht war da tatsächlich ein Anflug von Verliebtheit, vor allem aber wird es sich hierbei um wirksame Publicity-Fotos gehandelt haben. Doch Magda Schneider hat alles im Blick, denn sie wirkt auch im *Robinson*-Film mit und ist am Set allgegenwärtig. »Neulich habe ich in einer großen Illustrierten Fotos gesehen, auf denen ich mit Mammi zu sehen bin und auf denen sie offensichtlich mit mir schimpft. Natürlich hat sie das. Es ging um Horst Buchholz. Wir hatten uns bei *Robinson soll nicht sterben* angefreundet – er ist ein Pfundskerl, mit allen Schwächen und Tugenden. Wir hatten in München verabredet, daß wir auf dem Berliner Filmball ganz groß tanzen wollten. Wir haben dann auf dem Filmball getanzt, daß es nur so zischte. Horst tanzt großartig und ich tanze gern. Mammi schimpfte mit mir, weil ich nur mit Horst Buchholz tanzte und sich bei ihr einige Herren beschwerten, daß sie überhaupt noch nicht hätten mit mir tanzen können. (…) Die Kompanie Bildberichter, die da war, wollte endlich einmal andere Fotos knipsen als nur immer Horst Buchholz und mich.«[53]

Neben Horst Buchholz steht noch ein anderer Schauspieler dieser in den 1930er-Jahren geborenen Generation am Set von *Robinson soll nicht sterben* vor der Kamera – Mario Adorf, dessen Erinnerungen an die mit der jungen Schauspielkollegin Romy Schneider erlebte Zeit auch heute noch sehr präsent sind.

»Ich erinnere mich gut an Romy. Ich war sehr beeindruckt von ihr, denn ich erwartete eigentlich nichts von ihr. Ich kam ja auch gerade erst von der Schauspielschule. Dass sie überhaupt auf mich zukam – mit dieser merkwürdigen Frage, wie sie das machen könnte, dass sie auf die Otto-Falckenberg-Schauspielschule hier in München kommt. Ich habe gut behalten, dass ich zu ihr gesagt habe: ›Aber Romy, da können Sie nichts mehr lernen.‹«

»Einmal habe ich ihr einen Tipp gegeben – und ich hatte ja selbst erst ein paar Filme gemacht, sechs oder sieben, während sie schon ihren Ruhm hatte«, fährt Adorf nach kurzem Zögern fort. »Einmal also habe ich zu ihr gesagt: ›Darf ich Ihnen einen Tipp geben: In der Großaufnahme nicht zu sehr mit dem Kopf schütteln.‹ Das hat sie dann auch angenommen und befolgt. Wie ich überhaupt dazu kam, ihr etwas zu sagen, das war ja gar nicht meine Aufgabe. Sie war damals der Star.«

Adorf abschließend: »Das habe ich damals schon bei *Robinson soll nicht sterben* gemerkt: dass sie mehr war als eine Sissi. Da war mehr als dieser österreichische, im Ansatz noch etwas mollige Wiener Charme.«

Bald schon soll Mario Adorf Romy Schneider im pulsierenden Rom der frühen 1960er-Jahre wiedersehen. An ihrer Seite: Alain Delon.

Käutners *Monpti* ist nicht Romys einzige Arbeit in diesem Jahr. Im Spätherbst 1957 entsteht die sommerlich luftig-leichte Geschichte um das lebhafte Mädchen Scampolo, das sich als Fremdenführerin ein wenig Geld verdient und sich in einen Architekten verliebt, gespielt von Paul Hubschmid. Wie zuvor schon *Kitty und die große Welt*, inszeniert hier erneut Alfred Weidenmann, gedreht wird *Scampolo* auf der Insel Ischia im Golf von Neapel.

Zuvor, noch im Sommer 1957, finden die Dreharbeiten zum nächsten *Sissi*-Film statt, für Romy der dritte und unwiderruflich letzte: *Sissi – Schicksalsjahre einer Kaiserin.* Für Buch und Regie zeichnet abermals »Ernstl« verantwortlich, für den die Fortsetzung der populären Schmacht-Reihe ebenso außer Frage steht wie für alle anderen Beteiligten auch – allen voran Magda Schneider und Hans Herbert Blatzheim. Die Dreharbeiten führen das Team diesmal bis nach Venedig.

Als Romy einen weiteren *Sissi*-Teil ablehnt und die Gage von einer Million Mark ausschlägt – es ist jener Moment im Kinderzimmer auf Mariengrund –, da beginnt sich der allmähliche Bruch mit der Familie abzuzeichnen, ebenso wie jene Zäsur in ihrer Arbeit als Schauspielerin. Bald schon wird sie nicht mehr in deutschen Produktionen mitspielen. Romy – sie ist nun neunzehn Jahre alt – beginnt auszubrechen, schnürt das zu enge Korsett auf, um endlich frei atmen zu können. Weg mit den Rüschen und den Rosen aus Pappmaché, raus aus all dem biederen Mief und dem Muff. Bald schon wird Romy in Frankreich ihr Herz verlieren und versuchen, sich dort ein ganz neues Leben aufzubauen.

*

Längst ist auch er eine Legende. Er kannte Romy Schneider, hat sie und auch Alain Delon in Paris, wo er bis heute lebt, immer wieder interviewt: Georg Stefan Troller.

Am 10. Dezember 1921 in Wien geboren, Österreicher mit US-amerikanischem Pass und Kosmopolit jüdischer Herkunft, hat Troller selbst ein volles Leben gelebt, aus dem es Geschichten über Geschichten zu erzählen gibt. Und er berichtet daraus, in seinen Büchern und in seinen unzähligen Fernseh-Reportagen – populär ist er unter anderem durch die fünfzig Folgen seines *Pariser Journals* (1962–1971, ARD) oder die siebzig Folgen seiner *Personenbeschreibung* (1971–1993, ZDF) geworden – und auch im persönlichen Gespräch bei sich zu Hause in Paris.[54] Troller hat sich selbst einmal als »Menschenfresser« bezeichnet, und wenn dieser Zeuge eines ganzen Jahrhunderts anfängt, sich zu erinnern, dann geschieht das im typischen Troller-Ton mit sonorer, klarer Diktion.

Wenn man zu Georg Stefan Troller will, dann geht es im wahrsten Wortsinn hoch hinaus: Im 7. Pariser Arrondissement – zwischen Quai d'Orsay und dem unweit gelegenen Dôme des

Invalides, dort, wo Napoleon Bonaparte begraben liegt –, führt einen der Weg in eine dieser ruhigen, schmalen, für Paris so typischen Seitenstraßen, in denen es plötzlich ganz still ist, kein Verkehrslärm mehr zu hören ist und kein Tourist mehr zu sehen. Steht man vor dem stattlichen bürgerlichen Wohnhaus, so kann man am Horizont direkt über dem einen Straßenende den Eiffelturm sehen, wie er stahlgrau in den Himmel über Paris hineinragt.

An der obersten Klingel steht schlicht »Troller«, und hat man den in Paris üblichen *code* der Haustür eingegeben, geht es durch den Eingang dieses Altbaus zu einem engen Fahrstuhl, der mit bedächtiger Langsamkeit bis ins sechste Stockwerk hinauffährt. Den Rest muss man über die denkbar schmale, ziemlich steile Treppe erklimmen (und kommt nicht umhin, sich währenddessen zu fragen, wie dieser ältere Herr das denn schafft), um schließlich vor einer kleinen Wohnungstür zu stehen, direkt unterm Dach, dort, wo früher die *chambres de bonnes* waren, die Zimmer der Hausangestellten und Bediensteten, die ganz oben in kleinen, beengten Behausungen wohnten, während in den mittleren und unteren weiträumigen, schönen Etagen die betuchte Bourgeoisie residierte. Hier oben in der siebten Etage, auf mehreren zusammengeschlossenen ehemaligen *bonnes*-Zimmern, residiert die Reporter- und Journalisten-Legende Georg Stefan Troller.

Nach dem Anklopfen öffnet sich die Tür, und der Mann mit den zum Zopf, seinem Markenzeichen, zusammengebundenen grauen Haaren und dem inzwischen schlohweiß gewordenen Vollbart steht im Türrahmen und bittet freundlich hinein. Seit 1949 lebt Troller, der 1938 im Alter von sechzehn Jahren von Wien über die Tschechoslowakei und Frankreich in die USA emigrierte und von dort wieder nach Paris zurückkam, in der französischen Metropole, um von dort aus die ganze Welt zu bereisen.

Es ist hier in Paris, wo Georg Stefan Troller auch Romy Schneider und Alain Delon erlebt. Doch zunächst geht es zurück in die späten 1950er-Jahre, zu Romy, bei der ihm gleich beim ersten Treffen diese Ambivalenz, diese Zerrissenheit auffällt:

»Ich war erstaunt, wie gut die Romy mit ihrer Mutter ausgekommen ist, da ich immer dachte, die wären zerstritten gewesen. Keineswegs, keineswegs. Sie war das kleine Baby ihrer Mutter und war sehr glücklich damit. Ich dachte, sie hätte ihr die Nazi-Vergangenheit übel genommen, aber anscheinend überhaupt nicht. Die Mutter hat Romy viel bedeutet.«

Troller fährt fort: »Sie war unglücklich mit Magdas Mann, mit dem Vater, ›Daddy‹. Das muss ja furchtbar für sie gewesen sein – dieser ›Daddy‹ Blatzheim. (…) Warum musste dieses Mädel so viel leiden, dem doch alles gelang? Warum immer dieses Gefühl, das sie ja auch vermittelt hat, dass sie todunglücklich ist, dass sie kämpfen muss, dass ihr nichts gelingt?«

Und schließlich: »Sie wollte weg, das ist doch vollkommen klar. Endlich aus der *Sissi* ausbrechen. Und hat dann eben Rollen übernommen, die für damalige deutsche Verhältnisse sehr gewagt waren, das war ja wirklich eine wolkige Zeit.«

Nach einer der kurzen Gesprächspausen, die Troller gerne einlegt, ergänzt er noch: »Sie war ja so froh, dass sie aus Deutschland weg war.«

Auch zu Alain Delon und zu ihnen beiden als Paar, das er nicht zuletzt 1961 gemeinsam auf der Bühne unter Luchino Viscontis Regie erlebt, soll dem »Menschenfresser« Georg Stefan Troller noch vieles aus den Begegnungen einfallen, während er dort oben im siebten Stock auf die Jahrzehnte zurückblickt, es draußen allmählich dunkel wird und der sich waagerecht drehende Scheinwerfer des illuminierten Eiffelturms über die Dächer der Stadt schweift.

Der Stadt von Romy und Alain.

TEIL II

LIEBE

Ein folgenschweres Remake und die erste große Liebe:

Christine, 1958

Ich war 19 Jahre alt, ich setzte zum ersten Mal meinen Fuß auf Pariser Pflaster, und ich wollte eine große Liebe zu jemandem erleben, den ich anbetete.

ROMY SCHNEIDER, 1964

1958 stand ich am Anfang, sie war bereits Sissi, *berühmt in ganz Europa. Ich war ein junger Draufgänger, abgehärtet von Indochina. Uns trennte die ganze Welt.*

ALAIN DELON, 2011

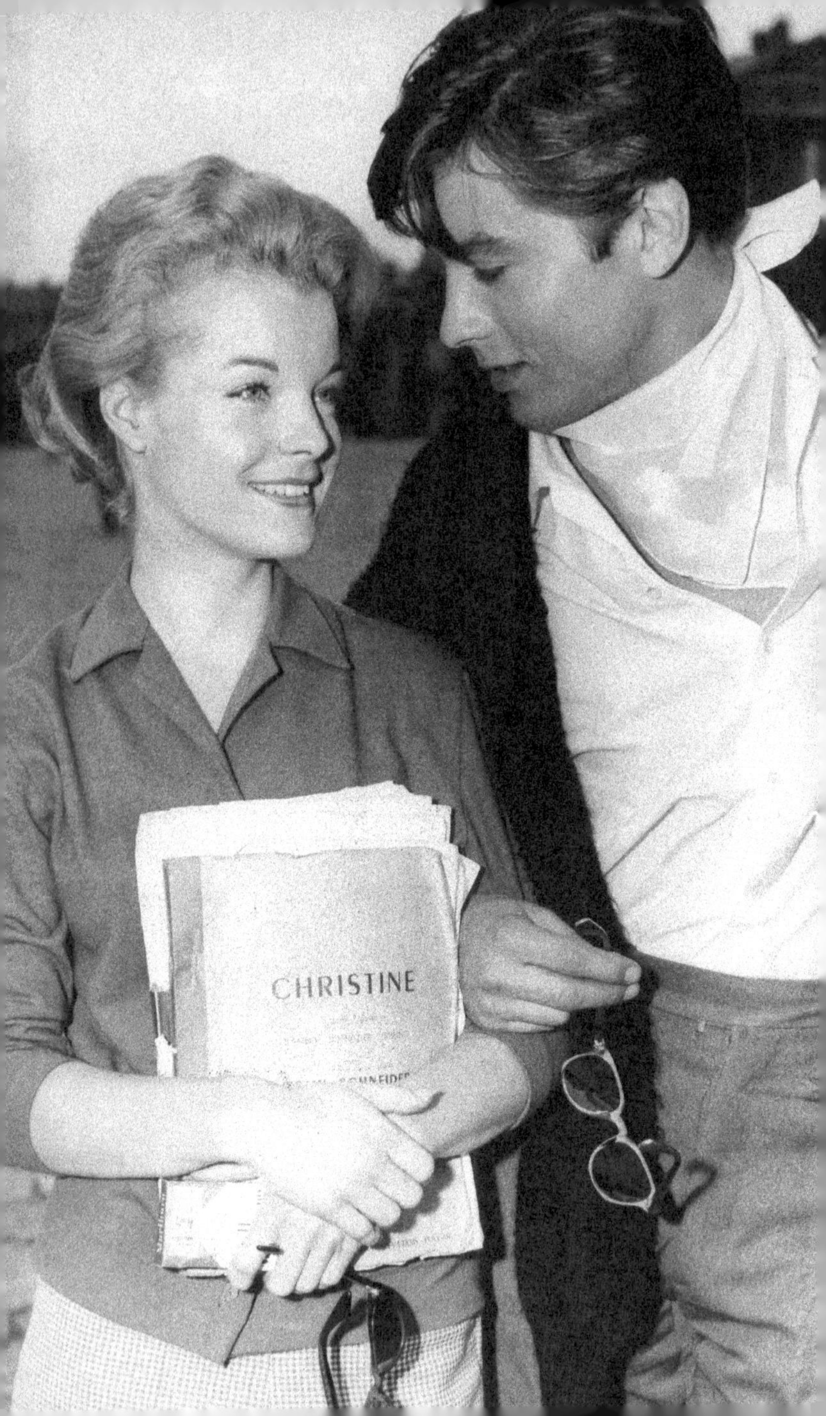
CHRISTINE

Mit dem Jahr 1958 wird sich das Leben von Romy Schneider ebenso grundlegend wie nachhaltig verändern. Es ist eines dieser Schlüsseljahre in ihrem Leben, in denen sie an einer Wegesgabelung steht und sich entscheiden muss, welchen Weg sie fortan gehen wird. Auffallend oft soll sich diese existenzielle Situation in ihrem Leben wiederholen.

In diesem Jahr wird Romy Schneider sich für einen Mann und ein anderes Land, für eine andere Sprache und ein anderes Leben entscheiden. Vor allem aber wird sie sich von ihrer Familie loslösen, wird Berchtesgaden verlassen. Es ist eine Zäsur. Romy selbst nimmt sie vor – gegen den Willen ihrer Familie, gegen den Willen ihres beruflichen Umfelds, das sie lieber in *Sissi IV* sähe, gegen den Willen einer Gesellschaft auch, die dafür nicht bereit ist.

»*Sissi* hing mir wie ein Klotz am Bein«, so Romy. »*Sissi* lächelte selig, wenn ich Lust hatte, zu weinen und zu leiden. In Wien, Paris, Rom, wenn ich ein großes Kaufhaus betrat, ja sogar im Hotel, zeigte man mit dem Finger auf mich: ›Schau, Sissi.‹ Ich kam mir wie ein österreichischer Schmarrn vor, den man verschlingen wollte.«[55]

Als es sieben Jahre her ist, dass sie Deutschland verlassen hat, und sie inzwischen ein ganz anderes Leben führt, da wird Romy im Sommer 1965 in ihr Tagebuch notieren: »Ich habe gesagt, daß ich in Frankreich leben und lieben, mich zu bewegen und mich zu kleiden lernte. Ich habe das Gefühl, ich wurde in Wien geboren, um in Paris zu leben.«[56]

Das schicksalhafte Jahr 1958 beginnt mit einer dreiwöchigen Reise nach Amerika, der ersten dieser Art für die junge Romy. Am 13. Januar startet ihre Maschine, die am damals noch existierenden Münchner Flughafen Riem abhebt. Mutter Magda Schneider begleitet ihre neunzehnjährige Tochter natürlich. Die Reise führt sie in diesen Januartagen erst nach New York und dann nach Hollywood. Es gilt, den US-Kinostart ihres Films *Mädchenjahre einer Königin* zu bewerben. In New York sehen Mutter und Tochter am Broadway eine Aufführung von *My Fair Lady*, und in der Metropolitan Opera gehen sie in den *Rosenkavalier*. Romy gibt zahlreiche Zeitungs- und Fernseh-Interviews, sie ist auf Partys in Beverly Hills eingeladen, wo sie unter anderem Regisseur William Dieterle vorgestellt wird, und besichtigt bei dieser Gelegenheit sowohl die MGM- als auch die Disney-Studios.

Auch dieses Jahr folgen in Romys Leben Dreharbeiten auf Dreharbeiten, gleich bei drei Produktionen steht sie vor der Kamera: Das volle Arbeitsjahr beginnt im Frühjahr mit *Mädchen in Uniform*, die unter der Regie von Géza von Radványi im Frühjahr in Berlin und Hamburg entsteht, wird mit der deutsch-französischen Co-Produktion *Christine*, inszeniert von Pierre Gaspard-Huit, im Sommer fortgesetzt und endet schließlich im Herbst mit Rolf Thieles österreichischer Burleske *Die Halbzarte*.

So belanglos die dritte dieser Produktionen sein mag, so wichtig sind die beiden vorhergehenden: Der Part der Pensionatsschülerin Manuela von Meinhardis in *Mädchen in Uniform* stellt letztlich Romy Schneiders erste ernste Rolle im Charakterfach dar. Nach all den heimelig-wohligen Kaiserinnen- und Königinnen-Schmonzetten, in denen sie stets aufs Neue die immer gleiche Rolle zu spielen und einem Klischee zu entsprechen hatte, ist dieser Part eine große Herausforderung für sie. Romys Partnerinnen hier sind keine Geringeren als Lilli Palmer und Therese Giehse, zwei der ganz Großen ihrer Zeit.

»Mir hing diese Person Sissi zum Halse raus«, bekennt Romy in diesen Jahren einmal unmissverständlich. »Ich bedaure die Serie nicht, denn ich habe ihr auch viel zu verdanken. Aber für mein Streben nach Rollen, die meiner Person gleichstanden, waren diese Filme wie eine Ohrfeige. Hinzu kam der Erfolg, den ich nicht verstand. Ich war plötzlich nicht mehr Romy, sondern nur noch Sissi, die jungfräuliche Königin des deutschen Films.«[57]

Eine solche Rolle, die ihr eigenes Bedürfnis nach Ernsthaftigkeit befriedigt und sich nicht mehr wie eine Ohrfeige anfühlt, wird Romy erstmals mit *Mädchen in Uniform* angeboten.

*

10. April 1958. Flughafen Paris-Orly. Der Flieger aus Deutschland ist gelandet. Reporter und Fotografen warten bereits auf dem Rollfeld. In dem Flieger, jenseits des Rheins gestartet, befindet sich die neunzehnjährige Romy Schneider, jene Schauspielerin, die durch die Hauptrolle in der *Sissi*-Trilogie auch diesseits des Rheins bekannt geworden ist. Auch hier, in der Grande Nation, die eine stolze Kino-Nation ist, die ihre eigenen Stars hegt und pflegt und sie nicht, wie etwa die deutsche Presse es tut, durch anhaltende Negativ-Berichterstattung außer Landes vertreibt. In De Gaulles Frankreich ist man stolz auf seine Leinwand-Stars. Das ist damals so, das ist auch heute noch so. Marlene Dietrich, Hildegard Knef, Lilli Palmer hingegen – sie alle haben Deutschland verlassen. Ihnen folgt nun auch Romy Schneider.

Über diesen entscheidenden Moment in ihrem Leben wird Romy später einmal sagen: »Ich hatte mein Schicksal selbst geschmiedet, und ich bereue nichts. Ich wollte immer modern und hart sein – kein Traumbild vergangener glanzvoller Kaiser-

Tage, sondern einfach eine junge Frau. Ich mußte davonlaufen – von Deutschland und von den Millionen-Rollen. Als ich es endlich tat, warf man mit Steinen nach mir …«[58]

Romy wird auch auf dieser Reise von ihrer Mutter Magda begleitet. Zuvor hat sie lange gezögert, ob sie das Angebot zu *Christine* wirklich annehmen soll. Denn *Christine* soll das Farb-Remake von Max Ophüls' 1933 in Schwarz-Weiß entstandenem Film *Liebelei* werden, der Adaption von Arthur Schnitzlers gleichnamigem Dreiakter – seinerzeit mit Magda Schneider in der weiblichen Hauptrolle der Christine Weiring. Max Ophüls, der zuvor in den Münchner Bavaria Filmstudios *Lola Montez* (1956) gedreht hat und gefragt wurde, ob er denn im Anschluss daran die Regie seines eigenen Remakes übernehmen wolle, lehnte umgehend dankend ab.

Dieselbe Rolle zu spielen, die fünfundzwanzig Jahre zuvor ihre Mutter Magda verkörperte und berühmt machte – drängt sich damit nicht unweigerlich ein Vergleich zwischen Mutter und Tochter auf, ein Vergleich, der voraussichtlich zuungunsten der jungen Tochter ausgehen würde? Schließlich nimmt Romy trotz aller Zweifel an – *Christine* soll ihr erster französischer Film werden. Sie ahnt in diesem Moment noch nicht, welche Auswirkungen diese Entscheidung auf ihr Leben haben wird. Wie könnte sie es auch erahnen?

Den für sie so denkwürdigen Tag im April hält Romy später schriftlich fest: »Und dann kam Alain Delon. Ich erinnere mich an jede Einzelheit. (…) Wir flogen nach Paris. Die Filmproduktion hatte auf dem Flughafen für die Presse ein Treffen mit meinem Partner Alain Delon arrangiert. Ich haßte diese Flughafen-Empfänge. Die Tür wird geöffnet, man tritt auf die Rolltreppe, Mammi steht hinter einem und flüstert ins Ohr: ›Jetzt lächeln, lächle …‹ So war es auch dieses Mal. Lächeln. Blitzlichter. Starrende Augen. Unten vor der Rolltreppe stand ein zu schöner, zu wohlfrisierter, zu junger Bursche, ganz als Gentleman verkleidet, mit Schlips und Kragen und einem übertrieben modischen Anzug: Alain Delon. Der Strauß roter Rosen in seiner Hand war auch zu rot. Ich fand das Ganze geschmacklos und den Knaben uninteressant.«[59]

Und Romy weiter: »Auch er fand mich zum Kotzen – so drückte er sich später aus. Ein angeberisches, dummes, süßes Wiener Mädchen, ohne Pfiff. Und so was wird in Deutschland Star! Und mit diesem Typ mußte er jetzt sechs Wochen lang drehen. Er sprach nicht englisch, ich sprach nicht französisch. Wir unterhielten uns in einer Sprachen-Melange.«

Wer noch zusammen mit Alain Delon auf dem Rollfeld von Orly auf Romy wartet, ist Jean-Claude Brialy, jener Schauspieler, den Delon am Strand der Filmfestspiele von Cannes kennenlernte. Die beiden sind Freunde geworden. Nun stehen sie hier gemeinsam, beide zu diesem Zeitpunkt noch weitgehend unbeschriebene Blätter, und warten auf den großen jungen Star aus Deutschland.

Alle drei erleben diese für sie damals besondere Situation anders.

»Mit diesem Blumenstrauß, den mir jemand in die Hand gedrückt hatte«, so beschreibt es Delon einmal, »sah ich bestimmt aus wie ein Trottel, hatte ›*l'air d'un con*‹, wie Jacques Brel mal sang.«[60]

Jean-Claude Brialy – der am 30. Mai 2007 im Alter von 74 Jahren in der kleinen Gemeinde Monthyon unweit von Paris stirbt – erinnert sich noch wenige Jahre vor seinem Tod an jene Situation auf dem Rollfeld, als sie sich alle zum ersten Mal begegnen: »Ich folgte ihm (Delon) also zum Flughafen, er drückte mir den von der Produktion vorbereiteten Rosenstrauß in die Hand, und wir warteten. Romy stieg aus dem Flieger, begrüßte Alain, dann stürzten Produzent und Regisseur sich auf sie und zogen sie davon. Sie hielt sich für die Fotografen drei Sekunden lang die Rosen vor die Brust und gab sie mir dann wieder!«[61]

Zwar sind Romy und Delon bereits besetzt, doch Brialy ist es nicht, und er geht eigentlich auch nicht davon aus, besetzt zu werden. Delon wiederum wurde zuvor von Romy ausgesucht, nachdem man ihr Fotos verschiedener junger Schauspieler vorgelegt und sie, ohne je von ihm gehört zu haben, das Foto von Delon ausgewählt hatte. Brialy erinnert sich später: »Sie hat Alain aus den Fotos ausgesucht, weil sie ihn attraktiv fand, aber auch, weil sie nicht wusste, wer er ist.«

»Ich hatte nur mein Aussehen und meinen Mangel an Erfahrung vorzuweisen. Als ich erfuhr, dass die mich wollten, blieb mir die Spucke weg«[62], bekennt Delon einmal unumwunden. Es ist Romy, die ihn ausgesucht hat. Seine erste Hauptrolle hat er letztlich einzig und allein ihr zu verdanken.

Doch Delon wäre nicht Delon, würde er nicht dafür sorgen, dass die Dinge den von ihm gewünschten Lauf nehmen. Er fordert von den Produzenten, dass sie seinen Freund Jean-Claude ebenfalls in der bevorstehenden Produktion besetzen: Kein Brialy bei *Christine*, kein Delon bei *Christine. Et voilà!* So funktioniert es schon in jungen Jahren, das System Delon. Die Produzenten und auch Regisseur Pierre Gaspard-Huit geben auf Delons hartnäckiges Insistieren hin schließlich nach. »So war Alain eben«, kommentiert Brialy.

»Er hatte damals einen zweifelhaften Ruf, stand mit einem Bein in der Kriminalität«, so Regisseur Pierre Gaspard-Huit rückblickend über seinen damaligen jungen Hauptdarsteller. »Aber seine katzenhafte Art, seine Aggressivität und seine Schönheit machten ihn zum idealen jungen Liebhaber.«[63]

Bald schon soll sich nicht nur vor der Kamera das Liebes-Karussell in Bewegung setzen, sondern auch jenseits des Sets.

Zwar bemüht Romy sich nach Kräften, diesen französischen Filou nicht zu mögen, lange wird sie dieses hehre Vorhaben jedoch nicht durchhalten.

»In Paris erst lernte ich den wahren Alain kennen«, so Romy. »Einen Verrückten. Einen blutjungen Burschen in *Blue jeans* und Sporthemd, einen ungekämmten, schnellsprechenden, wilden Knaben, der immer zu spät ins Atelier kam, mit einem Rennauto durch Paris raste, rote Ampeln überfuhr – einen Alain, von dem man sich die ungeheuerlichsten Geschichten erzählte. Ich mochte ihn immer noch nicht.«[64]

Zu ersten Proben müssen sich die beiden jungen Schauspieler alsbald in einem kleinen Studio in der Stadt einfinden, das nahe der Place de Clichy zwischen dem 18. und dem 9. Arrondissement gelegen ist. Alain Delon muss für die Dreharbeiten zu *Christine* das Tanzen und das Reiten erlernen, beides Disziplinen, die er bislang nicht beherrscht und in denen er sich zunächst auch sehr ungelenk anstellt. Auch der Wiener Walzer steht auf dem Programm.

»Am Nachmittag probten Alain und Romy die Ballszene. Alain war steif wie ein Besenstiel, konnte kein bisschen tanzen. Romy dagegen war die reine Anmut. Ich wurde Zeuge der Geburt einer Leidenschaft: Alain, linkisch und ungeschickt, Romy, leicht und strahlend, der Wiener Walzer, die ersten Blicke, es lag wirklich Magie in der Luft zwischen den beiden.«[65]

Trotz betonter gegenseitiger Abneigung – Romy: »die Fetzen flogen« – beginnen sie, die Zeit außerhalb der Produktion ebenfalls miteinander zu verbringen, wie Jean-Claude Brialy zu berichten weiß: »Romy bat Alain, ihr Paris bei Nacht zu zeigen. Sie war achtzehn und sprach kein Französisch. Er sprach kein Deutsch. Ich spielte den Übersetzer, er bekam die Küsse!«[66]

Dann kommt der Filmball in Brüssel.

Romy Schneider und Alain Delon sitzen im Zug von Paris

nach Brüssel, wo sie als Gäste des Filmballs erwartet werden. Hans Herbert Blatzheim besitzt in der belgischen Hauptstadt eines seiner Restaurants, und so wollen sie sich alle dort treffen. Blatzheim, ganz Geschäftsmann, spekuliert auch hier auf medienwirksame Fotos mit seiner prominenten Stieftochter. Magda Schneider und »Daddy« Blatzheim warten schon auf die Tochter und ihren französischen, noch recht unbekannten Filmpartner.

Romy und Delon, die bei den Proben zu *Christine* bislang immer miteinander stritten, sich mitunter anschrien und alles andere als gut verstanden – Romy: »es herrschte ständig Kriegszustand« –, sodass der geplagte Dritte im Bunde, der stets mitfühlende Jean-Claude Brialy, so manches Mal mit Mühen schlichten musste, sie streiten im Zug erstmals nicht. Erstmals ist da etwas anderes. Sie flirten miteinander. Die Romy, die in Brüssel ankommt, wird eine andere sein als die Romy, die in Paris abgefahren ist.

Als Romy aus dem Zug aussteigt und Mutter Magda sie in Empfang nimmt, da entfährt es der Mutter nur: »Oje – dich hat's erwischt …«[67]

*

Das Wien, das Arthur Schnitzler in seinem im Oktober 1895 am Burgtheater uraufgeführten Stück *Liebelei* skizziert – weniger komödiantisches Volksstück denn sozialkritisch-psychologisches Drama und bürgerliches Trauerspiel –, ist das Wien vor der Jahrhundertwende. Der Film hingegen nennt im Vorspann das Jahr 1906 als Zeitpunkt der Handlung. Der Erste Weltkrieg ist noch in weiter Ferne.

Die junge Christine (Romy Schneider) – Tochter des Hans Weiring (Fernand Ledoux), seines Zeichens Cellist im Orchester am Josefstädter Theater und liebevoller alleinerziehender Vater – begegnet in Grinzing beim Heurigen dem jungen Leutnant Fritz Lobheimer (Alain Delon). Während Christine dort mit ihrer besten Freundin ist, der lebensfrohen, extrovertierten Mizi Schlager (Sophie Grimaldi), vergnügt Fritz sich mit seinen Kompagnons, darunter sein bester Freund, Oberleutnant Theo Kaiser (Jean-Claude Brialy). Es dauert eine ganze Weile, bis Fritz das Herz der scheuen, introvertierten Christine schließlich erobert.

An einem ihrer gemeinsamen Sonntage, an denen die Offiziere und Leutnants stets freihaben, fahren Christine und Fritz mit der Pferdekutsche in die Natur außerhalb Wiens. Christine steigt aus der Kutsche und steht vor einem weiten grünen Tal mit Wiesen und Wäldern, in der Ferne sind Anhöhen zu sehen. Sie ruft nach Fritz, er solle doch kommen, und dabei hallt sein Name aus der Ferne als Echo zurück. Christine empfindet das als ein Glück. Fritz stellt sich neben Christine, und dann rufen sie abwechselnd, immer mit einer kurzen Pause: »Fritz!« – »Christine!« – »Ich schwör'« – »dass ich dich liebe« – »für immer!«

Dann sagt Christine, nachdem sie kurz innehält, zu Fritz: »Hörst' das – das ist die Ewigkeit: war, ist, und wird immer sein.«

Das hat bei allem Klischee und allem Kitsch etwas sehr Anrührendes. Vielleicht auch, weil in dieser Szene offenbar wird, dass sich Fiktion und Realität oft nicht ganz sauber voneinander trennen lassen, ineinander überzugehen scheinen.

»Man sah deutlich, dass zwischen Romy und Alain etwas lief – sowohl im wahren Leben als auch auf der Leinwand«[68], so Jean-Claude Brialy über den Beginn der Verbindung seiner beiden Kollegen.

Die emotionale Sequenz zeigt Romy Schneider und Alain Delon, wie sie ganz dicht nebeneinander stehen, die Kamera sie in einer halbnahen Einstellung kadriert, nur ihre Gesichter und Schultern im Anschnitt. Delon steht leicht versetzt etwas hinter

Romy, und beide sind sie halb im Profil zu sehen, während sie ihrem Echo lauschen. Es ist der wohl bekannteste Moment aus *Christine*, die Kamera-Einstellung – oftmals als Ausschnitt oder auf Fotografien zu sehen – hat ikonischen Charakter: Die beiden Liebenden, *on screen* wie *off screen*, Christine und Fritz, Romy und Alain, Wange an Wange, jung und schön. Es hat beinahe etwas von einem pastosen, farbintensiven Gemälde, von einem aus Marmor gehauenen Doppel-Portrait.

Doch Fritz holt die Affäre ein, die er bis vor Kurzem mit der verheirateten, wesentlich älteren Baronin Eggersdorf (Micheline Presle) hatte: Baron Eggersdorf (Jean Galland), ohnehin von Eifersucht gequält, kommt dem Betrug auf die Schliche und fordert seinen jüngeren Konkurrenten zum Duell heraus. Wenngleich Fritz die Affäre beendet hat und sich nichts anderes wünscht, als mit seiner Christine glücklich sein zu können, muss er sich duellieren. Dem Baron geht es um Ehre, um Satisfaktion. Dem Fritz um Liebe, um Zukunft. Da der Baron der Betrogene ist, »der Beleidigte«, wie er es formuliert, darf er nach zwanzig zurückgelegten Schritten zum ersten Schuss anlegen. Fritz' bester Freund Theo wartet mit gebührendem Abstand im Wald zusammen mit seiner Mizi angespannt darauf, dass ein zweiter Schuss fällt. Doch er fällt nicht. Den langen Moment danach, in dem eine Totenstille über dem Wienerwald liegt, halten sie kaum aus.

Als sie beide Christine, die zu Hause bei ihrem Vater ist und keinerlei Ahnung von dem Duell hat, die traurige Mitteilung von Fritz' Tod überbringen müssen, aber nicht wissen, wie sie es anstellen sollen und sich furchtbar winden, da blickt Christine auf der Suche nach Antworten schließlich direkt in die Kamera und sieht uns, die Zuschauer, während ihres voller Inbrunst und Unbedingtheit vorgetragenen Trauer-Monologs unvermittelt an, den Blick haltend, während ihr die Tränen übers Gesicht laufen und sie ahnt, dass ihre Liebe zu Ende ist, womit auch ihr Lebenswille erlischt:

> »Warum sagt's mir denn nicht die Wahrheit? *Pause.* Warum, warum? Für a Frau. Für diese Frau. Und ihr Mann, hat ihn getötet. Gestern hat er's g'wusst. G'wusst, dass wir uns nie mehr … Fort'gangen is' er, mit einem Lächeln. Und heut' früh, ist er g'storben, für a andere. Für a andere. *Pause.* G'schworen hat er mir, dass er mich für ewig liebt. Und g'storben, ist er für a andere. *Pause.* Nein, des is' ned wahr. Das ist nicht wahr! Was war ich denn für ihn? Was war ich denn? Nichts. Nichts. Gar nichts.«[69]

In der anschließenden Szene stürzt sich die verzweifelte Christine vom Balkon. Der Monolog ist einer dieser emotional sehr aufgeladenen, stark bewegenden und für Romy Schneider so charakteristischen Leinwand-Momente. Zugleich drängen sich in diesen Momenten unweigerlich Assoziationen zu Romys eigenem tragischen Leben auf, diese manches Mal frappierenden Parallelen zwischen realer Person und fiktiver Figur, die Öffentlichkeit und Presse bei ihr immer wieder ziehen werden, ihr Leben lang.

*

Die Dreharbeiten zu *Christine* beginnen am 24. Juni 1958 und enden schließlich am 30. August – sie führen das Filmteam um Regisseur Pierre Gaspard-Huit zunächst in die Pariser Studios in Boulogne-Billancourt und im Anschluss nach Wien, wo nicht zuletzt auch alle Außenaufnahmen entstehen.

In der österreichischen Metropole logieren die Schauspieler alle im direkt hinter der Oper gelegenen Hotel Sacher, es ist die erste Adresse der Stadt. Dort, im altehrwürdigen Sacher, soll es im Laufe dieser Dreharbeiten zu so manch pikanter Situation kommen.

Über den ersten Filmkuss seiner beiden jungen Hauptdarsteller erzählt Regisseur Pierre Gaspard-Huit 2004 in Paris: »Alain und Romys erster Kuss im Film fand in einem herrlichen Park in der Gegend von Wien statt. Vermutlich stand der auch am Anfang ihrer Liebe. Die wiederum wurde entdeckt von Magda Schneider, die die beiden frühmorgens Arm in Arm vor dem Hotel Sacher überrascht hat. *Et le scandal a éclaté.*«[70]

»Alle Zeitungen schrieben ›Der Halunke will uns unsere Prinzessin wegnehmen‹ – denn auch wenn Alain nicht wirklich im Ruf stand, ein Halunke zu sein, galt er doch zumindest als Hallodri«[71], beschreibt Jean-Claude Brialy die delikaten Umstände in Wien, die er selbst miterlebt. »Eine Staatsaffäre« sei daraus geworden, so Gaspard-Huit.

Während eines drehfreien Sonntags, so erzählt es Jean-Claude Brialy fünfundvierzig Jahre später, hat Alain Delon es sich partout in den Kopf gesetzt, mit ihm zusammen nach Salzburg zu fahren: mit dem Auto, 450 Kilometer hin, 450 Kilometer zurück. Brialy zögert, fragt, wie das gehen solle, 900 Kilometer in weniger als vierundzwanzig Stunden, zudem sei der nächste Tag ein Drehtag, und warum überhaupt nach Salzburg. Delon erwidert, es handele sich um eine alte Bekannte, eine Tänzerin namens Arlette, die gerade anlässlich einer Ballett-Aufführung in Salzburg sei und dort bereits auf ihn warte. Romy dürfe von alledem natürlich nichts erfahren, Sophie Grimaldi solle als Alibi mitkommen, so würde sie keinen Verdacht schöpfen.

So fahren die drei Schauspieler also mit dem Auto nach Salzburg, begeben sich zunächst in ein Café, wo sie bald die Bekanntschaft zweier junger Frauen aus Deutschland machen, mit denen sich Alain Delon bald schon absentieren wird, nicht ohne seine Freunde Brialy und Sophie Grimaldi noch darum zu bitten, schon einmal in das Hotel vorzugehen, in dem Arlette logiere, er käme dann bald nach. Doch Delon lässt auf sich warten, den ganzen Nachmittag lang. Der Abend bricht an, Arlette muss ins Theater, auch heute ist Vorstellung, und Brialy und Sophie Grimaldi begleiten sie. Stunden später, die Aufführung ist zu Ende, Arlette über alles verärgert und enttäuscht von Delon, als dieser plötzlich auftaucht, strahlend, als sei nichts gewesen, mit seinem magischen Lächeln im Gesicht. Arlette, so Brialy, die seit dem Vormittag auf Delon gewartet habe, sei sofort versöhnt gewesen. Nachts fahren sie im strömenden Regen und nur auf Sicht zurück nach Wien, wo sie am frühen Morgen wieder eintreffen und alle direkt in die Maske müssen – es ist Montag, eine neue Drehwoche zu *Christine* beginnt. Derjenige, dem man in der Maske nichts von der Eskapade habe ansehen können, zumal nach einer Nacht ohne Schlaf – das sei Delon gewesen.

Es sei dann recht schwierig gewesen, so Brialy weiter, all das vor Romy zu verbergen, sie nichts davon mitbekommen zu lassen. Und, natürlich, auch ein wenig heikel. Anderntags habe zunächst eine Eisesstille zwischen Romy und Alain geherrscht, sie habe kein Wort mit ihm gewechselt, bis er sie, wie konnte es anders sein, mit seinem Charme erweicht habe.

»Es stimmt, manchmal machte er seltsame Sachen. Er sagte immer, wo es lang ging. Das tut er heute noch«, so Jean-Claude Brialy weiter über seinen langjährigen Freund und Kollegen Alain Delon.

»Er hatte immer einen ganz eigenen Zauber an sich«, so Brialy. »Sogar Leute, die er hasst, die er nicht leiden kann – wenn er ihnen begegnet, wickelt er sie schnurstracks um den Finger. So ging es auch Romy. Sobald er einen Raum betrat, waren sämtliche Frauen und Männer, Hunde und Katzen, Tische und Stühle sofort in ihn verliebt. Dank seiner Schönheit und seines geradezu wilden Charmes – und das wusste er zu nutzen.«[72]

Ende August sind die Dreharbeiten in Wien abgeschlossen. Romy Schneider begleitet Alain Delon, der zurück nach Paris fliegt, noch zum Flughafen Wien-Schwechat. Bis zum Rollfeld kann sie mitgehen, man hat es ihr vorher extra erlaubt. Wie oft noch werden sie in den kommenden Jahren genau das tun: einander zum Flughafen begleiten, muss Alain oder Romy doch in eine andere Metropole, an einen anderen Filmset Adieu sagen irgendwo im zu dieser Zeit noch ungleich größeren, weiteren Europa, in dem die Distanzen noch andere sind.

Im Hotel Sacher liegt Tochter Schneider Mutter Schneider in den Armen und weint ihrer abgereisten Liebe hinterher. Auch für Romy gibt es eigentlich keinen Grund mehr, noch länger hier in Wien zu bleiben. Sie muss etwas unternehmen, denn: Delon fehlt ihr, sobald er nach Paris abgeflogen ist. Er fehlt ihr sogar sehr.

»Ich kaufte mir eine Flugkarte Wien – Paris. Ich landete in Paris und rief Alain von Orly aus an. Erst als ich den Hörer auf die Gabel gelegt hatte, begriff ich, was mit mir geschehen war. Ein Film war zu Ende – nur ein Film. Ich war frei. Ich war ausgebrochen. Ich hatte das Band, das mich bisher an mein Elternhaus gefesselt hatte, endgültig durchgeschnitten.«[73]

Es ist Romy Schneiders mutiger Schritt in die Freiheit.

Sie geht diesen spontanen Schritt genau in dem Monat, in dem sie ihren zwanzigsten Geburtstag feiert. Es ist ein gewagter Bruch mit allem: Sie sagt Nein zu den Erwartungen, die von aller Welt unentwegt an sie gestellt werden, und Ja zu dem, was sie, und nur sie, will: ihrer neuen Liebe folgen. In diesem September 1958 beginnt ihr neues, selbst verantwortetes Leben.

Romy ist Delon ganz und gar erlegen und setzt sich ihm aus. Und Delon lässt sie zu sich kommen – nach Frankreich, nach Paris.

Sie kommen zunächst bei Georges Beaume unter, in dessen direkt an der Seine gelegenem Appartement am Quai Malaquais 3 im 6. Arrondissement. Die Räume sind luxuriös ausgestattet, im Schlafzimmer sind die Tapeten aus rotem Samt. Der Blick von Beaumes weiträumigen Appartement-Zimmern hinaus führt schräg gegenüber direkt auf den Pont Neuf und die dahinter liegende Île de la Cité. Ganz in der Ferne ist rechter Hand Notre-Dame zu sehen.

Georges Beaume (1921–2011) ist von Beginn an Delons Freund, Mentor und Agent, sein loyaler Fürsprecher und Fürstreiter über viele Jahre hinweg, auch durch die besonders dunklen, kritischen, ambivalenten Perioden. In späteren Jahren von barocker Gestalt, ist Beaume ein Tausendsassa, der überall seine Strippen zieht: Er ist unter anderem Redakteur bei *Jours de France* und Kritiker bei *Cinémonde*, ab 1963 dann freier Filmproduzent. Als solcher wird er mit der von Delon mitgegründeten Pariser Produktionsfirma Delbeau etwa den politischen Delon-Film *Die Hölle von Algier* (*L'insoumis*, 1964) von Alain Cavalier produzieren. Der Impresario Beaume kennt sie alle, und sie alle kennen ihn – Beaume wird es sein, der gemeinsam mit Agentin Olga Horstig Regisseur Luchino Visconti und das junge Liebespaar künstlerisch zusammenführt; Beaume wird es sein, der 1961 das daraufhin von Visconti in Paris inszenierte Theaterstück *Schade, dass sie eine Hure ist* (*Tis Pity She's a Whore*) des britischen Dramatikers John Ford ins Französische überträgt; Beaume wird es sein, der auch für Romy zum Agenten, Freund und Vertrauten über Jahre hinweg wird. Der gebürtige Lyoneser nimmt damit eine zentrale, unentbehrliche Position im Leben Romy Schneiders und Alain Delons ein.

Bei Georges Beaume leben sie also eine Zeit lang zu dritt, und Romy lernt eine vollkommen neue Welt kennen – *Sissi* und Berchtesgaden könnten gar nicht weiter entfernt sein. Nachts ziehen sie gemeinsam durch zwielichtige Bars und anrüchige Kneipen, man diniert mit anderen Pariser Schauspielern, geht in den legendären Künstlerclub Élysées Matignon nahe dem Rond-Point an den unteren Champs-Élysées. Es finden opulente Feste statt, bei denen die Grenzen der Moral aufgehoben sind, was Alain, der nie nur einer Frau gehört, jedoch nicht weiter interessiert. Nur Romy stößt sich daran und lernt das zerstörerische Gefühl der Eifersucht gut und schnell kennen. In diesen nun beginnenden Pariser Jahren ist es nur Romy, die die Qual der Eifersucht durchlebt, während Alain, der Amoralische, macht, was er will. »Lieber eine unglückliche Leidenschaft erleben, statt im Glück zu schnarchen«, schreibt sie einem Freund in Deutschland. Fast mag es ein wenig wie Trotz klingen, ein Und-jetzt-erst-recht. *Quand même!*

Es soll nicht lange dauern, da kommen die ersten unschönen Gerüchte auf, die die deutsche Journaille kolportiert: Ob es sich am Quai Malaquais nicht um eine Ménage-à-trois handeln würde. Was denn der wahre Grund dieser drei wäre, zusammenzuleben. Kaum sei die unschuldige Sissi, die »Landesverräterin«, aus Deutschland in den Sündenpfuhl Paris entflohen, zu diesem Filou Alain, diesem Gauner Delon, schon sei sie auch moralisch verwahrlost und verloren.

Romy entgegnet diesen Unterstellungen vehement: »Lauter Lügen! Es war von Anfang an eine Freundschaft zwischen uns dreien, die sich über Jahre erhalten hat (...). Sonst nichts.«[74]

Schon einige Zeit später ziehen Romy und Alain in eine geräumige Wohnung in der Avenue de Messine nahe dem Parc Monceau um. Alain hat das Haus gekauft, er ist längst zu Geld gekommen, während aus Deutschland die monatliche Apanage von 5000 Mark an Romy geht, die ihr Stiefvater Blatzheim überweist. Hier also werden sie leben: Die Avenue de Messine wird ihr Liebesnest. Hier leben sie ihre wilde Leidenschaft. Wenn Alain denn einmal zu Hause ist.

Draußen auf dem Land, in Tancrou im Département Seine-et-Marne, erwirbt Alain Delon bald schon zusätzlich ein weitläufiges Anwesen. Es ist das Priorats-Gebäude neben der Kirche Saint-Donatien-et-Saint-Rogatien des kleinen beschaulichen 300-Seelen-Ortes. Hier verbringen Romy und Alain immer wieder ihre Wochenenden, hier reitet sie aus, während er Schießübungen abhält, hier bekommen sie Besuch von Freunden aus Paris, und hier ist die Presse fern.

Und Alain Delon, der über keine große Bildung verfügt, fängt an, Bücher zu lesen. Der Anstoß dazu kommt von Romy, wie eine damalige gemeinsame Freundin und Kollegin im Trennungsjahr 1963 erzählt, die Schauspielerin Marie Laforêt, mit der Delon in *Nur die Sonne war Zeuge* spielen wird: »Lange hat Alain die Leute nur beobachtet. Er sah sich an, wie sie gingen, wie sie bei Tisch saßen. Mitzureden traute er sich nie. Er hatte Angst, ungebildet zu wirken. Also hat er viel gelesen. Die Geschichte des Theaters und sogar die großen Philosophen. Romy kaufte ihm Bücher und fragte ihn nach dem Lesen darüber aus.«[75]

Führt Romy ihn an die Kultur, die Literatur heran, so führt Alain sie an das Leben heran, das Leben, wie er es versteht: Alkohol und Drogen, Frauen und Männer, Geld und Immobilien. Sie küssten und sie schlugen sich – sie lieben sich sehr, und sie streiten sich heftig. Von Beginn an. Es ist eine *amour fou* – sie werden *das* Liebespaar der frühen 1960er-Jahre.

Die deutsche Premiere der deutsch-französischen Co-Produktion *Christine* findet am 19. Dezember 1958 im Stuttgarter Gloria

Palast statt, die französische wenige Tage später, am 24. Dezember, in Paris.

Die Kritiken fallen, in Deutschland zumal, verhalten aus. Über Romy Schneiders und Alain Delons Darstellungen steht in den Feuilletons der deutschen Zeitungen unter anderem zu lesen: »Schnitzlers *Liebelei* (...) ist in dieser Produktion nur noch schemenhafter Hintergrund für zwei junge Schauspieler, die einem Rührstück Glanz verleihen sollen.«[76] Oder auch: »Romy Schneider versteht sich schon routiniert auf äußerliche Wirkung, auf eine falsche Lieblichkeit, der man ansieht, daß sie ›gemacht‹ ist. Ihr fehlt das lyrisch Weiche. Selbst wenn sie bittere Tränen vergießt, spürt man die Bewußtheit. Von ihrem jungen Gegenspieler (es ist ein Franzose) läßt sich nur sagen, daß er wie ein uniformierter Liftboy wirkt.«[77]

Christine mag kein künstlerisch anspruchsvoller Film sein, er unterscheidet sich – mit Ausnahme einiger an sich schöner Sequenzen zwischen den beiden jungen Protagonisten – nur in wenigen Momenten vom filmischen K.-u.-k.-Einerlei, dem Romy eigentlich zu entfliehen versuchte. Es ist auch keiner der Filme, die Alain Delon in all den Jahren gerne erwähnt, geht es um herausragende Aspekte seiner Filmkarriere. Der einzige Grund für ihn, den Film überhaupt zu erwähnen, ist das für sein Leben so wichtige und prägende erste Zusammentreffen mit Romy.

Beide drehen sie nach *Christine* weiter – doch diesmal ohneeinander an verschiedenen Drehorten Europas. Beide können sie zu dieser Zeit, Anfang 1959, kaum erahnen, dass der nächste Film, in dem sie wieder Seite an Seite in Hauptrollen zu sehen sein werden, erst im August 1968, viereinhalb Jahre nach ihrer Trennung, gedreht werden wird.

*

Der 22. März 1959 markiert ein denkwürdiges Ereignis im Leben von Romy und Alain, die etwa seit einem Dreivierteljahr nun ein Paar sind. Denkwürdig und ambivalent. Geplant ist die Verlobung von Romy Schneider und Alain Delon in der Villa Maro in Morcote am Luganer See, dem Anwesen von Hans Herbert Blatzheim. Die Idee dazu hatten einmal mehr »Daddy« Blatzheim und Magda Schneider. Wenn die wohlerzogene, gesittete Tochter sich schon in diesen unflätigen, ungehörigen Franzosen verlieben muss, dann muss es wenigstens eine anerkennbare Form dafür geben. Von Beginn an steht die Glaubwürdigkeit dieser Verlobung, dieser »Farce«, wie Romy sie selbst nennt, infrage.

»Morgen findet eure Verlobung statt. Ich habe die Presse schon informiert. Alain wird hierher kommen«[78], eröffnet Blatzheim Romy in Lugano, als sie zunächst allein aus Paris anreist, da Delon zurzeit in Italien vor der Kamera steht.

»Ich kannte ihn – und ich zweifelte bis zur letzten Minute daran, ob er wirklich auftauchen würde«, so Romy. Tatsächlich kann niemand wissen, auch Romy nicht, ob das *enfant sauvage* Delon überhaupt erscheinen würde. Alain Delon erscheint.

Natürlich haben Mutter Magda und »Daddy« es nicht versäumt, rechtzeitig vorab die internationale Presse zu informieren und zur Villa einzuladen. So gerät die Verlobung der beiden Verliebten zum öffentlichen Event.

»Wir ›feierten‹ Verlobung, die Familie stellte sich vereint den Fotografen, jeder gab ein paar markige Sätze von sich«, so Romy. »Mammi zum Beispiel sagte: ›An Heirat ist vorläufig nicht zu denken. Die Kinder sollen sich erst einmal richtig kennenlernen.‹ Die Kinder kannten sich schon ganz gut. Sie kannten besonders die Kluft, die sie trennte. Zwischen Alain und mir lag eine Welt.«[79]

Alain Delon wird es einmal so formulieren: »Ich werde nie diesen bürgerlichen Pomp und den Ansturm der Journalisten vergessen. Doch ich gebe zu, daß Romy und ich, hauptsächlich mit unserer Liebe beschäftigt, diesen ganzen aufwendigen Apparat, diesen Luxus und diese Verlobung ein bißchen wie ein Schauspiel zur Befriedigung der öffentlichen Neugier betrachteten. Im Gegensatz dazu hielten wir unsere Liebe für wunderbar frei.«[80]

An diesem Märztag versäumt der unbändige Alain es auch nicht, auf dem Luganer See eines von Blatzheims Motorbooten zu demolieren. Er rast damit, natürlich viel zu schnell, über den See. Schließlich rammt er einen Steg am Ufer, mit dem Ergebnis, dass ein Loch an der Außenwand des Bootes klafft. Bei dem Gedanken an das von Delon beschädigte Blatzheim-Boot entfährt Mutter Magda später einmal in einer ihrer zahlreichen, teils nur wenige Monate nach Romys Tod in der *Bild*-Zeitung publizierten Erinnerungen der hübsche Ausruf: »Das teure Teakholz!« Im Gästezimmer, wo Romy und er übernachten, legt Alain sich mit verdreckten Gummistiefeln auf die teure Bettdecke aus Seide. Am Vorabend der Verlobung kommt er im einfachen Pullover zum feierlichen Abendessen, kein Hemd, keine Krawatte, kein Anzug, nichts dergleichen. Es ist sein stiller Protest, der lauter nicht sein könnte.

Im Dezember dieses Jahres kommen sie erneut alle in Lugano zusammen, um miteinander Weihnachten zu feiern. Auf Schwarz-Weiß-Fotografien ist zu sehen, wie Romy und Alain in der Küche mit Backförmchen Plätzchen aus dem ausgerollten Teig stechen, oder wie sie gemeinsam vor dem Weihnachtsbaum stehen, sich küssen – Romy knickt dabei ihr linkes Bein keck nach hinten, während sie nur auf dem rechten steht – und jeder von ihnen hinter dem Rücken mit verschränkten Armen das Geschenk für den anderen hält. Diesmal, es ist ein Wunder, trägt Alain dunklen Anzug und weißes Hemd. »Der arme Alain. Ich habe ihn damals unter den Weihnachtsbaum verschleppt, offiziell mit Ringen und allem, was dazugehört, nur damit sie sich zu Hause beruhigen«[81], wird Romy später einmal einer engen Berliner Freundin sagen.

Blatzheim und Delon – das ist reziproke Aversion und Antipathie. Jeder ist für den anderen in seinem Auftreten und seinem Denken die reinste Provokation. Es sind zwei denkbar konträre Gegensätze: Hier der alerte kölsche Geschäftsmann, der bürgerliche Biedermann, dort der fesche Franzose, der unbequeme Unangepasste, der noch dazu in Physiognomie und Psychologie so sehr Romys leiblichem Vater Wolf Albach-Retty ähnelt. Das muss den so possessiven wie eifersüchtigen Stiefvater umso mehr an Alain Delon und Romys ihm geltender bedingungsloser, leidenschaftlicher Liebe stören. Kurz gesagt, sie sind einander ein rotes Tuch.

»Wenn man sich vorstellt: die haben sich verlobt, in dieser Villa von Herrn Blatzheim, am Luganer See – schlimmer kann es gar nicht kommen«[82], erzählt Senta Berger heute im Rückblick auf diese Zeit. »Das musste für Delon eine einzige Provokation sein. Und er musste für sie alle dort – nicht für Romy – eine Provokation gewesen sein. Ich bin sicher, dass er sich so benommen hat, und dass er sich wahrscheinlich sehr lange mit Romy so benommen hat. Das war für ihn so. Er hat ihr eine Welt eröffnet – diese Welt hat sie ständig provoziert. Und hat sie weitergebracht, ganz ohne Zweifel.

Delon war wirklich unwiderstehlich. Es war unvermeidlich, dass die beiden zu dem Zeitpunkt ihres Lebens zusammengekommen sind. Er war der richtige Mann zum richtigen Zeitpunkt für sie. Er hat ihr wirklich einen Tritt gegeben. Einen Tritt in ein anderes Leben, in andere Kreise. Sie ist erwachsen geworden. Auf jeden Fall war der Delon einer, der Romy auf das sogenannte bürgerliche spießige Leben kräftig hingewiesen und es einfach nicht geduldet hat.«

Senta Berger abschließend: »Sie wollte von dem Kreis wegkommen, von diesem ganzen Kreis, diesem ganzen ›Pelzmantel-Gescheiß‹, wie Romy es nannte. Es war so. Ich war ja selber noch sehr jung und habe mich gewundert, was die Romy sich für Pelzmäntel umhängt. Dann kam plötzlich dieser Einbruch der Sechzigerjahre.«

*

Senta Berger und Romy Schneider begegnen sich zum ersten Mal im Sommer 1959 in Wien, ihrer beider Geburtsstadt. Zwischen ihnen liegen drei Jahre – die eine ist Jahrgang 1938, die andere Jahrgang 1941. Sie gehören jener Generation an, die kurz vor respektive während des Zweiten Weltkriegs geboren ist, beide verbindet sie ihre Wiener Herkunft und natürlich ihr Beruf, das Schauspiel. Je nachdem, was sie über Romy erzählt, um welche Lebensabschnitte es in den Gesprächen geht, ist Senta Berger sichtlich bewegt, angefasst.

In ihrem Haus in Grünwald bei München, in dem sie gemeinsam mit Ehemann und Regisseur Michael Verhoeven (*Die weiße Rose*, 1982) seit 1976 lebt – verheiratet ist das sympathische Künstler-Paar seit September 1966 –, erinnert sich die in Deutschland beliebte Film-, Fernseh- und Theater-Schauspielerin an die Zeit, in der sie als Achtzehnjährige ihrer durch die *Sissi*-Trilogie damals schon so populären Kollegin begegnet. So weiß Senta Berger also um Romy Schneider, aber Romy Schneider noch nicht um Senta Berger.

Die erste Begegnung ereignet sich am Set zu Robert Siodmaks Historienfilm *Katja, die ungekrönte Kaiserin.* Romy spielt die Rolle der Prinzessin Katja Dolgoruki, ihr Filmpartner Curd Jürgens den Part des Zaren Alexander II. Gedreht wird Siodmaks aufwendige französische Großproduktion in den Pariser

Studios in Boulogne-Billancourt sowie in Wien. Es ist Sommer, es ist heiß, die Drehzeit von zehn Wochen erstreckt sich über die Monate August und September.

Senta Berger erzählt angeregt: »Jetzt standen sie da in Schönbrunn in diesem Saal, und der Regisseur, Siodmak, sagte, diese Komparsen könne man nicht hinter die Romy stellen: ›Das sieht man einfach, das ist nicht gut, wir brauchen ein paar Mädchen, die gut ausschauen. Also, wir brauchen Komparsinnen, und zwar heute noch.‹

Ich war im Schönbrunner Schwimmbad. Und da war ich schon seit Tagen, weil ich nichts zu tun hatte, es waren Theaterferien. Meine Mutter sagte mir jeden Tag, wenn ich mich auf mein Fahrrad setzte, um ins Schwimmbad zu fahren (*auf Wienerisch*): ›Aber mein Kind, des kann doch ned so weitergehen. Du musst doch irgendwas mochen.‹ Dann wurde ich ausgerufen im Schwimmbad: ›Fräulein Berger, bitte kommen, bitte kommen zur Kassa.‹ Denn die waren bei uns zu Hause, um mich abzuholen, und da sagte meine Mutter: ›Jo, die is im Schwimmbod.‹ An der Kasse standen sie dann schon.

Ich war so braun gebrannt, ich hätte niemals eine Hofdame spielen können. Ich bin in das Schönbrunner Schloss gefahren worden, die Haare noch nass, und bekam irgendein Kleid an. Die kannten mich auch alle schon von irgendwelchen kleinen Rollen und vom Theater. Die Maskenbildnerin hat mir nur Kalk ins Gesicht gemacht, und wenn man im Film heute genau hinschaut, sieht man, dass ich ein weißes Gesicht habe und alles sonst dunkelbraun ist.

Dann haben sie mich da reingestellt, es kam diese Tanzszene – und da kam die Romy zu mir und sagte: ›Du bist das hübsche Mädel, nach dem sie immer gesucht haben, was?‹ Das fand ich natürlich süß. Das war schon ein Ritterschlag. Dabei war man fast gleich alt.«

So fängt alles an.

»Romy hatte immer das Gefühl, die Schule zu früh abgebrochen zu haben«, erzählt Senta Berger weiter über ihre Freundin und Kollegin. »Sie fühlte sich zu wenig gebildet, vor allem zu wenig für ihren Beruf. Sie hat dieses vermeintliche Defizit aufgeholt. Sie war so wissbegierig, hat alles gelesen, in drei Sprachen. Dennoch blieb ihr dieser Minderwertigkeitskomplex. Ein ewiger Berg, den sie erklimmen musste. Das war die Motivation hinter vielen Dingen.

Und dann die ›höhere Tochter‹. Die Tochter aus gutem Haus. Aus bürgerlichem Haus. Nicht nur Künstler wie Luchino Visconti, sondern auch Regisseure wie Andrzej Zulawski waren eine Herausforderung, etwas abstreifen zu müssen, was immer noch mit dieser Bürgerlichkeit zu tun hatte. Das war ein Konflikt – unter den vielen Konflikten. Sie hatte immer das Gefühl ›Ich hechel hinter etwas her, und ich muss das einholen, ich muss das wettmachen, und ich muss auch wettmachen, dass ich als Sechzehnjährige geglaubt habe, was über mich geschrieben worden ist.‹

Also, wenn ich mich in Romy verliebt habe – und ich habe mich in die Romy verliebt, und ich bin es immer noch –, dann war das zuerst in ihre Stimme. Und dann in ihre kleinen Ohren. Und in ihre kleinen Hände, sie hatte sehr kräftige Hände, sehr bäuerlich, aber sie hatte kleine Nägelchen – es war alles sehr mädchenhaft. Und dass sie dieses Mädchenhafte nicht verloren hat, das war auch ihr Zauber, das hat auch zu Tränen gerührt. Darüber war sie sich selbst vielleicht gar nicht im Klaren.«

In den darauffolgenden zwei, drei Jahren begegnen sich Romy Schneider und Senta Berger nicht. Erst im Dezember des Jahres 1962 sehen sie sich wieder, in London, wo sie beide in der britischen Produktion *Die Sieger* (*The Victors*, 1963) besetzt sind, einem von Carl Foreman in Schwarz-Weiß inszenierten epischen

Kriegs-Drama mit einer Laufzeit von drei Stunden. Mit Romy und Senta Berger stehen in London – neben dem männlichen Cast mit Peter Fonda, George Hamilton und Albert Finney – unter anderem noch Jeanne Moreau, Melina Mercouri und Elke Sommer vor der Kamera.

Es ist die Zeit, in der es längst schon zwischen Romy Schneider und Alain Delon kriselt. Längst schon gehören die oftmals lauten, heftigen Streitereien zu ihrem Alltag, längst schon beginnt sich abzuzeichnen, dass da Brüche und Risse sind, die nicht mehr zu kitten sein werden. Nur zwölf Monate später, im Dezember 1963, wird sich Alain von Romy trennen.

Über Alain Delon verliert Romy Schneider während der Dreharbeiten in den Londoner Shepperton Studios kein einziges Wort. Senta Berger erinnert sich an diese Zeit, als Romy – die inzwischen ihr Französisch perfektioniert hat und es mit einem charmanten Wiener Singsang spricht – ihre erste Rolle in einem englischsprachigen Film spielt: »Romy drehte viel früher als ich für diesen Film. Ich bin ein bisschen früher eingeflogen worden, bevor ich gedreht habe, wegen des Englischunterrichts. Ich habe mit ihr in einem Hotel in Kensington Garden gewohnt, dem Carlton Tower, und wir hatten von der Produktionsfirma einen englischen Coach. Sie ist dorthin gefahren worden, und weil es etwas praktischer war, bin ich mitgefahren. Dann hatte sie erst fünfzig Minuten Coaching, und ich wartete.

In dieser Zeit – das war '62 – war sie nicht glücklich. Wir haben uns aber geflüchtet in vergleichende Kindererlebnisse. Wir haben immer sehr stark Wienerisch miteinander gesprochen – der ›Pappi‹ sprach dieses weiche Wienerisch. Und Romy konnte das auch sehr gut.

Sie hat große Freude gehabt an einschlägigen Namen. Oder: Sie hat sich immer gestört an ihren Beinen, ich auch, so haben wir uns über unsere Wiener ›Wadeln‹ spöttisch unterhalten. Also kräftige Beine, kräftig ausgebildete Waden, über die ›Haxen‹. Damals bei *The Victors* kam ja schon die Minirock-Mode auf, zumindest in London, und plötzlich guckten wir auf unsere Beine, ob sie denn dieser unverschämten Mode gewachsen waren.«

In Wien ist es auch, wo Senta Berger früher gemeinsam mit ihrer Mutter im Kino Filme mit Romys Vater Wolf Albach-Retty gesehen hat. Wenn sie Romy in London davon erzählt, strahlt diese und freut sich darüber, über das abwesende »Papili« zu hören. »Sie war entzückt, wenn ich gewusst habe, was er für Filme gemacht hat.

Die Stimmung war einfach die, dass hier eine junge Frau – immer ungeschminkt, total ungeschminkt – neben mir im Auto saß, eher schweigsamer als ich, aber dann doch immer wieder mit diesem Durchbruch zu ›Ja, geh, is wahr, sagst auch‹. Es hat ihr gutgetan, diese heimatliche Stimme zu hören, diesen Dialekt zu hören. Das Wienerisch war so eine Geheimsprache zwischen uns im Ausland. Das hat uns vielleicht auch verbunden.«

Romy Schneider und Senta Berger sollen sich in den 1960er- und 1970er-Jahren viele Male noch sehen, miteinander telefonieren, sich austauschen über Leben und Karrieren, über beider Mutterschaft – und in wenigen Jahren nur, im Sommer 1967, wird Senta Berger die weibliche Hauptrolle in einem französischen Kinofilm spielen, in Julien Duviviers letzter Regie-Arbeit *Mit teuflischen Grüßen* (*Diaboliquement vôtre*). Die männliche Hauptrolle übernimmt der Mann, der im Moment noch, als sie in London ihre »Wadeln« miteinander vergleichen, an Romys Seite ist: Alain Delon.

*

Stehen für Romy im Anschluss an *Christine* die Filme *Die Halbzarte* (1958), *Ein Engel auf Erden* (1959), *Die schöne Lügnerin* (1959) und schließlich eben Robert Siodmaks *Katja, die ungekrönte Kaiserin* an, folgen für Alain zunächst zwei französische Produktionen, die Filme *Mal diese – mal jene* (*Faibles femmes*, 1959) und, nach einem Roman von Marcel Aymé, *Die Schüler* (*Le chemin des écoliers*, 1959), beide unter der Regie von Michel Boisrond.

Dann geschieht etwas, was Delons Karriere für immer verändern wird: Nach gerade einmal einer Handvoll Filme, die allesamt keine hehre Filmkunst darstellen, klopft ein Regisseur an Delons Tür, vielmehr an die seiner Agenten Georges Beaume und Olga Horstig: Es ist René Clément. In diesem Moment sind Alain Delons Lehrjahre vorbei. In den letzten drei Jahren hat er fünf Kinofilme gedreht, ohne jemals auch nur eine Stunde Schauspiel-Unterricht gehabt zu haben. Er ist seit einigen Monaten mit einem der größten weiblichen Kino-Stars Europas zusammen. Dieses Jahr 1959 nun wird einen Wendepunkt in Alains Leben markieren: Der kommende Film wird der Durchbruch und ihn über Nacht zum internationalen Star machen.

René Clément (1913–1996) – der durch seine mit zahlreichen Preisen dekorierten Arbeiten wie *Schienenschlacht* (*La bataille du rail*, 1946) und *Verbotene Spiele* (*Jeux interdits*, 1952) als einer der Innovateure des französischen Nachkriegs-Kinos gilt – plant bereits seit geraumer Zeit, Patricia Highsmiths 1955 publizierten Kriminalroman *Der talentierte Mr. Ripley* (*The Talented Mr. Ripley*) auf die Leinwand zu bringen. Jenen ersten, originären der insgesamt fünf Ripley-Romane, in dem der junge US-Amerikaner Tom Ripley den in Italien lebenden Millionärssohn Philippe Greenleaf (im Roman heißt er Dickie Greenleaf) kaltblütig ermordet und daraufhin ohne Skrupel dessen Identität annimmt, um sowohl an Greenleafs Vermögen als auch an seine Freundin

Marge zu kommen. Ein fein gesponnenes, raffiniertes Psychodrama um Identitäten, um Herkunft und um (A-)Moral.

1959 ist das Drehbuch, das Clément zusammen mit Paul Gégauff geschrieben hat, fertig: *Nur die Sonne war Zeuge* geht in Produktion. Alain Delon steht also in diesem Spätsommer '59 in Italien vor der Kamera, von August bis Oktober, die illustren Sets sind in Rom, Neapel und auf sowie rund um die Insel Ischia an der Amalfiküste. Angesichts Highsmiths Narration ein äußerst trügerisches Postkarten-Idyll.

Am Set von Ischia, dem Traum jener bundesrepublikanischer Touristen, die sich einen Urlaub hier schon leisten können, besucht Romy ihren Alain während der fast dreimonatigen Dreharbeiten. Auf Wunsch von Regisseur Clément absolviert sie in Rom einen kurzen Gastauftritt – in den *credits* wird sie allerdings nicht genannt –, der im fertigen Film gleich zu Beginn in der ersten Einstellungs-Sequenz zu sehen ist: Alain Delon und Maurice Ronet sitzen gemeinsam am Tisch einer der zahllosen Café-Terrassen Roms, als Billy Kearns mit Romy Schneider und einer ungenannten Komparsin vorbeikommt. Die drei bleiben stehen, und einen Moment lang ist Romy, die von ihrer letzten Produktion noch das dunkel gefärbte, etwas kürzere Haar trägt, groß in der Bildmitte zu sehen, wie sie im roten Sommerkleid dasteht, mit schwarzer Handtasche und langen schwarzen Armhandschuhen, und Maurice Ronet und Alain Delon kurz anlächelt, während Billy Kearns mit den beiden Männern plauscht und sich schließlich an den Tisch dazusetzt, als die beiden jungen Frauen weitergehen. Einer der Kellner ist im Übrigen Regisseur Clément selbst, der hier einen Cameo-Auftritt à la Hitchcock abliefert.

Als Romy Alain in Italien besucht, da hat sich in ihr bereits das Gefühl breitgemacht, in beiden Ländern nicht gefragt zu sein – in Deutschland nicht mehr, in Frankreich noch nicht.

»Ich erfüllte die Verträge, die ich vorher noch abgeschlossen hatte, die Filme *Katja, Die schöne Lügnerin* und *Ein Engel auf Erden.*«[83]

Dann folgt ein Satz mit Donnerhall: »Und dann kam nichts mehr.«

Er hallt nach, wenn man darum weiß, wie wichtig es Romy Schneider ist, vor der Kamera zu stehen, wie sehr sie sich vor allem vor und dank der Kamera spürt, sich lebendig fühlt, gebraucht und geliebt.

Romy weiter: »In Deutschland war ich abgeschrieben, in Frankreich war ich noch nicht ›angeschrieben‹. Als Schauspielerin gab es mich nicht. Ich war bekannt als lebenslustige Begleiterin des kommenden Weltstars Alain Delon. Alain raste von einem großen Film zum anderen. Ich saß zu Hause. Das Blatt hatte sich gewendet.«[84]

Wie Alain Delon letztlich zu der Hauptrolle in René Cléments Highsmith-Verfilmung gelangt, die ihn nach oben katapultieren soll, skizziert eine französische Filmzeitschrift später einmal recht anschaulich wie folgt: »Als Delon von den Brüdern Hakim für *Plein soleil* engagiert wurde, sollte er die Rolle des Philippe Greenleaf und Jacques Charrier jene des Tom Ripley spielen. Als er das endgültige Drehbuch zwei Tage vor Beginn der Dreharbeiten erhielt, lehnte er den Text ab und gab seine Rolle zurück. Von Clément zur Erklärung seiner Star-Allüren herbeordert, nahm Delon während einer ganzen Nacht Einstellung für Einstellung des Drehbuchs auseinander: Am frühen Morgen beschloß Clément, die Dreharbeiten um eine Woche zu verschieben, das Drehbuch zu überarbeiten und Delon die Rolle des Ripley zu geben. Gewiß sollte das kein Grund sein, Delon zu einem Meisterdenker des Kinos hochzustilisieren oder ihn als den wirklichen Schöpfer der Filme anzusehen, in denen er mitwirkt, aber eine solche Anekdote, die sowohl seine Hellsichtigkeit wie sein Vermögen, den eigenen Gesichtspunkt durchzusetzen, verdeutlicht, erklärt gewiß überzeugender als irgendeine wortreiche Darlegung den erfolgreichen Aufstieg Alain Delons.«[85]

Da ist sie wieder, die bewährte Methode Delon, die schon bei *Christine* dazu führte, dass sein Freund Jean-Claude Brialy eine der vier Hauptrollen erhielt, und die nun dazu führt, dass Alain Delon die gar nicht für ihn vorgesehene Titelrolle in der Highsmith-Adaption bekommt – Maurice Ronet hingegen scheidet in dem Part des von Tom Ripley ermordeten Philippe Greenleaf nach vierzig Minuten aus – und damit letztlich den Grundstein nahezu aller seiner darauffolgenden Figuren sowie den seiner fünf Jahrzehnte umfassenden Karriere legt.

Nur die Sonne war Zeuge – der am 10. März 1960 in Paris uraufgeführt wird – wird nicht nur ein nationaler Erfolg in den französischen Kinos, sondern startet bald schon seinen Siegeszug um die Welt. Sogar in Japan wird Delon dadurch zum kultisch verehrten Mega-Star. Alle Welt ist hingerissen von diesem Schauspieler, diesem Mann – zwischen seiner *âme diabolique*, der Seele eines Teufels, und seiner *figure d'ange*, dem Äußeren eines Engels, wie es seinerzeit *Le Figaro* trefflich in Worte fasst.

Nur die Sonne war Zeuge ist der Boden, auf dem das Haus Delon steht: Seine Figuren bis heute zu Klassikern avancierten, bahnbrechenden Arbeiten wie etwa Jef Costello in Jean-Pierre Melvilles *Der eiskalte Engel*, Jean-Paul Leroy in Jacques Derays *Der Swimmingpool* oder Robert Klein in Joseph Loseys *Monsieur Klein* – sie alle sind dem Grundmuster entlehnt, das die Figur des Tom Ripley liefert: Der Mann – äußerlich von blendender Schönheit und bezwingender Verführungskraft, von hoher physischer Präsenz, im Inneren von Traurigkeit und Einsamkeit bestimmt, letztlich von einer gefängnishaften Verlorenheit –, der sich außerhalb jeder Moral, jeder Norm bewegt und in allem zugleich etwas animalisch Instinktives hat.

»*Il n'y a pas de plus profonde solitude que celle du samouraï si ce n'est celle d'un tigre dans la jungle.*« – »Es gibt keine größere Einsamkeit als die des Samurai, es sei denn die eines Tigers im Dschungel.«[86]

Diesen Satz stellt Regisseur Melville seinem Film *Der eiskalte Engel* im Vorspann voran. Angeblich ist es ein Satz, der dem Ehrenkodex der Samurai entnommen ist, dem *Bushidô*, doch es könnte genauso gut ein Satz von Alain Delon über Alain Delon selbst sein.

Alain Delon ist dieser einsame Tiger im Dschungel.

Was – bei aller Wandlungsfähigkeit – für seine Figuren, seine Filme und seine Karriere gilt, das gilt letztlich auch für sein Leben und lässt sich beinahe wie eine Schablone darauflegen: Bei aller Verschiedenheit in ihrer Herkunft und in ihren bisherigen Lebenserfahrungen ist es genau dieses Moment, das das Liebespaar Romy und Alain neben ihrer Leidenschaft ebenfalls miteinander verbindet – die Parallelität von Leben und Kunst. Die Filme, die bis zu einem gewissen Grad das Leben reflektieren, das Leben, das bis zu einem gewissen Grad in die Filme hineinwirkt: Es ist die Identifikation von Lebenswirklichkeit und Leinwand-Charakter.

Als Romy Schneider und Alain Delon 1968, gut viereinhalb Jahre nach ihrer Trennung, in den Sommermonaten August und September im flirrend heißen Hinterland von Saint-Tropez *Der Swimmingpool* drehen, die internationale Presse sich auf diese Wiedervereinigung *on screen* geradezu stürzt und alle denkbaren Spekulationen darüber anstellt, was sich wohl jenseits des Sets abspielen mag, wenn parallel zu den Dreharbeiten Delon durch die sogenannte Markovic-Affäre, dem Pariser Mord an einem seiner halbseidenen Leibwächter-Freunde, schwer belastet wird, während er gleichzeitig vor der Kamera, ähnlich wie in *Nur die Sonne war Zeuge*, abermals Maurice Ronet umbringt – dann wirkt all dies zusammen auf derart verblüffende Weise ineinander verzahnt, dass der Romy-Delon-Film *Der Swimmingpool* als wahrscheinlich bestes, schon paradigmatisches Exempel für diese manches Mal beinahe beängstigende Nähe und Synchronizität betrachtet werden kann.

*

Während Alain Delon monatelang in Italien vor der Kamera steht, kehrt Romy Schneider 1960 noch einmal für ihre vorerst letzte deutsche Rolle in die Heimat zurück.

Bis Mitte der 1970er-Jahre, als sie für die Heinrich-Böll-Verfilmung *Gruppenbild mit Dame* (1976) für Dreharbeiten nach Deutschland kommt, wird sie hier keine Rollen mehr annehmen und auch keine bekommen. Auch die Regisseure des Neuen Deutschen Films haben ihren Namen nicht auf der Besetzungsliste stehen. Deutschland hat sie abgeschrieben.

Aber nun ruft doch noch einer nach ihr, ein Großer des Theaters, Regisseur Fritz Kortner (1892–1970). Kortner plant, *Lysistrata* nach Aristophanes zu inszenieren und dabei zugleich abzufilmen. Es soll eine Art Theaterfilm werden. Ein Fernsehspiel mit zwei Parallel-Handlungen, eine als Theaterstück im antiken Athen angesiedelt und eine Rahmenhandlung in der Gegenwart des Jahres 1960, wo sich vor dem Fernseher eine illustre Runde mit einigen der Darstellerinnen versammelt und mit ihren Ehemännern die Ausstrahlung verfolgt. Einem dieser Ehemänner wird ein Posten in einer Rüstungsfirma angeboten, den anzunehmen seine Frau ihn abzuhalten versucht. Während es auf dem kleinen Bildschirm um den Krieg zwischen Athen und Sparta geht und Lysistrata ihre Mitstreiterinnen zum Ehestreik aufruft, sitzt man im Wohnzimmer, sieht zu, kommentiert, isst Häppchen. Kortners Schwarz-Weiß-Inszenierung alterniert zwischen beiden Erzählsträngen. Produzent ist Gyula Trebitsch, in dessen Hamburger Real-Film-Studios auch gedreht wird. Die Besetzungsliste ist dabei durchweg namhaft: Zusammen mit Romy Schneider stehen unter anderem Barbara Rütting als titelgebende Lysistrata, Ruth Maria Kubitschek, Wolfgang Kieling, Karl Lieffen und Peter Arens vor den Fernseh-Kameras.

Die Sendung der Lysistrata heißt das knapp zweistündige Fernsehspiel im NDR, das zugleich Romys einzige Arbeit für das Fernsehen darstellt.

In der ersten Einstellung der Gegenwarts-Handlung sitzen Romy (in der Rolle der Uschi Hellwig) und Karl Lieffen im Auto, hinter ihnen läuft eine schlechte Rückprojektion von Straßenzügen eines gediegenen Vorortes irgendeiner Großstadt. Es folgen gleich mehrere Dialogsätze, die einmal mehr zu Romys eigener Lebenssituation passen wie gleichermaßen den bevorstehenden medialen Moral-Skandal bereits vorwegnehmen:

»Ich bin so aufgeregt. Mir wäre lieber, du würdest mich in der Rolle gar nicht sehen. Ich sage dir, Fernsehen ist noch anstrengender als Film. Vom Theater gar nicht zu reden. (…) Damit du's weißt – ich spiele eine sehr Lüsterne. Eine sehr lüsterne Frau. Verführerisch, weitgehend kokett, und viel zu wenig an. Ich höre dich schon sagen: ›Endlich hast du dein wahres Wesen gezeigt.‹« Karl Lieffen erwidert ihr daraufhin vom Beifahrersitz aus: »Dazu brauche ich nicht das Fernsehen, das habe ich schon aus der Nähe beobachtet: Du flirtest, wie andere atmen!«[87]

Romy freut sich über das Fernseh-Theater-Engagement bei Kortner: »Im Augenblick denke ich nur an meine Arbeit bei Kortner. Es ist doch auch ein Kompliment, wenn ein Schauspieler von Kortner geholt wird. (…) Ich bin glücklich über diese

Chance. Genau das habe ich gewollt: eine ernsthafte Schauspielerin werden.«[88]

Am 17. Januar 1961 strahlt die ARD Kortners filmische Adaption des Aristophanes-Stückes mit Romy in dem Part der Uschi Hellwig beziehungsweise der Myrrhine aus. Während des stilistisch sehr einfach gehaltenen, sich teilweise zäh in die Länge ziehenden Fernsehspiels – das in der Zeit des Kalten Krieges und der Pläne der Regierung Adenauers einer atomaren Bewaffnung idealistisch für die hehre Idee des Pazifismus plädiert – schalten sich die Sendeanstalten in Bayern und Baden-Württemberg nacheinander ab, die Senderchefs in anderen Bundesländern denken zumindest darüber nach. Das Fernsehbild wird schwarz, der Skandal ist perfekt – die Presse und die Moralhüter des Landes werden sodann auf den Plan gerufen: Was folgt, ist der erste große Medien-Skandal des bundesrepublikanischen Fernsehens.

Kortners Fernsehspiel sei amoralisch, ja verwerflich, sei politisch zu einseitig, heißt es. Romy Schneider, gegen die ein Kaplan sogar Anzeige erstatten wird, habe »unsittliche Schaustellungen« dargeboten. Produzent Trebitsch erklärt daraufhin, »daß diese Sendung mit viel Liebe und Sorgfalt vorbereitet worden ist. Eine Schädigung der Moral liegt nicht vor«.[89] Umso bemerkenswerter und erstaunlicher ist, dass der Theaterfilm des in München an den Kammerspielen inszenierenden Fritz Kortner ausgerechnet auch in Bayern unabhängig von der Fernseh-(Nicht-)Ausstrahlung immerhin in einige ausgewählte Kinos gelangt.

Die Kritiken allerdings nehmen sich nicht weniger verheerend aus, als es der Skandal schon an sich ist: So schreibt etwa der renommierte und einflussreiche Filmhistoriker und Filmkritiker Enno Patalas seinerzeit in der Zeitschrift *Filmkritik:* »Nicht alles, was auf die geduldige Leinwand projiziert wird, ist ein Film. Dies ist keiner. Für den Fernsehschirm produziert, verstößt er auf Schritt und Tritt gegen die simpelsten Gebote der Glaubwürdigkeit. (…) Kortner: ›Der Weg von 400 vor Christus bis 1960 nach Christus ist eine kurze Kamerafahrt.‹ Aber so schnell wie ein Einstellungswechsel kann sich die Blamage eines Bühnenregisseurs vollziehen.«

Ihre kurze Rückkehr nach Deutschland, für eine vom *Sissi*-Universum denkbar weit entfernte Rolle, gerät zu einem einzigen Fiasko. Fritz Kortner und seine *Sendung der Lysistrata* haben Romy nicht das erhoffte Glück gebracht. Im Gegenteil: Das Fernsehspiel wird zum vorläufigen Abschied von Deutschland.

*

»Jahre und jahrelang saß ich im Loch. Der Alain, der hat gearbeitet, gearbeitet, gearbeitet, und ich bin halb krepiert daneben, weil ich erstens eifersüchtig war und zweitens dachte: Eines Tages vielleicht kannst du mit Visconti arbeiten, eines Tages mit René Clément, eines Tages mit dem oder dem. Aber wann?«[90]

Während Romy im Loch sitzt, ist Alain abwesend.

Oft noch soll es genauso sein. Ihre offizielle Verlobung, wenngleich ohnehin nur Schau ohne Schauwert, ist gerade einmal ein Dreivierteljahr her.

»Wir haben doch Zeit und sind ja erst 8 Monate verlobt, in denen wir uns nur selten gesehen haben. Als ich in Hamburg drehte, war Alain in Paris im Atelier, und als ich in Paris für *Katja* sein mußte, hatte Alain in Rom einen Vertrag zu erfüllen.«[91]

Die Zeiten, in denen sie sich für ein drehfreies Wochenende irgendwo in Europa an einem der Sets des anderen besuchen, haben längst schon begonnen. Doch nun sind es nur noch die Sets, an denen Alain zu tun hat, an die Romy ihm nachreist. Immer öfter werden die Zeiten, in denen sie sich nicht sehen, wesentlich länger dauern als jene der Zweisamkeit.

Nach Abschluss der Münchner Dreharbeiten zur *Sendung der*

Lysistrata fliegt Romy nach Mailand, um Alain zu besuchen. Er dreht dort bereits seit einer ganzen Weile, und wann immer sie sich sehen oder am Telefon miteinander sprechen, schwärmt er ihr unentwegt von einem Mann vor, den sie unbedingt auch kennenlernen müsse. Doch bevor sie ihn überhaupt nur kennengelernt hat, hat Romy von ihm schon genug, denn Alain redet und redet nur noch von diesem »Wundermann«, wie Romy ihn spöttisch nennt. »Ich konnte es nicht mehr hören.« Gereizt sagt sie Alain mehr als nur einmal: »Jetzt hör' schon auf mit deinem Visconti!«[92] Die andauernde Schwärmerei Alains für diesen Mann ist ihr zutiefst suspekt. Und: Romy ist eifersüchtig auf diesen Mann.

Das Lebenskapitel, das sich in den Jahren 1960 und 1961 sowohl für Romy Schneider als auch für Alain Delon öffnet, trägt den illustren Namen Luchino Visconti (1906–1976). Der große italienische Neo-Realist – bis dato Regisseur von Filmen wie *Besessenheit* (*Ossessione*, 1942) und *Weiße Nächte* (*Le notti bianche*, 1957), in späteren Jahren von *Der Tod in Venedig* (*Morte a Venezia*, 1971) oder *Gewalt und Leidenschaft* (*Gruppo di famiglia in un interno*, 1974) – soll für die beiden jungen Liebenden eine der nachhaltig prägendsten Persönlichkeiten ihres Lebens werden und ganz erheblichen Einfluss auf ihren Werdegang und ihre persönliche Entwicklung haben.

Visconti, von italienischem Adel, ist ebenso bekennender Marxist wie bekennender Homosexueller. Ein anspruchsvoller Ästhet, der die Dekadenz und den Luxus liebt und am Filmset zum autokratischen Tyrannen gerät. Eine dieser schillernden, auratischen Persönlichkeiten, aus Raum und Zeit gefallen, die es heute nicht mehr zu geben scheint.

Die Dreharbeiten zu Luchino Viscontis *Rocco und seine Brüder* (*Rocco e i suoi fratelli*, 1960) beginnen im Februar 1960 und sollen bis Juni andauern, die Sets befinden sich in Mailand und in Rom, und erneut ist Alain für etliche Monate am Stück nicht zu Hause in der Avenue de Messine, erneut hat Romy, die im gesamten Arbeitsjahr 1960 lediglich Fritz Kortners Fernsehspiel *Die Sendung der Lysistrata* auf dem Plan stehen hat, das ungute Gefühl, als Schauspielerin nicht mehr wirklich gefragt zu sein. Dazu kommt noch, dass sie auch ihren Lebenspartner nur mehr sehr selten zu Gesicht bekommt. Für sie, die sich schnell unbehaust und haltlos fühlt, eine fatale Kombination.

»Mein Leben lang werde ich nicht vergessen, wie ich Luchino kennenlernte. Dieser Mann hat mehr für mich getan als irgendein anderer nach der sauren Zeit.«[93]

Noch 1960 findet die erste Begegnung Romy Schneiders mit Luchino Visconti in Rom statt, in Viscontis Villa in der Via Salaria. Alain Delon, seit *Rocco und seine Brüder* Protegé Viscontis, führt Romy in die Kreise um den italienischen Regisseur ein.

Zu dessen engster Entourage zählt ab Mitte der Sechzigerjahre bis zu Viscontis Tod im März 1976 auch der österreichische Schauspieler Helmut Berger, Lebensbegleiter und Muse Viscontis, den der Regisseur in mehreren seiner aufwendigen Kino-Epen besetzt, darunter in der Titelrolle von *Ludwig II.* (1972).

Visconti, der Romy nach anfänglichen beidseitigen Berührungsängsten und Befindlichkeiten bald zärtlich »Romina« nennen soll, wird für sie eine der wenigen maßgeblichen Personen von künstlerischem Einfluss, ein Lehrmeister, wie es später in den 1970er-Jahren nur noch Claude Sautet zu sein vermag.

*

In Rom ist es auch, wo Mario Adorf zu Beginn der 1960er-Jahre Romy Schneider wiederbegegnet. Zuletzt hatten sie sich bei den Dreharbeiten zu *Robinson soll nicht sterben* 1956 gesehen. Adorf dreht inzwischen in Deutschland, Italien und Frankreich – er hat in Filmen wie *Nachts, wenn der Teufel kam* (1957) oder *Das Totenschiff* (1959) mitgewirkt, längst hat auch er sich einen Namen gemacht.

Mario Adorf erinnert sich heute an diese Zeit in Rom, als er seinen ersten italienischen Film dreht: »1961 habe ich Romy wiedergesehen, fünf Jahre später, in Rom. Und da war schon eine enorme Veränderung. In Rom war sie schon eine Frau. Bei *Robinson* war sie noch so ein bisschen wie ein Mädel. In Rom kam sie dann auf mich zu, hielt mir von hinten die Augen zu und sagte: ›Ein Pfennig, wenn du's rätst!‹ Und ich erriet's nicht, ich wusste es nicht. Und dann war es Romy.

Sie hat mich dann in den Kreis eingeführt – Delon und andere. Delon hatte damals diesen Ruf, doch ein sehr berechnender und kalter Bursche zu sein.«[94]

Und Adorf weiter: »Romy lernte Visconti durch Alain kennen. Auch eine merkwürdige Beziehung. Delon ist durchaus nicht homosexuell, aber man wusste einfach, dass er auch mit Visconti war. Wie so viele. Diesem großen Visconti zu verfallen nannte man damals ›über die Klinge springen‹. Man wusste, dass auch Schauspieler, die überhaupt nicht schwul waren, bei Visconti ›über die Klinge springen‹ mussten – und auch sprangen. Visconti wollte ich daher nicht kennenlernen. Ich wollte nicht ›über die Klinge springen‹ – auch bei Visconti nicht.«

In dieser Zeit in Rom, so erzählt Mario Adorf angeregt weiter, gehen sie alle oft miteinander aus, zum Essen in die Altstadt und dann in einen der vielen Nachtclubs. Eines Abends ist der Besuch in einem Nachtclub in der modernen Satellitenstadt EUR geplant. Und als es bei Tisch wieder einmal zu einem handfesten Streit zwischen Romy und Alain kommt, bietet der Franzose dem deutschen Schauspieler Adorf an, doch bei ihm mit rauszufahren, Romy würde mit einem Freund in Adorfs Wagen dorthin kommen. Die Fahrt in Delons silbergrauem Ferrari aus Rom in die Satellitenstadt wird Mario Adorf wohl seinen Lebtag nicht vergessen: Alain Delon rast mit 200 Stundenkilometern die Via Cristoforo Colombo entlang. Mario Adorfs Beifahrer-Angst weicht erst einem kurzen hektischen Lachen, dann weicht sie ganz: »Ich schaute Alain von der Seite an und wusste plötzlich, dass nichts passieren würde. Ich hatte noch nie so einen konzentrierten, kalten Ausdruck in einem Gesicht gesehen. Die schwarzen Haare standen vom Rückwind wie ein Mützenschirm gerade nach vorn, die Kiefermuskeln des schönen Gesichts waren angespannt, und ein kleines Lächeln umspielte die Lippen.«

Adorf ergänzt: »Ein großartiger, ein rasanter Autofahrer, der hätte Rennfahrer werden können. Man muss sich die Szenerie damals vorstellen: Ich habe fast hysterisch gelacht, weil man die Angst, die man selber hat, kleinlacht: ›Der ist verrückt, der ist wahnsinnig.‹ Und dann sieht man ihn von der Seite an und denkt sich: ›Aber er kann es.‹ Mit 200 die Via Cristoforo Colombo durch Rom entlangzufahren. Das kann man heute eigentlich gar nicht mehr nachvollziehen. Ich sehe ihn noch in seinem Ferrari. Es war natürlich auch eine besondere Zeit. Wir waren alle noch jung in diesen frühen Sechzigerjahren.«

Im Nachtclub sitzen Romy und Mario Adorf anschließend an einem langen Tisch nebeneinander. An diesem Abend tritt ein Ballett aus Brasilien auf, die Tänzerinnen tanzen Samba. Dann ist Alain plötzlich verschwunden, und Romy wird neben Mario Adorf immer nervöser. Nach einer guten Stunde taucht er wieder auf, sie reden kurz miteinander, dann verschwindet er erneut. Diesmal lange, sehr lange. Er kommt nicht wieder zurück. Romy kämpft mit den Tränen und bittet Mario Adorf, sie nach Hause zu fahren.

In der Wohnung angekommen, die Alain Delon in Rom während der Dreharbeiten zeitweise bewohnt und das seiner französischen Schauspielkollegin Annie Girardot und ihrem Mann Renato Salvatori gehört, lässt Romy Adorf eine Champagnerflasche öffnen, zieht sich derweil um und trägt nun einen chinesischen Hausanzug. Dann reden sie – reden über das Theater, über Deutschland, über August Everding an den Münchner Kammerspielen und schließlich über Luchino Viscontis angedachte Pariser Inszenierung.

»Delon hat sich eine von diesen brasilianischen Tänzerinnen angelacht und war verschwunden. Und was macht Romy? Sie sucht ihn. Anstatt böse zu sein, zu schmollen, beleidigt zu sein, oder getroffen zu sein. Nein, sie sucht ihn. Sie sagt morgens um drei oder um vier Uhr zu mir: ›Mario, würdest du mich durch Rom fahren. Ich weiß, wo er ist.‹«

Gemeinsam ziehen Romy Schneider und Mario Adorf nachts durch Rom und suchen Alain Delon. Sie finden ihn natürlich nicht. Sie fahren durch den Park der Villa Borghese, an der Piazza del Popolo halten sie schließlich, Romy steigt aus, sucht sich eine Ecke im großen Halbrund der Piazza und rezitiert daraufhin das vollständige Gretchen-Gedicht aus Goethes *Faust*. Entlang der Rundung trägt es bis hin zu der Stelle, an der Adorf steht, etwa hundert Meter entfernt, auf der gegenüberliegenden Seite der Piazza.

Romy flüstert: »Hörst du mich?«

Dann rezitiert sie, ganz leise, und doch ganz deutlich, das Gretchen: »Meine Ruh' ist hin/Mein Herz ist schwer/Ich finde sie nimmer/Und nimmermehr …«

»Dieser Entschluss, ihn zu suchen, war absurd. Wir haben ihn Gott sei Dank auch nicht gefunden. Ich hatte mir damals gedacht: ›Wenn wir den jetzt finden, dann wird das bestimmt eine nicht sehr schöne Szene.‹

Ich weiß nicht, ob ich das damals bewundert habe, aber ich habe mich gefragt: ›Warum macht sie das?‹«

Dann fügt Mario Adorf, nach einem Moment des leisen Innehaltens, schließlich an: »Das war nicht eine gleich klingende, eine gleich verteilte Liebe. Sondern *sie* war die Liebende. Und er war es zumindest auf eine andere Weise, und benahm sich, wie er sich eben benahm. Da kann man schon sagen, da sie nicht Schluss gemacht hat, war das schon ein Grad von Abhängigkeit. Es hatte etwas von Süchtigsein.«

*

Als Luchino Visconti und Romy Schneider sich über Alain Delon schließlich kennenlernen sollen, nachdem Romy ihren großen Widerstand dagegen endlich aufgegeben hat, werden sie in dessen prachtvolle private Villa in Rom zum opulenten Mahl, serviert vom Diener in Livree, eingeladen.

»Ich sehe mich noch in der Halle seines prächtigen Hauses in der Via Salaria stehen, behaftet mit einer ganz dummen, kleinmädchenhaften Schüchternheit«, erinnert sich Romy Schneider später. »Ich gehe neben Alain auf Visconti zu. Er sitzt im Salon in einem riesigen Ledersessel neben dem Kamin und sieht mich an, als wollte er sagen: Aha, die Kleine von Alain, ich werde ihr den Zahn schon ziehen …«[95]

Dann geschieht Folgendes: Visconti und Delon reden und reden und reden. Romy schweigt. Delon hängt geradezu an den Lippen des von ihm verehrten Mannes, der wiederum in den schönen jungen Franzosen verliebt ist. Während der fünfmonatigen intensiven Dreharbeiten zu *Rocco und seine Brüder* in Mailand haben sich der junge Beau und der dreißig Jahre ältere Maestro gut kennenlernen können. Romy schweigt. Ihr gefällt dies alles nicht, was sie da beobachten und erspüren kann: dass da etwas vor sich geht zwischen ihrem Alain und dem großen Regisseur. Sie spürt ihre Eifersucht. Sie spürt ihre Ungehaltenheit. Und sie spürt ihre Langeweile. Hinzu kommt, dass Visconti Vorbehalte gegenüber Romy zu haben scheint. Sie werden zunächst nicht miteinander warm. Drei, vier Abende verbringen sie miteinander in der Via Salaria.

Bei diesen römischen Essen besprechen die beiden Männer das gemeinsame Projekt, das vor ihnen liegt: Alain spielt im Théâtre de Paris die männliche Hauptrolle in Viscontis französischer Inszenierung *Dommage qu'elle soit une putain* von *Tis Pity She's a Whore* (*Schade, dass sie eine Hure ist*). Das erstmals 1633 gedruckte elisabethanische Drama des Shakespeare-Zeitgenossen John Ford behandelt die fatale inzestuöse Geschwisterliebe zwischen Giovanni und Annabella, die ein gemeinsames Kind erwarten, und ist im italienischen Parma des Jahres 1540 angesiedelt. Es gilt gemeinhin als eines der kontroversesten Stücke der englischen Literatur- und Theatergeschichte.

An einem dieser Abende wendet sich Visconti, der allmählich an Alains Gefährtin Gefallen zu finden scheint, plötzlich unerwartet der schweigenden Romy zu und meint: »Wie wär's denn, Romina, wenn du die Partnerin von Alain in dem Stück spielen würdest? Du wärst die ideale Besetzung.«[96]

Romy ist vollkommen überrascht, ja überwältigt – und lehnt stante pede ab. Sie habe nie Schauspiel-Unterricht gehabt, sie habe nie auf einer Theaterbühne gestanden, ihr Französisch sei zudem miserabel. Doch Visconti – für den die Absage einer von ihm gemachten Rollenofferte einen Affront darstellt – bleibt hartnäckig und fordert sie mit einer Provokation heraus: »Du hast also keinen Mut, Romina?« Damit trifft der Maestro Romy in ihrem Ehrgeiz. Bald nach dem Jahreswechsel '60/'61 beginnen in Paris die mehrwöchigen Proben. Als Romy und Alain zur allerersten Leseprobe zu spät kommen, Alain ist im Ferrari quer durch Paris gerast, alle Ampeln der Stadt stehen in Serie auf Rot, herrscht eisiges Schweigen im Saal. Niemand aus dem wartenden Ensemble sagt einen Ton, und Visconti selbst sitzt mit düster-grimmigem Blick am Probentisch. Zu spät kommen bei der ersten Leseprobe, das kennt er nicht. Sollte dies noch einmal geschehen, werde er sie beide austauschen, Ersatz gebe es schließlich immer und überall. Erst später verrät er dem jungen Liebespaar, er habe natürlich keinen Ersatz gehabt und auch nie im Entferntesten daran gedacht.

Die Pariser Premiere ist für Anfang März 1961 angesetzt.

Je näher das Datum rückt, desto größer wird die Aufregung, desto mehr steigt die Anspannung. Romy ist spürbar nervös. Dann, eines Morgens im Februar, nachdem eine der öffentlichen Proben nur mit Hindernissen verlief, überkommen sie heftige, undefinierbare Schmerzen, Romy wacht auf und hat das Gefühl, ihr Körper stände in Flammen.

Verdacht auf Blinddarmentzündung. Der Krankenwagen rast durch die Stadt, und Alain hält Romys Hand, während sie durch die Dachluke und die Fenster den Himmel von Paris sehen kann, wie die Häuserzeilen an ihnen vorbeieilen. Über ihr das besorgte Gesicht Alains. So kommt es, dass Romy sich ausgerechnet am Tag der Generalprobe, am 8. März, einer Blinddarm-Operation unterziehen muss. Es folgen eine Woche im Pariser Hôpital Ambroise-Paré, in dem Alain Romy besucht, und zehn Tage Urlaub zum Regenerieren. Bis zur völligen Erschöpfung hat sie sich während der sehr anstrengenden und wochenlangen Proben mit dem fordernden, diktatorischen, extravaganten Visconti verausgabt. Sie ist an ihre Grenzen gegangen und darüber hinaus.

Der gestrenge Maestro hingegen ist hochzufrieden, neben seinem Schützling Delon auch dessen *petite amie* besetzt zu haben, und äußert zu dieser Zeit jenes Geschwister-Bonmot, das längst legendär geworden ist: »Das Theater liegt ihr im Blut, und außerdem sieht sie Delon ähnlich. Man könnte meinen, sie seien Geschwister. Die beiden sind die richtige Besetzung.«[97]

Am Abend des 29. März 1961 schließlich findet die um drei Wochen verschobene Premiere des Zweiakters *Schade, dass sie eine Hure ist* am Théâtre de Paris statt, und *tout Paris* sitzt im 1350 Plätze umfassenden Zuschauersaal – Ingrid Bergman und Anna Magnani, Jean Marais und Jean Cocteau, Curd Jürgens und Shirley MacLaine sowie Édith Piaf. Delons Mutter Édith, seine »Mounette«, ist ebenso aus Bourg-la-Reine hereingefahren, wie Romys Mutter Magda und ihr Bruder Wolfi extra aus Deutschland angereist sind – trotz allen Zwists ob Romys missliebig beäugter Beziehung zu Delon und ihrer allenthalben verurteilten »Landesflucht«. Romys Vater Wolf Albach-Retty fehlt, wieder einmal. Ihn wird sie erst in zwei Jahren in Wien wiedersehen.

Als alle Vorhänge gefallen, alle Zuschauer gegangen sind und neben der Presse nur noch jene Leute, die die Künstler kennen, im Foyer warten oder in die Garderobe nach hinten kommen, da ist es eine große Schauspielkollegin die Romy in ihrer Garderobe mit als Erste besucht: Die wunderbare Ingrid Bergman kommt, um die dreiundzwanzig Jahre jüngere Romy persönlich zu beglückwünschen, ihr vielleicht auch, es sähe der Deutsch-Schwedin ähnlich, von Schauspielerin zu Schauspielerin zu sagen, welchen Mut es erfordert, vor das kritische Pariser Publikum zu treten, noch dazu, wenn Französisch nicht die Muttersprache und Paris nicht die Heimatstadt ist: »Sie waren wunderbar. Und ich weiß, was Sie vorher ausgestanden haben müssen«, sagt Ingrid zu Romy. »Ich habe als junges Mädchen in Schweden Theater gespielt und dann viele Jahre später hier in diesem Theater wieder angefangen. Ich kenne die Angst …«[98]

Anderntags erhält das Paar Glückwunsch-Telegramme zur gelungenen Theater-Premiere, die aus allen Ecken des Kontinents eingehen, aus Berlin und Rom und London: »Aus allen

Telegrammen und vielen Briefen ging hervor, daß ich stolz sein durfte auf meine Leistung«, vermerkt Romy. Und fügt dann noch hinzu: »Ich gebe es gern zu: es ist die erste Leistung, auf die ich bisher wirklich stolz bin.«[99]

Hundertzwanzig Vorstellungen sollen es schließlich sein, in denen Romy Schneider und Alain Delon während der nächsten Monate gemeinsam auf der Bühne des Théâtre de Paris stehen. Ihre Abende sind ein Publikumserfolg. Der letzte Vorhang fällt am 22. Oktober 1961.

»Es war eine schöne Zeit, eine sehr schöne Zeit«, notiert Romy in ihr Tagebuch. Für sie, die in der Presse besonders positiv hervorgehoben wird, soll es die erste ihrer beiden einzigen Theaterarbeiten sein. An Delon hingegen, der daraufhin über viele Jahre hinweg keine Theaterbühne mehr betreten wird, lässt man, ebenso wie an der Aufführung an sich, kein gutes Haar. Unter anderem heißt es, dass der athletische junge Protagonist gewiss wunderbar vom Balkon herabspringen, aber noch nicht einmal ordentlich gehen könne.

»Visconti war mein eigentlicher Lehrer«, so Romina über den von ihr verehrten »Luca«, der zu einer Art Vaterfigur für sie wird. »Er war ungeheuer anspruchsvoll, er hat mir Disziplin und einen festen Willen und das Wissen beigebracht, daß man nie genug an sich arbeiten kann.«[100]

Im Todesjahr ihrer Tochter zwanzig Jahre später, wird sich Magda Schneider zu dem seinerzeit in Rom ohnehin publik gewordenen Verhältnis zwischen Alain Delon und Luchino Visconti äußern und ihre Meinung zum Besten geben, ohne dabei von ihrer ausgeprägten Abneigung Delon gegenüber auch nur den geringsten Hehl zu machen: »Romy teilte Delon mit einem Mann. Romy wußte, daß Alain nicht nur sie liebte. Sie hielt das für normal. Sie hielt es auch für normal, daß Alain weiter Männer liebte – wenn sie ihm etwas zu bieten hatten. Jetzt ging es ihm nicht mehr um Geld – es ging um Ruhm. Alain liebte – unter anderem – einen Italiener, Luchino Visconti di Modrone.«[101]

*

In diesem Frühjahr 1961 erleben noch zwei andere Menschen die Pariser Aufführung von Viscontis Inszenierung, und bis heute haben sie lebhafte Erinnerungen daran. Einer von ihnen ist Georg Stefan Troller.

Der Fernseh-Reporter und Dokumentarfilmer erinnert sich: »Ich sah ja Romy zum ersten Mal, als sie da mit Alain Delon in dem Stück *Schade, dass sie eine Hure ist* auftrat. Von dem Visconti. Und da ich elisabethanische Literatur im College studiert habe, hat mich das interessiert, und ich ging zu dem Stück hin, und hab' dann auch mit den beiden gesprochen. Er wie immer unwirsch. Und sie charmant.«[102]

Troller weiter: »Ich habe sie nach dem Stück hinter der Bühne interviewt. Er war immer unwirsch. Es ist schwer zu sagen, was an dem Jungen genagt hat, der so einen Riesenerfolg hatte. Unter anderem, dass Belmondo höhere Gagen bekommen hat als er.«

Volker Schlöndorff zählt neben Georg Stefan Troller zu den wenigen Personen, die Romy und Delon seinerzeit ebenfalls gemeinsam auf der Bühne in Paris erlebt haben und noch heute darüber berichten können. Der am 31. März 1939 in Wiesbaden geborene Oscar-Preisträger – Regisseur insbesondere zahlreicher Literatur-Adaptionen, darunter Günter Grass' *Die Blechtrommel* (1979), Arthur Millers *Tod eines Handlungsreisenden* (*Death of a Salesman*, 1985) oder Max Frischs *Homo Faber* (1991) – lebt in diesen frühen 1960er-Jahren in Paris, ist Regieassistent bei Louis Malle und Jean-Pierre Melville. Bei Melville wird er 1967 am Set zu *Der eiskalte Engel* auch Delon erneut erleben und fasziniert beobachten können. »Delon kannte ich durch Melville. Ich hatte einmal beim *Samouraï* beobachtet, wie die beiden stundenlang vor einem Spiegel den richtigen Sitz eines Hutes probierten.«[103]

In seinem unmittelbar am Ufer des Griebnitzsees gelegenen Haus in Potsdam erzählt Schlöndorff angeregt: »An die Inszenierung von *Schade, dass sie eine Hure ist* kann ich mich lebhaft erinnern. Beide, Romy und Delon, wirkten auf der großen Bühne etwas verloren, trotz oder wegen dem großen Aufwand an Ausstattung, mit dem Visconti sie umgeben hatte. Sie wirkte zerbrechlich, sympathisch, fast wie eine Anfängerin. Aber nicht dilettantisch! Romy war in Viscontis Inszenierung sehr gut – sie hatte viel mehr Bühnenpräsenz als Delon.«

Schlöndorff weiter: »Durch *Sissi* war sie der absolute Superstar jener Zeit. Das wurde natürlich sehr belächelt, aber gleichzeitig hatte sie in Frankreich auch durch Visconti bereits gezeigt, dass ihr Ehrgeiz in eine ganz andere Richtung ging.

Für mich als ganz junger Regieassistent war sie natürlich ein großer Star, da war man schon froh, dass man sich überhaupt in ihrer Nähe aufhalten durfte.«

Volker Schlöndorff erlebt Romy Schneider nach der Zeit der Visconti-Inszenierung kurz darauf erneut in der französischen Inszenierung des Tschechow-Vierakters *Die Möwe* von Sacha Pitoëff, der selbst den Trigorin spielt. Von Januar bis Mai 1962 ist das Ensemble auf Tournee durch Frankreich, Belgien, die Schweiz, Luxemburg und Portugal.

»Das Stück ging dann durch die französische Provinz, durch Städte wie Orléans – ein irrsinniger Schlauch«, so Schlöndorff. Hundert Vorstellungen wird Romy in der Rolle der Nina absolvieren, fast jeden Tag in einem anderen Ort, quer durchs Land. Gespielt wird in kleinen Theatern, aber auch in Kinosälen, und manches Mal »hatten wir alle das Gefühl, vor schlafenden Kühen zu spielen«. Ein einziges Mal, es ist gleich im Januar, gastieren sie tatsächlich auf einer deutschen Bühne in Baden-Baden. Doch auch dort wird die französische Fassung aufgeführt. Einmal, es ist in Avignon, bricht Romy vor Erschöpfung zusammen und kommt ins Krankenhaus. Alain, der gerade bei Dreharbeiten vor der Kamera steht, reist umgehend in die Provence.

Schlöndorff erzählt: »Ich sehe sie bei Sacha Pitoëff in der Kulisse des Théâtre Moderne bei der Probe für *Die Möwe*, wo sie die Rolle von ihrer Vorgängerin Delphine Seyrig für die Theater-Tournee durch Frankreich übernommen hat. Sie hat wahnsinnig tapfer gelernt, war sehr, sehr ehrgeizig. Sie war unglaublich ernsthaft und konzentriert. ›Wie ein kleiner Soldat‹, sagte Louis Malle einmal von ihr – es gab gerade den Film von Godard, *Le petit soldat.* Sie war so diszipliniert, so konzentriert. Die kleine Deutsche, die es mit ganz Paris aufgenommen hat.«

Volker Schlöndorff weiter: »Die stärkste Erinnerung, die ich dabei an sie habe, ist, wie sie in der Kulisse steht und auf ihren Auftritt wartet, und alle plappern rundherum, und sie legt sich die Hände richtig wie Scheuklappen links und rechts ans Gesicht und stellt sich mit dem Gesicht zur Wand und ist ganz konzentriert und lauscht auf das, was auf der Bühne gesprochen wird und nicht auf das Gegackere hinter der Kulisse. Um dann mit ihrem Stichwort schon in der Stimmung aufzutreten. Das war wirklich ein schöner Moment: Zu erleben, wie sie ein richtiges Bühnentier geworden ist. Sie hat das sehr, sehr ernst genommen.«

*

Zwischen diesen beiden Theater-Erfahrungen – und es sollen die beiden einzigen für sie bleiben, so sehr sie sich immer auch eine Rückkehr ans Theater wünschen wird – steht Romy im August

1961 während der Pariser Theaterferien in Rom vor der Kamera: Luchino Visconti dreht mit ihr die Episode *Der Job* (*Il lavoro*) für den von Produzenten-Legende Carlo Ponti verantworteten Gruppenfilm *Boccaccio '70* (1962). Federico Fellini und Vittorio de Sica führen Regie bei den zwei weiteren Episoden mit Anita Ekberg und Sophia Loren. Die vierte Episode, von Mario Monicelli inszeniert, gelangt nie in die finale Kino-Fassung dieses experimentellen Gruppenfilms.

In Viscontis 45-minütiger Episode *Der Job*, einem kammerspielhaften Zwei-Personen-Stück, das frei auf Guy de Maupassants Novelle *Au bord du lit* beruht, ist Romy als dekadente, dem Luxus verfallene, ebenso anmutige wie erotische Comtessa zu sehen, Pupa wird sie schlicht genannt. Pupa ist eine deutsche Industriellen-Tochter, die mit dem italienischen Grafen Octavio (Tomas Milian) verheiratet ist, der in Mailand einen Callgirl-Ring betreibt und auch selbst ab und zu an den Freuden dort teilhat. Als die Presse von dem Unterfangen Wind bekommt und auch Octavios Name publik wird, droht Pupa mit Scheidung. Octavio steht unter Druck, denn der feudale Lebensstil, den sie sich leisten, wird von Pupas vermögendem Vater in Deutschland finanziert. Der lässt nun alle Konten sperren und macht alles von Pupas Entscheidung abhängig. Und so erklärt Pupa ihrem Octavio, sie habe dieses nutzlose Leben satt und wolle einer Beschäftigung nachgehen. Da sie nun aber nichts gelernt habe, würde sie sich ihm fortan gegen Bezahlung hingeben. Octavio, zunächst entrüstet, geht schließlich auf Pupas Vorschlag ein, und als der Vater wieder anruft, unterweist Pupa ihren Octavio: »Sage ihm, ich hätte schon eine Beschäftigung – als Callgirl.« Dabei blickt Romy in der Schluss-Einstellung mit Tränen in den Augen in die Kamera auf.

Romys Look ist hier ein ganz und gar neuer, ein radikaler Bruch mit allem, was sie bisher getragen hat, vor allem mit dem »Pelzmantel-Gescheiß«. Ihre Kostüme sind von ihrer guten Pariser Bekannten Coco Chanel, die Romy gerne ihre Freundin nennt, ihre Frisur wird vom Pariser Coiffeur Alexandre gerichtet – es ist alles ganz im Stil des Pariser Chic. *Et voilà:* Der neue Romy-Schneider-Stil ist kreiert. Modern und keck, zeitlos. Vergessen ist alle kaiserlich-königliche Süßlichkeit, Visconti habe sie, so seinerzeit begeistert die renommierte französische Filmzeitschrift *Cahiers du Cinéma*, regelrecht »verwandelt«.

Boccaccio '70 feiert – nach der nationalen Premiere im Februar in Mailand – im Mai 1962 seine internationale Festival-Premiere bei den Filmfestspielen von Cannes. Alain und Romy kommen gemeinsam an die Croisette, denn Michelangelo Antonionis atmosphärisches Drama *Liebe 1962* (*L'eclisse, 1962*), in dem Delon an der Seite von Monica Vitti zu sehen ist, läuft ebenfalls im Programm und wird schließlich mit dem Prix spécial du Jury ausgezeichnet.

Das Liebespaar tritt auf dem Festival gemeinsam auf. Beide sind sie Stars.

Romy wird in Cannes von Publikum und Kritik gefeiert: Romy Schneider sei »perfekt besetzt«, heißt es da, »Visconti und Schneider haben der Anekdote ihre glatte Ironie genommen und an ihre Stelle etwas Subtileres gesetzt«. Während sie in Cannes gefeiert und geehrt wird und die Franzosen allmählich beginnen, ihr zu Füßen zu liegen und aus ihr *La Schneider* zu machen, hat man aus der Bundesrepublik einen ganz anderen Blick auf diese doch sehr suspekt erscheinenden Geschehnisse.

»Zu Hause«, in der »Heimat«, ist es neben anderen Medien erneut *Der Spiegel*, der Romy Schneiders Wechsel aus Deutschland nach Frankreich in Verbindung mit ihren neuen Schauspiel-Erfahrungen bei Kortner und Visconti mit geradezu maliziöser Süffisanz den interessierten deutschen Lesern jenseits des Rheins näherzubringen weiß. Der mediale Griff unter die

Gürtellinie – »vom Dirndl zur Dirne« – ist dabei von stupender Despektierlichkeit:

»Erst als sich in Paris ein italienischer Marxist und Adliger, der Graf Luchino Visconti, der gescheiterten Halbzarten annahm, startete sie zu einer neuen, diesmal erfolgreicheren Karriere. Visconti präsentierte in dem Film *Boccaccio* '70 die dem Dirndl Entwachsene als Halbakt – als betrogene Ehefrau, die ihre ehelichen Pflichten nur noch gegen Barschecks erfüllt.

Auch auf einer Pariser Bühne wurde die künstlerische Wandlung vom Dirndl zur Dirne deutlich. Unter Viscontis Regie spielte Romy Schneider in dem John-Ford-Stück *Schade, daß sie eine Dirne ist* neben Bräutigam Delon die Hauptrolle. Thema der Tragödie aus dem 17. Jahrhundert: die blutschänderische Liebe von Bruder und Schwester.

Die französischen Erfahrungen hatten Romy Schneider noch einmal für Deutschland interessant gemacht. Fritz Kortner hatte sie für sein Fernsehspiel *Die Sendung der Lysistrata* als Myrrhine verpflichtet. Die pariserisch gewandelte Romy Schneider schockierte den Kaplan Heinrich Hackmann aus Werlte im Emsland derart, daß er Strafantrag stellte. Begründung: Romy Schneider habe auf dem Bildschirm ›unsittliche Schaustellungen‹ dargeboten.«[104]

Georg Stefan Troller erinnert sich in seinem Pariser Dach-Appartement an diese sich für das Paar zunehmend schwierig gestaltende Zeit: »Es war ja furchtbar, dass sie in Deutschland so angegriffen wurde. Als Hure. Die Deutschen nehmen den deutschen Mann, der von einer französischen Nutte geschlagen wird, das akzeptieren sie. Aber nicht umgekehrt. Das hat man ihr übel genommen: dass sie sich von einem Franzosen schlagen ließ. Da sind alte Ressentiments aufgetaucht, die vielleicht sogar mit dieser alten Erbfeindschaft zu tun haben.

Romy hat Delon immer geliebt, das war so offensichtlich. Sie konnte sich bei dem ausleben. Vorher hatte sie wohl Schwierigkeiten, sich auszuleben. Und sie konnte es eben mit Alain – vielleicht zum ersten Mal.

Alain Delon war bestimmt die Erfüllung dieses unbewussten Dranges. Sich einem Mann total überantworten zu dürfen. Das hat sie Delon gegeben. Und er konnte das nicht wirklich nachvollziehen, obwohl er immer wieder wiederholt hat, wie sehr er sie respektierte und liebte – im Nachhinein.

Delon hat auch andere Frauen gehabt. Das war das Furchtbare. Er war ihre Hoffnung, ihre Liebe, ihr Glaube und ihre Zukunftschance. Er war hier schon ein anerkannter Star, und sie war schon auch bekannt, aber *Sissi* war nicht das, was sie wollte. Sie wollte eine richtige Schauspielerin werden.

Ihr Erfolg beruhte, entgegen all ihrem Willen und dem, was sie gehofft hatte, darauf, dass sie auch in den verruchtesten Rollen dem Publikum zuzuzwinkern schien: ›Habt keine Angst, ich bin es, ich bin ja nur Christine, ich bin ja nur das Schätzchen.‹ Sie wollte das ja nicht, sie wollte sich ja komplett verausgaben. Aber irgendwo blieb das, obwohl sich ihr Gesicht ja verändert hat und sie schmal wurde, beim Publikum haften: Es ist ja eigentlich nur unser Liebchen, also, es kann uns nichts passieren. Es ist wichtig, dass das Publikum spürt, es kann mir nichts geschehen. Und das vermittelte sie trotz aller Verruchtheit. Aber genau das wollte sie nicht. Sie wollte die große tragische Schauspielerin werden.«

*

Romy und Alain arbeiten nahezu ohne Unterbrechung.

Sie steht das erste Halbjahr 1962 auf der Theaterbühne, dazwischen präsentiert sie im Mai *Boccaccio '70* in Cannes und dreht im März – auch wenn es, wie sie selbst anmerkt, leider nur ganze zehn Drehtage sind – unter der Regie von Orson Welles in Paris die unorthodoxe, avantgardistische Kafka-Verfilmung *Der Prozeß* (*Le procès*, 1962), wo sie in der Rolle des undurchschaubaren Dienstmädchens, der lasziven Anwalts-Mätresse Leni zu sehen ist, die ohne Zweifel eine ihrer intensivsten und eine ihrer meist vergessenen Arbeiten darstellt.

Er steht währenddessen das ganze Frühjahr über zu Viscontis opulentem Epos *Der Leopard* (*Il gattopardo*, 1962) – nach dem gleichnamigen Roman von Giuseppe Tomasi di Lampedusa – für den Part des Tancredi zusammen mit seinen Filmpartnern Burt Lancaster und Claudia Cardinale in Palermo und Rom vor der Kamera.

Romy und Alain sehen sich jetzt immer seltener. Es sind Set-Besuche, Stippvisiten, vielleicht einmal ein ganzes Wochenende lang. Sie sind nicht mehr die, die sie noch vor vier Jahren waren. Beide haben sich sehr verändert, beide sind weitergekommen, auf ihren Karriereleitern, aber auch in ihrer persönlichen Entwicklung.

Nach einigen in Paris verbrachten Jahren wird Romy über ihr neues Leben jenseits der Heimat sagen: »Ich fühle französisch, so wie ich lebe, wie ich liebe, wie ich mich kleide, wie ich schlafe, wie ich zu der Frau wurde, die ich jetzt bin.«

Und über den Mann, der sie in dieses neue Leben mit hineingeführt hat: »Er hat mich aus meiner Verzweiflung gerettet. Er hat mir den Mut gegeben, von neuem anzufangen. Ohne ihn hätte ich niemals durchgehalten.«[105]

Mario Adorf, der Romy Schneider und Alain Delon in Rom zusammen erlebt und ihnen im Laufe der Jahre auch immer wieder einzeln begegnet, ihr öfter als ihm, wirft heute einen eher kritischen Blick zurück auf das Paar: »Die ganze Geschichte mit Delon war für Romy eine bittere Lehrstunde, das ganze

Verhältnis. Delon hat sie wirklich nicht gut behandelt. Er hat zu ihren Brüchen sehr beigetragen und zugleich auch zu ihrer Entwicklung als wunderbare Schauspielerin. Ohne Delon, und das klingt zynisch, wäre sie vielleicht nicht die gute Schauspielerin geworden, die sie dann wurde: Diese fortlaufenden schweren Eingriffe in ihre Persönlichkeit, die Unsicherheiten, die er bei ihr immer wieder auslöste, die sie auch immer wieder überwinden musste. Da war sie schon auch stark.

Eine ›normale‹ Frau wäre vielleicht daran zerbrochen, endgültig *zerbrochen.* Romy wurde *gebrochen.* Durch Delon.

Sie hat, für eine junge Frau, schwere Brüche erlitten. Was Delon Romy zugemutet hat, und wie sie darauf reagierte, hat mich damals schon irritiert.

Das ist, wenn man so will, sein negatives Verdienst. Vielleicht sogar, dass sie so geworden ist, wie sie geworden ist.«

*

Bevor Romy vorübergehend in die USA geht und sich in Hollywood eine Luxusvilla mit mehreren Angestellten mietet, dreht sie unter der Regie von Otto Preminger im Frühjahr 1963 das 175-Minuten-Epos *Der Kardinal* (*The Cardinal*).

Die bis Ende April andauernden Dreharbeiten der großen, in Breitwand-Panavision gedrehten US-Produktion führen sie zunächst nach Boston und Stamford, dann nach Hollywood und im Anschluss nach Rom, wo unter anderem im Vatikan gedreht wird. Schließlich geht es ins vertraute Wien: Hier wirkt Vater Wolf Albach-Retty in einer kleinen Nebenrolle mit – es ist das einzige Mal, dass Albach-Retty und seine Tochter Romy gemeinsam in einem Film spielen.

So geschieht es, dass sich die Tochter und die Eltern an einem späten Märztag, es ist der 26., in Wien wiederbegegnen. Natürlich sind auch hier die Fotografen nicht weit – die Publicity-Bilder des kleinen arrangierten Familientreffens zeigen drei scheinbar ausgelassene, fröhlich lachende Menschen. Ein Lachen nur für die Kameras? Hier erlebt Romy kurz, was sie nie hatte und was sich auch aus dem Stegreif nicht einfach künstlich herstellen lässt: Familie.

Mutter Magda mit Pelzmütze, Vater Wolf wie stets charmant lächelnd und adrett gescheitelt, Tochter Romy mit wuscheligem Haar, strahlend von einem Ohr zum anderen. Die Tochter des geschiedenen Schauspieler-Paares, sie hat sie kurz für sich, ihre Eltern. Für diesen seltenen, kostbaren Moment. So heiter die Fotografien wirken, so traurig ist das, was nicht zu sehen ist.

»Das ist das erste Mal, daß ich meine Eltern zusammen sehe«[106], sagt Romy Schneider. Da ist sie vierundzwanzig Jahre alt.

Zur gleichen Zeit kursieren immer mehr Fotos von Alain Delon und der neuen attraktiven Gefährtin in seinem Leben, Nathalie Barthélémy, die eigentlich Francine Canovas heißt, in der internationalen Presse. Die junge Frau, am 1. August 1941 in Oujda im Norden Marokkos als Tochter einer Spanierin und des aus dem algerischen Oran stammenden Transportfabrikanten Louis Canovas geboren, wächst in Casablanca bei ihrer alleinerziehenden Mutter Antoinette Rodriguez auf. Als Model lebt sie mal in Marokko, mal in Paris und wird in den 1960er-Jahren mithin als eine der schönsten Frauen der Welt gelten.

Nathalie Barthélémy, Mutter einer Tochter gleichen Vornamens, wird – nachdem sie 1959 kaum achtzehnjährig geheiratet hat – nach nur drei Jahren Ehe im Jahr 1963 von Guy Barthélémy geschieden. Das Sorgerecht für die kleine Nathalie wird dem Vater zugesprochen, sodass die ehemalige Francine Canovas ihren Lebensmittelpunkt mit der Zeit mehr und mehr nach

Frankreich verlegt und ihre Tochter nur noch sporadisch in Casablanca besucht.

In Paris lebt Nathalie Barthélémy das Leben einer jungen, freien, unabhängigen Frau. Sie ist nun ein begehrtes Cover-Girl, das nie Schauspiel-Unterricht genommen hat und durch Alain Delon im Jahr 1967 zur Schauspielerei kommt, als er sie Regisseur Jean-Pierre Melville für die weibliche Nebenrolle der Jane, der Geliebten des Killers Jef Costello, in *Der eiskalte Engel* vorschlägt. Nathalies zweite Karriere, die sie die Siebziger- und Achtzigerjahre hindurch verfolgen und die sie zu Regisseuren wie Jacques Demy, Joseph Losey und Roger Vadim führen wird, geht – und auch das gehört zu ihm – auf Alain Delons Initiative zurück.

Ihr Kennenlernen im Frühjahr 1963 werden beide in späteren Jahren einmal sehr unterschiedlich in Erinnerung haben. Zu diesem Zeitpunkt sind Alain Delon und Romy Schneider offiziell noch ein Paar. Über die Vermittlung eines Freundes, des polnisch-französischen Prinzen und ehemaligen *Vogue*-Herausgebers Jean Poniatowski, habe man sich kennengelernt, so Delon 1996: »In Erwartung ihrer Scheidung wollte sie zwei Wochen Urlaub in Frankreich machen … Dann blieb sie für immer.«[107]

Nathalie Barthélémy hingegen beschreibt 1999 die erste Begegnung mit ihrem zweiten Ehemann Delon in dem Pariser Club Saint Hilaire als puren Zufall: »Er war sehr grob, war mit Freunden da, die mir nicht recht geheuer waren, komische Vögel. Es hieß: ›Alain Delon ist da.‹ Man hat ihn mir vorgestellt, er saß auf meiner Handtasche. Ich sagte: ›Würden Sie kurz aufstehen, damit ich meine Tasche nehmen kann?‹ ›Machen Sie doch, mir egal‹, hat er geantwortet. ›Aber schnell, ich bin beschäftigt!‹«[108]

Ein Jahr später, im Sommer 1964 schon, wird Nathalie Barthélémy zum zweiten Mal ihren Namen ändern: Sie heißt nun

Nathalie Delon. Im Herbst kommt bereits der gemeinsame Sohn zur Welt, Anthony Delon.

Romy Schneider kann dies alles den Zeitungen entnehmen.

Als Alain Delon in Spanien *Die schwarze Tulpe* (*La tulipe noire*, 1964) dreht – für das Mantel-und-Degen-Historiendrama unter Christian-Jaques Regie steht er gemeinsam mit Virna Lisi vor der Kamera – und sich ab Mai für mehrere Monate eine luxuriöse Villa, La Catapulta, in Trujillo unweit von Madrid anmietet, mit Swimmingpool, Gärtner, Hausangestellten, da lassen Romy Schneider die Berichte in der internationalen Presse zusehends misstrauisch werden. Was Romy in diesem Moment nicht wissen kann: Delon ist nicht allein in Madrid. Nathalie ist auf seinen Wunsch hin bei ihm, er hat sie auf der Reise von Frankreich nach Spanien kurzerhand mit seinem Buick Galaxy Cabriolet, grau-metallic, in Cannes abgeholt.

Delons Beifahrer, der Stuntman Yvan Chiffre, begleitet die beiden zu den Dreharbeiten nach Madrid und beschreibt, wie Delon mit seinem Cabrio vorfährt, mehrfach laut hupt, sich dann ein Fenster öffnet und kurz darauf eine junge Frau im T-Shirt, braun gebrannt und von auffallender Schönheit, die Stufen herunterkommt: »Einen Augenblick später kommt sie angelaufen, eine Tasche über der Schulter, und springt in den Wagen. Ich verziehe mich wohl oder übel auf den Rücksitz, während sie vorn neben Alain Platz nimmt.«[109]

Zu dritt preschen sie, Delon stets am Steuer, von der Côte d'Azur mit einem Zwischenstopp in Marseille nach Madrid, wo die Dreharbeiten unmittelbar bevorstehen. Es sind Monate, die Nathalie Barthélémy mit in Delons Villa verbringen wird.

Andernorts nehmen sich Lebenssituation und Stimmungslage anders aus: »Alain drehte einen Film in Madrid – und ich sah in den Zeitungen das gleiche Bild: Alain in seinem Klappstuhl mit der Aufschrift ›Alain Delon‹ und auf seinen Knien ein

Mädchen, das einen großen Hut trug. Über die beiden wurde im Text entsprechend geklatscht. Ein Flirt? Eine Liebesgeschichte? Ich weiß es nicht mehr. Ich war in dieser Beziehung einiges gewöhnt, aber langsam wurde es mir doch zu bunt«[110], äußert Romy, und sie dürfte erahnen, wenngleich sie es eine ganze Zeit lang zu verdrängen versucht, dass ihre gemeinsame Zeit mit Delon allmählich abläuft.

An anderer Stelle merkt sie an: »Nicht jeder Flirt war harmlos. Das weiß ich. Alain ist ein junger Hund – und wird immer ein junger Hund bleiben. Immer auf der Suche, oft selbstzerstörerisch. Je öfter wir durch unsere Arbeit getrennt waren, umso gefährlicher wurde die Situation für uns beide.«[111]

Es sind ihre letzten Begegnungen in diesem Herbst 1963.

In Rom, wo Romy zuvor *Der Kardinal* drehte, sehen sich Romy und Alain schließlich das letzte Mal. Dort, wo sie vor ein paar Jahren die abendlichen Feste draußen in der Via Veneto feierten, dort, wo sie ihn nachts mithilfe Mario Adorfs vergeblich in den Straßen und auf den Plätzen suchte, dort, wo sie Luchino Visconti kennenlernte. Rom war eine ihrer gemeinsamen Städte. Beinahe ein zweites Paris.

In Rom verabschieden sie sich voneinander, er bringt sie noch zum Flughafen. Alles scheint wie immer, als sie den Flieger nach Los Angeles nimmt, um dort ihren nächsten Hollywood-Film für die Studios der Columbia zu drehen: David Swifts Komödie *Leih mir deinen Mann* (*Good Neighbor Sam*, 1964), eine recht belanglose Komödie mit Jack Lemmon und Edward G. Robinson. Romy und Delon telefonieren weiterhin, alles scheint beim Alten.

»Romy war sehr unglücklich in Hollywood«, erinnert sich Senta Berger heute. »Sie fühlte sich dort sehr unwohl.«

Über diese schwierige Zeit in Beverly Hills notiert Romy: »In den Zeitungen häuften sich die Gerüchte. Es war von einer

Verlobung mit Nathalie Barthélémy die Rede – dem Mädchen mit dem Hut. Ich glaubte von den Gerüchten höchstens die Hälfte. (…) Aber auch die Hälfte war mir schon ein bißchen zuviel.«[112]

Das Mädchen mit dem Hut ist leider kein Gerücht. Sie ist die neue Frau in Alain Delons Leben, und diesmal ist es ernst, sehr ernst sogar: Nachdem sie sich im Frühjahr verlobt haben, ist es am 13. August 1964 so weit – Alain Delon heiratet Nathalie Barthélémy, die zu diesem Zeitpunkt bereits schwanger ist. Später einmal wird es heißen, er habe sie nur wegen der Schwangerschaft geheiratet, die publik geworden war.

Sie heiraten unter dem Siegel der größten Verschwiegenheit in La Ville-aux-Clercs, unweit von Vendôme, um daraufhin sofort in die Flitterwochen nach New York aufzubrechen. Die Reise jedoch ist nicht nur zum Flittern angedacht, und so geht es nach einem eher kurzen Aufenthalt im *Big Apple* schließlich nach Hollywood.

Delon, dessen Name dank Viscontis *Der Leopard* und Henri Verneuils *Lautlos wie die Nacht* (*Mélodie en sous-sol*, 1963) auch jenseits des Atlantiks inzwischen geläufig ist, reist für Gespräche nach Kalifornien. Das frisch vermählte Paar mietet eine Villa in Beverly Hills an. Sechs Wochen nach ihrer Ankunft in Hollywood kommt der gemeinsame Sohn Anthony am 30. September im Cedars-Sinai Hospital zur Welt. Sie sind nun eine kleine Familie. Doch Delon hat von diesem sehr neuen, sehr jungen Glück nicht allzu viel, da er nun für das Studio der Metro-Goldwyn-Mayer unter der Regie von Ralph Nelson für *Millionenraub in San Francisco* (*Once a Thief*, 1965) vor der Kamera steht. Der Schwarz-Weiß-Krimi, in dem Delon neben Jack Palance und Ann-Margret zu sehen ist, ist die erste amerikanische Produktion, in der er mitwirkt.

Die gerade erst gestartete amerikanische Karriere Delons ist allerdings von nicht allzu langer Dauer – drei US-Filme sind es lediglich, die er dreht, den Tiefpunkt markiert die parodistische Western-Komödie *Zwei tolle Kerle in Texas* (*Texas Across the River*, 1966), für die er unter der Regie von Michael Gordon an der Seite von Rat-Pack-Mitglied Dean Martin vor der Kamera steht.

Nach nur neun Monaten Kalifornien packt die Familie Delon ihre Koffer und kehrt zurück nach Europa. Es war ein kurzer Ausflug in die Berge von Hollywood. Nur ein einziges Mal noch, 1973, wird Alain Delon in einer US-Produktion zu sehen sein, gemeinsam mit Burt Lancaster – in Michael Winners *Scorpio, der Killer* (*Scorpio*, 1973).

Für sie beide, für Romy wie für Delon, soll Hollywood lediglich ein kurzes Lebenskapitel bleiben.

*

18. Dezember 1963. Paris, Avenue de Messine. Romy Schneider kommt aus den USA von den Dreharbeiten zu *Leih mir deinen Mann* nach Hause. Sie geht davon aus, dass es noch immer das gemeinsame Zuhause von Alain Delon und ihr ist. Trotz all der Zeitungsberichte, all der Fotos hat sich zwischen ihnen nichts verändert. Auch am Telefon, notiert Romy einmal, sei Alain der, der er immer sei. Nichts habe sich verändert. Glaubt sie. Doch die Dinge des Lebens, sie sind unbeständig. Und Alain Delon ist es auch.

Das Mädchen mit dem Hut ist nun die neue Frau an Delons Seite – die Zeit mit Romy, sie gehört der Vergangenheit an. Angeblich, so heißt es, habe Delon in ihrer Abwesenheit die halbe Wohnung leer geräumt und nur Romys Sachen dagelassen. Sie gibt ihm vor ihrer Ankunft noch Bescheid, wann sie ankommt. Sonst warteten sie aufeinander, holten sich gegenseitig ab, feierten das Wiedersehen nach der oftmals langen räumlichen Trennung, die nur vom Telefon überbrückt werden konnte. »Manchmal spürte ich voller Verzweiflung, daß unsere Beziehung in Quälerei ausartete – und wollte Schluß machen, einen Strich darunter ziehen«, so Romy. »Ich konnte es nicht. Wenn Alain von einer Reise zurückkehrte, stand ich doch wieder am Flughafen und erwartete ihn.«[113] Diesmal ist alles anders.

Legenden ranken sich um diese Trennung.

Delon trennt sich von Romy mit einem Strauß roter Rosen und einigen wenigen, auf einen Zettel rasch hingeschriebenen Worten, die sie am Tag ihrer Rückkehr auf einem Tisch in der gemeinsamen Wohnung vorfindet:

»Bin mit Nathalie nach Mexiko. Alles Gute. Alain.«

So lautet eine der glaubwürdigeren Versionen, die das Ende dieser Verbindung beschreiben. Die Geschichte eines langen, zwölf oder fünfzehn handschriftliche Seiten umfassenden Abschiedsbriefes, den Delon Romy angeblich geschrieben und den sie aus den Händen des gemeinsamen Freundes und Agenten Georges Beaume in Paris erhalten habe, dürfte wahrscheinlich weniger zutreffen. Romy hat immer alles aufgehoben – Delon hat sich zu diesem Brief nie bekannt.

Eine der wohl legendärsten Beziehungen zweier europäischer Schauspiel-Stars geht nach etwa fünfeinhalb Jahren zu Ende. Die deutschen Medien reiben sich die Hände und überschlagen sich abermals mit Spekulationen – zudem rechnen sie mit bürokratischer Akribie genauestens nach, in Jahren, Monaten und Tagen, wie lange das prominente Paar ab dem Tag der Verlobung in Lugano wirklich zusammen gewesen sei.

Wer hier so pedantisch als Erster nachrechnet, ist nicht etwa die sensationsheischende *Bild*-Zeitung oder die anderen blumig fantasierenden Klatschblätter der deutschen Yellow Press, *Der Spiegel* ist es, der schreibt:

»(...) Nach vier Jahren, acht Monaten, 24 Tagen Dauer, nach Bekanntgabe von einem Dutzend verschiedener Hochzeitstermine und nach genauso vielen Zerwürfnissen und Absagen endete die turbulenteste und am heftigsten publizierte Brautzeit der Jahrhundertmitte mit einem Ferngespräch: Am Telephonhörer, 13 000 Kabel-Kilometer voneinander entfernt, kamen die österreichische Filmschaffende Rosemarie Albach-Retty, genannt Romy Schneider, 25, und der französische Neue-Welle-Reiter (*Nur die Sonne war Zeuge*) Alain Delon, 28, überein, still auseinanderzugehen.«

Als eine stille Übereinkunft jedoch, eine einvernehmliche zumal, kann das Auseinandergehen von Romy und Delon nicht wirklich beschrieben werden.

An anderer Stelle fährt man fort: »Obwohl sich Exverlobter Delon ohne weiteren Kommentar nach Mexiko empfahl und auch Romy Schneider über die Hintergründe des telephonischen Entlöbnisses schwieg, ist schwerlich daran zu zweifeln, daß der Trennung die gleiche Erkenntnis zugrunde liegt, die Romy Schneider bereits im Frühjahr Reportern anvertraute: ›In der Liebe will man alles von einem einzigen Mann haben. Und das ist nicht möglich.‹ Und da der ehemalige Indochina-Kämpfer Delon schon seit geraumer Zeit Schwierigkeiten zu haben schien, die Macht seiner Persönlichkeit ungeteilt auf eine Liebende zu konzentrieren, hatte die Braut damals poesiealbumreif philosophiert: ›Besser eine unglückliche Leidenschaft als im Glück schnarchen.‹ Bis 1958 hatte Rosemarie Albach-Retty die Liebe nur im Film erlebt – vor der Kamera. (...).«[114]

Völlige Leere macht sich in diesen einsamen, düsteren Dezembertagen in Romy breit. Das Ende des Jahres 1963, es könnte trister kaum sein. Eine innere Dunkelheit breitet sich in ihr aus und formt sich bald schon zu einem Gefühl von Ausweglosigkeit.

Es heißt, Romy Schneider habe in diesem Dezember 1963 in ihrer Wohnung einen Suizidversuch unternommen.[115] Mit einer Rasierklinge habe sie sich die Pulsadern aufgeschnitten. Der Versuch misslingt, es ist ein Glück. Ein Freund findet sie schließlich in der Wohnung und kann noch rechtzeitig einen Arzt holen, der sie sofort behandelt. Es ist eine kleine Narbe am Handgelenk, die einmal bleiben soll.

Auch Luchino Visconti, der Maestro, liest in Italien in den Zeitungen von der Trennung seiner beiden Schützlinge, mit denen er mehrfach zusammengearbeitet hat. Umgehend schickt er Romy ein Telegramm nach Paris, es besteht nur aus fünf Worten: »Romina. Ich liebe Dich. Luca.«

Romy entschließt sich, über Weihnachten nach Deutschland zu reisen, um die Feiertage bei ihrer Mutter Magda zu verbringen, anstatt in der ehemals gemeinsamen Wohnung in Paris zu sitzen.

»Zum Weihnachtsfest in engstem Blatzheim-Familienkreis sagte sich Romy Schneider nach Berchtesgaden an. *Bild* rief derweil seine Leser zu einem nationalen Versöhnungsfest mit der vom deutschen Publikum Verstoßenen auf: ›Sollten nicht auch wir einen Schlußstrich ziehen und Romy wieder mit offenen Armen aufnehmen?‹«[116]

Die Pariser Journalistin und Fernseh-Moderatorin France Roche, in einem früheren Leben selbst einmal Schauspielerin wie auch Drehbuch-Autorin, äußert sich in dieser Zeit über den Zustand ihrer bekannten Freundin Romy, indem sie in *France-Soir* eine von Georges Beaume initiierte und aufgesetzte offizielle Erklärung publiziert. Hinter den Kulissen allerdings ist derweil unter Romys Freunden von einem regelrechten Drama die

Rede, und dass sie sie alle zuvor, trotz anderer Höhen und Tiefen, noch nie *so* erlebt hätten.

Jahrzehnte später erinnert France Roche sich im Jahr 2000 in Paris an diesen für Romy so existenziellen Lebensabschnitt: »Romy hätte für ein Leben mit Alain alles gegeben. Er aber sagte eines Tages: ›Pass auf, es ist ganz einfach, wenn wir uns drei Monate nicht streiten, wird geheiratet.‹ Er wusste genau, was er tat, die beiden lagen sich ja pausenlos in den Haaren.«[117]

Über Romys Rückkehr aus den USA nach Paris und die Wochen und Monate nach der Trennung weiß France Roche zu berichten: »Eine Weile lang nahm sie Beruhigungsmittel. Von früh bis spät zitterte sie im ganzen Leib. Sie blieb noch Monate in ihn verliebt. Sie hinterließ ihm Nachrichten am Rückspiegel seines Autos und ging mit jedem aus, der ihr den Hof machte – sicher, um sich zu beweisen, dass sie begehrenswert war.«[118]

Im Jahr 2009 äußert sich Alain Delon einmal selbst zu den über die Jahre immer wieder aufkommenden, sehr voneinander abweichenden Versionen dieser Trennung. Ganz Delon, wischt er alles bislang dazu Gesagte regelrecht vom Tisch:

»Das ist hinten und vorne nicht wahr! Nie habe ich diesen Blumenstrauß abgegeben oder diesen Brief geschrieben, und sie ist auch nicht allein zurück in die Avenue de Messine. Unsinn ist das! Die Wahrheit ist viel einfacher: Ich habe Romy eines Abends gestanden, dass ich Nathalie liebte und sie heiraten wollte. Sie war in Kalifornien, hat mir alles Gute gewünscht, und dabei haben wir's belassen, sicher, uns bald als gute Freunde wiederzusehen.«[119]

Es ist Alain Delons eigene Sicht der Dinge.

Nach der Trennung – diese Tage, Wochen, Monate:

L'enfer, 1964

Und dann begann das scheußlichste Jahr meines Lebens, das Jahr zwischen Herbst 1963 und Herbst 1964.

ROMY SCHNEIDER, 1964

Es gab nie einen Bruch. Das Wort passt nicht. Es gab nur ein Sich-voneinander-Entfernen, wie das so geht im Leben.

ALAIN DELON, 2009

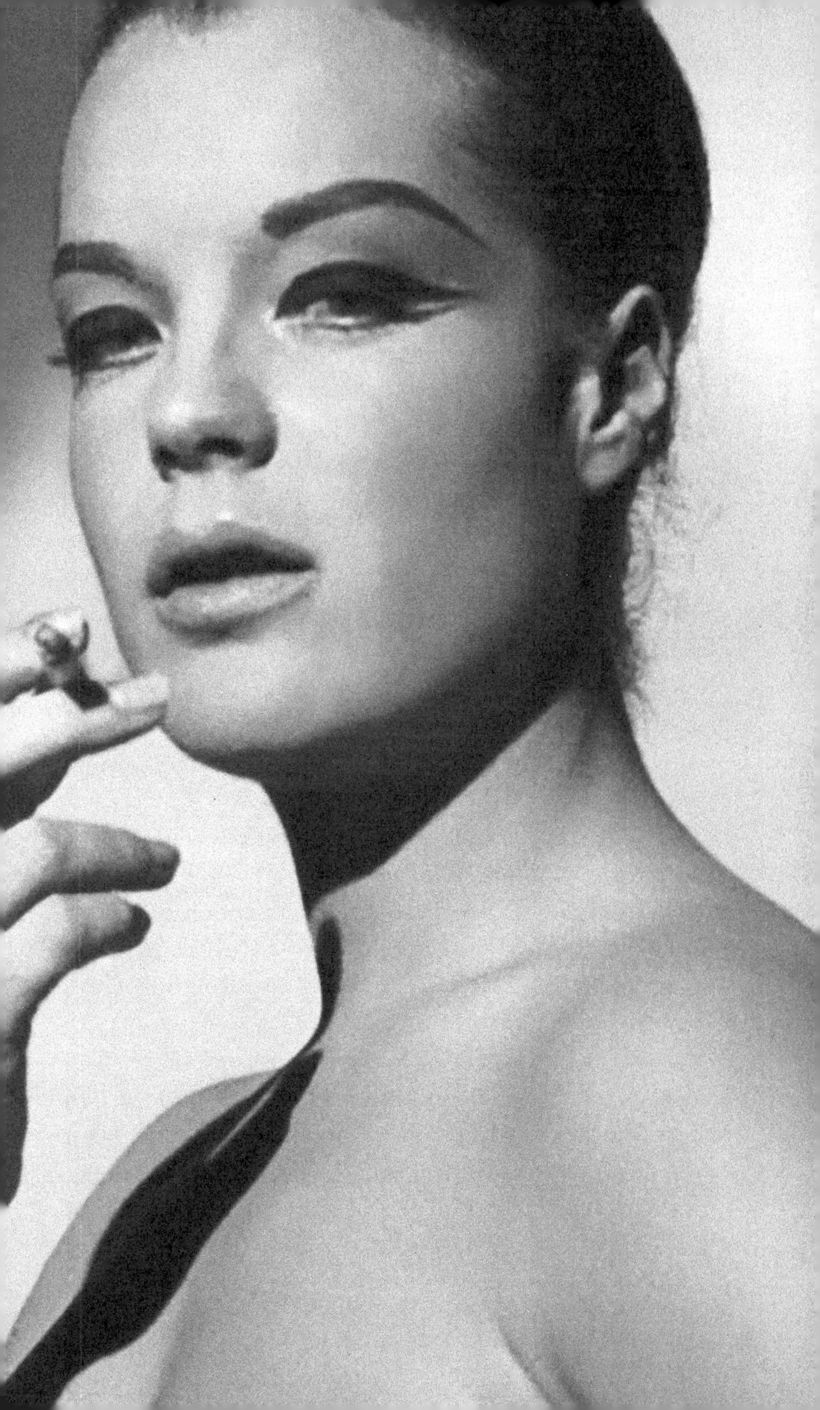

Es sind die ersten Januartage des neu angebrochenen Jahres 1964. Romy lebt seit vergangenem Herbst vorerst allein. Ihr Leben wird sich nun verändern. Bald schon wird nicht mehr die ehemals gemeinsame Wohnung in Delons Haus in der Avenue de Messine ihr Zuhause sein, sondern ein Appartement in der Avenue Hoche. Die Tage und Wochen um den Jahreswechsel 1963/64 herum sind von großer Schwere. Romy ist müde und erschöpft und von einer großen Traurigkeit erfüllt. Der bittere Trennungsschmerz packt alles in einen kokonartigen Wattebausch, das Außen dringt nur dumpf und diffus durch. Die Wahrnehmung der Welt ist eingetrübt. Und einmal drohte sie, der Welt ganz abhandenzukommen.

»Erst dieser Zusammenprall dieser zwei jungen Menschen aus zwei verschiedenen Welten – und dann dieses Auseinanderfallen. Das war ja kein Auseinanderfallen, dass man sich gar nicht mehr sieht und aus dem Sinn bekommt. Ganz im Gegenteil: Durch die Abwesenheit des einen denkt man viel intensiver an das, was war, und an die Momente«, so Senta Berger über die Trennung ihrer Freundin Romy.

Da mag es doch immerhin ein kleiner Lichtblick sein, als sich in diesen dunklen Tagen die nächste Arbeitsmöglichkeit konkretisiert: Nur wenige Wochen nach der zurückliegenden Trennung finden gleich zu Jahresbeginn unweit des Pariser Bahnhofs Gare Saint-Lazare in Büroräumen erste, sehr improvisierte Probeaufnahmen zu Henri-Georges Clouzots überaus ambitioniertem Projekt *L'enfer* (*Die Hölle*) statt.

Einige Wochen später, im März, werden weitere Aufnahmen in den Pariser Studios in Boulogne-Billancourt gemacht. Es sind Test-Aufnahmen sowie gefilmte Kleiderproben mit Romy und den anderen Darstellern. Als erste Besetzung der männlichen Hauptrolle steht Burt Lancaster zur Disposition – auf Schwarz-Weiß-Fotografien dieser Probentage ist Clouzot zusammen mit ihnen beiden, Romy und Lancaster, auch zu sehen. Doch es soll zu keiner Zusammenarbeit mit Lancaster – den Romy von ihren Besuchen am Set von Viscontis *Der Leopard* kennt – kommen. Jene Partien dieser improvisierten Aufnahmen, die bis heute noch erhalten sind, sind von großer Experimentierfreude gezeichnet, sind innovativ, geradezu avantgardistisch. Clouzot möchte etwas völlig anderes als das, was zu dieser Zeit in den Kinos zu sehen ist. Sein Film soll visuelles Neuland betreten.

Clouzot hat sich für sein neues Projekt etwas vorgenommen, was jeden bis dato vorstellbaren Rahmen sprengen soll: *L'enfer*, das soll seine gewagteste, mutigste Arbeit werden. Der ältere Außenseiter will den jüngeren Regie-Kollegen der Nouvelle Vague – Chabrol, Truffaut, Godard – zeigen, dass auch er sich jenseits aller Norm und Konvention zu bewegen weiß. Auch er vermag es, mit herkömmlichen Sehgewohnheiten radikal zu brechen und neu und ungewohnt zu inszenieren.

L'enfer – dieses für Jahrzehnte sagenumwobene filmische Mysterium, dieser Film, den es nie gab – gilt im Jahr seiner Entstehung schon vor Erscheinen als wichtigste Produktion der so stolzen Filmnation Frankreich. Die Erwartungen sind derart übersteigert und unrealistisch, dass ein Scheitern nahezu implizit zu sein scheint.

So nimmt sich die Genese von *L'enfer* letztlich selbst wie ein erzählbarer Film im Film aus, ein produktionstechnisches wie künstlerisches Phänomen.

Romy lässt sich voll und ganz auf dieses ebenso waghalsige wie experimentelle Projekt ein. Es gibt ihrerseits kein Wenn und auch kein Aber. Sie steht Clouzot bedingungslos für seinen Film zur Verfügung.

»Romy war ausgesprochen streng«, so Bernard Stora, seinerzeit einer der jungen Regieassistenten am Set von *L'enfer.* »Mit ihr machte man keine Witze, sie nahm alles sehr ernst. Sie hätte es nicht darauf angelegt, einen Film mit Clouzot zu machen, wenn ihr die Rolle nicht sehr wichtig gewesen wäre. Man muss bedenken, welch hohen Rang Clouzot damals im französischen Film einnahm. Mit ihm drehen wollte sie sicher auch, um das *Sissi*-Image loszuwerden. Es war definitiv ein bedeutender Schritt in ihrer Karriere.«[120]

Vielleicht hat dieser Wagemut auch etwas damit zu tun, was sie selbst über ihre wichtige Zeit mit Delon in Paris und ihre innere Entwicklung während dieser Zeit sagt: »Paris hat mich frei gemacht. Paris hat mir etwas gegeben, was ich vorher nicht hatte. In Paris habe ich gelernt, frei zu denken. Ich habe jetzt auch keine Angst mehr, frei zu sagen, was ich denke. Und ich habe keine Angst mehr, auch danach zu handeln.«[121]

Es mag diese neu erworbene, nach der Loslösung von Berchtesgaden und der Distanzierung vom *Sissi*-Image auch hart erarbeitete Freiheit sein, die sich in den Aufnahmen zu *L'enfer* niederschlägt. Romy wirkt in keinem anderen ihrer Filme, die sie zuvor gedreht hat, derart reif. Paris hat sie geprägt, Delon hat sie beeinflusst – und was sie in ihrer Eintragung beschreibt, ist ein weiterer Schritt ihrer Bewusstseinswerdung. So strahlt sie denn in den erhaltenen Aufnahmen von *L'enfer* eine Schönheit aus, die neu ist, anders.

Etwas hat sich in Romy Schneider verändert.

Serge Bromberg: »*L'enfer* zeigt in einem einzigen Film die Jugend und die Reife der Romy Schneider. Die Liebe zu Delon war wahrscheinlich eine ihrer ersten. Dann eine Regung, ein Aufbruch, eine Trennung. Und plötzlich ist Romy Schneider eine Frau.«[122]

*

Neben der starken emotionalen Belastung durch die Trennung hält das noch junge Jahr '64 also eine veritable Herausforderung für Romy bereit – die Vorbereitungen und Dreharbeiten mit dem als äußerst schwierig geltenden, seine Schauspieler und sein Team geradezu autokratisch fordernden, zugleich hochsensiblen und hochneurotischen Regisseur Henri-Georges Clouzot (1907–1977), der in *L'enfer* nichts Geringeres als seine eigene überwundene Depression künstlerisch verarbeiten will. In Frankreich gilt Clouzot – ähnlich wie nur wenige Jahre später der der Nouvelle-Vague-Bewegung angehörende, ungleich populärere Regie-Kollege Claude Chabrol – als französischer Hitchcock. Clouzots Filmarbeiten – darunter *Der Rabe* (*Le Corbeau*, 1943), *Unter falschem Verdacht* (*Quai des Orfèvres*, 1947), *Lohn der Angst* (*Le salaire de la peur*, 1953) und vor allem *Die Teuflischen* (*Les diaboliques*, 1955) – sind in Schwarz-Weiß entstandene, so bezwingende wie stilbildende Meisterwerke des französischen Suspense.

Clouzots Kino ist ein hypnotisches Kino.

Über diesen Clouzot, den genialischen und gefürchteten Regie-Virtuosen, trägt Romy in ihr Tagebuch ein: »Während meines Krankenhausaufenthaltes 1962 in Avignon besuchte mich ein Mann, den ich schon immer sehr bewundert und auch ein bißchen gefürchtet hatte: Regisseur Henri-Georges Clouzot. Mit Clouzot erging es mir wie mit Visconti: Auf eine ganz und gar unerotische Weise war ich sofort verliebt in diesen temperamentvollen, diktatorischen Intellektuellen, der alles fordert und alles aus einem Schauspieler herausholt. Im Sommer 1963 trafen wir uns bei einem Karajan-Konzert in Paris. ›Ich schreibe an einem Drehbuch‹, sagte Clouzot knapp, ›der Film heißt *Die Hölle.*‹«[123]

Was Romy zu diesem Zeitpunkt noch nicht weiß: »Es war eine wirklich erstaunliche Geschichte. Sie wurde einzig und allein für Romy Schneider geschrieben«[124], berichtet etliche Jahre nach dem Dreh Regisseur Costa-Gavras, der Romy 1979 selbst in seinem Film *Die Liebe einer Frau (Clair de femme)* an der Seite Yves Montands besetzt. Er ergänzt: »Romy war zu der Zeit eine der großen französischen Darstellerinnen, trotz ihrer österreichischen Herkunft.« Damals bei *L'enfer* ist der dreißigjährige Costa-Gavras einer von Clouzots Regieassistenten und erlebt das Geschehen am Set ganz unmittelbar mit.

Zu dieser Zeit steht Romy Schneider bereits bei dem US-amerikanischen Studio Columbia Pictures unter einem der damals üblichen Sieben-Jahres-Verträge, deren Sinn und Zweck es nicht zuletzt war, Schauspieler exklusiv an das jeweilige Studio zu binden und als Stars dieses Studios aufzubauen. Carl Foremans in den Londoner Shepperton-Ateliers entstandenes, prominent besetztes Kriegs-Drama *Die Sieger* ist in diesem Rahmen die erste einer Handvoll US-Produktionen, in denen Romy während der 1960er-Jahre mitwirkt. Doch auch Romy wird, ganz ähnlich wie Alain Delon, nicht heimisch werden in Hollywood, sie kommt dort nie wirklich an, wenngleich sie letztlich einige wenige US-Produktionen mehr vorweisen kann als er.

Wie der Zufall es will, hat Henri-Georges Clouzot für sein aufwendiges neues Projekt, das sein teuerstes überhaupt werden soll, tatsächlich die Columbia gewinnen können, sich der Produktion und des späteren Kinoverleihs anzunehmen. Ausführende Produktionsgesellschaft vor Ort ist die französische Orsay Films. Das Budget des Projekts ist für französische Verhältnisse enorm, doch ist es letztlich amerikanisches Geld, das Clouzot hier zur Verfügung steht. So wie er dank der Columbia über fast unbegrenzte finanzielle Mittel verfügt, so hat er fast unbegrenzt Zeit und ein überproportional großes Team von hundert Leuten, darunter allein drei separate Kamerateams. Das eigentlich kleine französische Projekt nimmt zusehends das völlig unverhältnismäßige Ausmaß einer US-Groß-Produktion an, die es jedoch gar nicht ist. Clouzot scheint dies nicht zu realisieren. Das Projekt gerät dadurch am Ende völlig außer Kontrolle.

Nach den ersten Proben im Frühjahr notiert Romy: »Bei diesen Proben merkte ich schon, daß Clouzot wirklich der schwierigste Regisseur war, dem ich bisher begegnet bin. Schwierig nicht im negativen Sinn! Dieser Mann gibt sich nie zufrieden, er ist ein Perfektionist, der jeden Ton, jede Beleuchtung, jede Geste bis auf die kleinste Nuance genauso haben will, wie er sie sich vorher in seiner Phantasie vorgestellt hat. Ich fragte mich: Wie wirst du achtzehn Wochen Drehzeit mit Henri-Georges durchstehen?« Dann fügt sie noch hinzu: »Ich brauchte sie nicht durchzustehen. Leider, leider.«[125]

»*L'enfer* sollte Romy zu einem großen Star für Columbia machen«, so Serge Bromberg heute in seinen im Erdgeschoss in einer Seitenstraße gelegenen Filmbüros mitten im 11. Pariser Arrondissement. »Also hat das Studio beschlossen, Romy nach eigenen Wünschen hinzubiegen, ganz nach der Logik: ›Wir haben sie schließlich eingekauft‹. Sie wollten sie viel lasziver darstellen, völlig anders als *Sissi.*«

Serge Bromberg, Dokumentarfilmer und Produzent restaurierter Filme, kann 2005 die lange als verschollen geltenden übrig gebliebenen Filmbüchsen des Filmfragments *L'enfer* sichten, als ihm Inès Clouzot, Witwe des Regisseurs, vierzig Jahre nach den Dreharbeiten erstmals den Zugang gestattet.

Die abenteuerliche Vorgeschichte hierzu mag gut passen: Inès Clouzot, der die Rechte gehören, hatte sich zuvor jahrelang hartnäckig geweigert, das Material herauszugeben, trotz zahlreicher Anfragen aus dem In- und Ausland. Es ist ein Zufall, der alles ändern soll: Nachdem Inès Clouzot den Dokumentarfilmer Bromberg zumindest zu einem Gespräch bei Tee und Keksen in ihre Altbauwohnung im 17. Pariser Arrondissement eingeladen hat, wo sie dann jedoch auch ihm eine Absage erteilt, begleitet sie den enttäuschten Besucher noch zum Fahrstuhl im siebten Stockwerk. Da sie ihn so sympathisch finde, so Inès Clouzot, bringe sie ihn noch nach unten ins Foyer. Zwischen dem dritten und dem zweiten Stock schließlich passiert es: Der Lift bleibt stecken. Zwei Stunden lang sind sie unfreiwillig eingesperrt. Als sie aus dieser eigentlich eher misslichen Situation wieder befreit sind, erteilt die Witwe dem Filmautor und Restaurator schließlich die ersehnte Erlaubnis: Er darf als Erster überhaupt seit 1964 die Filmrollen von *L'enfer* sichten.

Was Bromberg daraufhin zu sehen bekommt, als er die 185 völlig verstaubten Filmdosen mit dem Negativ-Material öffnet, sind etwa dreizehn Stunden unausgewertetes, bisher nie gesehenes Filmmaterial.

Eine Trouvaille. Ein bis dahin nie gesehener Romy-Film.

*

Es ist die filmhistorische Sensation des Jahres 2009: *Die Hölle von Henri-Georges Clouzot (L'enfer d'Henri-Georges Clouzot)*, wie der Titel des kleinen Filmwunders lautet, ist ein abendfüllender Dokumentarfilm von 95 Minuten, mit montierten Spielfilm-Sequenzen, die jenen 185 Filmbüchsen entstammen, Archivmaterial, Fotografien und Interviews mit Zeitzeugen, die die Dreharbeiten miterlebt haben. Nach seiner Welturaufführung auf den Internationalen Filmfestspielen von Cannes im Mai 2009 – wo er in der Séléction Officielle außer Konkurrenz läuft – ist er zwei

Monate später, im Juli, auf dem Filmfest München erstmals auch im deutschsprachigen Raum auf der großen Leinwand zu sehen. Die *Frankfurter Allgemeine Zeitung* spricht daraufhin nach der Erstaufführung regelrecht euphorisch von »einem sensationellen Dokumentarfilm«, von »einem faszinierenden Meisterwerk«. Noch im Herbst desselben Jahres gelangt der Film in die französischen Kinos.

Ein bis dato unbekannter Romy-Schneider-Film erlebt ganze fünfundvierzig Jahre nach seiner Entstehung seine Leinwand-Premiere.

Die kleine Geschichte von *L'enfer* erzählt von Liebe und Eifersucht, von Schein und Sein, von Verführung und Verblendung. Die Hölle, sie entsteht im Kopf des halluzinierenden, eifersüchtigen Ehemannes Marcel (Serge Reggiani), ein Hotelbetreiber, der in dem festen Glauben lebt, dass seine schöne Frau Odette (Romy Schneider) ihn betrügt, immer wieder, ständig, überall, mit all diesen Männern, die rund um das an einem Stausee gelegenen Hôtel du Lac leben oder urlauben, darunter Julien (Mario David) sowie Automechaniker Martineau (Jean-Claude Bercq). Selbst Odettes bester Freundin Marylou (Dany Carrel) unterstellt er, etwas von seiner Frau zu wollen. In seinen Visionen sieht er die beiden Frauen in eindeutig erotischen Szenen miteinander. Bis an den Rande des Wahnsinns gerät Marcel, der bei seinem Rückblick eine Rasierklinge in der Hand hält, während Odette vor ihm liegt.

Erzählt wird aus der Gegenwart heraus. Einer Gegenwart in gestochen scharfem, klarem Schwarz-Weiß, die Halluzinationen und Albträume Marcels hingegen sind in Farbe gehalten.

Der Einfluss des großen Vorbildes Alfred Hitchcock auf Clouzots Arbeit ist dabei unübersehbar: In *L'enfer* sind motivisch und stilistisch deutliche Anleihen und Bezüge insbesondere zu

Hitchcocks Meisterwerken *Vertigo* (1958) und *Psycho* (1960) auszumachen. Nur sechs Jahre nach *Vertigo* lässt auch Clouzot etwa in den Augen seiner Hauptdarstellerin Romy Schneider farbige Spiralen elliptisch kreisen, so wie einst der *Master of Suspense* dies bei Kim Novak tat. Es ist nur einer von vielen Kunstgriffen. Der Suspense ist ebenso spürbar wie die subtil-manipulative Sogwirkung, die Hitchcocks Filme mit ausmacht. Den erhalten gebliebenen Sequenzen von *L'enfer* wohnt eine latente Bedrohung inne, der Zuschauer fühlt, dass nichts sicher ist. Alles scheint einen doppelten Boden zu haben.

Es sind betörende, hypnotische Bilder der Angst.

Clouzots Romy – sie ist hier so schön, so bezaubernd, so fragil, so lasziv, so facettenreich und so ambivalent wie nur selten sonst: In den Ausschnitten all der vielen Kostüm- und Szenenproben ist zu sehen, wie Clouzot sie in flirrendes Licht taucht, in Rosa, in Blau, wie er ihr Gesicht in Spiegelungen und Doppelungen, in kaleidoskopischen Verzigfachungen spielerisch bricht. Romy hinter Spiegeln, Romy hinter Wasserwänden, Romy in farbigem Nebel, Romy im roten Wasser des Stausees, Romy hinter Plastikvorhängen, Romy im Badeanzug, Romy im Morgenmantel, Romy im sehr leger über dem Bauch geknöpften Hemd mit Haartuch, Romy, die eine Eisenspirale über ihren nackten Körper wandern lässt.

Die Romy-Bilder hier sind mannigfach. Atemraubend.

Der Regisseur spielt dabei mit visuellen Brechungen und Verzerrungen, mit allen damals überhaupt nur denkbaren optischen Tricks – Jahrzehnte vor der digitalen Farb- und Bildbearbeitung. In Anlehnung an Victor Vasarely und die Op-Art will Clouzot diese Kinetik-Effekte von Medium zu Medium transponieren, aus der Kunst auf den Film. Die kinetischen Künstler Joël Stein und Yvaral assistieren Clouzot bei den entsprechenden Effekten.

Auch die in den 1930er-Jahren von Louis Dufay erfundene Farbspiegeltechnik, das Héliophore, wird adaptiert.

Romy gibt sich als Odette in *L'enfer* recht freizügig, ist mehrfach unbekleidet zu sehen, etwa in einer von Marcels Wahnvorstellungen, in der sie nackt an die Bahngleise des Viadukts gefesselt ist, mit Gesicht und Oberkörper nach oben, und ein Zug allmählich auf sie zufährt, während sie sich windet und schreit. In anderen Szenen rekelt sie sich verführerisch, zieht mit nacktem Oberkörper in Close-ups an Zigaretten, haucht den Rauch nur langsam aus, spielt mit den angefeuchteten Lippen, fährt immer wieder mit ihrer Zunge darüber, während ihr ganzer Körper, eingeölt und mit Glitter überzogen, funkelt und glänzt und glitzert. Für Romy mag es durchaus ein Wagnis darstellen, sich so zu zeigen – vier Jahre noch vor dem gesellschaftlichen Revolutionsjahr 1968.

Claude Chabrol, der selbst einmal mit Romy drehen wird – das dunkle Psycho-Kammerspiel *Die Unschuldigen mit den schmutzigen Händen* (*Les innocents aux mains sales*, 1974) –, inszeniert genau dreißig Jahre später, 1994, mit Emmanuelle Béart und François Cluzet eine moderne Version von Clouzots Projekt, basierend auf dessen Original-Drehbuch.

Henri-Georges Clouzot, dem das Herz bereits bei den Dreharbeiten seines Lieblingsprojekts dazwischenkam, erleidet am 12. Januar 1977 in Paris erneut einen Infarkt, an dem er schließlich auch stirbt. Immerhin, vier Jahre nach *L'enfer* kann er noch seinen letzten Film drehen, den ersten und einzigen in Farbe. *Seine Gefangene* (*La prisonnière*, 1968), setzt den Schlussstein unter Clouzots eher schmales, jedoch einzigartiges Werk.

*

Die Dreharbeiten zu *L'enfer* werden für den Sommer angesetzt. Geplant sind zuerst vier Wochen Außendreh sowie im Anschluss vierzehn Wochen Innendreh in den Studios von Boulogne-Billancourt. Romy hält sich an der Côte d'Azur auf, wohnt für ein paar Wochen bei Curd Jürgens, ab und an kommt Henri-Georges Clouzot vorbei, der in Saint-Paul-de-Vence im legendären Hotel Colombe d'Or wohnt, um mit ihr über das vor ihnen liegende Projekt zu reden.

»Sie war sehr traurig«, berichtet Serge Bromberg heute über Romys Situation am Set. »Alle schoben das auf die Trennung von Delon. Jeder, auf der Bühne und im wahren Leben, wusste, wie unglücklich sie war – das war ein paar Wochen oder Monate danach. Man wusste, dass sie auf eine zweite Chance hoffte. Aber niemand hatte Delon je gesehen, und das Thema war tabu.«

In den Studios von Nizza werden weitere Tests aufgenommen, zunächst zusammen mit Yves Montand, bevor es schließlich an den Drehort geht: In der ersten Juliwoche ist Drehbeginn, aller Wahrscheinlichkeit nach ist es der 6. Juli 1964. Gedreht wird in der Auvergne, dem heutigen Departement Auvergne-Rhône-Alpes, am Fuß des Viadukts von Garabit, einer Eisenbahnbrücke aus Stahl, die 1884 von Gustave Eiffel erbaut wurde und das Flusstal der aufgestauten Truyère überspannt. Hier, unter diesem geradezu monströs wirkenden, hohen stählernen Viadukt, soll Clouzots *Hölle* entstehen. Und das tut sie im wahrsten Wortsinn – am Set, tagtäglich, allabendlich.

Der Perfektionismus des gefürchteten Regisseurs kennt weder Grenzen noch Rücksicht. Jede Geste, jeder Blick wird unzählige Male geprobt, von einzelnen Kamera-Einstellungen entstehen unzählige Takes. Die Schauspieler – Romys Partner ist der italienisch-französische Schauspieler Serge Reggiani – sind der sengenden Hitze dieses heißen Sommers ausgesetzt, nirgendwo am

Set ist Schatten. Die Dreharbeiten geraten zur physischen wie psychischen Strapaze.

Als *cauchemardesque*, albtraumhaft, wird der Dreh einmal von einem Mitglied der Filmcrew bezeichnet werden.

Zu alledem kommt erschwerend hinzu, dass es zwischen dem Regisseur und seinen Schauspielern große Differenzen gibt, die zu einer schier unerträglichen Anspannung am Set führen.

Differenzen, auch zwischen Regisseur Clouzot und seiner Hauptdarstellerin Romy Schneider. Thi Lan Nguyen, seinerzeit Scriptgirl am Set, berichtet: »Romy bekam Wutausbrüche und schrie: ›Nein! Das will ich nicht machen, du nervst mich!‹ Sie verließ den Drehort, ging in ihr Zimmer, schlug die Tür hinter sich zu und sagte: ›Ich will dich nicht sehen!‹ Das waren wirklich verrückte Szenen an diesem Set.«[126]

Auch Serge Reggiani und Clouzot – die bereits 1949 bei Clouzots *Manon*, einer filmischen Adaption von Abbé Prévosts Roman *Manon Lescaut*, zusammengearbeitet haben – kommen überhaupt nicht miteinander zurecht. Teammitgliedern entgeht nicht, dass die beiden Männer eine ausgeprägte Antipathie füreinander hegen und ihr Verhältnis zueinander überaus belastet ist. Das hat fatale Auswirkungen. So lässt Clouzot Reggiani etwa stundenlang in der prallen Sonne für eine lange Plansequenz hinter der Kamera herlaufen, wie sich der damalige Kameraassistent William Lubtchansky, später einer von Frankreichs großen Kameramännern, erinnert. Reggiani, er habe einfach nicht mehr gekonnt, er sei völlig ausgelaugt und erschöpft gewesen. »Reggiani hasste Clouzot wie die Pest«, heißt es. An einem der nächsten Drehtage, Reggiani musste sich inzwischen ärztlich behandeln lassen, es ist um den 20. Juli herum, fehlt von dem ohnehin depressiven Schauspieler jede Spur. Reggiani flieht regelrecht vor Clouzot.

Kurz ist die Rede davon, Jean-Louis Trintignant die Rolle an Romys Seite übernehmen zu lassen, doch mit diesem Plan scheint so mancher nicht einverstanden.

»In dem Moment, als Serge fortging, sagte Romy: ›Ich haue ab‹«, so Thi Lan Nguyen. »Clouzot darauf: ›Nein, du gehst nicht, du bleibst.‹ Sie schaffte es trotzdem, mindestens achtundvierzig Stunden lang fort zu sein, und sie kam wahrscheinlich zurück, als Trintignant ankam, um gemeinsam mit ihr an seiner Rolle zu arbeiten.«[127]

Trintignant reist nach Garabit, der Regisseur und der Schauspieler reden – ohne Ergebnis. Trintignant verlässt das Set nach einiger Zeit wieder, warum genau, bleibt unklar. Es heißt, der Schauspieler habe nicht den unschönen Eindruck erwecken wollen, er habe Reggiani aus dem Projekt herausdrängen und schließlich dessen Hauptrolle übernehmen wollen. Diesen Eindruck wollte Trintignant partout vermeiden. Es heißt allerdings auch, Romy, die hier bemerkenswerterweise vertraglich ein Mitspracherecht bei der Besetzung hat, habe den Austausch ihres Filmpartners nicht gewollt und dem explizit nicht zugestimmt. »Romy war kein zartes Pflänzchen, sie war eine verletzte Frau, so wie alle Kinderstars, die endlich erwachsen werden. Sie war eine starke, einflussreiche Frau und sich ihrer Reize sehr bewusst«, so Serge Bromberg. Bis heute hat Jean-Louis Trintignant konsequent noch nie Auskunft gegeben über das, was er am Set von *L'enfer* wirklich erlebt hat. Eisern schweigt er darüber.

Auch Romy Schneider schweigt, sobald es um *L'enfer* geht und sie auf die höllischen Dreharbeiten unter Clouzots Regie in jenem Sommer '64 angesprochen wird. Einer der Gründe mag sein, dass Romy offenbar ausgerechnet dem von Clouzot so wenig geschätzten, geradezu verachteten Serge Reggiani näherzustehen schien, als es auf den ersten Blick den Anschein hat:

»Viele Leute behaupten, Romy hätte beim Dreh von *L'enfer* eine Affäre mit Serge Reggiani gehabt«, so Serge Bromberg.

»Romy sprach nicht besonders gern über *L'enfer*«, berichtet der damalige Regieassistent Costa-Gavras heute. »Sie sagte einmal zu mir: ›Nein, darüber reden wir nicht. *L'enfer* war etwas ganz Besonderes, aber auch ein bisschen schwierig‹.«[128]

Clouzot steht nunmehr ohne einen männlichen Hauptdarsteller da und dreht zunächst jene Szenen weiter, in denen Reggiani nicht von vorne zu sehen ist und von Schauspieler Pierre Baillot als Double ersetzt werden kann. Doch es ist alles ein Desaster. Der Druck auf Clouzot steigt ins Unermessliche.

Die Dreharbeiten zu *L'enfer* dauern – nach monatelangen intensiven Vorbereitungen – lediglich drei Wochen: Ende Juli, etwa um den 30. herum, ist bereits Schluss, müssen die Arbeiten abgebrochen werden. Während des Drehs jener Szene, in der Romy Schneider und Schauspielkollegin Dany Carrel auf einem kleinen Ruderboot auf dem Stausee unterhalb des Viadukts in praller Sonne in einer explizit lesbisch konnotierten Situation einander küssend zu sehen sind, erleidet Clouzot plötzlich einen Herzinfarkt.

Die Dreharbeiten werden nie wieder aufgenommen.

»Ich merkte plötzlich, daß ich in der Luft hing«, notiert Romy, als feststeht, dass es mit dem Film nicht weitergeht. »Der Abbruch der Dreharbeiten bedeutete für mich mehr als nur ein ›geplatzter Film‹. Ich hatte mich mit Haut und Haaren auf diesen Film konzentriert. Nun war er zu Ende, ehe er richtig angefangen hatte – und ich wußte nicht, was ich tun sollte …«[129]

*

L'enfer bleibt unvollendet, bleibt für immer Fragment: »*L'enfer* ist vor allem deshalb ein so großes Ding, weil er niemals fertig wurde«, so Serge Bromberg. Dank des abendfüllenden Dokumentarfilms und den darin enthaltenden Sequenzfragmenten lässt sich erahnen, was aus Clouzots angedachter Arbeit hätte werden können, es ist vor allem sehr deutlich erkennbar, was dieser Film für Romy Schneiders Karriere bedeutet hätte: Es wäre in dieser für sie so schwierigen Mitte der 1960er-Jahre, in der die wenigen US-Filme, die sie zu dieser Zeit in Hollywood dreht, alle von eher mediokrer Qualität sind, vielleicht zum so sehr ersehnten und erhofften Neustart gekommen, fünf Jahre, bevor er schließlich mit *Der Swimmingpool* eintreten soll.

»Romy war sehr froh, bei dem Film dabei zu sein, weil sie schon lange nichts Bedeutendes mehr gemacht hatte. Romy hatte eine wichtige Stärke, und das war ihre Professionalität«[130], erklärt Clouzots Witwe Inès Clouzot und führt hierfür auch ein konkretes Beispiel an: »Als sie Wasserski fahren sollte, lehnte sie nicht ab, obwohl sie nicht schwimmen konnte, sondern lernte, Wasserski zu fahren.«

Ihrer Professionalität gegenüber steht ihre innere Verfasstheit. Romy ist ohne Halt. Serge Bromberg: »Jedenfalls war sie beim Dreh von *L'enfer* in Garabit im Juli andauernd betrunken. Sie trank die ganze Zeit, sie trank und trank und trank.«

Catherine Allégret, Schauspielerin und Tochter von Simone Signoret und Yves Allégret, teilt diese Erfahrung. Sie hat in *L'enfer* ihre erste kleine Rolle und erlebt Romy, die mit ihren Eltern befreundet ist, aus nächster Nähe: »Keine schöne Erinnerung … Romy war todunglücklich, weil Alain Delon sich kurz zuvor von ihr getrennt hatte. Sie sagte immer: ›Ich trink jetzt eine Marie Bizarre, *c'est bizarre.*‹ Sehr unglücklich war sie. Aber auch so süß.«[131]

So schlecht ihre Verfassung während der Probeaufnahmen im

Frühjahr und während der Dreharbeiten im Sommer auch sein mag – vor Clouzots Kamera ist Romy *radiante*, strahlend, leuchtend. Sie spielt mit einer Sinnlichkeit und einer Laszivität, wie sie vorher lediglich in Luchino Viscontis Beitrag zum Gruppenfilm *Boccaccio* '70 einmal kurz aufflammt.

»Nie zuvor war Romy so gewesen – und sie würde es danach nie wieder sein. Auch wenn es in *Der Swimmingpool* natürlich noch ein wenig von der lasziven Romy gibt«, bekräftigt Dokumentarist Bromberg.

*

Romy dreht in diesem *année malheureuse* 1964, diesem Unglücksjahr, noch einen weiteren Film, die schillernde Groteske *Was gibt's Neues, Pussy?* (*What's New Pussycat?*, 1965) – eine ziemlich abgedrehte Geschichte um einen leichtfüßigen Pariser Frauenhelden und Modejournalisten, gespielt von Peter O'Toole. Gedreht wird die US-Produktion zwischen Oktober 1964 und Januar 1965 in Paris, den Studios in Boulogne-Billancourt sowie auf Château de Chaumontel im Val-d'Oise. Neben Romy Schneider und Peter O'Toole sind Ursula Andress, Capucine und Peter Sellers mit an Bord dieses von Clive Donner namhaft besetzten, poppig-bunten Liebes-Karussells.

Geschrieben hat die reichlich absurde Komödie, in der »Tiger« Tom Jones den eingängigen Titelsong schmettert, ein bis dahin namenloser Newcomer, ein gewisser Woody Allen, der hier seinen ersten Leinwandauftritt überhaupt absolviert: Woody *off screen* und *on screen*. Im Jahr darauf gibt der New Yorker Stadtneurotiker mit dem Sequel *What's Up, Tiger Lily* (1966) sein Regie-Debüt und legt damit den Grundstein einer Jahrzehnte währenden Künstler-Karriere.

Im Dezember '64 gibt Romy Schneider dem *Stern* ein Interview. Wenngleich sich die negativen Erfahrungen vor allem mit der deutschen Presse im Laufe all der Jahre häufen, lässt Romy sich immer wieder aufs Neue auf Gespräche mit Reportern ein: Nachdem die Trennung von Alain Delon genau ein Jahr hinter ihr liegt, empfängt sie zwei deutsche Journalisten zum Gespräch: Will Tremper kommt nach Paris, ein Fotograf ist auch mit dabei. Die Dreharbeiten zu *Was gibt's Neues, Pussy?*, die Romy als anstrengend empfindet, sind noch nicht abgeschlossen.

Die *Stern*-Reporter kommen in Romys neue Wohnung in der Avenue Hoche, wie die Avenue de Messine unweit des Parc Monceau gelegen. Die beiden Herren sind überaus freundlich, haben Mitbringsel aus der Heimat im Gepäck, überreichen Blumen und wollen gute Fotos von der Schauspielerin machen.

Bei Champagner führt sie den Besuchern aus Deutschland Kostüme der Mode-Designerin Coco Chanel vor. Sie muss annehmen, dass die beiden *Stern*-Reporter in guter Absicht gekommen sind. Warum auch sonst? Sie täuscht sich. Unter der Überschrift »Romy will zurück nach Deutschland« wird die mediale Demontage einer Schauspielerin weiter betrieben.

Regisseur Michael Verhoeven beschreibt den Umgang der deutschen Presse mit Romy Schneider wie folgt: »Es ist dieser Übergriff der deutschen Medien. Die Romy war an vorderster Front. Sie war oft vollkommen ungeschminkt, ich habe auch gedacht: ›Du hast niemanden.‹ Mir kam sie ungeschützt vor, und sie war so herzlich und so offen.

Der Umgang der Journalisten mit Romy war oft voller Häme. Vielleicht, weil sie nicht dem Bild des lieben Mädchens entsprach, das aus ihren frühen Filmen stammte. Man hat ihr den großen Erfolg nicht gegönnt, der ihr vermeintlich nicht zustand. Sie muss früh schon die Journalisten eines bestimmten Schlages durch ihre Art gereizt oder geärgert haben. In den Sechzigern gab es im *Stern* einen Artikel über die Romy, der so gemeint war, als würde man ihr einen großen Aufmacher widmen, basierend auf einem Interview. Sie konnte sich auf dieses Interview einlassen, weil der *Stern* sich im politischen Teil fortschrittlich gebärdete. Aber sie wusste offenbar nicht, dass im Gesellschaftsteil der gute alte Chauvinismus herrschte. Der Schluss des Artikels lautete: ›Schade, dass sie eine Dirne ist.‹ Aber ohne die Anführungszeichen. Das war derart infam. Und wer das schnell gelesen hat, wie die meisten, hat gar nicht gewusst, dass das der Titel ihres aktuellen Theaterstückes ist.«[132]

Doch ist es nicht nur der *Stern*, der Romy Schneider in diesen Zeiten wiederholt publizistisch zu verunglimpfen versucht. Neben weiteren anderen Medien ist es immer wieder auch *Der Spiegel*, der sich damit hervortut und eine ganze Zeit lang jede Gelegenheit dazu wahrnimmt: »(…) Erst vor kurzem hatte Romy Schneider ihrem Unmut über die Deutschen Luft gemacht, nachdem sie von dem Hollywood-Regisseur Otto Preminger für eine Hauptrolle in seinem Film *Der Kardinal* verpflichtet worden war. Bald nach ihrem Einzug in Hollywood erklärte sie: ›Ich fühle mich zu einem Viertel als Österreicherin und zu drei Vierteln als Französin.‹ Während der Dreharbeiten bat die gebürtige Österreicherin Romy Schneider den gebürtigen Österreicher Otto Preminger, auf die Muttersprache zu verzichten: ›Please, Otto, speak English to me.‹«[133]

*

Für Romy endet dieses Trennungsjahr im Grunde nicht wesentlich besser, als es begann, daran ändern auch die Ablenkungen durch die beiden Filmproduktionen nichts, in denen sie in den vergangenen Monaten mitgewirkt hat.

»1964 war für mich ein bitteres Jahr«[134], notiert sie.

Zugleich äußert Romy Schneider ein Jahr nach der Trennung von Alain Delon auch noch etwas anderes. Dabei ist deutlich erkennbar: Neben ihrer Verzweiflung und Hoffnungslosigkeit gibt es immer auch eine Art Einsicht und positive Grundhaltung.

In ihren Äußerungen dieser Zeit spiegeln sich bereits deutlich die zwei Seiten der Romy Schneider:

»Ich bereue nichts. Nichts. Ich möchte das Ganze nicht noch einmal erleben, ich könnte es nicht ertragen. Aber bereuen? Nein.«

Und weiter: »Heute weiß ich auch: Ich habe einen Geliebten verloren und einen Freund gewonnen. Wahrscheinlich ist diese Freundschaft mehr als die Liebe vorher …«[135]

Zusehends scheint Romy jedoch in ein existenzielles Tief abzurutschen, aus dem es kein Emporklettern zu geben scheint. Auf persönlicher wie auf beruflicher Ebene war das vergangene Jahr ein schweres. Es hat ihr wenig gebracht. Ausgerechnet der – zusammen mit Orson Welles' bezwingend-beklemmender Kafka-Variation *Der Prozeß* – vielleicht vielversprechendste, ambitionierteste Film, den sie gedreht hat, bleibt unvollendetes Fragment. Bald schon – es ist kurz nach dem Jahreswechsel, im Januar 1965 – wird sie im Alter von nur sechsundzwanzig Jahren feststellen:

»Ich bin müde. Mein Leben ist die Hölle.«[136]

Beichte am Berg:

Syberbergs Dokumentarfilm *Romy. Portrait eines Gesichts*, 1966

Himmelhoch jauchzend, zu Tode betrübt.

ROMY SCHNEIDER, 1966

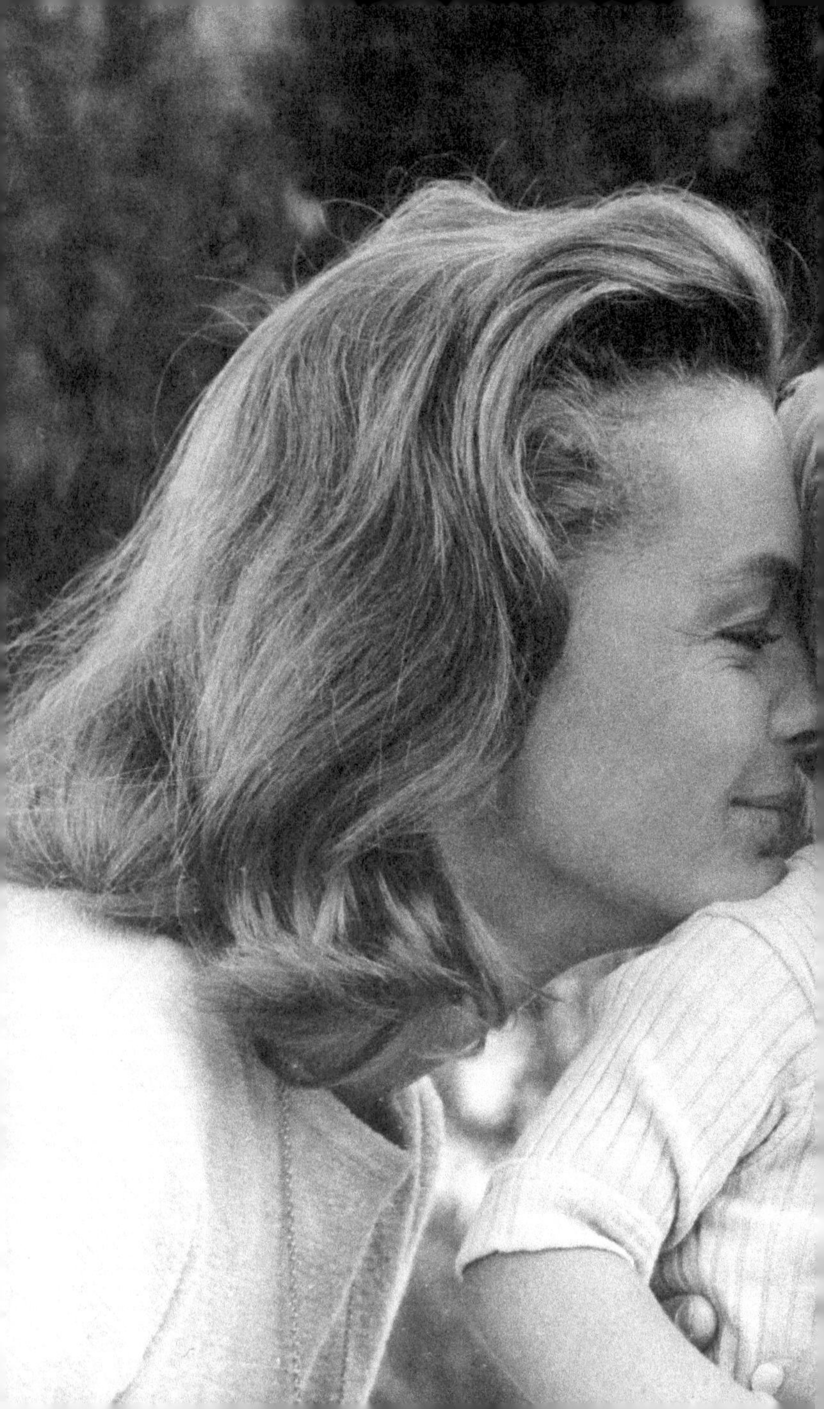

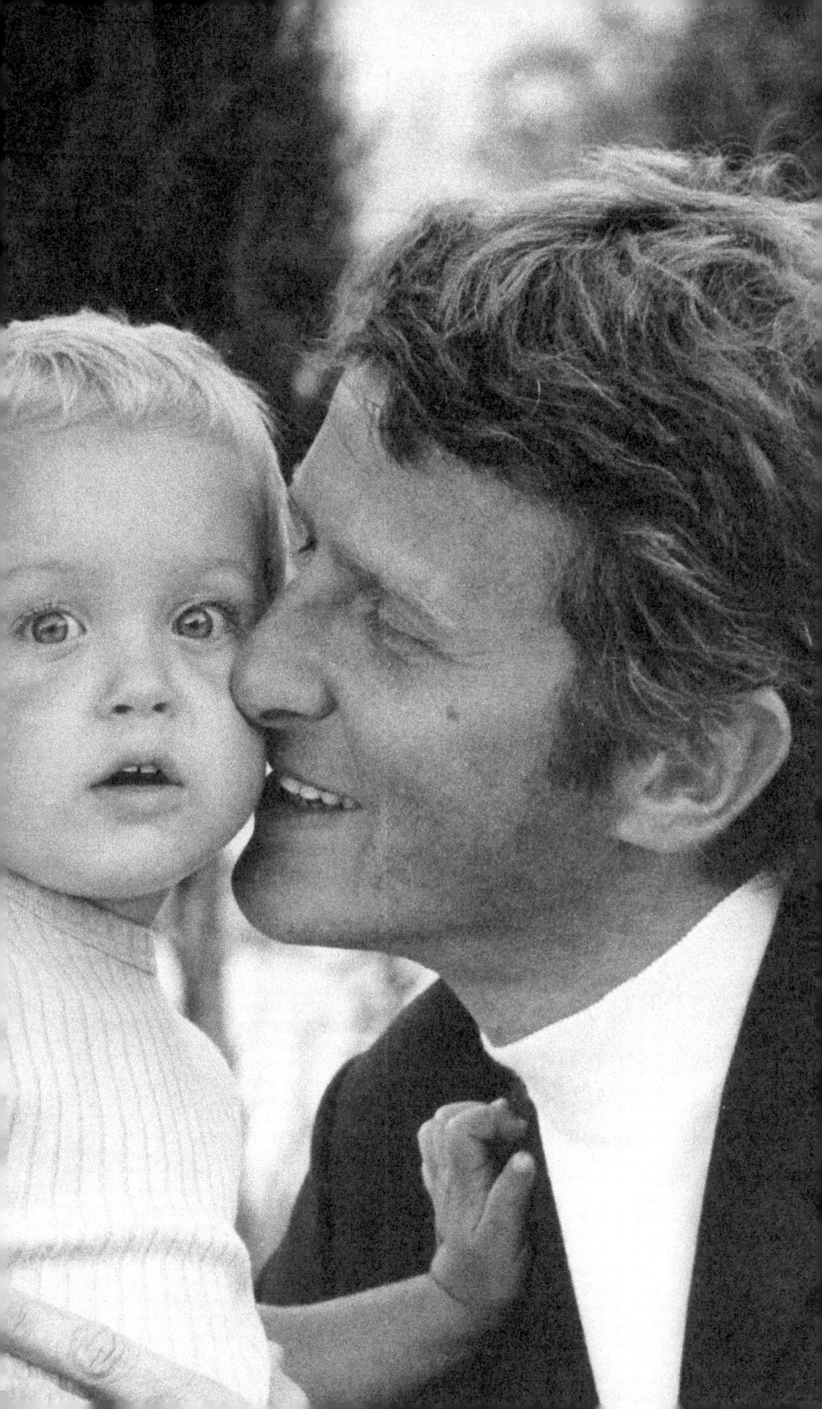

Im Jahr 1966 ist Romy Schneider dabei, ihre Zelte in Frankreich abzubrechen und nach Deutschland zurückzukehren. Es ist eine Art *back to the roots.* Auch die Vereinigten Staaten hat sie hinter sich gelassen und Hollywood nach einer Handvoll eher mittelmäßiger Studio-Produktionen, die sie in ihrer Schauspielkarriere nicht wirklich weiterbrachten, den Rücken gekehrt.

Berlin-Grunewald ist nunmehr ihr Zuhause – die Winklerstraße 22 ist ihre neue Adresse, dort wohnt sie fortan zusammen mit ihrem zukünftigen Ehemann Harry Meyen. Es ist ein Neubeginn voller Hoffnung – eine weitere Lebenszäsur.

Harry Meyen lernt Romy Schneider im April des Vorjahres 1965 kennen.

An diesem 2. April, dem Eröffnungstag des Europa-Centers am Kurfürstendamm, direkt gegenüber der Gedächtniskirche gelegen, begegnen sie sich zum ersten Mal. Romys geschäftstüchtiger Stiefvater Hans Herbert Blatzheim eröffnet im Europa-Center gleich mehrere neue Restaurants, und auf der bunten Gästeliste von Magda Schneider und »Daddy« Blatzheim steht auch Harry Meyen, der zu dieser Zeit noch mit seiner Kollegin Anneliese Römer verheiratet ist.

Mutter Magda bittet Romy, nach Berlin mitzukommen. Die Anwesenheit der ehemaligen *Sissi*-Darstellerin würde der Restaurant-Eröffnung sicherlich noch mehr Glanz und Glamour verleihen. Und Glanz und Glamour, darauf legt Blatzheim, der sich an diesem Abend abermals als Miterbauer des deutschen

Wirtschaftswunders selbst feiern wird, schon seit jeher gesteigerten Wert. Es mag erstaunen, aber Romy sagt zu. Nach ihren Aufenthalten im heimatlichen Berchtesgaden sowie in Salzburg kommt sie mit nach Berlin. Dieser Harry Meyen, Berliner Schauspieler und Theaterregisseur, ist ganz ein Mann des Theaters. Ab und an steht er aber auch vor der Kamera, etwa in Helmut Käutners Zuckmayer-Adaption *Des Teufels General* (1955). Auch als Synchronsprecher ist Meyen tätig, leiht seine Stimme etwa Michel Piccoli in *Trio Infernal* (1973) oder Jean-Luis Trintignant in *Le Train* (1973), beides Filme mit Romy Schneider. In diesem Frühjahr 1965 ist seine überaus erfolgreiche Boulevard-Inszenierung von Herb Gardners Komödie *Tausend Clowns* (*A Thousand Clowns*) allabendlich ausverkauft – *full house* am Ku'damm.

Magda Schneider hat auch an diesem Abend noch die Fäden in der Hand, obgleich ihr ihre Tochter doch längst entglitten scheint, sich längst freigelebt und emanzipiert hat. So setzt Magda Schneider Meyen und Romy gemeinsam an einen Tisch, direkt nebeneinander.

Es heißt, als Romy Schneider und Harry Meyen sich an diesem Abend begegnen, oben auf den Etagen-Terrassen des Europa-Centers, dieses Inbegriffs des Berliner Westens, da habe es sofort gefunkt: Ein *coup de foudre* zwischen der hochemotionalen, oftmals euphorischen Filmschauspielerin, die an diesem Abend in einem ihrer Coco-Chanel-Kostüme, *très chic, très élégante,* völlig aus dem Rahmen fällt, und dem wesentlich älteren Theater-Regisseur, kühl, kontrolliert und konservativ, der stets betont lässig – schwarze Hornbrille, Cord-Anzug – im vermeintlichen Intellektuellen-Look auftritt.

Romy weicht bald schon nicht mehr von Meyens Seite, den ganzen langen Abend über. Zu später Stunde verschwinden sie gemeinsam in einer Berliner Bar. Mutter Magda entgeht das nicht.

Harry Meyen – geboren am 31. August 1924 in Hamburg als Harald Haubenstock – wurde am 3. Mai 1945 im Alter von nur zwanzig Jahren von den Amerikanern aus dem Konzentrationslager Hamburg-Fuhlsbüttel, einem Nebenlager des KZ Neuengamme, befreit. Drei Jahre zuvor, 1942, war der »Halbjude« Meyen als sogenannter »Mischling 1. Grades« verhaftet worden. Im Moment der Verhaftung durch die Gestapo war er gerade einmal achtzehn Jahre alt. Es ist ein großes Glück, dass er das Dritte Reich überhaupt überlebt hat. Erst 1954, im Alter von dreißig Jahren, wird der von den Nazis verfolgte gebürtige Tscheche Harry Meyen in Deutschland eingebürgert.

Es ist ein Lebensabschnitt, der Meyen für immer prägt. Eine Zeit, die ihn immer wieder einholen wird. Die ihn belastet. Über die er nie sprechen wird. Die tabu ist. Eine Zeit, die Jahre später, am 15. April 1979, vielleicht mit Anteil an seinem tragischen Ende hat. Harry Meyen erhängt sich mit einem Seidenschal an der Feuerleiter seines Hamburger Wohnhauses, halb nackt, nur mit einem Hemd und einer Unterhose bekleidet. Er ist 54 Jahre alt.

Meyen, vierzehn Jahre älter als Romy, gilt hier in Berlin als Größe des Boulevard-Theaters. Am Kurfürstendamm, da kennt man Harry Meyen. Da ist er der König der Komödie. Für Romy ist das eine vollkommen andere fremde Welt, eine ersehnte Welt, die sie fasziniert. Ist es doch gerade das deutschsprachige Theater, an dem sie so gerne einmal spielen möchte.

»Wenn ich doch nur die Willenskraft hätte, das Filmen aufzugeben und eine ernsthafte Bühnenschauspielerin zu werden«, sagt sie 1965. Und: »Das einzig Wahre für einen Schauspieler ist die Bühne.«[137]

Noch immer träumt sie davon, wieder einmal Theater spielen zu können, umso mehr nun in Deutschland oder Österreich, in Berlin oder in Wien, nach bisher nur zwei Stücken in Frankreich.

Vielleicht noch einmal unter Fritz Kortners Regie, wie bei *Die Sendung der Lysistrata* 1961.

Überhaupt, Theater: Es ist Harry Meyens Metier. So kann Romy gleich doppelt aufschauen, kann doppelt bewundern. Sich erneut abhängig machen. Sich erneut eine Vater-Figur suchen. Es ist ihr Muster.

Senta Berger und Michael Verhoeven kannten Harry Meyen gut. Immer wieder begegnen sie Romy und Meyen bei verschiedensten Anlässen, man arbeitet gelegentlich auch zusammen. Senta Berger und Michael Verhoeven erinnern sich heute an Romys ersten Ehemann, der auf die Beziehung mit Alain Delon folgt:

»Ich glaube schon, dass sie nach dieser Geschichte mit Delon vielleicht nicht nach etwas gesucht hat, was das genaue Gegenteil ist. Aber es ist ja oft so, dass man sich dann angezogen fühlt von einer Persönlichkeit, die eben für diesen Moment des Lebens ganz richtig erscheint. Und ich denke, so war es. Sie hatte da auch den Rückenwind ihrer Familie – den hatte sie ja bei Alain überhaupt nicht. Hier hatte sie sicherlich ihre Mama, die sagte: ›Doch, der ist doch interessant, und schau' doch mal.‹

Harry Meyen hatte unendlich viel ironischen Charme. Das war auch seine Tour, wie man damals gesagt hat. Er war sehr ironisch, er sah dich an, und man hat gemeint, er weiß etwas über dich, was du selber noch nicht weißt. Das war das eine. Und das andere war: Er gehörte zu diesen schmallippigen Männern, die, wenn sie dich einmal anlächeln, du dir das als Frau als dein Verdienst anrechnest. Als hättest du gerade Dornröschen wachgeküsst.

Vis-à-vis von dem Theater am Kurfürstendamm – in dem er sehr viel inszenierte, und zwar nicht nur diesen Boulevard, der ihm immer zugeschrieben wird, sondern eben Jean Anouilh, sehr viel Anouilh, der damals für unsere Generation sehr wichtig war, *Einladung ins Schloss* zum Beispiel; und auch Engländer, John Osborne hat er gemacht, auch Françoise Sagan – gegenüber also war ein Café, das für mich deshalb interessant war, weil es ja keine richtigen Cafés in Berlin gab wie in Wien. Aber das Bristol war so eine Art Café. Da saß der Harry. Man muss sich vorstellen: es gab damals am Ku'damm noch keine Bäume, die Bäume waren noch abgeholzt vom Krieg, die wurden erst wieder gepflanzt, man sah noch die Gleise der Straßenbahn in der Mitte, und wenn ein Auto vorbeikam, guckte man. Und vor dem Bristol standen natürlich, weil da die hübschesten Mädchen waren, immer offene Cabriolets im Sommer – unter anderem eben auch ein schickes Auto vom Harry.

Er strahlte natürlich eine Seriosität aus, gebrochen durch diesen nicht ganz seriösen Charme. In Wien hätte man zu so jemandem gesagt, er schmäht, er hat einen guten Schmäh. Ich hab mit dem Harry viele Filme gemacht, wo er immer eine kleine Rolle gespielt hat. Film war für ihn nicht wichtig. Aber Theater war ihm eben wichtig. Und er war tatsächlich in der Zeit, wo die Romy ihn kennengelernt hat, eine Persönlichkeit in Berlin.

Er hatte einen hervorragenden Ruf – als Schauspieler und als Regisseur.«[138]

Nach einigen Versteckspielen vor der Presse, Treffen in Hotelzimmern, vermeintlich heimlichen Spaziergängen durch öffentliche Parks, verlässt der bekannte Frauenverführer Harry Meyen seine Frau Anneliese Römer an Weihnachten 1965 und lässt sich schließlich im Mai 1966 nach über zwölf Jahren Ehe scheiden, um so für einen gemeinsamen Weg mit Romy Schneider frei zu sein. Bis dahin hat Anneliese Römer auch diese »Affäre«, als die sie die Verbindung zwischen ihrem Mann und der wesentlich jüngeren Kollegin betrachtet, zu dulden versucht.

Romy kauft Harry Meyen schließlich für eine Abfindung

von 200 000 Mark frei, die Anneliese Römer im Scheidungsfall zusteht. Harry Meyen gibt letztlich viel auf, und er wird es in dieser Form bei Romy nicht wiederbekommen. Zwei labile Menschen können sich keine Stabilität geben.

Dieses Jahr 1966 ist für Romy auf persönlicher Ebene ein sehr außergewöhnliches. Sie beschreitet nun einen neuen Weg, setzt ein deutliches Zeichen: Das Private, das soll ab sofort und in Zukunft nicht mehr hintanstehen. Nun wird alles anders.

Als Romy unter der Regie von James-Bond-Regisseur Terence Young in ihrem vorläufig letzten Film, dem aufwendigen Spionage-Thriller *Spion zwischen zwei Fronten* (*Triple Cross*, 1966) die Comtesse Helga Lindström spielt, da steht neben Gert Fröbe, Christopher Plummer und Yul Brynner auch Harry Meyen mit ihr vor der Kamera. Es ist Romy, die ihm den Part in dem vor dem Hintergrund des Zweiten Weltkriegs angesiedelten Agentenfilm besorgt. Meyen ist, ausgerechnet, in der Nebenrolle des blonden Sturmführers Keller besetzt.

Während dieser Dreharbeiten, die sie erst nach Paris und im Anschluss an die Côte d'Azur führen, heiraten Romy Schneider und Harry Meyen am 15. Juli 1966 in Saint-Jean-Cap-Ferrat bei Nizza. Romys Brautkleid stammt von Coco Chanel. Trauzeuge ist niemand anderes als ihr langjähriger Vertrauter, Freund und Agent Georges Beaume. Der Dreh von *Spion zwischen zwei Fronten* geht in Nizza weiter, und beim Baden am Meer ist es bald nicht mehr zu übersehen: Romy ist im fünften Monat schwanger.

Gemeinsam beziehen Meyen und Romy die Wohnung in Berlin-Grunewald, und gegen Jahresende ist es dann so weit: Am 3. Dezember, morgens um neun Uhr, wird Sohn David Christopher Haubenstock im Rudolf-Virchow-Krankenhaus im Berliner Stadtteil Wedding geboren.

Für Romy Schneider beginnt damit der Rückzug ins Privatleben, sie dreht etwa anderthalb Jahre lang keinen Film mehr.

Eine Zeit der Ruhe soll dies für sie sein. Familienleben. Zurückgezogenheit. Einzig, Beständigkeit ist nicht das, was Romys Leben ausmacht. Ist nicht das, was sie ausmacht. So soll all das, was sie jetzt gerade lebt, auch nicht von langer Dauer sein.

Im Juli 1966 sagt Romy: »Meyen ist mir so überlegen, er gibt mir eine ganz neue Sicherheit. Ich brauche einen Mann, der bestimmt, was mir guttut, und nicht irgendeinen Jungen.«[139]

Beide träumen sie von gemeinsamen Theaterarbeiten in Berlin, von einer Komödie am Ku'damm etwa, und von einer Realisierung von Strindbergs *Fräulein Julie* – sie als Schauspielerin, er als ihr Regisseur. Zu alldem wird es nie kommen, Romy wird kein einziges Mal mehr auf einer Theaterbühne stehen. Dass Meyen sie bald schon bevormunden wird, kann sie nicht wissen. Er ist eifersüchtig auf ihren Erfolg. Eifersüchtig auf andere Männer. Dass er sie später auch finanziell ausnehmen wird, kann sie nicht einmal erahnen.

»Harry Meyen«, so erinnert sich heute Mario Adorf im Blick zurück, »das ist eigentlich noch schlimmer. Der war nun wirklich ein Blender. Er blendete und schmückte sich mit fremden Federn. Harry Meyen und Romy … das war schon sehr … Aber Romy hatte diesen Hang zur Abhängigkeit. Den sie selber ein wenig spüren musste. Sie wollte Menschen haben, die sie bewundern konnte. Und sie bewunderte diesen Meyen, zumindest anfangs. Eigentlich nicht gut. Er war nicht gut für sie.«

Ganz anders zwar als Alain Delon, beinahe der Gegenentwurf zu ihm, ist auch Harry Meyen ein Egomane, der nicht wirklich auf Romy eingeht, sie nicht wirklich sieht, sie nicht wahrnimmt. Seine intellektuelle Überlegenheit lässt er sie in den kommenden Jahren immer wieder spüren, stellt seine Frau öffentlich bloß – so etwa vor laufender Kamera im Juni 1971 in Henno Lohmeyers Talkshow *Der Star-Gast* – und behandelt sie nicht selten ziemlich respektlos.

Die so schmerzliche Trennung von Alain Delon liegt inzwischen zwei Jahre zurück. Seither haben sich Romy und Alain nicht mehr gesehen. Noch kann Romy nicht erahnen, dass sie mit ihrer vergangenen Liebe einmal erneut vor der Kamera stehen und damit ihre nunmehr völlig brachliegende Karriere unverhofft wiederbeleben wird.

Im Frühjahr 1966 notiert sich Romy Schneider: »In der Zeit nach Alain, als ich todunglücklich war, rannte ich in Paris von Modenschau zu Modenschau, von Anprobe zu Anprobe. Einmal ging ich zu Chanel, um ein Kostüm zu kaufen, und kam heraus mit sieben! Meine ganze Zeit verbrachte ich mit den Fetzen (…)« Dann: »Jetzt habe ich endlich einen Mann, der mich bis ans Ende meiner Tage lieben wird«,[140] sagt sie im Dezember 1966 noch nach der Geburt von David über Harry Meyen. Es wird in wenigen Jahren schon ganz anders sein.

Bereits zu jener Zeit schon hat Meyen seine von ihm sogenannte Migräne – es sind Schlafstörungen, schwankende depressive Stimmungen auch. Für Harry Meyen ist das Schmerzmittel Optalidon die Allzweckwaffe, was zur Folge hat, dass er zumeist mit Schlafbrille auf den Augen bis in den Mittag hinein schläft.

Waren es bei Delon Champagner und Rotwein, an die Romy herangeführt wurde, so sind es bei Meyen nun die Optalidon-Tabletten, die auch für Romy im Laufe der Zeit zur Normalität gehören. Der Griff zu Alkohol und Tabletten wird über die Jahre hinweg zur alltäglichen Selbstverständlichkeit. Auf Dauer ist das eine fatale Kombination. Ein Suizid auf Raten.

Harry Meyens Depressionen – die später umso mehr zunehmen, je erfolgloser er wird, während zeitgleich Romy seit ihrem Comeback mit *Der Swimmingpool* in Frankreich zum Star wird – führen ihn schließlich in die Dunkelheit des Abgrunds. Ohne die später dann nach Paris zurückgekehrte Romy, ohne ihre Bewunderung, ohne den abwesenden, bei der Mutter lebenden Sohn David, hat er jeglichen Halt im Leben verloren.

*

In ihrer im März 1959 im Bundeshaus Bonn gehaltenen Dankesrede anlässlich der Verleihung des Hörspielpreises der Kriegsblinden für ihr Hörspiel *Der gute Gott von Manhattan* schrieb die Schriftstellerin Ingeborg Bachmann den prägenden Satz:

»Die Wahrheit ist dem Menschen zumutbar«.

Im Falle Romy Schneiders scheint es seit jeher zu verschiedenen Sachverhalten die unterschiedlichsten Wahrnehmungen und Wahrheiten zu geben. Auch und gerade seit ihrem frühen Tod fühlen sich alle möglichen Personen zum einzig rechtmäßigen Wahrheitsverfechter berufen. Doch bereits zu Romys Lebzeiten scheint es, als sei diese so wandelbare Frau von niemandem wirklich und wahrhaftig einzuschätzen.

Der im Frühjahr 1966 an drei verschneiten Märztagen im österreichischen Kitzbühel entstandene schwarz-weiße Dokumentarfilm *Romy. Portrait eines Gesichts* erzählt allein über diesen Umstand sehr viel. Nicht zuletzt erzählt auch er von *einer* der Wahrheiten Romy Schneiders. Dabei handelt es sich um eine filmische Arbeit, die in dieser spezifischen Form womöglich einzigartig ist. Es ist diese sehr direkte, ungefiltert wirkende Unmittelbarkeit, die Romy dem Zuschauer nahebringt, sie einen Moment lang authentisch miterleben lässt.

Der Regisseur und Autor Hans-Jürgen Syberberg – Jahrgang 1935, in München sowie im heimatlichen Nossendorf, Vorpommern, lebend – hat diesen Dokumentarfilm seinerzeit mit seinem Kameramann Kurt Lorenz gedreht. Syberberg, der filmhistorisch im weitesten Sinne in der Nähe von Werner Herzog und Alexander Kluge gesehen werden kann und damit der sogenannten Münchner Schule angehört, hat ein etwa fünfundzwanzig filmische Arbeiten umfassendes Werk geschaffen, das sowohl aus Dokumentarischem wie aus Fiktivem besteht (*Ludwig – Requiem für einen jungfräulichen König*, 1972; *Hitler – Ein Film aus Deutschland*, 1977). 1965 liefert Syberberg mit dem schwarzweißen Dokumentarfilm *Fritz Kortner probt Kabale und Liebe* sein Langfilm-Debüt als Regisseur. Es ist jene filmische Arbeit, durch die Syberberg nach diversen halbstündigen Fernseh-Beiträgen für den Bayerischen Rundfunk endlich auf sich aufmerksam machen kann. Eine präzise Beobachtung des legendären Schauspielers, Regisseurs, Autors und Theaterintendanten Fritz Kortner, wie er Schillers Stück an den Münchner Kammerspielen probt. Es ist ein Blick in die Werkstatt Kortners. Kern der filmischen Auseinandersetzung ist dabei die siebte Szene des fünften Aktes, die Todesszene. Neben Kortner selbst sind noch Christiane Hörbiger und Helmut Lohner zu sehen. Ein Jahr später, 1966, dreht Syberberg abermals mit Kortner, *Fritz Kortner spricht Monologe für eine Schallplatte.* Wieder in Schwarz-Weiß, wieder streng dokumentarisch. Kortner spricht Monologe aus den Shakespeare-Stücken *Richard III.* und *Der Kaufmann von Venedig* sowie aus Goethes *Faust.*

Zwischen diesen beiden Kortner-Dokumentationen entsteht 1966 der Dokumentarfilm über Romy Schneider. Romy ist siebenundzwanzig Jahre alt und hat bereits stattliche achtundzwanzig Filme gedreht.

Dieser Tage steht sie erstmals mit ihrem später wichtigsten französischen Schauspielkollegen Michel Piccoli für *Schornstein Nr. 4* (*La voleuse*, 1966) vor der Kamera, ein deutsch-französisches Drama unter der Regie von Jean Chapot. Von März bis Mai dauern die Dreharbeiten, die im Ruhrgebiet stattfinden, in Oberhausen und in Essen. Es ist seit Langem wieder eine französische Produktion.

Ausschnitte von den Dreharbeiten und von Romy am Set sind in die Kitzbüheler Gesprächs-Passagen im Syberberg-Film eingefügt. Auch montiert er, wenn Romy etwa über das nun hinter ihr liegende Leben in Paris erzählt – »Paris, ich werd's immer lieben, ich werd' immer wieder mal hingehen« –, in den Straßen von Paris gedrehte Alltagsszenerien dazwischen, Szenen des *vie quotidienne*, sowie Aufnahmen aus Romys Pariser Wohnung, wo die Kamera durch die Räume gleitet, die Wände abfilmt, an Bildern entlang, an Gegenständen vorbei, so, als suche die Kamera die abwesende Protagonistin. Die teils abrupte Montage hat bei Syberberg fast etwas Avantgardistisches.

Und über den Bildern liegt, beinahe einem musikalischen Leitmotiv gleich, das 1964 von Charles Aznavour interpretierte wehmütige Chanson *Que c'est triste Venise.*

Durch Syberbergs erste Kortner-Dokumentation entstand schließlich auch der Kontakt zwischen Romy und dem Regisseur, und damit dieses ungewöhnliche dokumentarische Projekt: »Der Romy-Film war aus einem Prozess nach einseitiger Auflösung des Kortner-Projekts (*Fritz Kortner probt Kabale und Liebe*) hervorgegangen, als Entschädigungsauflage durch den Produzenten. Romy Schneider wollte den Film zur Propagierung eines neuen Images in Deutschland, nach *Sissi* und Frankreich, gerade mit dem Regisseur, der den Kortner-Film gemacht hatte«, so Syberberg später.[141]

Ein Projekt, dessen authentische Haltung und komplizierte Entstehungsgeschichte bis heute exemplarisch sind, sowohl hinsichtlich der sehr unmittelbaren, direkten Darstellung eines deutschsprachigen Weltstars als auch bezüglich der nach der Postproduktion – von Harry Meyen – verlangten (Ein-)Schnitte, die letztlich einer sinnentstellenden Zensur gleichkommen. Doch zunächst verlangt bereits der Sender, der Bayerische Rundfunk, eine Kürzung um ganze dreißig Minuten: »Der Film hatte ursprünglich drei Kapitel in einer Länge von neunzig Minuten, entsprechend den drei Aufnahmetagen. Nach Willen des Fernsehsenders, entsprechend des Produktionsvertrages mit dem Münchner Produzenten Rob Houwer, wurde der Film auf sechzig Minuten von mir gekürzt. Das war der erste Eingriff. Der Rhythmus blieb dabei erhalten: Ski-Ausflug, Regentag und Kaminszenen.«

Diese geschnittenen dreißig Minuten, sie fehlen heute, sind nicht mehr wiederzubeschaffen. Sie sind verloren.

Wahrscheinlich wäre der Film in seiner bezwingenden Wirkung noch intensiver, beklemmender auch in seiner Wahrhaftigkeit, noch eindringlicher auch die unmittelbare Präsenz Romys, als es ohnehin der Fall ist. Aus der *Anatomie eines Gesichts* wird auf Wunsch des Münchner Senders das *Portrait eines Gesichts.* Bereits im geänderten Titel beginnt die verharmlosende Verstümmelung zum Torso. Die wird durch die Einmischung von Romys zukünftigem Ehemann Harry Meyen nur mehr verstärkt. »Der zweite Eingriff erfolgte nach der Abnahme-Vorführung, wie im Vertrag vorgesehen nun unter Beisein von Harry Meyen, der zweiunddreißig Änderungen verlangte und andernfalls den Film zu sperren drohte. Romy schwieg. Harry Meyen erlebte ich als destruktiven Charakter. Er wirkte unangenehm fordernd und nach Boulevard-Ästhetik alter Ufa-Schule inkompetent, in einer vorgegebenen Beschützerrolle provokativ.«

*

Es geht also um zwei sehr gegensätzliche Romy-Bilder: Da wäre einerseits jenes der nach Paris Exilierten, die etwa fünf Jahre mit Alain Delon zusammenlebt, die mit Visconti und Welles und Preminger dreht, die einige eher mäßig erfolgreiche US-Produktionen in Hollywood absolviert und nun, letztlich sehr ernüchtert und enttäuscht, nach Deutschland zurückkehrt, nicht wissend, was sie hier erwartet. Überfordert, suchend, schwimmend.

»Wenn das Unbewusste weg ist, so nach vier Filmen, fängt man an nachzudenken«, sagt sie im Film.

Andererseits ist da weiterhin das tradierte Rollen-Klischee der *Sissi,* der »Jungfrau vom Geiselgasteig«, der süßen, lieblichen, unschuldigen Romy, die doch die Romy des deutschsprachigen Publikums der bundesrepublikanischen Adenauer-Zeit ist und auch bleiben soll. Zwei Bilder, die nicht zueinander passen wollen.

Zwei Bilder ein und derselben Persönlichkeit.

Als Romy über der Winterlandschaft des Kitzbüheler Horns in der Seilbahn sitzt, zitiert sie einen Freund, der einmal zu ihr gesagt habe: »Du bist ja so deutsch, das ist das berühmte ›Himmelhoch jauchzend, zu Tode betrübt‹ – ja, ja, das trifft oft zu.«

Das eine an das andere anzupassen, daran zu feilen – das mag Harry Meyens Beweggrund für seine Eingriffe sein. Da wird der manipulative Versuch unternommen, die inzwischen international und weltläufig und kosmopolitisch gewordene Romy wieder klein zu machen und klein zu halten, deutsch nur, nicht international, und bieder fast, konventionell. Doch das ist sie nicht mehr, sie passt nicht mehr in dieses enge Korsett, trotz ihrer inneren Zerrissenheit. Gerade diese ausgeprägte Ambivalenz ist es auch, die hier so deutlich spürbar ist – schon während der Fahrt in der Gondel hoch auf die Skipiste, wo sie mit Skilehrer Karl Koller zu sehen ist, und später vor allem, in dem längeren Gespräch am Kaminfeuer auf Schloss Kaps des Prinzen Ferdinand von Liechtenstein. Da weiß sie nicht so recht wohin mit sich, scheint in ihren Widersprüchen gefangen.

In diesen Märztagen spricht Romy Schneider geradezu ungefiltert vor Hans-Jürgen Syberbergs Kamera:

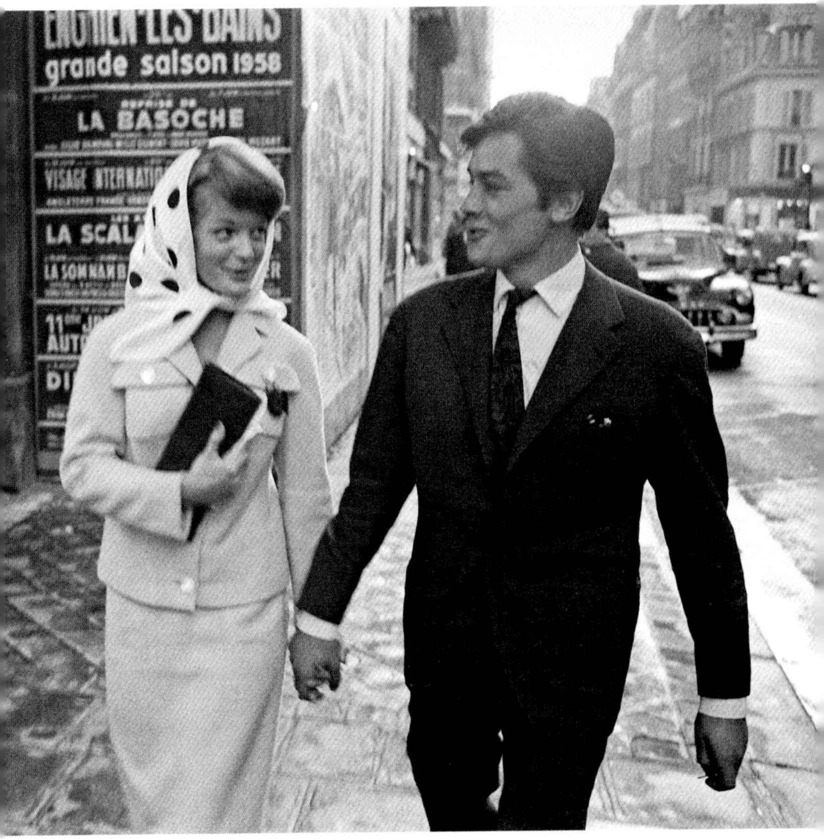

Les amoureux: Romy Schneider und Alain Delon in den Straßen von Paris kurze Zeit nach ihrer ersten Begegnung. Juli 1958.

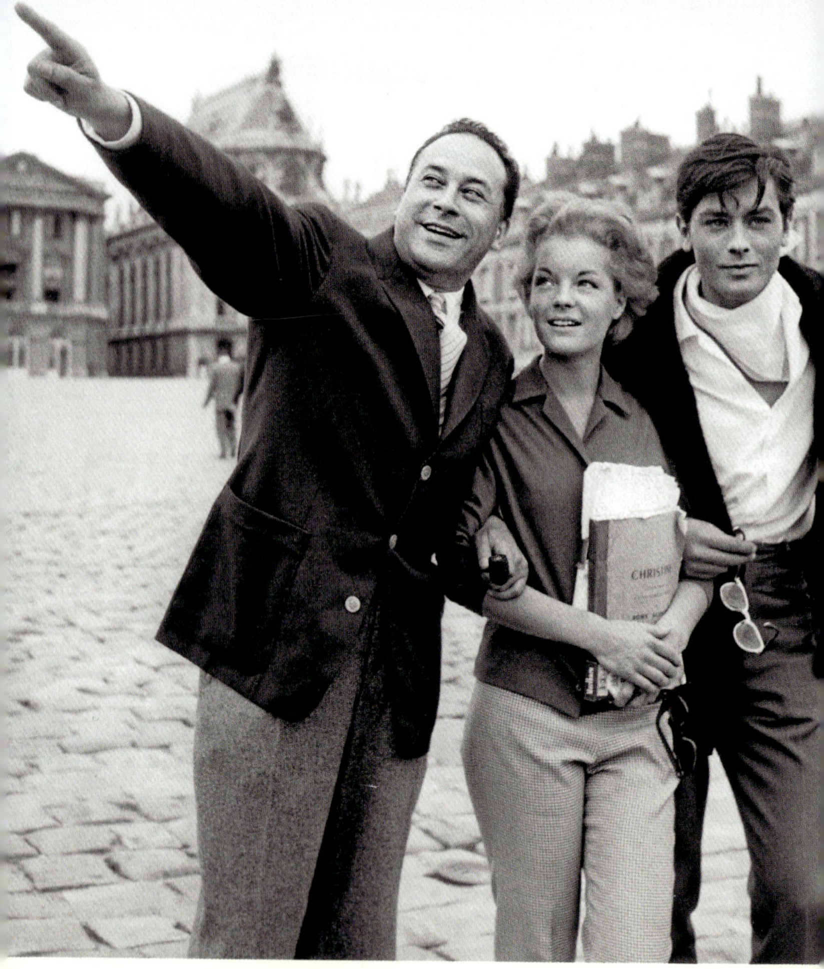

Regisseur Pierre Gaspard-Huit zeigt seinen beiden jungen Hauptdarstellern ein Motiv für ihren ersten gemeinsamen Film: *Christine*. Juli 1958.

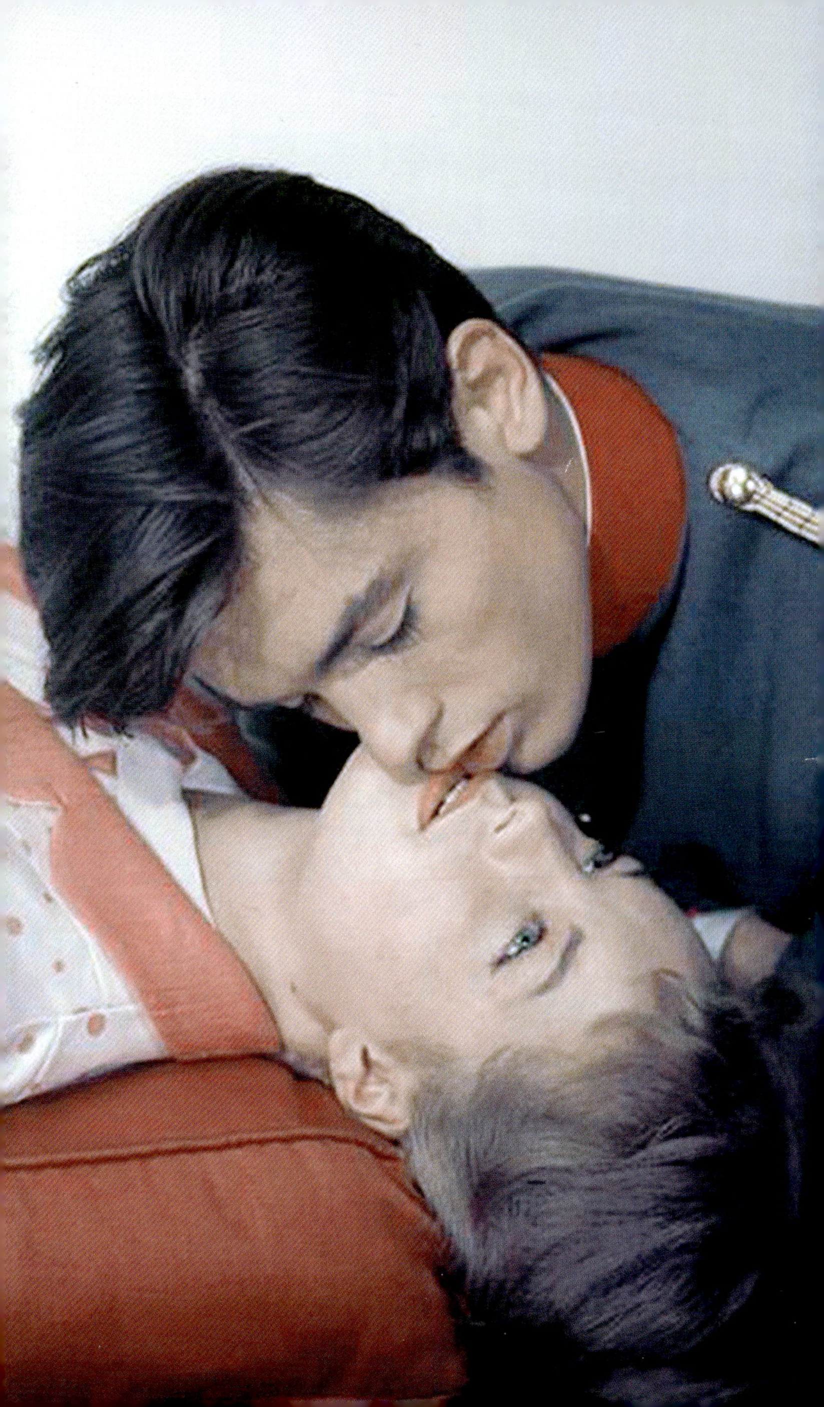

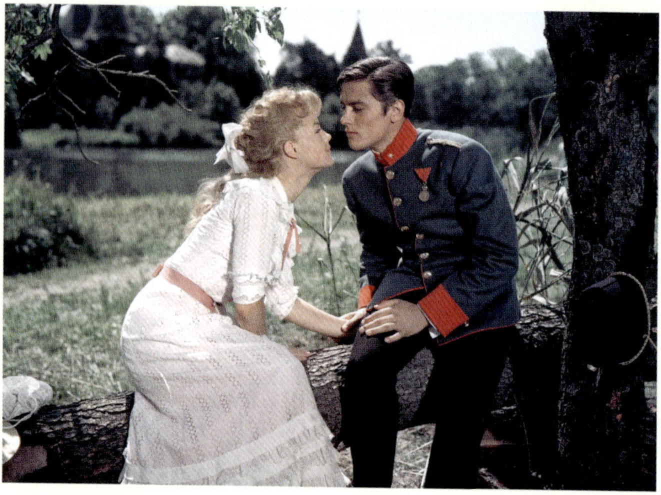

Christine. 1958.

Romy und Alain in ihrer neu bezogenen Pariser Wohnung in der Avenue de Messine. 1959.

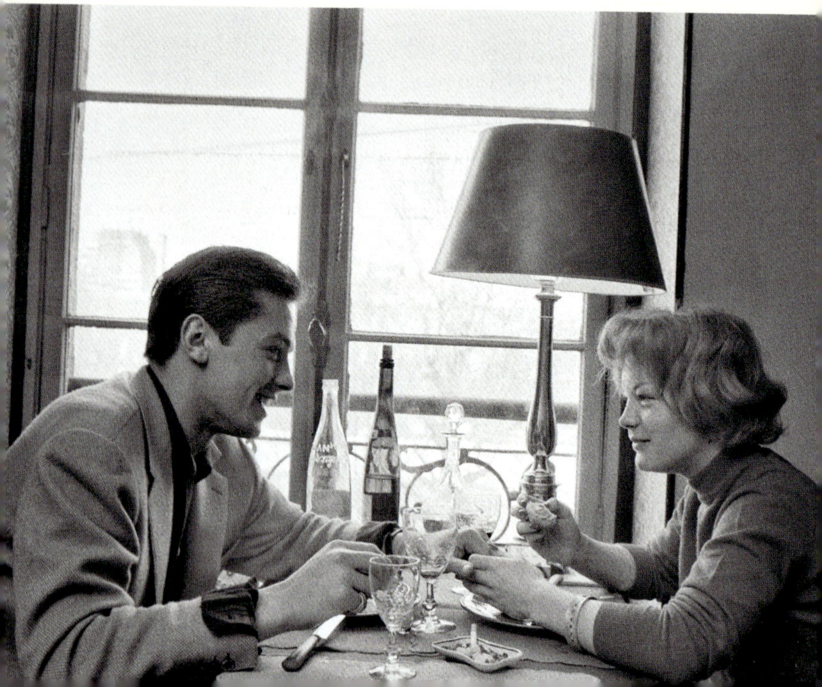

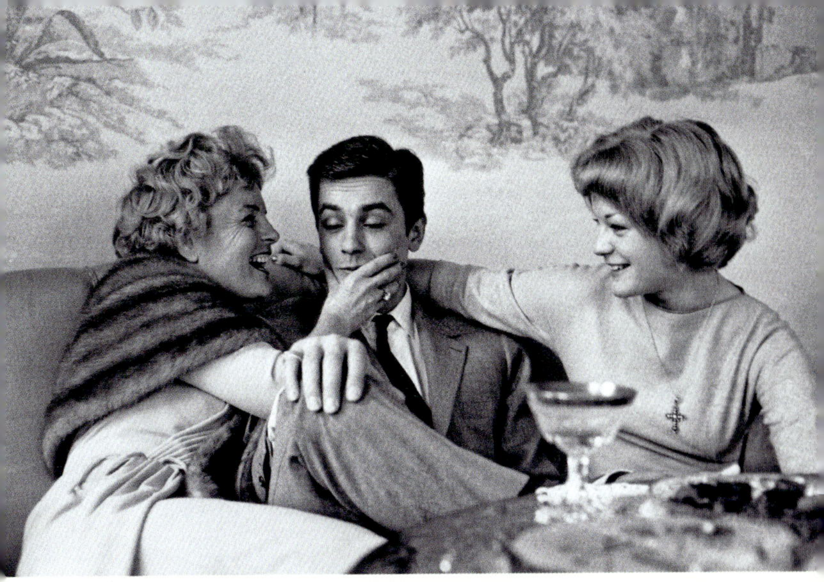

Am Verlobungstag am Luganer See rückt Mutter Magda Schneider dem zukünftigen Schwiegersohn kurz den Kopf zurecht. 22. März 1959.

Zuhause. Zweisamkeit. März 1959.

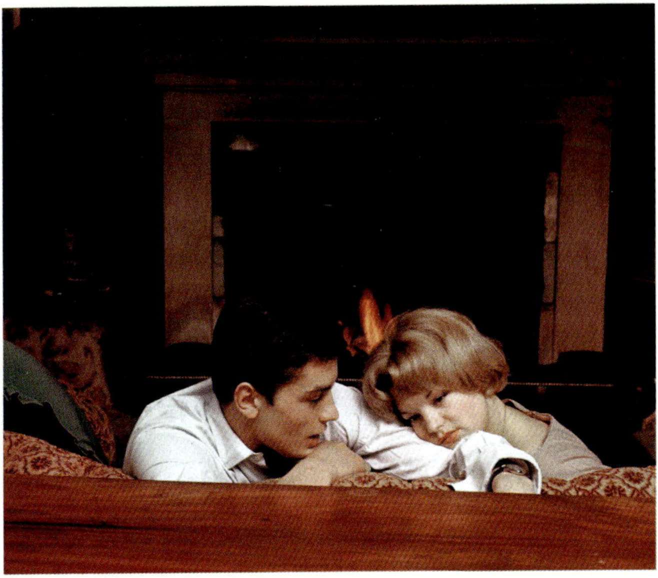

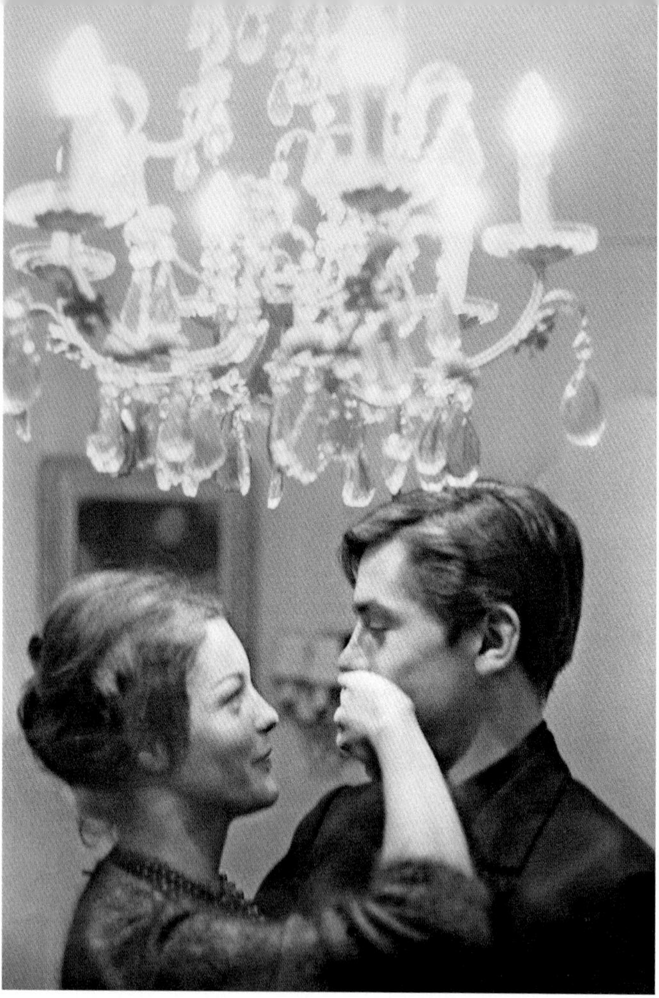

Pas de deux: Zusammen im gemeinsamen Pariser Heim. November 1959.

Stylish und cool: Romy besucht Alain, der in Mailand *Rocco und seine Brüder* unter Luchino Viscontis Regie dreht. Februar 1960.

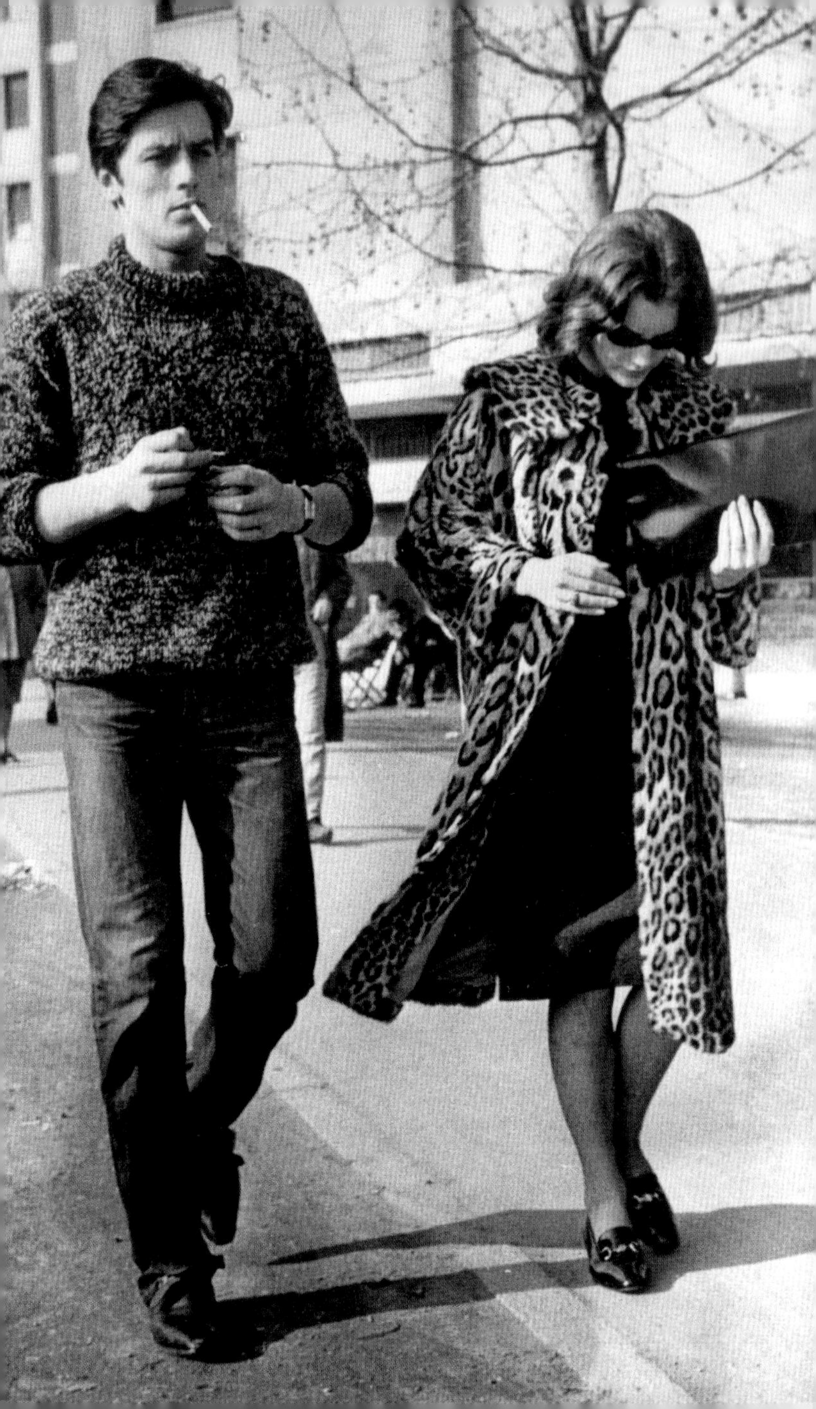

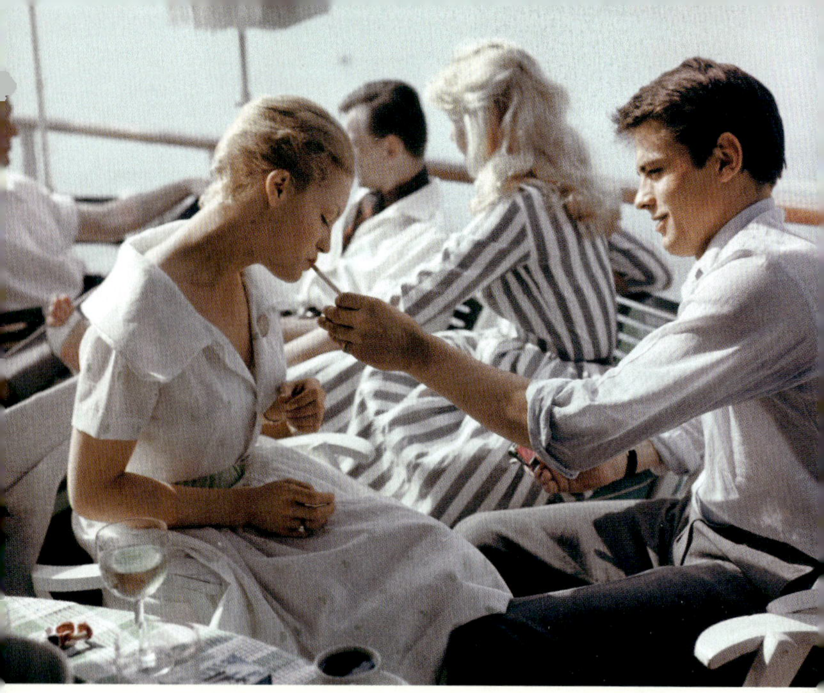

Zweimal Cannes: Zum ersten Mal besuchen Romy und Alain im Mai 1959 die Internationalen Filmfestspiele von Cannes (oben), drei Jahre später sind sie mit *Boccaccio '70* und *Liebe 1962* erneut an die Croisette eingeladen (unten).

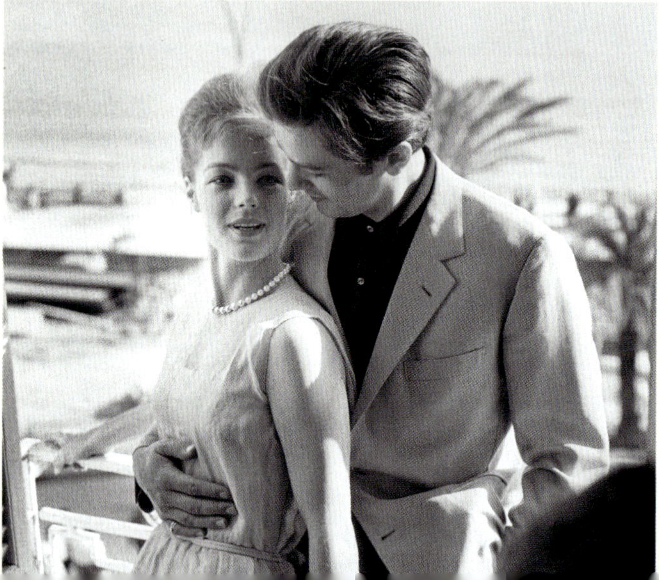

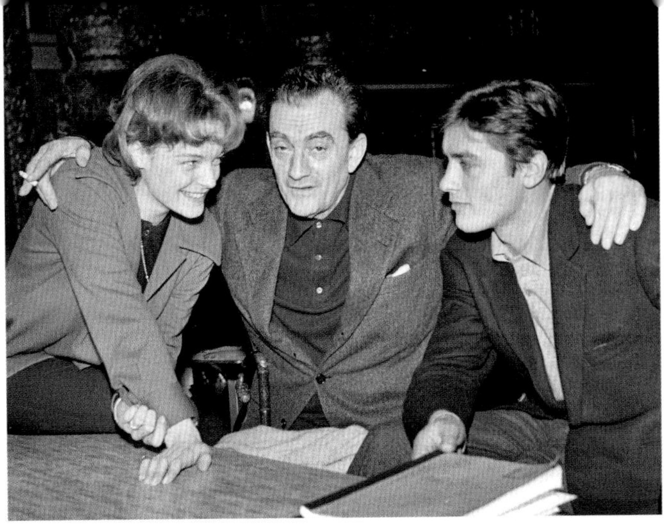

Der Maestro und seine beiden Schüler – Proben mit Luchino Visconti zum Theaterstück *Schade, dass sie eine Hure ist*. März 1961.

Romy und Alain auf der Bühne des Théâtre de Paris. 29. März 1961.

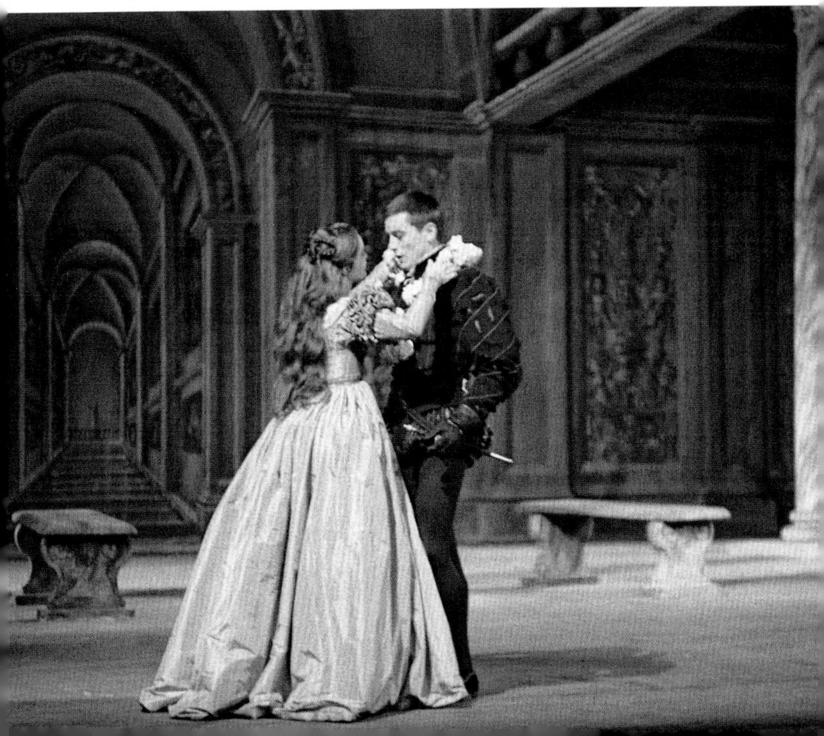

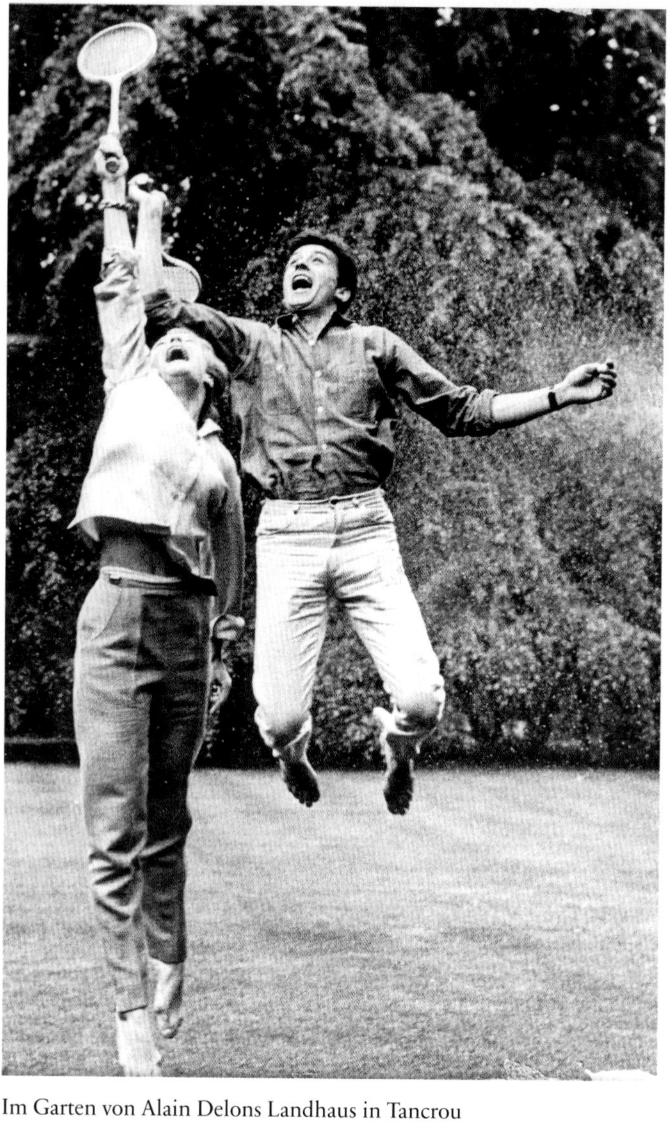

Im Garten von Alain Delons Landhaus in Tancrou
außerhalb von Paris. 1959.

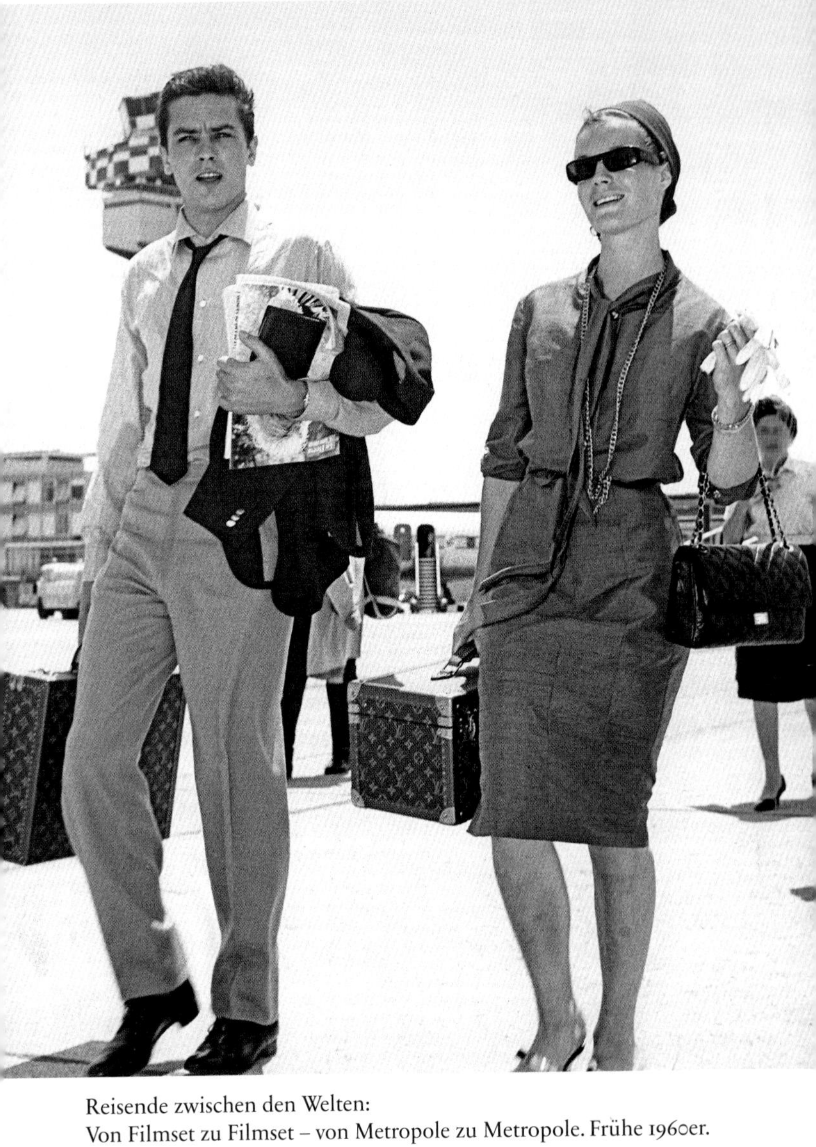

Reisende zwischen den Welten:
Von Filmset zu Filmset – von Metropole zu Metropole. Frühe 1960er.

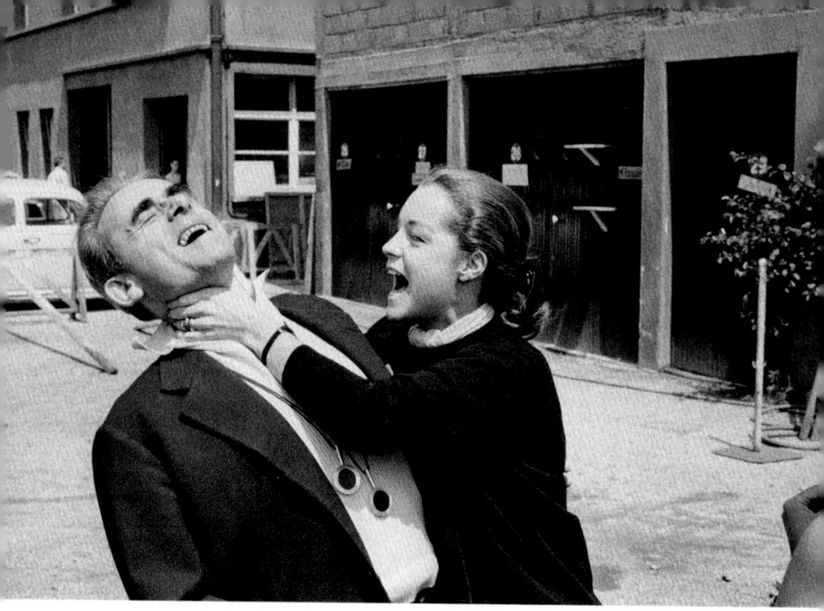

Romy geht Regisseur Henri-Georges Clouzot in einer Drehpause des höllischen Projekts *L'enfer* an die Gurgel. Juni 1964.

Senta Berger und Alain Delon am Set von Julien Duviviers letztem Film: *Mit teuflischen Grüßen*. September 1967.

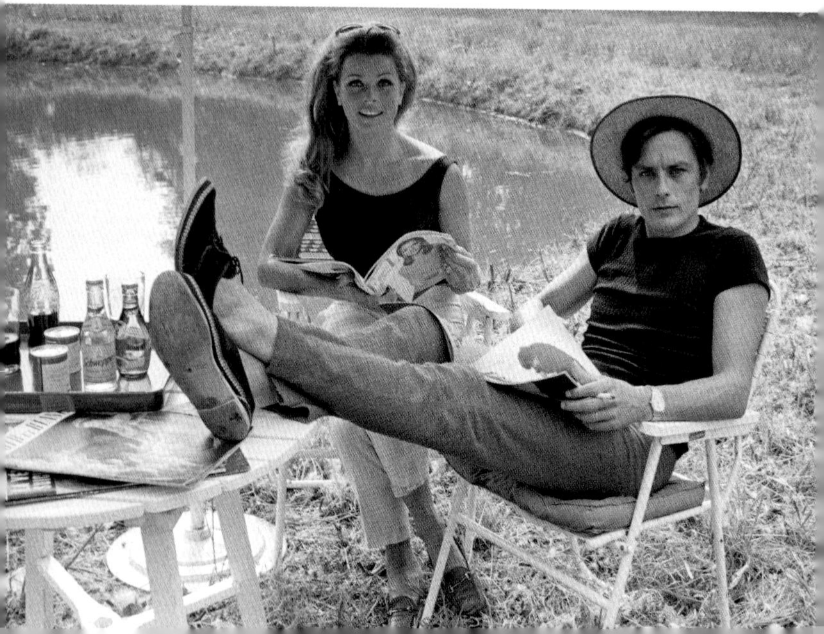

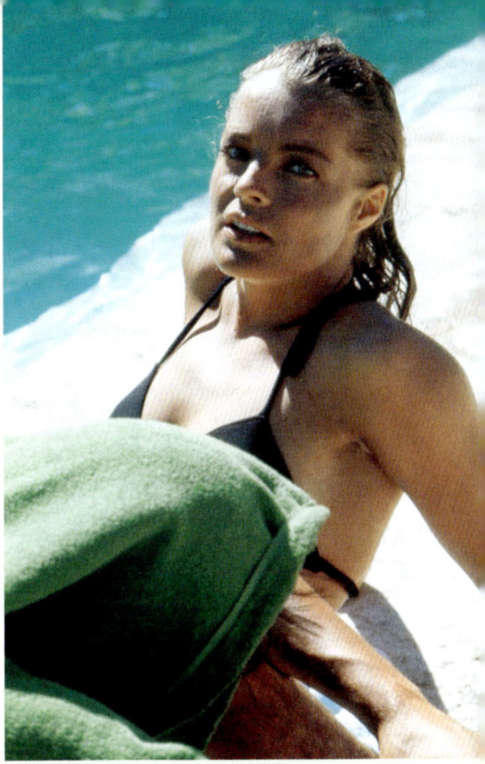

Drehpause am *Swimmingpool*-Set in Ramatuelle. August 1968.

Regisseur Jacques Deray (zweiter von links) bereitet mit Romy, Alain und der Filmcrew die Kameraeinstellung der Eröffnungssequenz vor. August 1968.

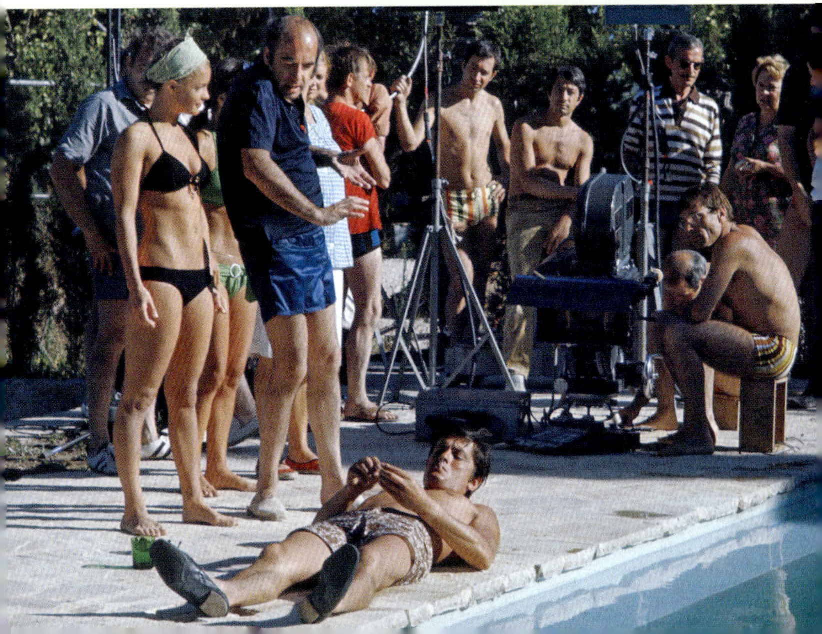

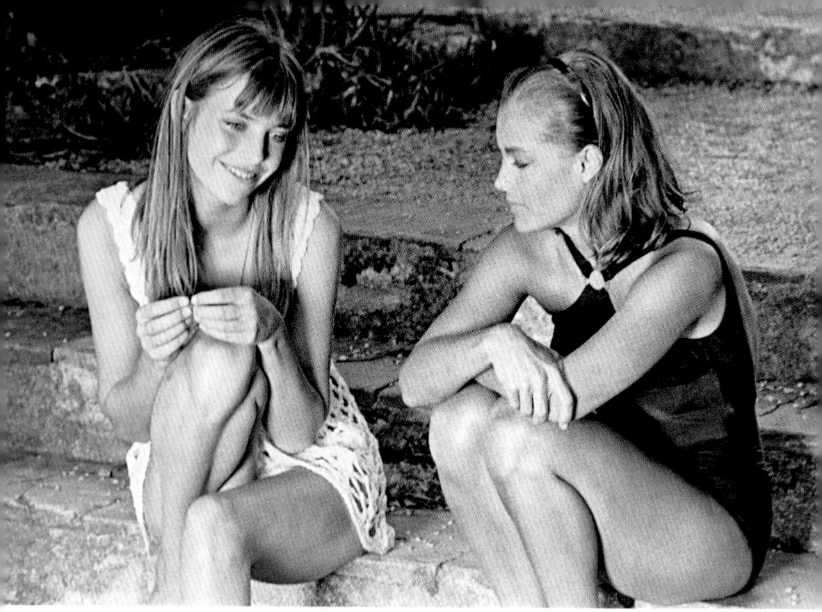

Solidarität unter Schauspielerinnen: Die 21-jährige Jane Birkin erhält in einer Drehpause am Rande des Sets von *Der Swimmingpool* Rat und Unterstützung von Romy Schneider. September 1968.

Romys Sohn David zu Besuch am *Swimmingpool*-Set. Alain flachst mit Mutter und Sohn. Oktober 1968.

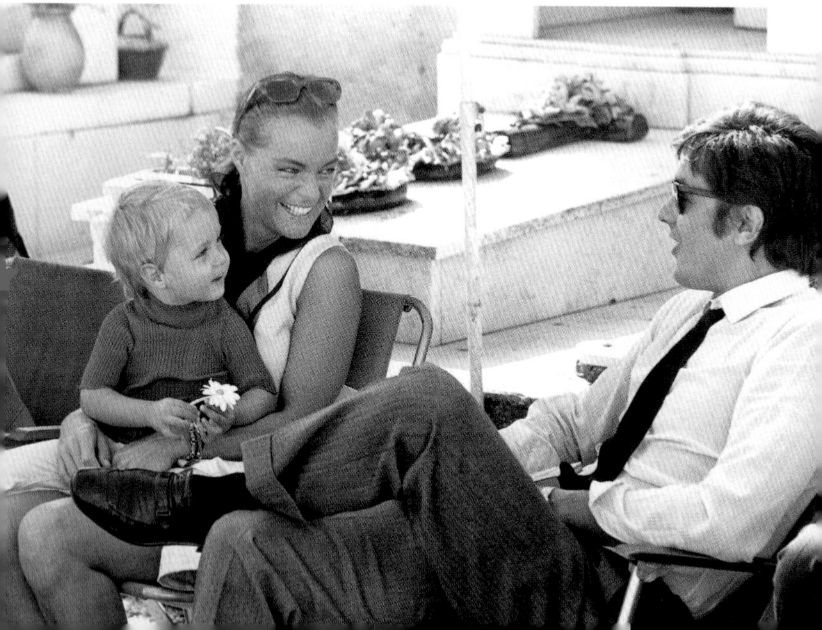

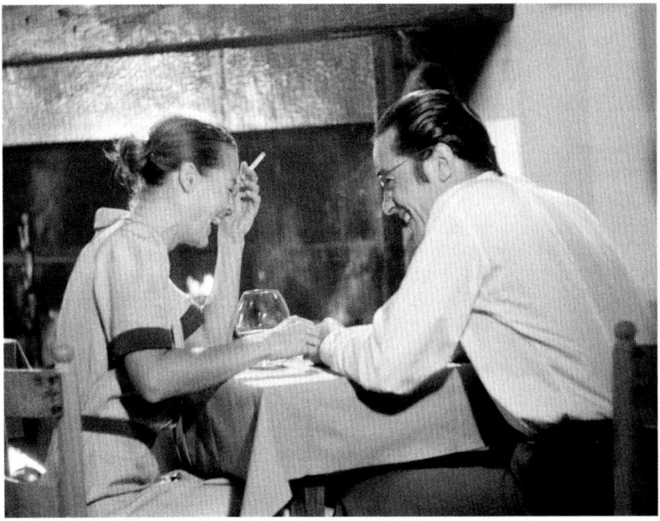

Die ehemals Liebenden in einer Mittags-Drehpause zu Joseph Loseys Polit-Drama *Die Ermordung Trotzkis*. Oktober 1971.

Nach Drehschluss im Set-Wohnwagen: Es ist ihr dritter und zugleich letzter gemeinsamer Film, den sie in Mexico City drehen. Oktober 1971.

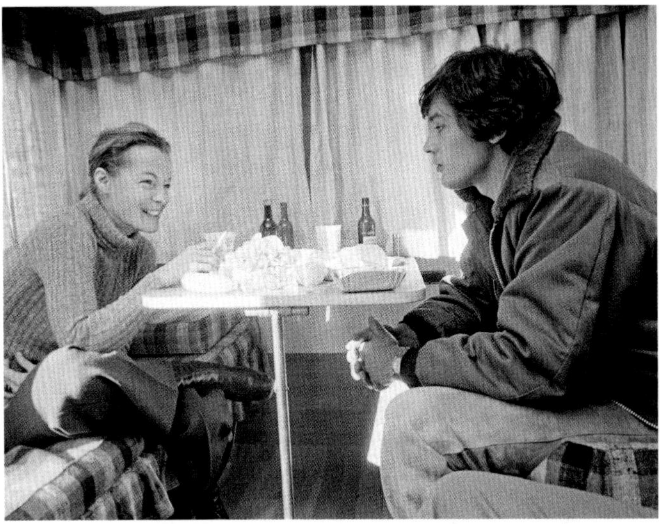

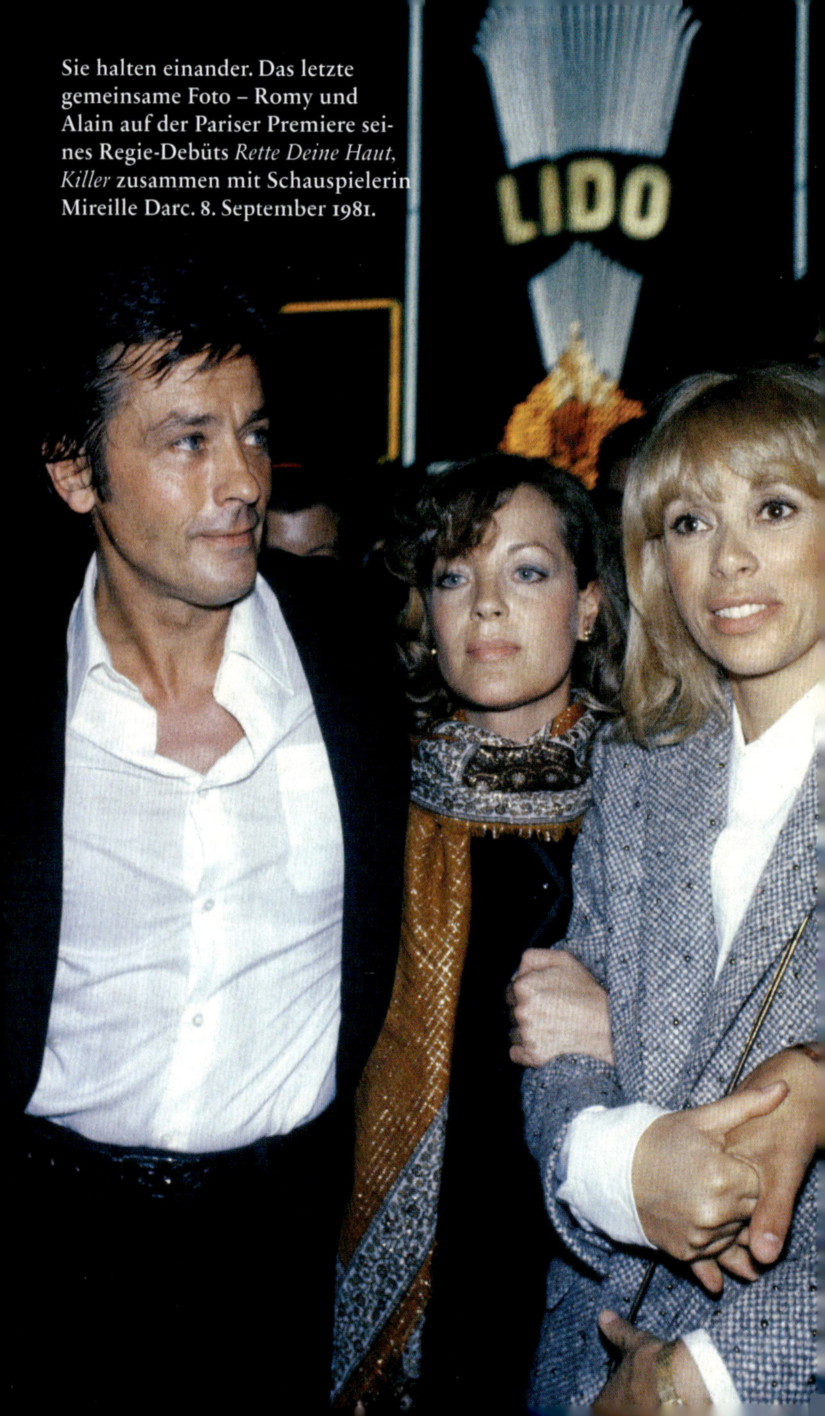

Sie halten einander. Das letzte gemeinsame Foto – Romy und Alain auf der Pariser Premiere seines Regie-Debüts *Rette Deine Haut, Killer* zusammen mit Schauspielerin Mireille Darc. 8. September 1981.

»Ich will nicht mehr meine ganze Kraft und meine Nerven nur für diesen Beruf hergeben … es ist mir nicht mehr genug … es genügt nicht mehr. (…) Ich hab' diesen krankhaften Ehrgeiz verloren … ich … natürlich gibt es etwas anderes … mein Leben, mein Privatleben … worüber ich wirklich bestimmt, also … vor zwei Jahren …das heißt, nein, darüber nachgedacht, mir darüber Gedanken gemacht – *immer* eigentlich … aber das war so momentan, und dann kam die nächste Arbeit, und dann kam wieder die nächste Arbeit, ich hatte gar nicht viel Zeit dazu, wollte sie wahrscheinlich auch gar nicht haben … denn es gab eben dann damals nichts anderes … als *nur,* nur diese Arbeit, nur die Arbeit, nur den Beruf. (…) Ach … ich weiß nicht … einerseits bin ich *wirklich* dazu gemacht, und andererseits *überhaupt* nicht, überhaupt nicht.«[142]

So jung und apart ihr filigranes Gesicht in manchen Kamera-Einstellungen auch wirkt, so gereift und verletzlich wirkt es plötzlich wiederum in anderen. Dieses Alternieren hat etwas ganz und gar Außerordentliches, die Übergänge sind fließend, fast, als geschehe es zeitgleich. Es sind die vielen Gesichter der Romy. Da spricht eine, die schon viel hat aushalten müssen, die viel ertragen, viel gesehen hat. Oft ist Romys Blick traurig, manchmal verzagt, dann fragend, suchend. Manchmal auch ist dieser Blick ganz leer.

»Aber wo stehe ich?«, fragt Romy hier einmal vor Syberbergs Kamera, und beinahe fragt sie es direkt in die Kamera hinein: »Aber wo stehe ich?«

»Die Änderungen begannen mit der ersten Szene, als sie die Hände um die warme Kaffeekanne legte und sagte *›coffee, coffee‹*, weil das dem deutschen Publikum eine ausländische Romy präsentiert hätte«, so Syberberg heute. »Auf meinen Einwand, wie das in einem nach damaligem *cinéma-vérité*-Verfahren durchgedrehten Film geschehen solle, empfahl Meyen Zwischenschnitte. Also etwas anderes, wie eine Hand oder eine Uhr, hineinzuschneiden, um das zu Meidende herauszuoperieren, was gegen das ästhetische Gewissen einer gerade schon damals gegen die Kamera-Usancen des Fernsehens durchgekämpften Wahrheit ging. Solche hier harmlos erscheinenden Eingriffe sind im Falle der direkten Aussagen vor der Kamera (Kaminszenen und Wahrheits-Garantie in den Off-Passagen) dann entscheidend über Lüge oder Wahrheit des Fernsehens und des Filmalltags. Damals war das schwer durchzubringen, da die Technik mit in Schwenks nicht ausgleichenden Materialien so nicht arbeitete. Dann war der Hauptangriff gegen sogenannte depressiv wirkende Einstellungen in den Lift-Fahrten auf den Berg, wo Harry Meyen Positives forderte. Bis zu neuen Bildern am Ende, die der neuen Romy dienen sollten, wie sie zum Zeitpunkt der Aufnahmen des Films jedoch nicht vorkam.«

Für Syberberg selbst hat sein am 21. Januar 1967 im *Teleclub* des Bayerischen Fernsehens erstmalig und für lange Zeit auch einmalig ausgestrahlter Dokumentarfilm über Romy Schneider insofern weitreichende Konsequenzen, als er fortan versucht, autonom und autark zu arbeiten.

»Meine Weigerung hier mitzutun führte zum Bruch mit dem Fernsehsender und dem Produzenten. So entstand eine neue Fassung, nach Rückzug meines Namens, die nun auch neu nachgedrehte Passagen besonders am Ende des Films aufnahm. Der endete nach dieser zweiten Fassung mit der Romy als glücklich lachender Mutter. Der Fernsehsender versteckte sich und machte mit, der Produzent bekam für sein Wohlverhalten das Angebot zehn weiterer Dokumentarfilme. Ich beschloss ab da, selbst Autor und Produzent meiner Filme zu werden, eben um selbst solche Dinge durchstehen zu können, und erhielt zur Einweihung Hausverbot bei meinem Heimatsender, wo ich herkam, bis zum *Parsifal* (1982) unter neuer Leitung des Hauses.«

*

Am 6. Februar 1967 – zwei Wochen nach der BR-Erstausstrahlung – schreibt *Der Spiegel* unter anderem Folgendes: »(…) Am dritten Abend, der bei Veuve Clicquot und Romy-Lieblingsplatten (Sammy Davis jr.) bis sechs Uhr morgens reichte, konnte Syberberg das Gespräch auf Sissy lenken – den Glanz- und Schmerzpunkt der Romy-Schneider-Karriere. Die Künstlerin hatte sich ihre Gedanken dazu in der Nacht vorher zurechtgelegt. Sie war ›am allermeisten überrascht über den Sissy-Erfolg‹; es sei kein Film für ›Intellektuelle‹ gewesen, aber ›den Leuten hat's gefallen, also war es richtig‹. So war sie ›sieben Jahre lang Prinzessin, nicht nur vor der Kamera. Dann wollte ich's auf einmal nicht mehr sein‹.«

Und an anderer Stelle weiter: »(…) Die ›schönste Aufnahme im ganzen Film‹ (Syberberg) ist nicht mehr zu sehen: Während Sammy Davis singt, erzählt Romy in Sektlaune den Witz vom deutschen Juden in New York, der ein Hitler-Bild an der Wand hat – gegen Heimweh. Bei einer ersten Muster-Schau in Berlin vor der Filmheldin und ihrem späteren Ehemann Harry Meyen empfand Meyen die Kombination von jüdischem Witz und Schlagergesang als ›fatal‹. Meyen bat auch um Tilgung der Sätze, die Romy Schneider über Deutsche, Presse und Harry Meyen sprach, und ein Händeringen in Großaufnahme sollte gleichfalls unterbleiben (…).«

Syberbergs Dokumentarfilm – damals nicht unumstritten, da er Romy am dritten Drehtag im Kaminzimmer anhaltend Champagner trinkend vor laufender Kamera zeigt – wird in der Rezension als »eine Konfession in Bruchstücken« bezeichnet. Die *Spiegel*-Überschrift lautet denn auch prosaisch: »Romy Schneider – Beichte am Berg«.[143]

Hans-Jürgen Syberberg ist ein Außenseiter, ein Unbequemer, Unangepasster. Er entspricht in seinem filmischen Schaffen keinerlei Norm und Konvention, ist system-inkompatibel. Ein Non-Konformist fernab allen Mainstreams. Da sprechen also ein nicht ins System passender junger Autorenfilmer und eine wiederholt vor der Kamera »das sogenannte *›star-system‹*« – Romy spricht es immer englisch aus – kritisierende junge Schauspielerin miteinander. Es sei ein System, das sie »hasse«. Es »langweile« sie mit »derselben lauwarmen Brühe«, in der sie immer weiter hätte schwimmen können, immer weiter historische Stoffe und Heimatfilme annehmen können, bis »ich dick und fett geworden wäre und in keine Reifröcke mehr reingepasst hätte – da bin ich ausgerissen … und … überhaupt … weg, weg … Paris«.

Dokumentar-Regisseur und Schauspiel-Star sind hier im Grunde Geschwister im Geiste, sie sind zwei Menschen, die – später viel mehr noch als zum Zeitpunkt der Dreharbeiten im beschaulich verschneiten Kitzbühel – allenthalben anecken, nirgendwo dazugehören. Sie sind *outcasts.* »Romy war zwischen Theaterambitionen in Deutschland – nach Frankreich – und *Sissi*-Kontaminierung hilflos. Alles andere zeigt der Film. Außer dem Angriff auf die neu erkämpfte ästhetische Wahrheit war das – wie ich dachte – vertraute Verhältnis zu der Dargestellten zerstört«, so Syberberg heute.

Hans-Jürgen Syberbergs filmhistorisch wie zeithistorisch wichtiger Dokumentarfilm *Romy. Portrait eines Gesichts* wird erst im September 1998, nachdem er über dreißig Jahre lang in den Fernseharchiven unter Verschluss lag und der Öffentlichkeit nicht zugänglich war, erstmals wieder im Bayerischen Fernsehen ausgestrahlt – in der sechzigminütigen Fassung des Filmemachers. Seither zeigen den Film auch wieder andere Sender der ARD, und er liegt auf DVD vor.

Im Nachhinein mag es ein ambivalentes Moment in sich bergen, wenn Regisseur Syberberg nach all den Jahren heute resümierend Bilanz zieht und rückblickend feststellt: »Nach dem Tod der drei Beteiligten – Romy, Harry Meyen, David –, einem Schlussbild mit Sohn auf dem Arm zu einem Film, den man ›Portrait‹ nannte, ist es, als habe das Fatum die Wahrheit des ursprünglichen Gesichts und seiner Darstellerin wieder hergestellt.«

Die Wahrheit ist dem Menschen zumutbar.

TEIL III

FREUNDSCHAFT

Legendär & stylish – Kult am Pool:

Der Swimmingpool (*La piscine*), 1969

Delon? Nichts ist kälter als eine tote Liebe.

ROMY SCHNEIDER, 1969

Wir hatten uns verändert, aber die Jahre hatten unsere Liebe nicht geschmälert.

ALAIN DELON, 2009

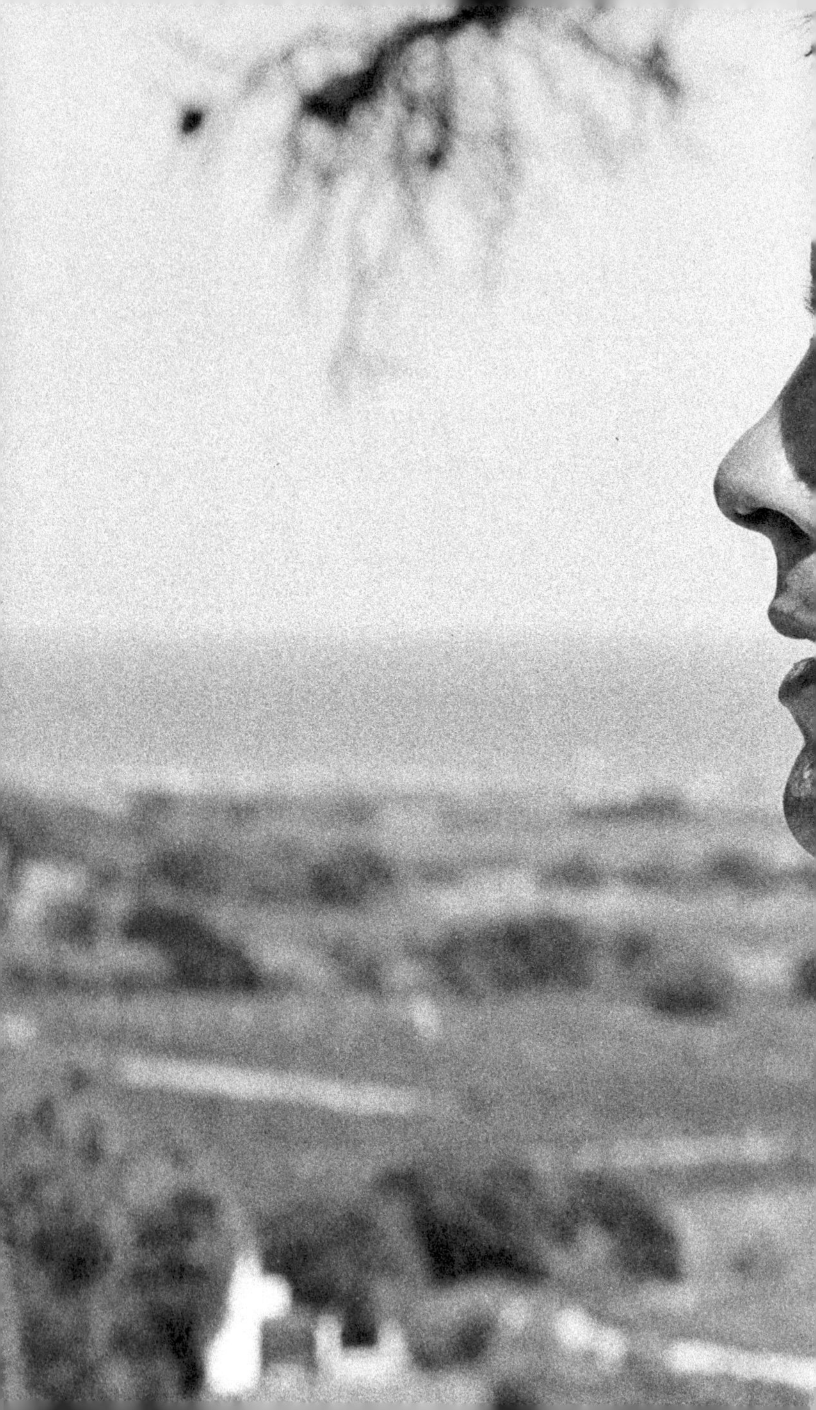

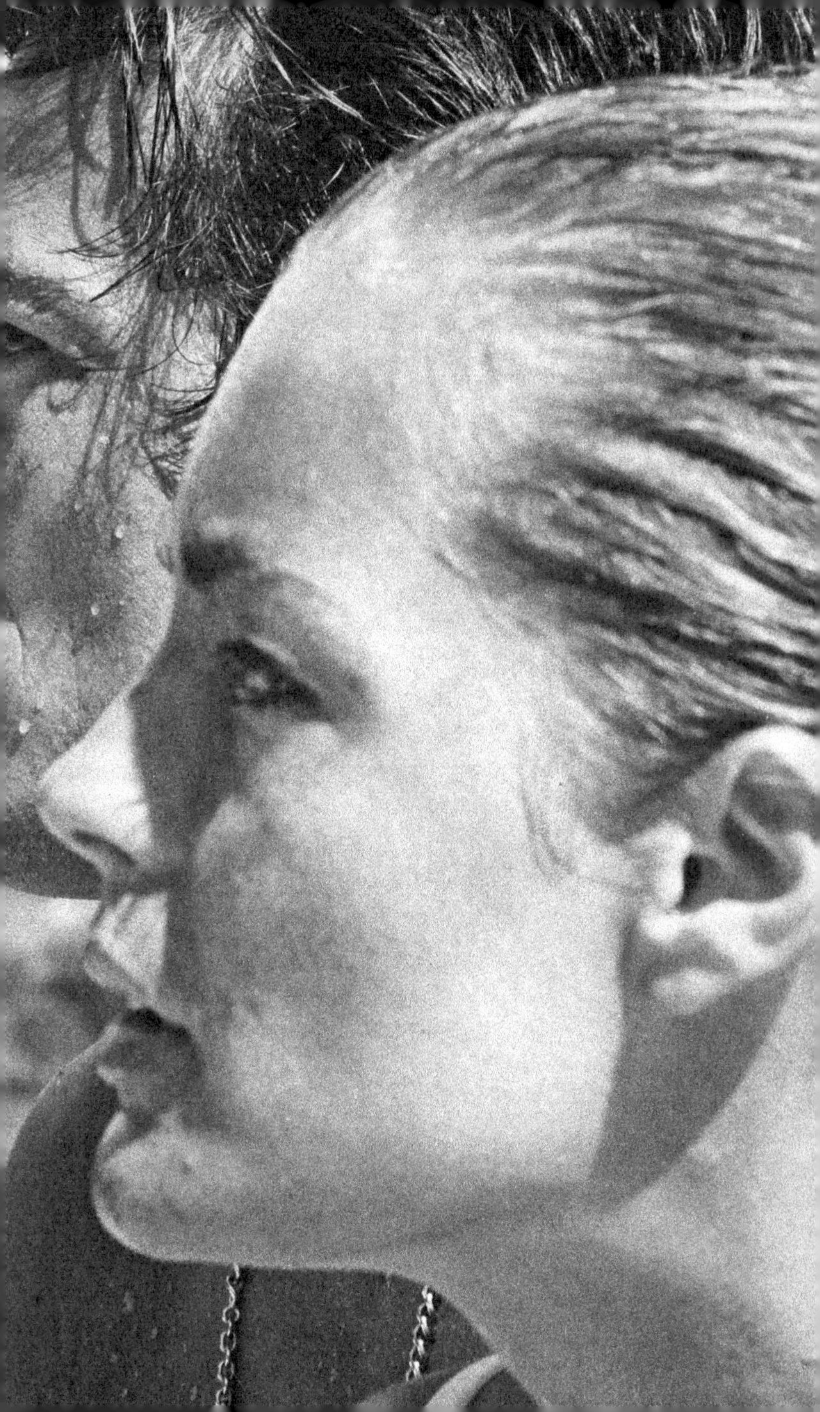

Im Januar 2002 startet im französischen Fernsehen der Dreiteiler *Fabio Montale*, ein Polizei-Thriller von José Pinheiro. Alain Delon gibt aus diesem Anlass der Zeitschrift *Paris Match* eines seiner seltenen Interviews – unter Journalisten ob der Seltenheit ebenso gefragt wie ob Delons Temperamentsausbrüchen, seiner Unberechenbarkeit und seiner Launen gefürchtet. Es wird ein Gespräch über Delons Leben werden, ein Rückblick.

Journalist Olivier Royant möchte von dem zu diesem Zeitpunkt Sechsundsechzigjährigen eingangs wissen: »Was ist Ihre früheste Erinnerung?« Und Delon antwortet ihm: »Das Gesicht meiner Mutter natürlich. Meine Mutter, wie sie mich in einer kleinen Blechwanne badet.« Daraufhin fragt Royant weiter: »Und die schönste?« Und Delon erwidert: »Der Sommer 1968, *Der Swimmingpool.* Das Haus in Saint-Tropez, das herrliche Licht. Romy … Ich war im besten Alter, dreiunddreißig, die beste Zeit im Leben eines Mannes.«

*

Im Vorjahr des Sommers ’68, *ce plus bel été,* steht Alain Delon nach den Dreharbeiten zu Melvilles *Der eiskalte Engel* für Julien Duviviers *Mit teuflischen Grüßen* vor der Kamera. Es wird Duviviers letzter Film sein, der Regisseur mehrerer großer Filme mit Jean Gabin, darunter etwa *Im Dunkel von Algier* (*Pépé le Moko,* 1937), stirbt kurz nach Abschluss der Dreharbeiten am 30. Oktober 1967 bei einem Autounfall.

Delons Partnerin in dem Psycho-Thriller ist Senta Berger, die sich gut an die gemeinsamen Dreharbeiten mit Delon sowie an die Atmosphäre am Set auf dem Château de Théméricourt im Département Val-d'Oise vor den Toren von Paris erinnern kann:

»Es war 1967, und es war in der Zeit der Trennung von Nathalie Barthélémy. Sie hat ihn zwei-, dreimal besucht am Set. Delon wiederum kam an den Set, wie man sich das vorstellt, wenn ein Ganove kommt: Er hatte immer zwei Männer dabei, damals schon immer schwarz gekleidet, zwei große Hunde, Schäferhunde, dann sie, Nathalie, schließlich das sehr, sehr kleine und sehr traurig aussehende Kind. Man hatte bei alledem das Gefühl, da wehte ein leichter Hautgout mit. Man hatte das Gefühl, diese Leute um ihn herum waren Insider in ihrer eigenen Welt. Das wirkte alles nicht ganz koscher. Sie sprachen alle ganz anders. Es waren merkwürdige Typen. Seine Freunde waren Typen. Das hat ihm gefallen, da konnte er sich wie ein Macho geben. Damals war es so, dass ich mir gedacht habe: ›Das wäre nicht gut gegangen mit euch beiden. Es wäre nicht gut gegangen.‹

Wir haben Delon in einem Kapitel seines Lebens erlebt, in dem er mit Sicherheit erkannt hat: Es läuft nicht gut. Da war diese Enttäuschung, diese private Enttäuschung. Ich werde im Leben nicht vergessen, wie die beiden, Alain und Nathalie, sich wie zwei schöne Tiere angefunkelt haben. Das war eigentlich furchtbar. Denn man hat gesehen, es tut ihnen beiden weh, dass sie diese Entscheidung getroffen haben. Eine Entscheidung, die nicht mehr rückgängig zu machen war. Wir sind noch zwei- oder dreimal mit ihnen Essen gegangen, und jedes Mal spürte man tiefe Wehmut, Schmerz, Aggression – alles zusammen – in der Luft zwischen ihnen. Ich dachte mir, dass sie besser zu ihm passt, da sie so ein proletarisches Mädchen ist. Sie kam aus einem Kreis, der ihm gut bekannt war. Sie konnte auch mit ihm reden, sie ist einfach so mit ihm umgegangen. Ich denke mir, das hat

Romy sicherlich auch gefallen, einmal davon abgesehen, dass er einfach überirdisch schön war. Das darf man dabei nicht vergessen. Er war einfach eine Erscheinung – vor allem, als er so sehr schlank war, da hatte er auch etwas Verletzliches.«[144]

Senta Berger, die am Set auch Besuch ihres Mannes Michael Verhoeven bekommt, erinnert sich auch noch an Delons Attitüde gegenüber Regisseur Duvivier. Niemand am Set kann zu dieser Zeit wissen, dass dies der Abschlussfilm eines der Großen des französischen Kinos werden wird. So ist man am Set drehfertig, alles ist eingeleuchtet, alle vom Team warten, alle sind bereit, nicht zuletzt auch Hauptdarstellerin Senta Berger – doch Delon geht mit den Hunden spazieren und kommt einfach nicht vor die Kamera.

»Delon hat Duvivier verachtet«, bekundet Senta Berger. »Am Anfang hat er sich gefreut, einen Film mit Duvivier zu machen, einem der größten französischen Regisseure überhaupt. Dann hat er einen Mann vorgefunden, der sehr viel hinter der Kamera geschlafen hat, wenn er das Bedürfnis dazu hatte. Er war gar nicht so alt, er war einfach nicht gesund. Delon wollte ihn immer anstacheln, er möge doch etwas sagen, er möge doch inszenieren. Leider ist mein Französisch nicht so gut, ich habe daher sehr aufpassen müssen, um was es zwischen Alain Delon und Julien Duvivier ging. Aber allein an dem Gesicht, das Alain imstande war, zu machen, konnte man ablesen: ›Wo bin ich da hingeraten.‹«

Alain Delon weiß zu dieser Zeit natürlich auch davon, dass Romy geheiratet hat, dass sie im Dezember 1966 Mutter ihres Sohnes David geworden ist, dass sie in Deutschland ein anderes Leben lebt. Senta Berger weiter: »Alain hat nicht gefragt: ›Wie geht's der Romy?‹ Ich kann mich nicht daran erinnern. Stattdessen hat er mich gefragt: ›Wie ist der Herr Meyen?‹ Er hat immer gesagt: ›Herr Meyen‹. Er hat nie gesagt: ›Monsieur Meyen‹ oder ›Harry Meyen‹.«

1967 ist es auch, in diesem für Romy äußerst ruhigen Jahr ohne jede Arbeit, als am 21. Februar ihr Vater, das geliebte, bewunderte »Papili«, mit nur sechzig Jahren stirbt. Er erleidet im Januar seinen zweiten Herzinfarkt. Den ersten hatte der Vollblutschauspieler Albach-Retty seinerzeit tatsächlich auf der Bühne. Und natürlich spielt er weiter, spielt bis zum Ende des Stückes, sitzen doch dort unten im Publikum seine Kinder Romy und Wolfi. Da bricht ein wirklicher Schauspieler nicht einfach ab und geht von der Bühne. Nach dem zweiten Infarkt reist Romy daraufhin nach Wien, und Vater und Tochter können sich noch einmal sehen. Zunächst muss sie im Krankenhaus draußen auf dem Gang warten, bis er ordentlich gekämmt ist und unter großen Kraftanstrengungen aufrecht im Bett sitzen kann. Dann erst darf Romy eintreten. Sie sehen sich ein letztes Mal.

*

An einem lauen Sommertag im Revolutionsjahr 1968 – der politisch aufgeladene Pariser Mai mit seinen Studentenunruhen ist nur wenige Monate her – klingelt in Berlin-Grunewald das Telefon. Romy Schneider geht zum Apparat und nimmt ab – am anderen Ende der Leitung hört sie eine ihr wohlvertraute Stimme, eine Stimme, die ihr einmal sehr nahe war und die sie schon eine ganze Weile nicht mehr gehört hat. Ab und an ruft er an. Gesehen hat sie den Menschen, der zu dieser Stimme gehört, inzwischen gut vier Jahre nicht, seit ihrer Trennung. Nur ein einziges Mal, auf einer Gala 1967, begegnen sie sich kurz. Die Begegnung hat keinen Nachklang, zunächst.

Noch am 31. März 1968 notiert Romy beiläufig: »Von Alain ist außer ein paar zeitweiligen Telefongesprächen gar nichts übrig geblieben. Er war damals sehr gut für mich, aber es kommt auch ein bißchen im Leben darauf an, was man aus sich machen läßt.

Eine meiner Freundinnen zeigte Alain kürzlich ein paar Fotos von David, aber er hat nur flüchtig draufgesehen und erklärt: ›Mein Sohn ist schöner.‹«[145]

Jetzt, an diesem Sommertag, fragt Alain Delon Romy, was sie gerade mache, ob sie zu tun habe, und falls nicht, solle sie doch bitte schnellstmöglich nach Frankreich kommen, man bereite dort gerade einen neuen Film vor, Maurice Ronet und er seien schon besetzt, nur sie, und wirklich nur sie, Romy, käme überhaupt für die weibliche Hauptrolle infrage. Es ist nicht ganz die Wahrheit.

Dieser neue Film heißt *Der Swimmingpool.*

»Mein Ausgangspunkt war Alain, erst danach habe ich die Frau für ihn gesucht«, so Regisseur Jacques Deray seinerzeit. »Sie mußte ihn ein wenig beherrschen, in moralischer Hinsicht die reifere sein. Er bezaubert sie, sie analysiert ihn … Ich sprach mit Alain, und plötzlich, als ob man bisher benebelt war, kam als Einzige, mit der er das geforderte Paar bilden konnte, Romy Schneider in Frage.«[146]

Doch zunächst hat Jacques Deray andere Schauspielerinnen für die Rolle der Marianne im Sinn – er denkt etwa an die brünette Italienerin Monica Vitti, mit der Delon bereits für Michelangelo Antonionis *Liebe 1962* gemeinsam vor der Kamera stand, und Produzent Gérard Beytout schlägt seinerseits wiederum die platinblonde Amerikanerin Angie Dickinson vor, bekannt etwa aus Howard Hawks' Western-Epos *Rio Bravo* (1959).

Jean-Claude Carrière, Jahrgang 1931 – seit 1961 Frankreichs vielleicht renommiertester Drehbuchautor, nicht nur von *Der Swimmingpool,* sondern von etwa 150 weiteren internationalen Kinoproduktionen, sowie langjähriger enger Mitarbeiter solcher Regie-Legenden wie etwa Luis Buñuel (*Belle de jour,* 1967), Louis Malle (*Viva Maria!,* 1965) oder eben Jacques Deray –, erklärt in seinem Pariser Wohnhaus in einem direkt unterhalb des Montmartre-Quartiers gelegenen Innenhof:

»Vor Romy hatten wir andere Schauspielerinnen im Auge gehabt – Monica Vitti und Delphine Seyrig. Beide haben auch vorgesprochen, hatten aber, na ja, nennen wir es mal Bademodenprobleme. Herausragende Schauspielerinnen, aber es gab doch Probleme. (...) Alain Delon kam dann auf die Idee, Romy zu fragen, mit der er ein paar Jahre vorher zusammen gewesen war. Und alle dachten: Aber Romy ist doch Sissi! Hat sie wirklich das nötige Format für diese Rolle? Garantiert, meinte Alain. Sie kam also – man kennt das Foto vom Flughafen in Nizza –, Alain hat sich gefreut, sie hat Probeaufnahmen gemacht, und es lief hervorragend. Die Probeaufnahmen waren toll.«

Carrière erwähnt in diesem Zusammenhang die außergewöhnliche gesellschaftliche Situation, die noch in die Vorbereitung und das Casting für den Film hineinreicht: »1968 war ein wildes Jahr, und so fingen wir erst mit einem Monat Verspätung an. Das Drehbuch zu *Der Swimmingpool* war bereits fertig, alles andere wurde in genau dieser Zeit, vor diesem historischen Hintergrund vorbereitet, von dem im Film jedoch gar nichts zu spüren ist. Er ist ein Sommerfilm, in Urlaubsatmosphäre, aber in Wahrheit stammt er aus dieser turbulenten Zeit.«[147]

Schauspieler Mario Adorf, zu dieser Zeit mit Romy wie mit Delon bekannt, verbringt den Sommer '68 wieder in Saint-Tropez. In unmittelbarer Nachbarschaft, in der Villa La Loumede in Ramatuelle, wird der Drehort zu *Der Swimmingpool* liegen. Den später zugelegten Wohnsitz bei Saint-Tropez hat der Schauspieler Adorf bis heute, und nach wie vor verbringt er dort mit seiner französischen Frau Monique Faye, mit der er seit 1985 verheiratet ist, die Sommer, bevor er im Herbst nach München zurückkehrt. »Ich kenne das Haus, wo der Film gedreht wurde, in Ramatuelle, nicht weit vom Strand. Heute noch bin ich öfter dort, und es wird immer noch von *La piscine* gesprochen.«[148]

In seiner Münchner Altbau-Wohnung, die mitten in Schwabing gelegen ist, unweit von Leopoldstraße und Siegestor, erinnert sich Mario Adorf heute an die Zeit, als es um die Besetzung der letzten offenen Rolle in *Der Swimmingpool* ging. Noch ein ganz anderer Name, der einer Freundin und Nachbarin Adorfs, stand damals zur Diskussion:

»Das habe ich selber mitbekommen, schon mit meiner jetzigen Frau. Ich wohnte zu der Zeit bei Brigitte Bardot. Und Delon kam mit seinem Schäferhund täglich zur Bardot, um sie zu überreden, *La piscine* zu machen. Und ich war dabei. Ich kann das wirklich sagen: Ich war dabei. Die Bardot hatte eine Pariser Agentin, Olga Horstig, die ihr das ausredete. Das sei nichts, sie sei zu jung. Auf einmal war die Bardot heftig gegen diesen Film. Delon hat sie wirklich bekniet, es zu machen. Die letzte Lösung war dann – Romy.«

Mario Adorf ergänzt: »Es war so, dass eigentlich Bardot das hätte spielen sollen. Delon wollte sie auch. Er war ja mit Romy zu der Zeit nicht zusammen. Sie waren auseinander. Und wo sie ihm eigentlich hätte böse sein müssen auf Lebenszeit, war sie's nicht. Sie war es nicht – und hat *La piscine* gemacht. Und: Sie war großartig, sie war richtig gut. Die Bardot, das darf man auch laut sagen, war die sehr viel schwächere Schauspielerin. Die Bardot hat diesen Beruf nicht geliebt. Sie war keine begeisterte Schauspielerin. Sondern sie war überrascht von diesem Weltruhm durch den Film mit Curd Jürgens – *…und ewig lockt das Weib* (1956). Sie konnte ordentlich sein, aber außerordentlich nicht. Und Romy war außerordentlich.«

Adorf weiter: »Das Einzige, was ich bei der Romy als nicht so positiv empfunden habe, war, dass ich sie für launisch hielt. Launisch, das heißt, wenn ich sie traf, dann wusste ich nicht, fliegt sie mir mit einem ›Mariooo!‹ um den Hals, oder sagt sie nur kühl und knapp ›Hallo‹. Und das mochte ich nicht so, denn ich sage immer: Menschen sollen sich gleich sein, sie selbst sein. Vor allem, wenn man sie mag. Genau das ist es ja eigentlich: Ich will nicht zwei kennenlernen, oder drei – ich will *einen* Menschen sehen und ihn schätzen, oder nicht. Ich kann auch sagen, den mag ich nicht. Aber nicht mal so, mal so. Ich habe das einmal *lunatic* genannt, lunatisch. Es hat im Deutschen ein bisschen eine andere Bedeutung als in Italien oder in Frankreich. Es heißt nicht ›verrückt‹, sondern ›nach dem Mond gehend‹.«

Alain Delon erinnert sich Jahre später anders an die Situation des offenen Casts kurz vor Drehbeginn: »Angie (Dickinson) und ich waren eng befreundet. Ich wusste sogar von ihrer Affäre mit Präsident Kennedy! Wir trafen uns in Los Angeles. Sie flog nach Washington, um ein paar Tage mit ihm zu verbringen, dann kam sie wieder zu mir nach L.A. Sie war umwerfend schön. (…) Aber ich wollte weder mit Angie noch mit Monica drehen, sondern mit Romy. *Der Swimmingpool* würde mit Romy und mir gemacht werden oder gar nicht! Wir hatten schon genug Zeit verloren! Die Sache war ganz einfach: Ohne Romy Schneider kein Film!«

Seit der Geburt ihres Sohnes David vor bald zwei Jahren hat Romy mit Ausnahme der Dreharbeiten in England zu Dick Clements *Otley* im Frühjahr 1968 zunächst nicht mehr gearbeitet, sie lebt mit Mann und Kind in West-Berlin und führt das Leben einer Ehefrau und Mutter.

»Ehe und Mutterschaft können einen Menschen nur verbessern. Erst sie machen einen zu einer richtigen Frau«[149], notiert sich die hochschwangere Romy noch im Herbst 1966. Wenige Jahre später bekennt sie zunächst noch: »Die Schwangerschaft, das war schön. Noch zwei Jahre danach habe ich nicht gearbeitet, wir haben in unserer Vierzimmerwohnung im Grunewald gelebt, da ging es mir gut.« An anderer Stelle: »Mein Sohn wurde in Berlin geboren. Und ich habe dort die schönsten, glücklichsten Jahre meines Lebens verbracht.« Kurz darauf schon setzen die ersten Zweifel ein, beginnt das Hadern mit der Lebenssituation und dem Ausblick, dass es genauso noch Jahre weitergehen könnte. Bald schon ändern sich die Formulierungen, und mit ihnen die Konnotation des Gesagten, ändert sich der Ton über ein und dieselbe Lebenssituation: »Mit Harry gab es zwei lange Jahre, wo ich gar nichts gearbeitet habe und in einer Vierzimmerwohnung in Berlin lebte.« Und: »Ich begann langsam fett zu werden. Mein einziger Auslauf war, mit dem Kinderwagen im Grunewald spazieren zu gehen. Nach einer Weile spürte ich, daß ich mein wahres Ich unterdrückte. Als Alain mir 1968 am Telefon anbot, als seine Partnerin in dem Krimi *Der Swimmingpool* mitzuwirken, griff ich deshalb mit beiden Händen zu.«[150] Dann, schließlich: »Der Beruf geht vor.«

Es ist daher nur eine Frage der Zeit, wie lange das so noch gut gehen kann, wie lange sie das so noch aushält, ohne das kleine Lämpchen, das rot aufleuchtet, wenn die Kamera läuft, ohne die Herausforderung, zu spielen und dabei eine andere Identität anzunehmen. »Es interessiert mich, jemanden zu spielen, der ganz anders ist als ich.« Diese Herausforderung, die sie so sehr liebt und braucht. Ohne den Film, ohne das Drehen kann sie nicht sein, ohne hält sie es nicht aus: »Ohne Arbeit kann ich nicht leben.« Und: »Ich lebe vor der Kamera.«

Der Anruf Delons kommt da einer Erlösung gleich: Erlöst von Untätigkeit, erlöst von Monotonie und häuslichem Alltag. Einmal mehr ist es Delon, der in Romys Leben eine entscheidende Weichenstellung initiiert. Delon, so scheint es, ist Romys Schicksal.

In Bezug auf Delons Persönlichkeit erklärt Jean-Claude Carrière, der mit Delon über einen Zeitraum von fünfundzwanzig Jahren, von Derays *Borsalino* (1970) bis zu *Casanovas Rückkehr* (*Le retour de Casanova*, 1992), bei etlichen Produktionen zusammengearbeitet hat: »Ich mag Alain sehr, er ist graderaus, sehr direkt. Und einsam, sicher. Letztlich ist er ein einfacher Kerl, klug, aus bescheidenen Verhältnissen.« Und: »Er würde einen nie fallen lassen. Er ist ein sehr guter Freund, ein Bruder fast.«

Kaum sickert die Nachricht durch, dass die beiden ehemals Liebenden diesen Sommer '68 gemeinsam in Südfrankreich vor der Kamera stehen, sich erstmals überhaupt seit ihrer Trennung wiedersehen werden, da stürzt sich die internationale Presse auf das Ereignis und überbietet sich mit Spekulativem und Sensationellem. Kein Superlativ ist angesichts der Wiederbegegnung eines der größten Liebespaare des 20. Jahrhunderts zu gering.

*

Es ist der 12. August 1968. Aéroport Nice Côte d'Azur. Strahlender Sonnenschein liegt über der Szenerie, ganz im Hintergrund das Rauschen des Meeres. Auf dem Rollfeld hat sich eine beträchtlich große Schar an Journalisten, Reportern, Fotografen versammelt, auch Kamerateams sind zugegen. Ein französisches Fernsehteam nimmt alles auf, und es sind diese dokumentarischen Schwarz-Weiß-Aufnahmen, die den Moment von Romys Ankunft festhalten und das Wiedersehen mit Alain Delon auch heute noch nachvollziehen lassen.

Bevor die kleine Maschine landet, interviewt ein Fernsehreporter am Rollfeld einen sichtlich nervösen Alain Delon, der dennoch geduldig den Fragen lauscht, deren Antworten angesichts der Situation doch so sehr offenkundig scheinen.

Ob er denn »ein wenig aufgeregt« sei? »Ich gebe zu, ich bin aufgeregt«, erwidert Delon, während er seine schwarze Lederjacke in der Hand hält. »Schließlich ist es inzwischen auf den Tag genau zehn Jahre her, dass ich sie 1958 erstmals an einem

Flughafen empfing.« Damals, so der TV-Reporter weiter, sei er, Delon, noch kein Star gewesen. »Sie war ein Star in Europa, aber ich stand am Anfang meiner Karriere.« Sie sprechen über *Der Swimmingpool*, darüber, dass in einer Woche Drehbeginn ist, dann fragt der TV-Interviewer: »Welche Rolle spielt Romy darin?« Und Delons Replik hierauf, die er mit energischer Emphase äußert, ist durchaus bemerkenswert: »Zunächst mal ist es eine Frauenrolle. Romy ist jetzt eindeutig eine Frau und kein junges Mädchen mehr. Sie ist nicht mehr Sissi mit den runden Wangen. Sie ist zur Frau geworden, Sie werden sehen.«[151]

Dann landet der kleine Flieger der Lufthansa, der zuvor in Berlin gestartet ist. Die Reporter und Fotografen scharen sich um die kurze Gangway, die heruntergelassen wird, Rufe sind zu hören – *»Romy! Romy! S'il vous plaît! Romy! Madame!«*

Romy, im weißen, ärmellosen Kleid, mit einem Haarreif im zurückgekämmten Haar, kommt die Gangway hinunter, unten, umringt vom ungeduldigen Pressepulk, wartet der Mann auf sie, der ihr vor viereinhalb Jahren das Herz brach.

Die Liebenden von einst umarmen sich, küssen sich auf die Wangen, halten sich im Arm, als die Reporter sie bedrängen, Fotos über Fotos machen, und Delon ist es, der sie erneut küsst, auf die Stirn. Es ist ein öffentliches Wiedersehen vor laufenden Kameras.

»Romy Schneider, schön, dass Sie wieder an der Côte d'Azur sind. Sie drehen einen Film in Saint-Tropez. Ist es aufregend, Alain Delon wiederzusehen?«, lautet der erste Kommentar an sie. Sie haben beide noch kaum ein Wort zueinander sagen können. Sie sehen sich nur an, stehen eng beieinander, halten sich. *»Oui, oui«*, entfährt es Romy nur. Sie strahlt dabei. Neben ihr steht Delon. Er hingegen strahlt nicht, ihm sind Anspannung und Genervtsein anzumerken. Ob sie *heureuse* sei, ihn wiederzusehen. *»Très«*, erwidert Romy, sehr. Wann sie zuletzt in Paris

Theater gespielt habe, und auch, wann sie zuletzt mit Delon gespielt habe, wird sie noch gefragt, und Romy erwähnt kurz *Die Möwe*, während Delon ergänzt, als ihr die Jahreszahl nicht einfällt und sie ihn fragend ansieht, dass es sieben Jahre her sei, dass sie zusammen in *Schade, dass sie eine Hure ist* auf der Bühne standen. Dann blendet die Kamera ab – mit einem letzten Blick auf das Rollfeld, den Flieger und die Menschentraube davor.

Alain Delon erinnert sich heute an die Situation jenes Sommers '68 und bekennt: »Dieses Wiedersehen war wirklich intensiv, bewegend und mehr als bloß freundschaftlich. Leidenschaft oder dergleichen gab es aber nicht mehr zwischen uns. Es war etwas anderes, etwas Stärkeres – stärker, als sich mit Worten sagen lässt. Sie war nicht mehr die Romy aus *Christine*, zehn Jahre waren ins Land gegangen. Ich war nicht mehr der junge Wilde, über den die deutsche Presse hergefallen war. Wir hatten uns verändert, aber die Jahre hatten unsere Liebe nicht geschmälert.«[152]

*

In diese Zeit der Wiederbegegnung Romy Schneiders und Alain Delons fällt zugleich die Trennung Delons von seiner Frau Nathalie, für die er sich seinerzeit im Dezember 1963 wiederum von Romy trennte: Am 25. August 1968 reicht Alain Delon offiziell die Scheidung von Nathalie Delon ein. Als er nach Abschluss der Dreharbeiten von *Der Swimmingpool* wieder zurück nach Paris fährt, ist es die Schauspielerin Mireille Darc, die auf dem Beifahrersitz Platz genommen hat. Sie hatte Delon am Set besucht. Mit ihr wird Delon die kommenden fünfzehn Jahre verbringen.

Vieles kommt zusammen in diesem *Swimmingpool*-Sommer.

Im September erklärt Romy noch etwas belustigt: »Ein Beruf ist das, 'rein in den Swimmingpool, 'raus aus dem Pool … – Alain, ich finde ihn nett, manchmal macht er auch nach Liebesszenen Witze, und dann müssen wir wahnsinnig lachen ...«[153]

Nur wenige Wochen später mag es mit dem Lachen vorbei sein, denn die sogenannte Markovic-Affäre beginnt: jener Mordfall um den jugoslawischen Freund, Sekretär und ehemaligen Leibwächter Delons, Stefan Markovic, genannt »der Gorilla«, der zunächst ab dem 22. September als vermisst gilt und schließlich am 1. Oktober 1968 in Yvelines, nahe dem Pariser Vorort Élancourt, von einem Clochard auf einer Müllhalde mit zertrümmertem Schädel in einem Plastikmüllsack gefunden wird, erschossen. Als die Medien davon Wind bekommen, gerät der Fall zum spektakulären Skandal. In diesem Moment steht Delon noch mit Romy vor der Kamera in Ramatuelle und wird noch in der Schlussphase der Dreharbeiten am 7. Oktober von der Polizei in Saint-Tropez vor Ort verhört. Nun kommt nicht nur im Film die Polizei zu Jean-Paul, sie kommt auch im wahren Leben zu Alain Delon. Rolle und Realität – Realität und Rolle.

Die Verhöre mit Delon werden nach Drehschluss in Paris fortgesetzt, auch Nathalie Delon, die Markovic ebenfalls kennt, wird vernommen. Diverse Mord- und Verschwörungstheorien geistern wochenlang durch die Presse. Weiteres pikantes Detail in der Angelegenheit: Markovic und Nathalie Delon hatten eine Affäre miteinander.

Am 30. Oktober 1968 publiziert Alain Delon den offenen Brief »*J'ai conscience de n'avoir rien à me reprocher*«, in der großen Tageszeitung *France Soir,* in dem er neben anderem bekundet: »Ich habe Stefan seit meiner Abreise aus Paris am 8. August 1968 nicht wiedergesehen. Ich bin erst am 13. Oktober wieder nach Paris gekommen, da ich in der Zwischenzeit ohne Unterbrechung gedreht habe.«[154]

Dass Delon zunächst behauptet, durchgehend in Saint-Tropez gewesen zu sein, auch, dass er Markovic kaum gekannt habe, erweist sich kurz darauf bereits als unwahr, fuhr er doch an einem der drehfreien Tage schnell von Saint-Tropez nach Paris und lässt sich seine Beziehung zu Markovic leicht zurückverfolgen. Zunächst wird Delons korsischer Freund François Marcantoni, Widerstandskämpfer während der Résistance und Krimineller, in Haft genommen. Doch Marcantoni schweigt nicht nur, er wird nach etwa zehn Monaten aus der Haft entlassen – die Kaution zahlt sein guter alter Kompagnon Delon. Mehrfach wird Delon selbst wie auch seine Ex-Frau Nathalie Delon in diesem Oktober verhört. Diese Verhöre dauern zwischen vierzehn und sechzehn Stunden, und anfangs ist auch Delon nach seiner Rückkehr vom *Piscine*-Drehort Saint-Tropez für vierundzwanzig Stunden in Untersuchungshaft. Viermal wird Delon in diesen Wochen insgesamt verhört. Jedoch, man kann ihm nichts nachweisen. Der Star steht zudem fortan eine Zeit lang unter Polizeischutz.

Von den mindestens drei sehr unterschiedlichen Mordthesen bleibt schließlich jene am plausibelsten, nach der auch Größen aus Politik und Showbusiness involviert gewesen sein sollen, denen Markovic auf Festen und Feiern junge Damen und Herren zugeführt haben soll – mit oder ohne Delons Wissen. Besagte Persönlichkeiten wurden schließlich mit kompromittierenden Fotos erpresst, die auf diesen Festen entstanden. Der in jugoslawischen Kriminellenkreisen initiierte Mordfall bleibt unaufgeklärt, wird zuletzt als semi-politisch motiviert erklärt, nicht zuletzt auch, da der Name des Präsidentschaftskandidaten Georges Pompidou, der schließlich am 20. Juni 1969 Nachfolger des am 29. April zurückgetretenen Charles de Gaulle werden soll, in diesem Kontext in Form einer Rufmordkampagne mehrfach auftaucht – eine gewisse Madame Claude sei auf mehreren der eindeutigen, letztlich aber gefälschten, Fotografien der sehr ausschweifenden Feste zu erkennen. Das Ehepaar Pompidou, insbesondere Gattin Claude Pompidou, gehört vor Pompidous Antritt als Premierminister

1962 zur *Haute volée* zwischen Paris und Saint-Tropez. Sie sind nicht nur mit Schriftstellerin Françoise Sagan und mit Juliette Gréco gut bekannt, sondern auch mit Alain Delon.

Erst Jahre später, 1975, wird die Akte zum Fall Markovic geschlossen, ergebnislos. Der wichtigste Zeuge, Uros Milicevic, der Markovic als Letzter gesehen hat, wird am 11. August 1976 in einem Hotel in Brüssel tot aufgefunden. Erschossen. Es ist der finale Schlussakt der in diesen Oktobertagen '68 beginnenden Markovic-Affäre.

Delon selbst geht vollkommen unbeschadet aus der ominösen Affäre hervor.

Georg Stefan Troller, der die Vorgänge seinerzeit in Paris mitverfolgt, kommentiert heute dazu: »Dann diese Markovic-Sache. Jeder war doch überzeugt, da man wusste, dass er mit Gangstern verkehrt hat, jeder war überzeugt, dass Delon mit dem Mord etwas zu tun hatte. Aber – *un grand Monsieur.* Ich mochte ihn auch nachher immer noch. Ein großer, guter Schauspieler und ein Charakter. Das spürte man. Er hat immer seinen eigenen Kopf durchgesetzt.«[155]

Einzig, die Wahrnehmung der Person Delons in der Öffentlichkeit hat sich gewandelt: Fortan werden auch bei ihm zwischen Realität und Fiktion die Grenzen fließender, werden Leben und Filmen als ein nicht mehr zu trennendes Ganzes betrachtet. Ganz ähnlich wie bei Romy Schneider, die, noch Wochen vor der Markovic-Affäre, in Bezug auf die Spekulationen über ein Liebes-Revival von Delon und ihr am 1. September konstatiert: »Ich habe ein so schönes Leben und will in Ruhe gelassen werden. Wenn die Leute mir hier was andichten wollen, fahre ich sofort nach Hause.«[156]

Es ist diese Verquickung der Wahrnehmungsebenen, die die Ambivalenz des Alain Delon mit ausmacht, über die seinerzeit anlässlich des Kinostarts von *Der Swimmingpool* und der öffentlichen Debatte über die Markovic-Affäre auch geschrieben wird: »Seit Melvilles *Eiskaltem Engel* sind die Filme mit Alain Delon von einer gewissen Pikanterie. Denn Alain Delon entpuppte sich in der Öffentlichkeit als eine Existenz, deren Glaubwürdigkeit in der Darstellung schwarzer Charaktere ›aus dem Milieu‹ offenbar biographisch bedingt ist. Die Schatten der Vergangenheit, die seinen Zügen Geheimnis verleihen, sind übermächtig geworden. Im Indochina-Krieg sammelte er blutige Erfahrungen, und 1963, auf dem Höhepunkt seiner Filmkarriere, wurde er von der Polizei bei dem Versuch überrascht, in ein Juweliergeschäft einzubrechen. Freunde sagen ihm sogar einen Mordversuch nach, und es ist hinlänglich bekannt, daß er vor einiger Zeit in den Verdacht geriet, am Mord seines jugoslawischen Leibwächters, der auf mysteriöse Weise den Tod fand, beteiligt gewesen zu sein. Das parabolische Rätsel Delon, der ›junge Schakal‹ mit dem sehnsuchtsvoll verschlossenen Blick, lebt auf der Leinwand wie in einem Spiegel.«[157]

Jane Birkin, die junge Pénélope am Pool, erinnert sich heute in Paris an die Atmosphäre am Set, als der Fall Markovic publik wird, während sie alle noch für vierzehn weitere Tage miteinander vor der Kamera stehen: »Dann diese ganze merkwürdige Sache mit den echten und den falschen Polizisten am Ende des Films am Set. Einmal hielt ich einen Polizisten für einen falschen, es war aber ein echter. Ich verstand überhaupt nicht, was da los war. Tote Bodyguards in Plastiksäcken. Sehr, sehr seltsam. Und mittendrin immer Romy – sie leuchtete. Und in der dritten realen Version mit den echten Polizisten, die sagten: ›Wo sind Sie gestern gewesen?‹ Das war wirklich merkwürdig! Plötzlich tauchten tatsächlich echte Polizisten auf. Es war eine sehr seltsame Atmosphäre am Ende des Films.«[158]

*

Der Swimmingpool erzählt von einem Paar Anfang dreißig – der erfolgreichen Journalistin Marianne (Romy Schneider) und dem erfolglosen Schriftsteller Jean-Paul (Alain Delon) –, das in einer Villa oberhalb von Saint-Tropez den Sommerurlaub verbringt. Die großzügig angelegte Villa mit ihrem Pool gehört Bekannten, hier genießen die beiden Liebenden Müßiggang und *laissez faire.* Als Marianne Harry (Maurice Ronet) – einst ein enger Freund Jean-Pauls, aber eben auch ein ehemaliger Geliebter Mariannes – einlädt, sie zu besuchen, beginnen sich die Dinge schleichend zu verändern. Harry ist in Begleitung seiner achtzehnjährigen Tochter Pénélope (Jane Birkin), der er Südeuropa zeigt. Ein Spiel der (Augen-)Blicke und Verführungen beginnt, der Beobachtung und des Misstrauens, ein Spiel der Eifersucht und der Verletzungen. Jeder beobachtet jeden. Harry und Jean-Paul sind nicht mehr die alten Freunde, die sie früher vielleicht einmal waren, während die Liebe zwischen Marianne und Harry die Männerfreundschaft vielleicht überdauert hat. Die Kluft zwischen Harry und Jean-Paul beginnt tiefer zu werden, als sich Marianne und Harry flirtend einander annähern und Harry Jean-Paul mit subtilen Verweisen spüren lässt, dass er Marianne jederzeit zurückhaben könne, wann immer er wolle.

Infolgedessen verführt Jean-Paul Harrys Tochter Pénélope, die sich immer wieder im Sonnenschein auf einer der Liegen am Rand des Swimmingpools rekelt – in dieser unnachahmlichen Birkin'schen Mixtur aus Naivität und Laszivität – und dabei, nur versteckt hinter ihrer überdimensioniert großen Sonnenbrille, *Une fortune dans l'armoire* liest, die französische Ausgabe des Kriminalromans *Der Tod zieht ein* (*Murder Moves In, 1956*) der britischen Bestseller-Autorin Elizabeth Ferrars. Das mag ebenso eine kleine Referenz an Birkins britische Herkunft sein wie, bedenkt man den Originaltitel des Kriminalromans, die Antizipation des weiteren Verlaufs des unglückseligen Geschehens. Denn auch hier am Pool wird bald gelten: *Murder moves in.*

»Ich habe Angst, ich weiß nicht warum«, sagt Pénélope zu Jean-Paul. So, als ob sie etwas von dem ahne, was da kommt. Es ist wie bei einem Domino-Spiel – ein Stein bringt den anderen ins Kippen. Als Harry von der Verführung seiner Tochter erfährt, betrinkt er sich und fällt nachts bei einer Auseinandersetzung mit Jean-Paul, dem er eine herunterhauen will, in den Swimmingpool. Es ist reiner Zufall.

Daraufhin stößt Jean-Paul, der am Rand des dunklen Pools stehen bleibt, den Betrunkenen mit stoischem, kaltem Gleichmut immer wieder mit den Füßen ins Wasser zurück, taucht seinen Kopf immer wieder mit den Händen unter – bis der Körper Harrys irgendwann leblos an der Wasseroberfläche treibt.

Gegenüber dem ermittelnden Inspektor Lévêque (Paul Crauchet) gibt Jean-Paul den Tod seines »Freundes« Harry als Unfall aus. Doch alle ahnen, auch Marianne, dass Jean-Paul nicht die Wahrheit sagt. Doch weder Marianne noch Pénélope, die mit Harry ihren Vater verloren hat, sagen etwas. Marianne bringt die junge Frau noch zum Flughafen, sie fliegt zurück in die Schweiz, zu ihrer Mutter. So bleiben sie und Jean-Paul wieder gemeinsam zurück, er, der Zufallstäter, und sie, die Mitwisserin. Gemeinsam stehen sie in der Schlusseinstellung am Fenster – in einem Gefängnis ohne Gitter.

In der Zeitschrift *Fernsehen+Film* ist im Juni 1970 treffend zu lesen: »Eines Nachts passiert es: Jean-Paul ertränkt den betrunkenen Harry im Swimming-Pool. Obwohl die Polizei weiß, wo der Mörder zu finden ist, ist sie machtlos. Die drei schweigen. Sie schweigen aus Lustlosigkeit, aus Ekel, aus Haß und aus Trägheit. Delon bleibt rätselhaft verschlossen; skrupellos umarmt er Marianne und blickt spöttisch den Polizisten nach, die ihn nicht fassen können. Die Aufnahmefähigkeit des Zuschauers ist überfordert. Die Folie Delon aber sagt genug über die Zustände der Wirklichkeit.«[159]

In der vielleicht profundesten aller Rezensionen zu *La piscine* wird im April 1969 in der französischen Filmzeitschrift *Positif* zu den Figuren und zur »Folie Delon« ausgeführt: »Dieses Kino der Erwartung, des Verdachts, des Vorrangs des Instinkts über die Vernunft sowie die Struktur des Drehbuchs bedingen ganz natürlich eine Schauspielerführung, die eher auf Präsenz beruht als auf Spiel. Auch verwundert es nicht, dass Alain Delons Temperament hier besonders gut zur Geltung kommt, insofern er weniger eine Rolle in einer von theatralischer Kontinuität geprägten Szenenfolge zu spielen hat, als ein monolithisches Enigma darzustellen, dessen Motive man eher erahnt, als seinem Spiel abliest.«[160]

Die Narration an sich ist handlungsarm, es sind vielmehr die Stimmungen und Launen der Protagonisten, die genau beobachtet und skizziert, ja regelrecht seziert werden. Gemütsschwankungen, die im Zusammenspiel mit latent nagender Eifersucht allmählich die fatale Spirale anziehen. Am Ende dieser Spirale steht der Tod. Der Tenor der Dialoge ist zynisch und doppeldeutig, ist von Süffisanz und Ambivalenz durchdrungen. Zur Halbzeit des oftmals nonverbalen Dramas, nach genau einer Stunde Laufzeit, kommt es beim Essen zum *turning point*, nachdem Jean-Paul Pénélope unten am Strand verführt hat. Das abendliche Essen bringt alle vier wieder an einen Tisch zusammen, und bald wird nichts mehr so sein, wie es einmal war.

Der süffisante, manchmal noch leichte Ton wandelt sich, über allem liegt fortan Schwere, Beklemmung, Ausweglosigkeit. Während alledem ist – gerade wenn die Figuren nahe am Pool stehen oder sitzen oder liegen, was sie eigentlich die meiste Zeit über scheinbar gelangweilt tun – das Wasser zu hören, wie es begehrlich gluckst und schnalzt und schmatzt. Dieses verlangende

Glucksen, das auf der Tonspur liegt, ist so lange zu hören, bis das Wasser sich irgendwann sein Opfer holt.

Regisseur Jacques Deray beschreibt die Charakteristika seines Personen-Quartetts und die aus dieser Anordnung resultierende Zufallstat einmal wie folgt: »Alle Figuren in *Der Swimmingpool* sind zwiespältig. Das sind vier Raubkatzen im Käfig, die einander pausenlos belauern und darauf warten, sich gegenseitig zu zerfleischen. Geschmeidige Bestien, immer auf der Hut. *Der Swimmingpool* handelt von einem Thema, das mir sehr nahegeht und mit dem Kriminalfilm verwandt ist, nämlich, dass ein paar Sekunden Wahnsinn, ein plötzlicher Wutanfall genügen können, um sich das gesamte Leben zu verderben.«[161]

Vom Schluss dieses hermetischen Freiluft-Kammerspiels hat Deray zwei verschiedene Fassungen gedreht – so laufen 1969 in unterschiedlichen Ländern unterschiedliche Versionen an: eine politisch-moralisch korrekte und eine »unkorrekte«. Das letztlich unmoralische Ende, das in Europa zu sehen ist – Jean-Paul, der Mörder, wird nicht inhaftiert, muss seine Tat nicht sühnen, bleibt mit Marianne zurück – ist zu dieser Zeit nicht überall gern gesehen, etwa in den USA. Das zweite Ende zeigt daher, wie ein Polizeiwagen vorfährt, und legt damit eine Ahnung über die Bilder, dass Jean-Paul gleich abgeführt werden wird.

Swimmingpool-Autor Jean-Claude Carrière resümiert heute rückblickend: »Zuerst mal ist *Der Swimmingpool* eine gute Geschichte, ein guter Film – aber er ist auch ein wahres Wunder der Besetzung. Die Schauspieler sind fabelhaft. Maurice Ronet und Alain Delon funktionieren perfekt zusammen, hinsichtlich Alter und Auftreten. Alain hat seine Rolle bestens gespielt.«

Der Swimmingpool ist ganz ein Film seiner Zeit, ein atmosphärisch aufgeladenes Stimmungsbild, ein Portrait gelangweilter Müßiggänger, das an Otto Premingers Roman-Verfilmung von

Françoise Sagans *Bonjour Tristesse* (1958) erinnert. Derays launisches Psycho-Drama mag aus der Ferne durchaus das Lebensgefühl jener Zeit vermitteln, in grellen Farben gehalten und unterlegt mit poppigen Chansons.

Über den flirrenden Bildern von *Der Swimmingpool* liegt die stimmungsvolle, jazzig-swingende Musik von Komponist Michel Legrand – diesem Großen der französischen Filmmusik. End-Sechzigerjahre-Pop mit elektronischen Einsprengseln. Neben dem Song *Run, Brother Rabbit, Run,* interpretiert von Delaney Bramlett, ist es vor allem der von Sally Stevens gesungene, melodisch eingängige Song *Ask Yourself Why,* der mehrfach leitmotivisch erklingt und *Swimmingpool* sein musikalisches Gesicht verleiht.

*

Es ist der 8. Mai 1970. Kinostart von *Der Swimmingpool* in Deutschland – es ist der erste Film mit Romy Schneider nach über drei Jahren, der in Deutschland anlaufen soll. Niemand weiß, wie der Film, wie Romy, ankommen wird. Romy befindet sich unmittelbar vor dem Abflug nach Nizza zu den Filmfestspielen von Cannes, wo Claude Sautets *Die Dinge des Lebens* im offiziellen Festivalprogramm läuft. In einem ihrer eher seltenen Fernseh-Interviews, geführt in der Lounge des Münchner Flughafens, erzählt Romy dem ZDF in der damaligen Sendung *Neues vom Film* von den Dreharbeiten zu *Der Swimmingpool,* von den beiden Versionen des Endes, auch von ihrer Situation zu dieser jetzt für sie so wichtigen Zeit des Aufbruchs. Es ist ein Gespräch, das ihre neu gewonnene Einstellung gut erkennen lässt: »Ich habe das Drehbuch gelesen, und mir hat der Stoff sehr gut gefallen, die Rolle sehr gut gefallen, und ich habe es sofort akzeptiert. Diese Rolle kam absolut im richtigen Moment für mich. Es ist keine Jungmädchen-Rolle mehr, keine Teenager-Rolle, sondern richtig für mein Alter, einfach richtig. So eine Rolle wollte ich spielen. (…) Und Alain Delon – wir sind zwei Schauspieler, warum sollten wir nicht zusammen arbeiten? (…) Ich weiß nicht, wie man in Deutschland reagieren wird, ich kann es Ihnen nicht sagen. Warten wir ab (…).«[162]

Anderthalb Jahre zuvor, während der Entstehungszeit des Films, bekundet Romy im September 1968: »Die Dreharbeiten von *Swimmingpool* verliefen völlig unproblematisch. Ich hatte mit Alain immer das Gefühl, mit einem Schauspieler, einem Partner wie jemand anderem zu arbeiten. Das spielte sich äußerst professionell ab. Im Grunde bedeutet es für mich erstens eine wunderbare Rolle und zweitens acht Wochen harte Arbeit.«

Und Harry Meyen? »Harry sagt immer: Ich komme nicht, wenn du drehst, das langweilt mich zu Tode, ich kann da nicht sitzen und meine Frau anschauen, wenn sie Filme dreht – was ich verstand. Aber er kam dann doch einmal, als ich mit Alain *Swimmingpool* drehte. Ich beklagte mich einerseits, daß er zu wenig da war, und andererseits kann ich überhaupt nicht ertragen, wenn dauernd einer herumsitzt und glotzt und auf jede Flirterei aufpaßt. Die Lust zum Flirten ist ungebrochen. Das hab' ich von Vater.«[163]

Für mehrere Sommerwochen ist die Familie Schneider-Meyen in Saint-Tropez zusammen. Man logiert wie Jane Birkin erst im luxuriösen Hotel Byblos und dann im Anschluss in der Villa eines Freundes, Hubertus Wald. Am Set in Ramatuelle sitzt Harry Meyen mit Sohn David in gebührendem Abstand vom Geschehen im Stuhl und beobachtet, wie sich Romy und Alain vor der Kamera am oder im Pool küssend näherkommen. Da er kaum Englisch spricht und schon gar kein Französisch, nennt ihn die Crew wahlweise leicht despektierlich *Le Pimpf* oder aber *Les lunettes*, die Brille.

»Ich fühle mich endlich sicher, ich weiß, was ich will, und ich verliere das nicht mehr. In meiner Arbeit war ich noch nie so frei und so sicher wie jetzt. Ich bin in den letzten zwei Jahren auch äußerlich viel mehr mein eigener Typ geworden. (...) Ich vermisse nichts. Überhaupt nicht. Ich hab' ja alles, einen Mann, ein Kind, einen Beruf«, sagt Romy dazu.

Und sie fügt noch an: »Wenn alle Schauspieler, die einmal zusammengelebt haben, keine Filme mehr zusammen drehen würden, gäbe es bald keine Filme mehr. Ich empfinde nichts mehr, es ist, als ob ich eine Mauer umarme. Absolut!«[164]

*

Der Swimmingpool wird vor allem von Romy Schneider und Alain Delon getragen, doch ist es letztlich ein Schauspieler-Quartett, das den Film als Ganzes prägt und ausmacht. Neben Romy und Alain gehören diesem Quartett noch der 1983 nur ein Jahr nach Romy verstorbene Maurice Ronet an, der sowohl mit ihr als auch mit Alain nach *Der Swimmingpool* noch mehrere Filme drehen wird und schon einmal von Delon, in René Cléments *Nur die Sonne war Zeuge*, im Wasser umgebracht wurde. Die vierte im Quartett ist Jane Birkin.

Jean-Claude Carrière erinnert sich in Paris an die sehr junge Jane Birkin, die nicht allein nach Saint-Tropez anreist: »Der Dreh ging problemlos über die Bühne, ohne besondere Vorkommnisse. Mal abgesehen davon, dass Serge Gainsbourg manchmal zum Dreh kam, aus Eifersucht, weil er fürchtete, Alain Delon könnte Jane Birkin verführen, die zum ersten Mal in Frankreich drehte.«

Jane Birkin – am 14. Dezember 1946 in London geboren – lebt seit vielen Jahren in Paris. Der Weg zu ihr nach Hause führt durch das Pariser Quartier Latin auf der linken Seite der Seine, der *rive gauche,* im 5. Arrondissement. An der Sorbonne vorbei, die lange Rue des Écoles entlang, dort, wo sich wie das legendäre Champo ein Filmkunst-Kino an das andere reiht. Dann geht es, fast am Ende der Rue des Écoles, in eine der kleinen schmalen Seitenstraßen hinein. Vorher sendet sie noch eine SMS mit dem *code* für die Haustür. Hinter der Haustür des Altbaus führt im Erdgeschoss ein recht dunkler Gang in den Hinterhof, und in diesem Hinterhof steht ein kleines Häuschen mit einem eingezäunten Garten, ganz für sich.

Der Weg zur Eingangstür des Häuschens führt durch Gartentür und Garten hindurch – aus dem Inneren des Häuschens ist das dunkle, etwas behäbige Bellen eines offenbar nicht mehr ganz jungen Hundes zu vernehmen. Der Hund, Jane Birkins geliebter Hund, ist eine alte weiße Bulldogge, die auf den Namen Dora hört und fortan mal schnaufend, mal schnarchend in ihrem Korb liegt, mit ihrem wichtigsten Spielutensil, einem kleinen grauen Stoffschwein.

Gleich im Erdgeschoss, mit Blick auf den Garten hinaus, liegt eine große Küche, in der Jane Birkin gerade das Abendessen vorbereitet – sie erwartet später ihre Töchter Charlotte Gainsbourg und Lou Doillon. Neben der Küche führt eine alte braune Holztreppe mit türkisfarbenem, gusseisernem Geländer in den ersten Stock, daneben liegt ein weiterer Raum, und überall an den Wänden hängen gerahmte Fotos, Plattencover und Plakate von Serge Gainsbourg, Birkins früherem, 1991 verstorbenen Lebensgefährten, schon zu Lebzeiten eine *living legend,* Vater von Schauspielerin Charlotte. Überall stehen, liegen, hängen Gainsbourg-Devotionalien, und nicht zuletzt in Jane Birkins folgenden Erzählungen bekommt der ebenso berühmte wie für seine Exzesse berüchtigte Sänger und Komponist eine kleine, aber wesentliche Nebenrolle.

Ihre Erinnerungen an Romy Schneider und Alain Delon und

die Zeit der Dreharbeiten zu *Der Swimmingpool* sind ebenso lebhaft wie mannigfaltig – Jane Birkin, die von Anekdote zu Anekdote, von Erinnerung zu Erinnerung kommt, erzählt, wie damals im aufgeladenen Sommer 1968 alles begann: »Ich hatte einen Film mit dem Titel *Slogan* gedreht, und ich glaube, Jacques Deray war auf der Suche nach einer unbekannten Schauspielerin und muss wohl mit Pierre Grimblat (dem Regisseur von *Slogan*) gesprochen haben. Ich traf auch jemanden in einem Restaurant, wo ich mit Serge und Pierre Grimblat beim Abendessen war. Es war Jacques Deray. (...) Grimblat rief an und sagte: ›Endlich der Film mit dem Paar des Jahres!‹ Grimblat verdanke ich wirklich viel. Ohne ihn wäre ich nicht hier, nach *Slogan* wollte ich eigentlich zurück nach England, weil ich nicht wieder in dieselbe Lage kommen wollte, in der ich mit John Barry war (Jane Birkin und der Filmkomponist John Barry waren von 1965 bis 1968 miteinander verheiratet), also selbst nichts vorweisen zu können, und als der Film abgedreht war, dachte ich mir: ›Was soll ich denn sein mit diesem Mann, der Lieder schreibt? *Mais bon,* ich werde doch nur langweilig und schwierig werden, eifersüchtig sein und jemand, mit dem man es schwer aushält, also gehe ich lieber zurück nach Hause.‹ Und Serge hat die ganze Nacht im Hotel geweint, gleich neben dem Haus, in dem Oscar Wilde gestorben ist. Er hatte Kerzen angezündet, wirklich schön, und er hat die ganze Nacht geweint.

Gleich am nächsten Tag, oder besser gesagt Abend, gingen wir essen – und ich wurde gefragt, ob ich *Der Swimmingpool* machen möchte. Auf einmal hatte ich also einen wunderbaren Vorwand, doch in Frankreich zu bleiben, und auch noch ganz ehrenvoll, weil ich einen weiteren Film drehen sollte. Von da an habe ich nie mehr zurückgeschaut, nach *Swimmingpool* musste ich mir keine Sorgen mehr machen. *Der Swimmingpool* war die Rettung, weil ich nicht zurück nach England musste. Und weil diese großartigen Menschen fanden, ich sei in Ordnung: die richtige Körpergröße, das richtige Alter, die richtige Kleidergröße – ich passte einfach in ihr Projekt. Sehr eigenartig. Also, ich habe Jacques Deray tatsächlich sehr viel zu verdanken, das ist wirklich wahr.«[165]

Die Dreharbeiten des Gainsbourg-Birkin-Liebesfilms *Slogan* – während derer sie sich auch im realen Leben ineinander verlieben und fortan als ein anderes legendäres Liebespaar gelten werden – dauern vom 26. Juni bis zum 16. August 1968. Jane Birkin kehrt im Anschluss daran zunächst nach Paris zurück, jedoch nur für sehr kurze Zeit, steht der Drehbeginn zu *Der Swimmingpool* doch unmittelbar bevor, für den sie äußerst kurzfristig besetzt wird.

»Dann wurde ich nach Saint-Tropez eingeladen, um Alain Delon und Romy Schneider kennenzulernen und zu sehen, ob sie mich auch gut finden würden. Ich glaube, sie hatten schon Muster von *Slogan* gesehen und auch mit Pierre Grimblat geredet, der sehr nett über mich gesprochen haben muss. Die Entscheidung, ob ich in ihren Film passe, lag also eigentlich bei ihnen. Und sie waren beide wirklich reizend und sagten Ja. Ich weiß nicht mehr, ob Maurice Ronet auch da war. Aber Romy war sicher da und Delon auch. So habe ich die Rolle bekommen.

Ich war gerade erst aus England gekommen. Mir war das alles nicht klar, ich hatte keine Ahnung von dem Mythos um Romy und Delon. Und im Rückblick bin ich Delon heute sehr dankbar, dass er Romy für *Der Swimmingpool* geholt hat, denn sonst wären uns all die Filme von Claude Sautet entgangen. Sie hat noch einmal eine völlig neue Karriere begonnen – und die verdankt sie Delon. Auch wenn er im Film manchmal wirkt … ich weiß nicht, wie das eben manchmal so ist zwischen einem ehemaligen Liebespaar. Ein wenig bissig hin und wieder. So in etwa. Aber sie waren beide atemberaubend anzusehen. Ich hatte absolut keine Ahnung, wie das mit ihrer Liebesbeziehung gewesen war.«

Jane Birkin erlebte Romy Schneider nicht nur als Star, als die acht Jahre ältere, erfahrenere Schauspielerin, die den *Sissi*-Ruhm bereits hinter sich hat, sondern vor allen Dingen als solidarische Frau. Mehrmals ist es Romy, die sich für die einundzwanzigjährige Jane in schwierigen Situationen am Set einsetzt und starkmacht. Dieses Moment von Frau zu Frau hat Jane Birkin auch heute noch genau vor Augen, wenn sie an den Sommer '68 denkt.

»Ich hatte Romy in *Was gibt's Neues, Pussy?* gesehen und in der Kafka-Verfilmung. Sie hatte so viele Filme gedreht. Aber dann kam ja später noch die ganze französische Karriere dazu, die sie zur beliebtesten Schauspielerin Frankreichs gemacht hat. *Die Dinge des Lebens, Das Mädchen und der Kommissar* und *César und Rosalie* – das sind die Filme, für die man sich an sie erinnert.

Der Swimmingpool war bestimmt gut – ich weiß noch, dass ich Romy sehr fasziniert beobachtet habe. Sie war auch wirklich nett. Sie hat mich verteidigt, als ich meine Tochter, die damals vielleicht zwei war, mit an den Set gebracht habe, und zwar nur, weil Delon sagte, sein Sohn Anthony würde auch dort sein, und weil Romys Sohn David dabei war. Sie waren alle im selben Alter, und hinter dem Haus, in dem wir drehten, standen Schaukeln. Aber als ich dann mit Kate auftauchte, wurde Deray fuchsteufelswild. Wahrscheinlich, weil er mich als Achtzehnjährige ausgeben wollte. In Wirklichkeit war ich einundzwanzig. Ich sah aber aus wie achtzehn, und als ich plötzlich mit einem Kleinkind auftauchte, habe ich ihm wohl ein bisschen seine Publicity-Pläne verhagelt. Ich weiß noch, dass ich mich auf die Toilette im Erdgeschoss geflüchtet habe und nicht mehr rauskommen wollte. Romy war es, die Jacques Deray dazu gebracht hat, nach unten zu kommen und sich zu entschuldigen. Das war Romy. Sie stand für mich ein. (...)

Später habe ich mir dann gedacht, dass sie besser für andere einstehen konnte als für sich selbst. Bei *César und Rosalie* und all den anderen Filmen weiß ich noch, wie ich dachte: ›Wie großartig, dass wir in Frankreich so eine beliebte Schauspielerin haben.‹ Sie ist geheimnisvoll und weiblich. Man kannte sie als feurig und leidenschaftlich. Sie war nett und loyal, und ich weiß noch, wie sie mir auf eine Streichholzschachtel schrieb, die Serge dabeihatte: ›Was für ein Glück, dass du Serge hast.‹«

Jane Birkin kann sich auch an spätere Begegnungen in Paris erinnern, in den Wochen, Monaten, Jahren nach *Der Swimmingpool:* »Als sie in Paris war, kam Romy zu meiner Geburtstagsparty im Rasputin, einem Club, zusammen mit Jacques Dutronc und Françoise Hardy. Ich glaube, sie hatte gerade einen Film mit Dutronc gedreht, deswegen hat sie wohl auch auf Serges Streichholzschachtel geschrieben. Das würde passen. Die Art, wie sie sich einließ und immer hoffte, die Liebesaffären würden über das Ende des Films hinaus halten, das war sehr berührend an ihr.

Und natürlich habe ich unseren zweiten gemeinsamen Film *Das wilde Schaf* vergessen. Mein Gott, sie war auch in diesem Film so gut! Aber sie war in allen Filmen gut. Sie war völlig einzigartig – jemanden wie sie gab es nicht noch mal. Niemand sonst hatte einen so reifen Sex-Appeal. Es gab da immer dieses sehr anziehende Gefühl, dass sie auch durchdrehen könnte. Man spürte also nicht einfach nur die Reife. Nein, da war immer auch dieser schmale Grat, man hatte das Gefühl, sie stürzt sich so sehr in ihre Filme, dass ... Dieser Film von Jerry Schatzberg – *Puzzle of a Downfall Child* (1970), den er mit Faye Dunaway gedreht hat –, der Titel (deutsch etwa: ›Das Rätsel eines gefallenen Kindes‹) hätte auch gut zu ihr gepasst. In ihr war etwas ungeheuer

Zerbrochenes. Was sie unglücklicherweise natürlich auch wieder sehr anziehend machte, weil man es ihr anmerkte. Deswegen war sie immer sehr vorsichtig, sie musste sich vor anderen Menschen in Acht nehmen, sogar vor einer so jungen Frau wie mir. Und deswegen war ihr auch so bewusst, was für ein Glück ich hatte, Serge begegnet zu sein, daher die Sache mit der Streichholzschachtel. Und ich hatte wirklich Glück.«

Was die junge Jane Birkin während der Dreharbeiten in Ramatuelle jedoch ebenso genau beobachtet und erlebt – neben der Solidarität Romys, neben der eigenen Bewunderung, die sie für sie entwickelt – und woran sie sich auch heute noch sehr gut erinnern kann, ist die auffallende Verfassung Romys, ihr emotionaler Zustand, das Fehlen von Halt, trotz ihres neuen Lebens mit Harry Meyen und Sohn David. Es ist diese notorische Abwesenheit von Glück im Leben der etwas älteren Kollegin, wie Birkin anmerkt.

»Sie wirkte überhaupt nicht glücklich. Ich weiß nicht, ob sie jemals überglücklich gewirkt hat. Das weiß ich nicht. Während *Der Swimmingpool* fragte man sich jedenfalls ständig, ob es sie verletzt hat oder wie das überhaupt war, damals, weil Delon ja derjenige war, der gegangen ist. Glücklich war wirklich kein Wort, mit dem man sie damals beschrieben hätte. Das machte sie aber leider nur noch verstörender und umso faszinierender.

Sie hat sich mit Haut und Haaren in Filme und Beziehungen gestürzt. Vielleicht war das dann oft ein bisschen mehr, als die Menschen erwartet hatten. In dem Fall konnte sie eigentlich nur verlieren. Wenn man so viel Enthusiasmus für etwas hat, und dann geht alles ganz anders aus.

Und natürlich war da immer auch David. Viele glauben, dass sie darüber nie hinweggekommen ist. Es ist auch unmöglich. Laurent Pétin hat sich wirklich gut um sie gekümmert – am

Ende. Vielleicht hat sie ganz zum Schluss doch noch ein klein wenig Glück erlebt. Vielleicht.«

An einzelne Situationen am Set von *La piscine* denkt Jane Birkin mitunter mit gemischten Gefühlen zurück. Sie ist damals die jüngste im Cast, wie sie überhaupt die jüngste am Set ist. Sie hat bislang nur wenig Kamera-Erfahrung – einer der wenigen Filme, die sie vor *Der Swimmingpool* und *Slogan* gedreht hat, ist Michelangelo Antonionis legendäres Portrait des *Swinging London* in *Blow Up* (1966). Die junge Engländerin mit dem androgynen Look kann nicht ahnen, dass sie gleich in drei Filmen hintereinander mitwirkt, die allesamt einmal zu Kultfilmen werden sollen.

»Delon muss Romy wirklich sehr geliebt haben, dass er sie für diesen Film wollte. Als ich den Film zum ersten oder zweiten Mal gesehen habe, wirkte das richtig heiß. Aber ich war ja eigentlich immer in anderen Szenen … – Sie verlangten ziemlich oft nach dem Mann mit dem Metermaß, der dann an mir vorbeirannte, und ich fragte ihn: ›Was machen Sie da eigentlich? Warum gehen Sie ständig mit dem Metermaß zu Delon?‹ Und er sagte: ›*Le point sur l'argent*‹ (etwa: Fokus auf dem Teuersten), der Star darf niemals unscharf sein. Das war der Moment, als mir klar wurde, dass meine Freunde immer der Kameramann und die Techniker sein würden, denn die würden auf meiner Seite sein. Sie hatten ja auch mein Bild in der Kamera. Jeden Freitag gab es eine Tarte Tropézienne, wir hatten einen richtigen Tropézienne-Club. Hauptsächlich, um mich bei Laune zu halten, denn manchmal steckte Deray mir einen Bleistift in den Mund, damit ich deutlicher sprach, wenn ich gerade mit Delon auf dem Sofa saß und eigentlich eine Flirtszene spielen sollte. Das war schon etwas demütigend. Er hat es nicht gemacht, um mich zu demütigen, ich glaube, ihm ist einfach klar geworden, wie schlecht mein Französisch war, ich hätte das wirklich nutzen und ein paar Stunden nehmen sollen, anstatt einfach mit diesem albernen Akzent weiterzumachen und nichts dazuzulernen. Aber was soll man machen? Ich hätte mich auch besser entschieden, ungeschminkt zu bleiben. Immerhin kam ich ja aus *Swinging London*, da wollte ich all diesen albernen Schnickschnack behalten und war viel zu aufgetakelt, eine Art dummes Püppchen im Minirock. *It was a funny time.*

Für mich liegt der ganze Reiz des Films in Delon und Romy. Die Besetzung war wirklich gut. Alle passten richtig gut in dieses ambivalente Grundgefühl. Ich war noch so jung. Und ich stand auch sehr abseits – mit Serge. Romy dagegen wirkt zeitlos, und Delon ist schön und zeitlos.

Es war trotz '68 auch kein bisschen politisch.

Man sieht es an der Mode, vor allem an mir. Romy ist ja viel eleganter, aber ich sehe ganz klar so aus, als käme ich direkt von der King's Road (die damals das Modezentrum von London war und der Ursprungsort der Punkbewegung). Was für mich natürlich sehr schade ist, ich wünschte, ich hätte damals mehr auf andere gehört und wäre nicht so eingebildet gewesen, nur meine Klamotten, meine Sonnenbrillen im Sinn, mein dies und mein das. Es hätte doch viel interessanter und irgendwie weicher sein können, ohne Make-up, schließlich war ich damals noch sehr, sehr jung. Vielleicht wäre es verstörender gewesen, hätte mehr nach *Je t'aime* (*Je t'aime moi non plus*, 1976) ausgesehen, Serges Film. Ich glaube, durch mich merkt man *Der Swimmingpool* vielleicht ein bisschen sein Alter an.«

Alain Delon ist in diesem *bel été* '68 immer auch Thema zwischen Jane und Serge, diesem ganz frisch verliebten Paar, das sich erst vor wenigen Wochen während des *Slogan*-Drehs gefunden hat und nun zusammen in Saint-Tropez ist.

»Serge und ich hatten uns gerade erst kennengelernt. Und dann dreht man plötzlich einen Film mit dem schönsten Mann von ganz Frankreich, Delon, der mit Visconti *Rocco und seine Brüder* gemacht hat – es ist wirklich schwer, einen Mann zu finden, der so schön ist. Und Serge hielt sich selbst für ausgesprochen hässlich. Zu wissen, dass seine neue Freundin gleich neben diesem umwerfend schönen Menschen lebt – wahrscheinlich hat er gedacht, so viel Schönheit kann wirklich niemand widerstehen. Aber doch, man kann. Und Dinge wie Humor, Charme, miteinander lachen, solche Sachen, die zählen doch viel mehr als Schönheit. Trotzdem – er war wirklich wunderschön, das steht fest. Wenn ich mir seine Filme heute noch mal ansehe, denke ich mir: ›Mein Gott, das war er wirklich!‹ Und er ist es immer noch. Außerdem sehr charmant. Davon hat er sich viel erhalten. Natürlich ist er mit dem Alter etwas herber geworden, aber er sieht großartig aus. Er dreht keine Filme mehr, und man hat den Eindruck, dass er eine Art Geschäftsmann geworden ist, das dominiert inzwischen ziemlich. Obwohl er ja auch Theater spielte und da ein Comeback hatte. Deswegen weiß ich auch, dass er Fotos von Romy in der Garderobe im Théâtre du Rond-Point hatte.

Wahrscheinlich kam ein Großteil des Feuers, ein Großteil der Frustration und ein Großteil der Faszination auch daher, dass sie ein Paar gewesen waren. Sonst wäre es einfach nur ein Film gewesen, aber das war ein Teil des echten Lebens, den man sich da ansehen konnte. Wenn er sie berührte, wusste man, dass das jetzt auch ein vergangener Moment sein könnte, und dann sagte er entweder etwas Liebevolles oder etwas Bissiges. Aber da waren immer auch Erinnerungen dabei.«

Hinsichtlich des mit der Trennung eines Paares einhergehenden Verlustgefühls und Trennungsschmerzes zieht Jane Birkin schließlich Parallelen zwischen Alain Delon und sich als denjenigen, die verlassen haben, und Romy und Serge Gainsbourg als denjenigen, die verlassen wurden.

»Da ist zum Beispiel dieses Gefühl, dass Romy immer bei ihm ist. Etwas in der Art. Für mich ist Serge immer da. Und trotzdem waren in beiden Fällen wir es, Delon und ich, die gegangen sind. Vielleicht hängen wir deshalb in gewisser Weise noch mehr an ihnen, denn wenn man jemanden verlässt, selbst wenn man glaubt, jedes Recht dazu zu haben, selbst wenn der oder die Betreffende sich ungeheuer schlecht benommen hat und man lauter Gründe dafür zu haben glaubt, zu gehen – wenn man jemanden verlässt, hat man Schuldgefühle. Und wenn sie einen hinterher dann wieder als Freund oder Freundin akzeptieren, ist man nur noch dankbar, dankbar, dankbar. (...) Dem Himmel sei Dank, dass sie unsere Freunde bleiben wollten! Ich glaube, so war das auch bei Romy und Delon. Sie sind Freunde geblieben.

Seine Loyalität zu ihr war immer genauso groß wie die zu Mireille Darc. Ein bisschen ist er wie der Pate. Wirklich. Er kümmert sich um die Menschen und würde jeden umbringen, der sich dazwischen stellt. Er ist ein sehr spezieller Mann.

Ich bin mir sicher, Romy konnte immer auf Delon zählen. Ganz sicher.«

*

In der französischen Literaturgeschichte des 20. Jahrhunderts gibt es eine Roman-Figur, die, in gewisser Hinsicht, durchaus frei an die von Alain Delon dargestellte Filmfigur des ebenso erfolglosen wie ambitionslosen Schriftstellers Jean-Paul erinnern mag. Die Delon'sche Figur des ziellosen Schriftstellers Jean-Paul trägt Züge des nicht minder ziellosen Protagonisten Meursault in Albert Camus' 1942 erschienenem epochalem Roman *Der Fremde* (*L'étranger*).

Hier der Roman *Der Fremde*, der in seiner Tonlosigkeit frappiert und alle Lesenden anfasst – dort der Kinofilm *Der Swimmingpool*, der in seiner langsamen Narration beinahe etwas Kontemplatives an sich hat: Beide unsentimental erzählten Werke zeichnen einen männlichen Protagonisten nach, dessen Leben im Wesentlichen vom *ennui* geprägt scheint.

Beide Werke können provozieren, damals wie heute.

Jean-Claude Carrière sagt zu dieser Parallele heute: »Es geht um den *acte gratuit*, Willkür, um ein willkürliches Verbrechen. Der Mörder ist nicht er selbst, sondern etwas Kriminelles in ihm. Aber dieses Kriminelle trug er eben in sich. Wir alle haben die Macht – die Möglichkeit – zu töten.«[166]

Camus' Meursault ist der Anti-Held per se. Er lebt vollkommen unauffällig, gelangweilt und passiv sein kleines unbedeutendes Leben als Büroangestellter in einem Viertel Algiers. Er lässt sich treiben, wie im Meer an Algeriens Küste, in dem er gerne und oft schwimmen geht und dabei jeden Sonnenstrahl genießt. Er redet nicht viel. Hat er nichts zu sagen, dann sagt er auch nichts. Meursault ist ein nonverbaler Mensch. Als ihn seine Geliebte Marie fragt, ob er sie denn nun heiraten wolle, antwortet er lediglich mit nonchalanter Unverbindlichkeit: *»J'ai dit que cela m'était égal«*, das wäre ihm einerlei.

Langeweile und Leere.

Passivität und Pragmatismus.

Indolenz und Indifferenz.

Es ist die Gleichgültigkeit im Angesicht des Seins und die letztlich daraus resultierende Absurdität. Das sind, in unterschiedlicher Ausprägung und mit unterschiedlicher Gewichtung, die wesentlichen Charakteristika dieser beiden Figuren, das verbindet sie miteinander. Beide *personnages* verbringen ihr Leben ebenso ambitionslos wie planlos. Zugleich ist es der einfache sinnliche Genuss, der beide nicht sehr ausgefüllten Leben mitbestimmt – gutes Essen, guter Wein, körperliche Leidenschaft. Es wirkt, als seien dies die einzigen »Inhalte« ihres jeweiligen leeren Lebens. Nichts ansonsten scheint sie anzutreiben, nichts sonst scheint von Belang, von irgendeinem Wert zu sein. Zugleich lassen beide Werke, der Roman wie der Film, das langsame Vergehen von Zeit spüren, lassen das träge, behäbige Ticken der Uhr nahezu physisch erfahrbar machen. Denn bis in den Moment hinein, in dem jeder dieser beiden vor sich hinlebenden Männer einen Mord im Affekt begeht, bis genau in diesen Moment hinein also geschieht im Grunde – nichts.

Albert Camus (1913–1960) erzählt in seinem Roman-Debüt von dem Angestellten Meursault, dem mitgeteilt wird, dass seine Mutter gestorben sei. Offenbar frei von jeder Trauer und jeder Empathie hält er zwar Totenwache und nimmt auch an der Beerdigung von *maman*, wie er sie immerhin nennt, teil, doch beginnt er bereits am Folgetag eine Liebschaft mit der jungen Marie. Als einer seiner Nachbarn, der zwielichtige Raymond, Meursault mit zum Strandhaus eines Freundes nimmt, begegnen sie dort einer kleinen Gruppe von Arabern. Es kommt schließlich zu einer kurzen Konfrontation, in der einer der Araber sein Messer zückt, und Meursault, der grundlos den Revolver von Raymond auf seinen Strandspaziergang mitnahm, schießt im Affekt. Die Sonne habe ihn geblendet, wird er später dem erregten Richter sagen, die Sonne sei schuld.

Meursault, der sich den Erwartungen der Gesellschaft nicht entsprechend verhält, wird, so scheint es, vom Gericht weniger des Mordes wegen zum Tode verurteilt, sondern weil er, was auch die Zeugen des Altenheims aussagen, teilnahmslos, regungslos seine Mutter beerdigt habe. Damit irritiert und verstört er, passt nicht in die Ordnung des normierten, regulierten Systems. Er befremdet die Gesellschaft. Er ist ein Fremder, der nicht versteht und nicht verstanden wird.

Die zentrale Szene, der dramatische *turning point* im Roman, ist die Tötung des Arabers durch Meursault am Strand. Es ist reiner Zufall. Es gibt keinen Grund für diese Tat, keinerlei Handlungsantrieb und schon gar keinen Sinn oder Zweck. Die Tat ist sinnfrei und dadurch letztlich absurd. Es ist ein *acte gratuit.* Die Szene ist der letzte Abschnitt des ersten Teils des zweigeteilten Buchs. Sie trifft den Leser, die Leserin bei der ersten Lektüre vollkommen unerwartet und mit ganzer Wucht:

> »(…) Aber mich drängte im Rücken ein vor Sonne bebender Strand. Ich machte ein paar Schritte auf die Quelle zu. Der Araber rührte sich nicht. (…) Aber ich tat einen Schritt, einen einzigen Schritt nach vorn. Und diesesmal zog der Araber, ohne aufzustehen, sein Messer und ließ es in der Sonne spielen. Licht sprang aus dem Stahl, und es war wie eine lange, funkelnde Klinge, die mich an der Stirn traf. (…) Ich fühlte nur noch die Zymbeln der Sonne auf meiner Stirn und undeutlich das leuchtende Schwert, das dem Messer vor mir entsprang. Dieses glühende Schwert wühlte in meinen Wimpern und bohrte sich in meine schmerzenden Augen. Da geriet alles ins Wanken. Vom Meer kam ein starker, glühender Hauch. Mir war, als öffnete sich der Himmel in seiner ganzen Weite, um Feuer regnen zu lassen. Ich war ganz und gar angespannt, und meine Hand umkrallte den Revolver. Der Hahn löste sich, ich berührte den Kolben, und mit hartem, betäubendem Krachen nahm alles seinen Anfang. Ich schüttelte Schweiß und Sonne ab. Ich begriff, daß ich das

Gleichgewicht des Tages, das ungewöhnliche Schweigen eines Strandes zerstört hatte, an dem ich glücklich gewesen war. Dann schoß ich noch viermal auf einen leblosen Körper, in den die Kugeln eindrangen, ohne daß man es sah. Und es waren gleichsam vier kurze Schläge an das Tor des Unheils.«[167]

Der fatale Wendepunkt, in dem in *Der Swimmingpool* wiederum an das Tor des Unheils geschlagen wird, ist jene Sequenz, in der Harry und Jean-Paul spätabends am Pool stehen, Harry ist stark angetrunken, und die beiden Männer streiten über Pénélope, Harrys achtzehnjährige Tochter, mit der Jean-Paul demonstrativ flirtet und sie wahrscheinlich am frühen Abend verführt hat.

Alles geschieht in einem Zustand von langsamer Schwerfälligkeit und Trägheit, auch hier bis auf wenige kurze Dialoge nonverbal, über Blicke und Gesten. Im französischen Original-Drehbuch von Jean-Claude Carrière und Jacques Deray ist die Sequenz wie folgt beschrieben:

»*(…) AUSSEN Villa, Pool/Nacht*

NAH. HARRY setzt sich mit dem Rücken zur Kamera auf den Rand einer Liege neben dem Pool, dreht sich ins Profil. Er schenkt sich nach, trinkt sofort aus.

Harry: ›Warum gehst du nicht schlafen?‹

JEAN-PAUL tritt ins Bild, frontal (…)

Harry: ›Was willst du? Du hast auf mich gewartet … Hast du mir was zu sagen? Nur zu, raus mit der Sprache. Ist es wegen Penelope?‹

NAH auf JEAN-PAUL. Seine Augen funkeln vor Alkohol und Verzweiflung.

Jean-Paul: ›Was soll das?‹

(…) GEGENSCHUSS. NAH auf HARRY, stehend, Dreiviertelprofil. Er hebt die Faust, bereit JEAN-PAUL zu schlagen.

AMERIKANISCHE EINSTELLUNG, beide Männer im Profil. JEAN-PAUL rechts weicht dem Schlag aus, HARRY verliert das Gleichgewischt, stürzt in den Pool. Schwenk in TOTALE.

NAH von oben auf HARRY, der verwirrt aus dem Wasser auftaucht.

Harry: ›Hilfe! Hilf mir doch, verdammt!‹

(...) HARRY streckt JEAN-PAUL die Hand hin, der ergreift sie und zieht HARRY Richtung Beckenrand.

Schwenk in AMERIKANISCHE EINSTELLUNG.

NAH von oben auf HARRY, der aus dem Wasser gezogen wird.

AMERIKANISCHE EINSTELLUNG. JEAN-PAUL lässt HARRY los, der fällt rückwärts wieder ins Wasser. TOTALE.

Harry: ›Lass das!‹ (...)

JEAN-PAUL zieht die Sandalen aus. HARRY versucht, aus dem Pool zu klettern, JEAN-PAUL schubst ihn mit dem Fuß zurück. (...)

NAH auf JEAN-PAUL, aufrecht im Profil am Beckenrand. Seine Hose ist durchnässt. Er hockt vor HARRY, der sich aus dem Wasser kämpft. JEAN-PAUL hält HARRY die Hand hin, HARRY zögert erst, vertraut ihm dann aber. Da drückt JEAN-PAUL ihm den Kopf unter Wasser und hält ihn einen Moment unten. Wiederholt lässt er ihn los und drückt ihn erneut unter Wasser, lässt ihm kaum Zeit, Luft zu holen.

Harry: ›Help‹

JEAN-PAUL legt sich an den Beckenrand und hält HARRYS Kopf unter Wasser, bis er tot ist.

FAHRT, dann Schwenk auf HARRYs aus dem Wasser auftauchende Leiche.

SEHR NAH auf JEAN-PAUL, frontal, über den Beckenrand gebeugt. Er begreift, was er getan hat.

NAH auf HARRYs auf dem Bauch treibende Leiche.«[168]

Es mag genau dieser Moment sein, der sowohl auf *Der Swimmingpool* wie auch auf *Der Fremde* anwendbar ist: Es ist dieser eine, fatale Moment des *acte gratuit.*

In *Der Fremde* besteht Meursaults Schuld letztlich darin, dass er anders ist: Der Fremde ist Der Andere. Er schert sich nicht um gesellschaftliche Normen und Konventionen. Er hält sich nicht an die Regeln, an das Regelwerk, das das menschliche Zusammenleben reglementiert, normiert, prägt. Den Einzelnen bedeutungslos macht. Meursault ist im Rahmen seines kleinen banalen Lebens ein Außenseiter, ein Sonderling, ein Unangepasster. Er weiß nicht einmal ganz genau, wann seine Mutter gestorben ist. Der berühmte Eingangssatz des Romans lautet: »Heute ist Mama gestorben. Vielleicht auch gestern, ich weiß es nicht.«

In *Der Swimmingpool* ist auch Jean-Paul ein Unangepasster, ein Non-Konformist. Einer, der mit geradezu stoischem Gleichmut das Geschehen um sich herum zur Kenntnis nimmt, obgleich er doch maßgeblicher Auslöser dessen ist. Auch er ist ein nonverbaler Mensch. Auch er lädt Schuld auf sich. Die Attraktivität und Ausstrahlung des Schauspielers Delon lässt die Figur dieses Jean-Paul in ihrer Indifferenz und Unbeteiligtheit zwar eleganter, auch lässiger, zugleich aber noch kälter wirken. Meursault hingegen, dem zwar alles und alle egal scheinen, wird von Camus dennoch mit Eigenschaften ausgestattet und in Adjektiven beschrieben, die ihn trotz alledem menschlicher, vielleicht auch ein wenig wärmer erscheinen lassen.

Am Ende seines wegweisenden, ganze Generationen an Leserschaften prägenden Romans schreibt Albert Camus über seinen verurteilten Anti-Helden Meursault: »(…) wurde ich angesichts dieser Nacht voller Zeichen und Sterne zum ersten Mal empfänglich für die zärtliche Gleichgültigkeit der Welt.«

Genau hier treffen sich Delons Jean-Paul und Camus' Meursault, wenn auch mit unterschiedlich konnotiertem Ausgang, schließlich erneut – im Angesicht der *Gleichgültigkeit der Welt*, *»la tendre indifférence du monde«*, die, notabene, bei Camus dennoch mit dem wesentlichen, differenzierenden Adjektiv »zärtlich« versehen ist.

*

Seine Weltpremiere erlebt *Der Swimmingpool* schließlich vier Monate nach Drehschluss im Pariser Kino Le Balzac. Das schöne Filmtheater gibt es auch heute noch, es ist ein Glück. Es liegt in der Rue Balzac, einer schmalen Seitenstraße rechter Hand der oberen Champs-Élysées, nahezu direkt unterhalb des Arc de Triomphe.

Es ist der 31. Januar 1969, und *tout Paris* ist anwesend. Endlich können sie ihn alle sehen, den vermeintlichen Skandalfilm, der das ehemalige Traumpaar Delon/Schneider wieder zusammenbringt, und sei es nur auf der Kino-Leinwand. Alle sind sie da, Cast und Crew, Regisseur Deray und seine vier Hauptdarsteller. Auf atmosphärischen Schwarz-Weiß-Fotografien dieses Abends sitzen sie im Kino nebeneinander – Romy und Delon, neben Delon sitzt die junge Jane Birkin, ebenso scheu wie strahlend, und neben ihr Maurice Ronet. Auch Romys Mann Harry Meyen ist nach Paris zur Uraufführung des neuen Films seiner Frau angereist. Es wird der Film sein, der auch ihrer beider Leben nachhaltig verändern wird.

Noch am Premierentag notiert Romy: »Premiere von *Swimmingpool.* Harry war mit, thank god! Peter und Carolyn auch – und ›le tout Paris‹ und ca. 80 Fotografen, die Alain und mich ›zerblitzten‹ – na ja – bin am 4. Back in Berlino – also nur kurz da – wirklich sehr müde!

Film großer Erfolg – großes Interesse und Spannung – ›Mordszene‹ ohne Reaktionen ›abgelaufen‹, Alain zitterte – ich übertreibe nicht! Er sieht elend aus und völlig down! Verständlich! Ich glaube, bei aller Bescheidenheit (oder soll ich Skeptik oder Zurückhaltung sagen?) – darf ich sagen, daß ich den größten Erfolg hatte – alle und auch Kritiken sagen es – Kaufe Dir bitte alles (wenn du willst) an french Zeitungen was Du kriegen kannst; aber man schickt mir alle Kritiken anyway. Übernächster ›*Jour de France*‹-Titel bin ich.

Man sagt ich wäre grande actrice intelligente, souveraine, splendide et belle comme jamais avant – – – Mensch! ich glaub's lieber nicht! Bin ja ›leider‹ zu normal – bin so müde – .«

Einen Tag später, es ist der 1. Februar, die ersten französischen Kritiken sind erschienen, und das Presseecho ist einhellig, wie Romy feststellt: »Badrutt's Palace Hotel St. Moritz. Kritiken fabelhaft – toll für mich – man steht Schlange – Fotos in ›*France Soir*‹, ›*Paris jour*‹, ›*Paris presse*‹, ›*L'Aurore*‹. Einspielergebnisse werden die mir in den nächsten Tagen durchgeben. Jedenfalls läuft's bestens an.

Alle sagen, der Film ist ca. 10–15 Min. zu lang. Aber Jacques Deray läßt sich nichts sagen, der Arsch – noch dazu hat er auch gute Presse, also wird er weder für Germany noch für USA schneiden, was nötig wäre!

P. S. Schiß hatten wir alle – denn wer konnte schon so sicher sein, daß nicht doch irgendwo aus dem Hinterhalt – aus der Menge der ›Glotzer‹, ein irrer Jugoslawe auf Alain schießt, dann hätte er sicher mich erwischt, so ist das ja immer – und ich hatte leider nicht mein ›kugelsicheres Paco-Rabanne-dress‹ an!«[169]

Alain Delon erinnert sich noch Jahrzehnte später, im Jahr 2009, an diesen in mehrfacher Hinsicht durchaus denkwürdigen Abend, der für Romy eine zweite Initiation ihrer Karriere bedeuten wird, ihr ebenso ungeplantes wie unerwartetes Comeback, während ihm, Delon, der Mordfall seines ehemaligen Sekretärs und Bodyguards Markovic im Nacken sitzt.

»Die Stimmung war sehr angespannt«, so Delon, »denn wir steckten mitten in der Markovic-Affäre, an die ich lieber gar nicht mehr denken würde. Für mich war das also keine Vorstellung wie jede andere, aber schön war sie trotzdem. Als das Wörtchen ›Ende‹ auf der Leinwand erschien, hat das Publikum freundlich applaudiert … Wie ich es mir gedacht hatte, wurde *Der Swimmingpool* zum zweiten Anfang der großen Künstlerkarriere von Romy Schneider. Genau dieser Abend. Ich behielt die wunderbare Erinnerung an den Dreh zurück, trage sie immer noch in Kopf und Herz. Wie alle war auch Jaques Deray verrückt nach Romy, denn sie war die Verkörperung weiblicher Schönheit. Auch Romys Sohn David war auf der Leinwand zu sehen, in der ergreifenden Friedhofsszene. Ein düsteres Vorzeichen!«

In Bezug auf die Wahl Romys, die er allen letztlich auferlegt, ist sie doch für ihn die einzig mögliche Besetzung, ergänzt Delon: »Eines liegt mir trotzdem schwer im Magen: Ich hatte recht gehabt damit, den anderen Romy aufzuzwingen, wie der Erfolg des Films bewies. Aber das haben alle schnell vergessen! Weder der Regisseur, noch die Produzenten und das Studio, die alle gejammert hatten, weil ich auf ihr als Marianne bestand, haben sich hinterher je bedankt, nicht bei mir und schon gar nicht bei Romy. Nur die Zuschauer, die wissen Bescheid!«[170]

Im *L'Express* singt tags darauf niemand Geringerer als Gilles Jacob – langjähriger Festival-Präsident der Filmfestspiele von Cannes – eine Lobeshymne auf Jacques Derays jüngste, gerade in Frankreich mit Spannung erwartete Regiearbeit: »Nie zuvor hat man im französischen Kino einen so unmittelbar körperlichen Film gesehen, einen Film, in dem man derart intensiv die Hitze unter den Pinien spürt, die Feuchte der Haut, die Sinnlichkeit der Umarmungen.« Doch es ist nicht nur Gilles Jacob, der voll des Lobes ist, die gesamte französische Presse jubiliert geradezu: »Romy Schneider erscheint im Triumph ihres Sommers in doppeltem Sinne souverän«, befindet die *Télé-7-Jours*, und *Les Lettres Françaises* schwärmt: »Romy Schneider ist groß in Form und feiert eine beachtenswerte Wiederkehr. (...) Alain Delon, düsterer denn je.«[171]

Der Swimmingpool wird in den ersten acht Wochen ab Kinostart allein in Paris bei vollen Kassen und langen Schlangen sage und schreibe 310 000 Zuschauer in die Filmtheater ziehen und in Frankreich zunächst zum absoluten Publikumserfolg, mit den Jahren dann zum *film culte*.

Sind die französischen Pressestimmen überwiegend positiv, einige unter ihnen geradezu euphorisch-enthusiastisch, so ist die mediale Resonanz auf den Film nach seinem deutschen Kinostart, der erst anderthalb Jahre nach der französischen Premiere erfolgt, doch eine grundlegend andere. *Der Swimmingpool* wird im Deutschland dieser Zeit einer noch mit streng erhobenem Zeigefinger moralisierend angelegten Kritik unterzogen, die somit auch nur negativ ausfallen kann. Über Romy Schneiders ersten großen Film nach sehr langer Zeit wird in ihrer deutschen Heimat streng gerichtet. Ein Gestus, der sich ihr gegenüber in den einsetzenden Siebzigerjahren hartnäckig halten wird.

So ist etwa in der *Frankfurter Allgemeinen Zeitung* am Starttag des 8. Mai 1970 über den Film zu lesen: »Jacques Deray hat die ewigen Verlobten Romy Schneider und Alain Delon in seinem *Swimmingpool* zum ersten Mal nach ihrer Trennung wieder zusammengebracht, und er nützt die pikante Biographie seiner Protagonisten geradezu schamlos aus. Der Zuschauer weiß genug über die beiden, neue Dialoge sind kaum noch nötig. Die Handlung darf lose geknüpft sein, leicht läßt sich mit ›wahrem Leben‹ füllen, was im Film schiere Leere geblieben ist.«[172]

Und der *Evangelische Filmbeobachter* konstatiert verächtlich: »Den Zuschauer vermag freilich auch diese betrübliche Wendung eines psychologischen Hick-Hacks zweier Filmfiguren (erfolgreicher Maserati-Fahrer contra verkrachten Schriftsteller) nicht der zäh nagenden Langeweile zu entreißen, umso mehr, da auch Jane Birkin als zweite Frau an Bord, bzw. am Swimmingpool, nicht sonderliches Interesse zu erregen vermag. High-Life-Schnulze, notfalls ab 18.«[173]

Die Welt ergötzt sich derweil am vermeintlichen rein äußerlichen Schauwert: »Romy wieder – zum Schlecken. Romy Schneider und Alain Delon tauchen, kabbeln, spielen erotische Spiele am und im azurblauen Wasser.«[174]

Während schließlich das *Lexikon des Internationalen Films* geradezu schnippisch tönt: »Die erotische Vierecksgeschichte zwischen einem Künstlerpaar und einem reichen Playboy mit Tochter endet tödlich. Belanglose Kolportage-Story mit schicker Ausstattung, die ganz auf die beiden Stars zugeschnitten ist.«[175]

So disparat können Presse-Reaktionen auf ein und denselben Film in zwei benachbarten Ländern ausfallen. Es ist, als lägen Welten zwischen ihnen.

Romy fasst es präzise und prägnant selbst in Worte: »In Frankreich sind die Ansprüche höher. Da wird ein guter Film noch erkannt und geschätzt. Was ich auch mache, in Deutschland wird man es mir ankreiden. Ich finde das zum Kotzen.«[176]

Für Romy bedeutet *Der Swimmingpool* genau diesen unerwartet magischen Moment, der ihre zweite Karriere initiieren wird. Alain Delon beschreibt es 2011 folgendermaßen: »Inzwischen war ich richtig durchgestartet, und ihre Karriere stand still. Jacques Derays *Swimmingpool* trug sie auf einer Flutwelle nach oben.«[177]

Es ist in der Tat Romys Phoenix-aus-der-Asche-Moment.

Das Jahr 1969 markiert Romy Schneiders Comeback.

Sie ist dreißig Jahre alt, als ihr zweites Leben beginnt. Die französische Presse liegt ihr zu Füßen, das Pariser Publikum strömt in Jacques Derays Film – Romy und Delon blicken von zahllosen Filmplakaten herunter, Interviews und Reportagen wollen kein Ende nehmen. Sie selbst dürfte am allerwenigsten und als Allerletzte damit gerechnet haben.

Mario Adorf formuliert es heute so: »Dann kam *La piscine*. Und dann war Romy etabliert – für alle Zeiten.«

Während Jane Birkin in ihrer Pariser Wohnung abschließend erklärt: »Der einzige Mensch, der dafür verantwortlich war, dass sie wieder nach Paris, nach Frankreich zurückgekommen ist, war Delon. *She was his greatest love.*«

*

Später, im wehmütigen Blick zurück auf *Der Swimmingpool*, der Kinostart liegt zu diesem Zeitpunkt bereits vier Jahrzehnte zurück, erzählt Alain Delon im Jahr 2009: »Viele Jahre später bin ich zur Villa ›La Loumede‹ zurückgekehrt, wollte das herrliche Haus sogar kaufen. Ich weiß nicht mehr, wieso daraus nichts wurde …«

Delon ergänzt freimütig, und es mag wie ein Bekenntnis klingen, das in seiner Traurigkeit, in seiner Wehmut auch überrascht: »Es ist einfach alles so schön an *Der Swimmingpool*, die Erinnerung daran tut schrecklich weh. Seit gut fünfundzwanzig Jahren halte ich es nicht mehr aus, ihn anzusehen. All meine Szenen ohne Romy habe ich komplett vergessen, sogar die wichtigen mit Maurice Ronet. Nur diese einzigartigen Momente geteilter Zärtlichkeit bewahre ich in meinem Herzen.«[178]

Politstück und letzte gemeinsame Arbeit:

Das Mädchen und der Mörder. Die Ermordung Trotzkis (*The assassination of Trotsky*), 1972

Die Zeit mit Delon war verrückt, diese fünf Jahre.

ROMY SCHNEIDER, 1972

Losey war klar, dass Gita Samuels und Frank Jacson niemand außer Romy und mir spielen konnte.

ALAIN DELON, 2012

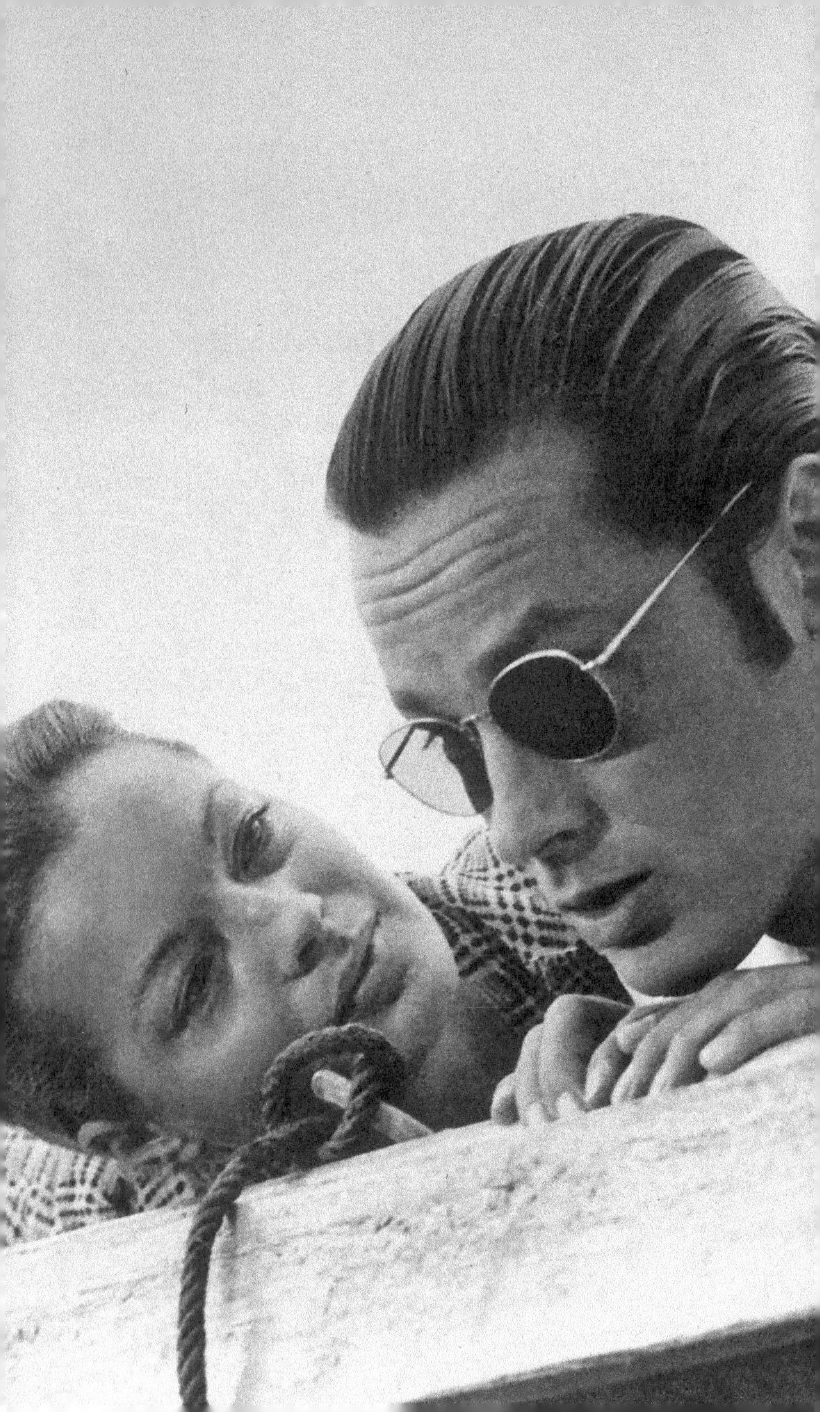

Juli 1971. Mexico City. Drehbeginn für den nächsten Film. Romy Schneider hat 1970 vier Filme hintereinander gedreht, *Die Dinge des Lebens* (*Les choses de la vie*), *Die Geliebte des anderen* (*Qui?*) sowie *La Califfa* und zuletzt den zweiten Film unter Claude Sautets Regie, *Das Mädchen und der Kommissar* (*Max et les ferrailleurs*), den sie in diesem Frühjahr noch nachsynchronisiert. Seit ihrem durch *Der Swimmingpool* ausgelösten Comeback 1969 ist sie gefragter denn je in ihrer Wahlheimat Frankreich und hat mit dem ersten Film, den sie mit Regisseur Sautet drehte, *Die Dinge des Lebens*, eine ihrer schönsten und eindrücklichsten Arbeiten vorgelegt. Die französische Zeitschrift *Paris Match* schreibt im März '71, einen Monat nach dem überaus erfolgreichen Pariser Kinostart von Sautets *Das Mädchen und der Kommissar*, das treffliche Bonmot über Romy: »Sie ist das schönste Geschenk, das Deutschland oder Österreich, so genau kommt es ja nicht darauf an, seit Marlene Dietrich gemacht hat.«

Alain Delon hat seit *Der Swimmingpool* neben anderen Produktionen sowohl erneut unter der Regie von Jacques Deray in zwei Filmen vor der Kamera gestanden – mit Jean-Paul Belmondo in *Borsalino* (1970) und in der eher unbedeutenden Komödie *Doucement les basses* (1971) – als auch für Jean-Pierre Melville, zunächst in dessen bezwingendem Meisterwerk *Vier im roten Kreis* (*Le cercle rouge*, 1970), dann, zum dritten und letzten Mal, in *Der Chef* (*Un flic*, 1972).

Beide erleben sie jeweils den zweiten Höhepunkt ihrer Karriere und drehen in diesen späten 1960er-, frühen 1970er-Jahren mithin ihre wichtigsten Filme. Das nächste Projekt, das auf beider Agenda steht, wird sie erneut zusammenführen: Es soll ihr Film-Triptychon vollenden.

Drei Jahre ist es her, beinahe auf den Monat genau, dass Romy und Delon im Spätsommer 1968 bei den Dreharbeiten zu *Der Swimmingpool* gemeinsam vor der Kamera standen. Nun, in diesem Spätsommer 1971, ist es abermals so weit: Unter der Regie des US-Amerikaners Joseph Losey (1909–1984) – Regisseur von Filmen wie *Eva* (1962) und *Der Diener* (*The Servant*, 1963) – werden sie in dem Polit-Drama *Das Mädchen und der Mörder. Die Ermordung Trotzkis* (*The assassination of Trotsky*, 1972) in Mexico City, in Rom sowie in den dortigen Studios von Produzent Dino De Laurentiis zusammen spielen. Delon ist der Mörder Trotzkis, Romy seine Geliebte.

Initiator des Trotzki-Projekts ist der amerikanische Produzent Josef Shaftel, der den Stoff zunächst Regisseur Costa-Gavras anbietet. In diesem Stadium der noch frühen Pre-Production ist Alain Delon bereits für die Rolle des Trotzki-Attentäters Frank Jacson besetzt. Wer auf der Besetzungsliste fehlt, ist der Part Trotzkis und der der Geliebten des Attentäters. Und es fehlt, nachdem Costa-Gavras abgesagt hat, da ihm das Drehbuch des Londoner Autors Nicholas Mosley sehr missfiel, wieder die Regie. Alain Delon bietet den Stoff daraufhin dem von ihm sehr verehrten Joseph Losey an, der schließlich zusagt. Losey wiederum bietet den noch offenen Part des Leo Trotzki zunächst Dirk Bogarde an, mit dem er bereits eine ganze Handvoll Filme zusammen gedreht hat. Doch Bogarde lehnt ab, das Buch sei einfach zu schlecht. Als schließlich Richard Burton zusagt, dem dasselbe – längst umstrittene – Drehbuch vorgelegt wird wie Dirk Bogarde, steht die Besetzung in nahezu allen wichtigen Rollen. Burtons Filmpartnerin, die Natalia Trotzki, die zweite Ehefrau des Revolutionärs spielt, ist die Italienerin Valentina Cortese.

Romy Schneider erwähnt das angedachte Trotzki-Projekt erstmals in einer Äußerung, die sie am 21. Mai 1971 macht: »(...) höchstwahrscheinlich steigt zuerst ein Film unter Joseph Losey – *Die Ermordung Trotzkis*. Ich habe in Frankreich Rollen spielen dürfen, die man mir anderweitig nicht anbot. *Swimmingpool* zum Beispiel kam im richtigen Augenblick für mich. Man muß eben auch sehr viel Glück haben!«[179]

Sehr viel Glück hatte Romy mit Delons Vorschlag, der geradezu einer Aufforderung gleichkam, mit ihm an der Côte d'Azur *Der Swimmingpool* zu drehen. Retrospektiv betrachtet ist dieser Moment eine der wichtigsten Stellschrauben in Romys Karriere. Sehr viel Glück hat sie auch, als Claude Sautet sie daraufhin für *Die Dinge des Lebens* castet und im Verlauf der 1970er-Jahre vier weitere Filme mit ihr dreht. Ob der Film, der als nächstes unter Joseph Losey »steigt«, sehr viel Glück bedeuten mag, sei dahingestellt.

Bevor Romy das Angebot annimmt, das Regisseur Losey ihr unterbreitet, zögert sie doch sehr. Sie traut sich die politische Rolle der Gita Samuels nicht zu. Ihre Bedenken äußert sie Losey gegenüber, der sie anruft, um sie für sein Trotzki-Projekt zu gewinnen. Was er ihr am Hörer nicht sagt: dass Alain Delon längst an Bord des Unternehmens ist. Und Delon sagt er nicht, dass er Romy anruft.

Nachdem sie miteinander telefoniert haben, schreibt der Regisseur der Schauspielerin einen Brief. Darin steht neben anderem zu lesen: »(...) Ihre Furcht davor, diese Rolle zu spielen, darf Sie nicht beunruhigen, und auch nicht Ihre etwaige Furcht vor mir. Haben Sie keine Angst vor Ihren Komplexen, die hat jeder, einschließlich mir selbst (...).«

Romy sagt zu. Es wird ihr dritter Film mit Alain werden.

»An den Dreh von *Die Ermordung Trotzkis* denke ich gerne zurück«, äußert Alain Delon im Jahr 2009. »Mit Losey zu arbeiten, und auch noch neben Romy Schneider und Richard Burton, war wundervoll. Joe hatte mich gefragt, was ich davon hielt, Trotzki mit Burton zu besetzen; selbstverständlich war ich dafür! In meinen Augen war er einer der besten Schauspieler der Welt; Brando und er waren meine Vorbilder. Er hat Trotzki fabelhaft gespielt. An Romy hatte Losey wegen unserer Vorgeschichte gedacht, im wahren Leben, aber auch in Kino und Theater: Er fand es interessant, diesen Hintergrund zu nutzen.«[180]

Am 6. Juni 1971 bekundet Romy im Vorfeld der Produktion: »Ende Juli beginnen in Spanien die Außenaufnahmen zu dem amerikanischen Film *Die Ermordung Trotzkis*, mein Partner ist Alain Delon. Was soll's – zwei Kollegen machen einen Film miteinander, das ist alles, selbst wenn man mal zusammengelebt hat. Aber hier meint man so schnell: Es muß doch irgendeinen privaten Grund dafür geben, daß die zwei wieder filmen. Es ist primitiv, aber es ist so!«[181]

Die dreimonatigen Dreharbeiten in Mexiko und Italien dauern bis Oktober. In Mexiko begeben sich Romy und Alain an den drehfreien Tagen auf Exkursion und erkunden die Umgebung. Vor allem Delon ist fasziniert von Mexico City, das er als wunderschön und sehr hart zugleich beschreibt. Im Vergleich zu Mexico City sei Paris letztlich nichts weiter als ein kleiner Boulevard.

Am 24. September, etwa zur Halbzeit des Drehs, als alle Außenaufnahmen in Mexiko abgedreht sind und sämtliche Innenaufnahmen in den Studios in Rom – in denen die originalgetreu nachgebaute Replik von Trotzkis weitläufigem mexikanischem Anwesen steht – noch bevorstehen, erklärt Romy: »Die Arbeit mit Losey bei *Trotzki* ist sehr anstrengend und aufregend – im positiven Sinne. Er ist einer der wenigen ganz großen Regisseure und ein ungewöhnlicher Mensch. Wir kommen sehr gut voran. Es geht sehr gut, nur heute haben wir Schwierigkeiten mit dem

Wetter. Richard Burton ist in den Szenen hier noch nicht dabei. Wir treffen erst im Oktober in Rom zusammen.«[182]

*

Es ist die Zeit vom 1. Mai bis zum 21. August des Jahres 1940 – die letzten Monate, Wochen, Tage im Leben des Revolutionärs Leo Trotzki. Dieser hat sich in Coyoacán, einem Stadtteil Mexico Citys, zusammen mit seiner Frau Natalia im Exil eingerichtet, nachdem er im Januar 1937 mit Unterstützung der Malerin Frida Kahlo und ihres Mannes Diego Rivera Asyl bekommen konnte (fünfunddreißig Jahre später sind es die Wandfresken Diego Riveras, die in Joseph Loseys Trotzki-Film zu sehen sind). Als die Trotzkis in Mexiko ankommen, empfängt Frida Kahlo sie in ihrem legendären Blauen Haus, der Casa Azúl. Trotzki, entschiedener Gegner des Stalinismus, wurde bereits 1928 verbannt und in die Türkei ausgewiesen, bevor man ihm 1932 schließlich die sowjetische Staatsbürgerschaft aberkennt. Seit seiner Verbannung zeichnen Flucht und Exil seinen Lebensweg – Wegstationen sind zunächst eine der Istanbul im Marmarameer vorgelagerten Prinzeninseln, Büyükada, wo Trotzki von 1929 bis 1933 lebt. In den darauffolgenden Jahren führt die Exilanten-Reise weiter nach Frankreich, dann nach Oslo sowie schließlich, als letzte Lebensstation, nach Mexico City.

Hier setzt die Handlung von Loseys Erzählung ein, die sich auf das letzte Vierteljahr im Leben Trotzkis beschränkt. Trotzkis Haus in Coyoacán im Süden Mexico Citys gleicht mit seinen hohen Mauern ringsum einer Festung, die tags wie nachts von patrouillierenden Wachmännern bewacht wird. Wer hier rein will, wird auf Identität und Waffen kontrolliert. Es ist ein Ort der Angst und des Aufgehobenseins gleichermaßen. Hier lebt Leo Trotzki (Richard Burton) – einstiger Weggefährte Lenins,

Initiator der Oktober-Revolution 1917 und Gründer der Roten Armee – mit seiner Frau Natalia (Valentina Cortese), seinen Verwandten und Angestellten. Hier spaziert er laut philosophierend durch den Garten mit seinen Blumenbeeten, Hühnerställen und Kaninchengehegen. Es ist ein trügerisches Idyll. Ab und an erhalten sie Besuch von Freunden und Gleichgesinnten, etwa dem französischen Ehepaar Alfred (Jean Desailly) und Marguerite Rosmer (Simone Valère), das die Trotzkis aus ihrer Zeit im Pariser Exil kennen. Die Rosmers bringen Trotzkis Enkel Wsewolod Wolkow aus Paris nach Mexico City.

Zu den Menschen, die hier ein und aus gehen, gehört auch die Kommunistin Gita Samuels (Romy Schneider), eine junge Sekretärin und Übersetzerin, die Trotzki bewundert. Gita – die in realitas eigentlich Sylvia Ageloff hieß und Amerikanerin war – ist mit Frank Jacson (Alain Delon) liiert. Wie ernst die Verbindung ist, das bleibt im Film völlig offen, die historischen Personen lernten sich 1938 in Paris kennen und verlobten sich später in New York City. Dieser Frank Jacson jedoch hat nicht nur mehrere Namen und Identitäten, er ist, was Gita nicht ahnen kann, in Wahrheit ein gebürtiger Katalane namens Ramón Mercader, der als Geheimagent im Auftrag Moskaus, also Stalins handelt. Er ist hier, um Trotzki zu töten, den Mann, den Gita so bewundert und verehrt. Konträrer könnten zwei Lebenshaltungen, zwei politische Einstellungen nicht sein, und es ist diese unausgesprochene schmerzliche Wahrheit, dieser unüberbrückbare Graben, der zu permanenter Spannung zwischen »dem Mädchen und dem Mörder« führt.

»Was denken Sie? Was geht vor hinter diesen stillen blauen Augen?«, wird Frank Jacson einmal von einem politischen Mitstreiter bei einem geheimen Treffen gefragt. Dabei schiebt ihm sein Gegenüber die Sonnenbrille mit den runden dunklen Gläsern nach oben, mit der er die ganze Zeit durch Mexico City läuft und die aus der Ferne wie zwei tote Augen wirkt, und setzt sie ihm auf das Haar. Jacson fixiert sein Gegenüber. Die Frage könnte – in Bezug auf sein Denken, sein Leben überhaupt – ebenso gut an seinen Darsteller Alain Delon gerichtet sein: Was geht wohl vor hinter diesen stillen blauen, kalten Augen?

Als Gita und Frank einmal eine Corrida, einen Stierkampf in einer voll besetzten Arena besuchen – dessen explizite Brutalität und Länge Losey unter anderem vorgeworfen wird –, ist nicht nur zu sehen, wie angewidert und erschrocken Gita von dem blutigen Geschehen ist, sondern auch, wie sehr es für den vollkommen regungslos zusehenden Frank die Antizipation dessen ist, was er bald selbst durchführen wird.

Der Stierkampf als Vorwegnahme des Attentats.

Am 20. August 1940 sucht Frank Jacson Leo Trotzki zum zweiten Mal auf, und erneut ist der Exilant bereit, dem jüngeren, stets etwas unsicher und seltsam ungelenk wirkenden Mann zu helfen. Trotzki, das legt Joseph Loseys Erzählung nahe, hat Sympathien für diesen eigenwilligen Fremden, in den seine Sekretärin sich verliebt hat.

Die Mord-Sequenz, die finale Begegnung von Trotzki und seinem Mörder, ist der dramatische Höhepunkt in Loseys langsamer Narration – es ist die akribische Autopsie eines Attentats: Wenn Delon hinter Burton steht – der am Schreibtisch sitzt und einen unfertigen Zeitungsartikel von Frank Jacson Korrektur liest –, dann alternieren Close-ups mal von Delons, mal von Burtons Gesicht. Dazwischen ist Trotzki aus Jacsons Blickwinkel zu sehen, sein Rücken, seine Hände auf dem Schreibtisch, sein Hinterkopf, in den er ihm gleich den Eispickel mit aller Wucht hineinrammen wird. Es ist ein Moment höchster Anspannung, und diese Anspannung – und hierin zeigt sich Delons ausgefeilte Meisterschaft minimalistischer Mimik – spiegelt sich im Gesicht des Attentäters wider, der die Kieferknochen anspannt, dessen

Haut glänzt, dessen Blick nervös und fahrig und dennoch hochkonzentriert ist. Es wirkt, als würde Delons Gesicht von Moment zu Moment schmaler werden, bevor sich alles in einem brutalen, brachialen, blutigen Gewaltakt abrupt entlädt.

In dieser sich über Minuten streckenden Sequenz – Losey selbst spricht einmal von »dieser Faszination zwischen dem Opfer und dem Attentäter« – zeigen der Regisseur und seine beiden Darsteller Delon und Burton ihre große Könnerschaft.

Trotzki wird, blutüberströmt, schreiend, stammelnd, umgehend in ein Krankenhaus gebracht, wo er einen Tag später, am 21. August 1940, seinen schweren Kopfverletzungen erliegt. Seine Frau Natalia ist bei ihm. Frank Jacson alias Jacques Mornard (als der er sich im Gefängnis ausgibt) alias Ramón Mercader sitzt zusammengekauert in einer Zelle, zitternd, stumm. Wie ein Tier. Während des Verhörs durch den Polizeipräsidenten Salazar (Giorgio Albertazzi) schweigt er. Er wirkt verstört, und er ist verstörend. Als Gita, die vorübergehend auch festgenommen, später aber wieder freigelassen wird, absichtlich in den Verhörraum geführt wird, in dem Salazar und der Attentäter sind, da reißt sie sich von den Wärtern los und stürmt auf Frank zu. Die Beamten können sie gerade noch festhalten, während Gita, vollkommen außer sich, immer wieder und wieder lauthals schreit: »Bringt ihn um! Bringt ihn um! Er lügt! Bringt ihn um!« Es ist ein zutiefst verzweifelter Ausbruch. Gita hat zuvor erkannt, dass sie einem fatalen Irrtum erlegen ist – ihr Geliebter ist ein kaltblütiger Mörder. Frank hält sich schützend die Hände vor den Kopf und sitzt zusammengekauert wie ein ausgesetztes Kind auf seinem Schemel.

Dann fragt der Polizeipräsident, der ihn zuvor schon verhört hat, nochmals: »Wer sind Sie? Wer gab Ihnen Befehl? Was für Motive hatten Sie? Also: Wer sind Sie?« Und Frank, der noch immer auf dem kleinen Hocker sitzt, bebend, zitternd, blickt auf, blickt ihn und uns, die Zuschauer, von unten direkt an. Er holt kurz Luft, schluckt, dann sagt er frontal in die Kamera: »Ich habe Trotzki getötet.« Ein kurzes nervöses Lächeln flackert dabei um seine Mundwinkel. In dem Lächeln liegt Zufriedenheit. Es ist eine finale Sequenz von stark beklemmender Wirkung. Es ist das düstere Schlussbild von Loseys Film, das daraufhin einfriert. Die Abspann-Credits laufen über das eingefrorene Bild Alain Delons.

*

Von den drei gemeinsamen Filmen, die Romy Schneider und Alain Delon zwischen den Jahren 1958 und 1971 zusammen gedreht haben, ist Joseph Loseys ebenso politisch wie privat eingefärbtes Trotzki-Drama zweifellos der unbequemste, der sperrigste auch. Neben dem schicksalhaften ersten Film *Christine* und dem Kultfilm *Der Swimmingpool* dürfte *Die Ermordung Trotzkis* zudem die wesentlich unbekanntere Arbeit innerhalb des kleinen gemeinsamen Schneider-Delon-Werks sein.

Oftmals zeigt Losey Romy und Alain in Spiegeln: Mal steht er in ihrem gemeinsamen Zimmer vor der Spiegeltür des Kleiderschranks, mal sitzt sie vor dem Spiegel der Anrichte. Manchmal sehen sie sich von Spiegel zu Spiegel an. Was sie also sehen, ist nichts anderes als ein Spiegelbild. Delons gespaltene Figur des Frank Jacson spiegelt sich gleich zu Beginn des Films in einer der ersten Kamera-Einstellungen doppelt: Da steht er vor dem sich aufklappenden Spiegel der Anrichte, vor dem er sich nass rasiert, trägt die Brille mit den kleinen runden Gläsern, hinter der er sich die ganze Zeit über zu verstecken scheint, und Gita fragt ihn mehrmals, wer er denn eigentlich sei. Delons Doppelleben-Identität des getriebenen, in sich zerrissenen potenziellen Polit-Attentäters wird hier von Regisseur Losey gerade auch in den privaten, intimen Momenten mit Romy motivisch thematisiert.

Alain Delon geht durch die Straßen Mexico Citys und wirkt dabei wie eine mechanische Aufziehpuppe. Seine Bewegungen sind abgehackt, seine Haltung ist statuarisch. Stets trägt er einen grauen Anzug, mit Weste, Krawatte und weißem Hemd, und wenn er zweimal zu Trotzki geht, um ihn beim zweiten Mal schließlich mit dem Eispickel umzubringen, trägt er einen langen beigefarbenen Mantel, einen Hut sowie die Sonnenbrille. In diesen Momenten könnte er direkt Melvilles *Der eiskalte Engel* entstiegen sein.

Die Bilder von Kameramann Pasqualino De Santis sind meist kühl und grau gehalten, sie lassen Loseys Film eine latente Kälte ausstrahlen. Nur die Szenen in Trotzkis Garten und in dem kleinen Mietzimmer, in dem Gita und Frank vorübergehend wohnen, enthalten etwas wärmere Farbtöne.

Die symphonische Filmmusik des italienischen Komponisten Egisto Macchi liegt wie ein somnambuler Klangteppich über diesen nüchternen, kühlen Bildern – es sind flirrende, halluzinatorische Töne und Klänge, die wirken, als würden sie einem hypnotischen Traum entstammen.

Die Ermordung Trotzkis wird gemeinhin allzu gerne stiefmütterlich vernachlässigt und als eine von Loseys eher mediokren, wenn nicht schwächeren Arbeiten innerhalb seiner Regie-Karriere abgetan. Im facettenreichen, vier Jahrzehnte umspannenden Werk Joseph Loseys gilt er unter vielen Filmhistorikern jedoch als *»surely his most misunderstood film«*[183].

Denn der vermeintlich schlechte Schein trügt, der Film ist weitaus besser als sein Ruf: Losey ist es ein explizites Anliegen, dieses Drama trotz des kontroversen Drehbuchs eines bis dato noch relativ unbekannten Autors, der zuvor erst ein Buch verfasst hat, unbedingt umzusetzen, um hier mit diversen Stilmitteln und Formen zu arbeiten: mit harten Schnitten und abrupten Brüchen in der Narration, mit Bild- und Ton-Collagen, mit metaphorischen Elementen und figuralen Traumbildern einerseits, mit einer stellenweise nahezu dokumentarisch wirkenden, nüchternen Inszenierung andererseits. Es finden sich zudem zahlreiche typische Losey-Topoi wieder, etwa das Motiv des Spiegels, in dem der eine den anderen betrachtet, des wechselseitigen Spiegelns von Gut und Böse, das Destruktive in Beziehungen, die von Abhängigkeiten getragen werden, sowie das Haus als ein Ort ebenso des Geborgenseins wie des Gefangenseins.

Der Kinostart von *Die Ermordung Trotzkis* am 30. März 1972 in Paris löst international Kontroversen aus: Die einen kritisieren, der Film verfälsche die historische Persönlichkeit Trotzkis und die bis heute historisch nicht einwandfrei geklärten Umstände des Attentats, die anderen bemängeln, der Film sei zu privat, zu persönlich und entpolitisiere somit Trotzkis Bedeutung und Wirkung. Die Kritik geht nicht eben zimperlich mit Loseys privatem Polit-Drama um. Da ist etwa die Rede von einer »nicht überzeugenden Konzeption«, davon, dass es sich bei Loseys Politfilm um einen »allzu privaten Rückgriff auf die Revolutions-Historie« handele, oder auch, dass »die Form des Films, seine Besetzung und seine Dramaturgie keineswegs auf Bemühungen um mögliche Authentizität schließen« ließen.

Für Joseph Losey ist bei aller etwaigen historischen Genauigkeit, sofern diese denn möglich ist, allerdings die Interpretation der Personen und ihrer Beziehungen untereinander das Wesentliche. Vielleicht stellt der in London lebende Amerikaner Losey nicht zuletzt auch aus diesem Grund dieser italienisch-französischen Co-Produktion ein kurzes Vorwort im Vorspann voran: »Wir haben uns bemüht, alle erwiesenen Tatsachen getreu wiederzugeben. Die nicht erwiesenen haben wir neutral behandelt.«[184]

In diesem Zusammenhang ist interessant, dass Romy Schneider selbst benennt, was letztlich das in den Kontroversen skizzierte Kernproblem des Films darstellt, nämlich, dass Regisseur Losey die Historie letztlich eher vage skizziert, als Kulisse, vor der die Schicksale Einzelner erzählt werden: »Alain Delon spielt den Mörder Trotzkis, ich bin die Geliebte dieses Mannes. Die Historie ist nur ein Hintergrund, vor dem sich psychologische, menschliche Konflikte abspielen. Wesentlich ist auch meine Bindung zum Attentäter.«[185]

Über die schauspielerische Leistung insbesondere von Alain Delon und Romy Schneider – im Gegensatz zu jener Richard Burtons – ist man sich immerhin weithin einig. Es wird zwar durchaus in Anspielung an das ehemalige private Paar auch süffisant bemerkt: »(...) der Film, der Romy und Delon, die unglücklichen Verlobten von vor zehn Jahren, wiedervereint zeigt als unglückliche Verlobte (...).«

Das Spiel der beiden ehemals Liebenden wird hingegen allgemein gewürdigt. Über Romy heißt es etwa: »Kaum ein Filmregisseur erreicht heute so intensives, diszipliniertes Spiel. Romy Schneider als Werkzeug des Mörders: ein strenges, herbes Fräulein mit glatt zurückgekämmten Haaren und kantigen Bewegungen, fanatisch für Trotzki begeistert, manchmal wie erstaunt über das eigene erotische Feuer, weil sie die große Liebe nie erwartet hatte; sie spielt diese Hörigkeit und zugleich den uneingestandenen Selbstbetrug, wenn sie die aufkeimenden Zweifel und Skrupel an ihrem rätselhaften Geliebten erstickt. Ein großartig gelungenes Portrait.«[186] Und über Delon wird geschrieben: »Alain Delon bewegt sich eher in gewohnten Bahnen. Das Gesicht eine undurchdringliche Maske, das Gebaren statuarisch; Phasen langen, dumpfen Brütens wechseln mit solchen einer unverhohlenen inneren Erregung, etwa beim Stierkampf, wo er zum Matador wird, sich dessen Ruhm ersehnt; bald ist er brutal zu seiner Freundin, die für ihn wohl nicht nur Mittel zum Zweck ist, dann wieder verklemmt, vor Männern weicht er unwillkürlich zurück. Ein labiler, schwacher Mensch, ein Nichts: Nach dem Mord, zusammengeschlagen, heult er, schreit er nach seiner Mutter. (…) Das allein, diese Tat, ist er.«[187]

Jahre später, auf seine beiden Filme unter Joseph Loseys Regie angesprochen – *Monsieur Klein* folgt fünf Jahre später, 1976 – erzählt Alain Delon: »Joseph Losey ist viel mehr als nur ein Regisseur, auch wenn er einer der größten der Filmgeschichte ist. Er ist ein Dirigent, ein Karajan der Kamera, der die filmische Partitur bis in die kleinsten Feinheiten und Details kennt, auf den halben Takt genau. Das fasziniert mich so an ihm, genau wie schon an Visconti.«[188]

An anderer Stelle resümiert Delon angesichts der vielfachen Kontroversen um den Film und seines kommerziellen Misserfolgs an den Kinokassen: »*Trotzki* war ein wunderschöner Film. Leider haben ihn nur wenige gesehen. Seltsam, aber so ist es nun mal. Es gab Probleme mit dem Verleih, mit dem Kinostart. Aber ich denke gern daran zurück.«[189]

Romy Schneider ist, als sie vom stark veränderten deutschen Verleihtitel erfährt – deutscher Kinostart ist am 26. Oktober 1972 –, nicht ganz zu Unrecht sehr verärgert: »Da will doch eine Verleihfirma den Trotzki-Film in Deutschland unter dem Titel *Das Mädchen und der Mörder* herausbringen«, erklärt sie am 13. November. Und fährt fort: »Ich frage mich, was diese Leute sich dabei denken. Wieso kann man den Film nicht unter demselben Titel zeigen wie in der ganzen Welt, nämlich *Die Ermordung Trotzkis?*«[190]

»Wir wussten damals noch nicht, dass *Die Ermordung Trotzkis* unser letzter Film sein würde«, so Alain Delon weiter, »und wir glaubten beide an die Zukunft, die ihre Arme für uns ausbreitete, an das gemeinsame Glück, das uns erwartete.«

Dieser dritte und letzte gemeinsame Film von Alain Delon

und Romy Schneider, dem das unschöne Schicksal zuteilwird, erst unterschätzt und dann vergessen zu werden, ist bei Weitem keiner der schwächeren Filme, die sie gedreht haben: Es ist vielmehr eine ihrer schwierigsten, eigenwilligsten Arbeiten, eine sehenswerte zumal, die rehabilitiert und wiederentdeckt werden sollte.

Begegnungen, Projekte, Träume:

Der gekaufte Tod (*La mort en direct*), 1979

Ich wollte leben, mit Alain leben.
Das hätte auch in einem Hinterhof geschehen können.

ROMY SCHNEIDER, 1981

Siehst du, wir sind noch immer die Besten.

ALAIN DELON, 1981

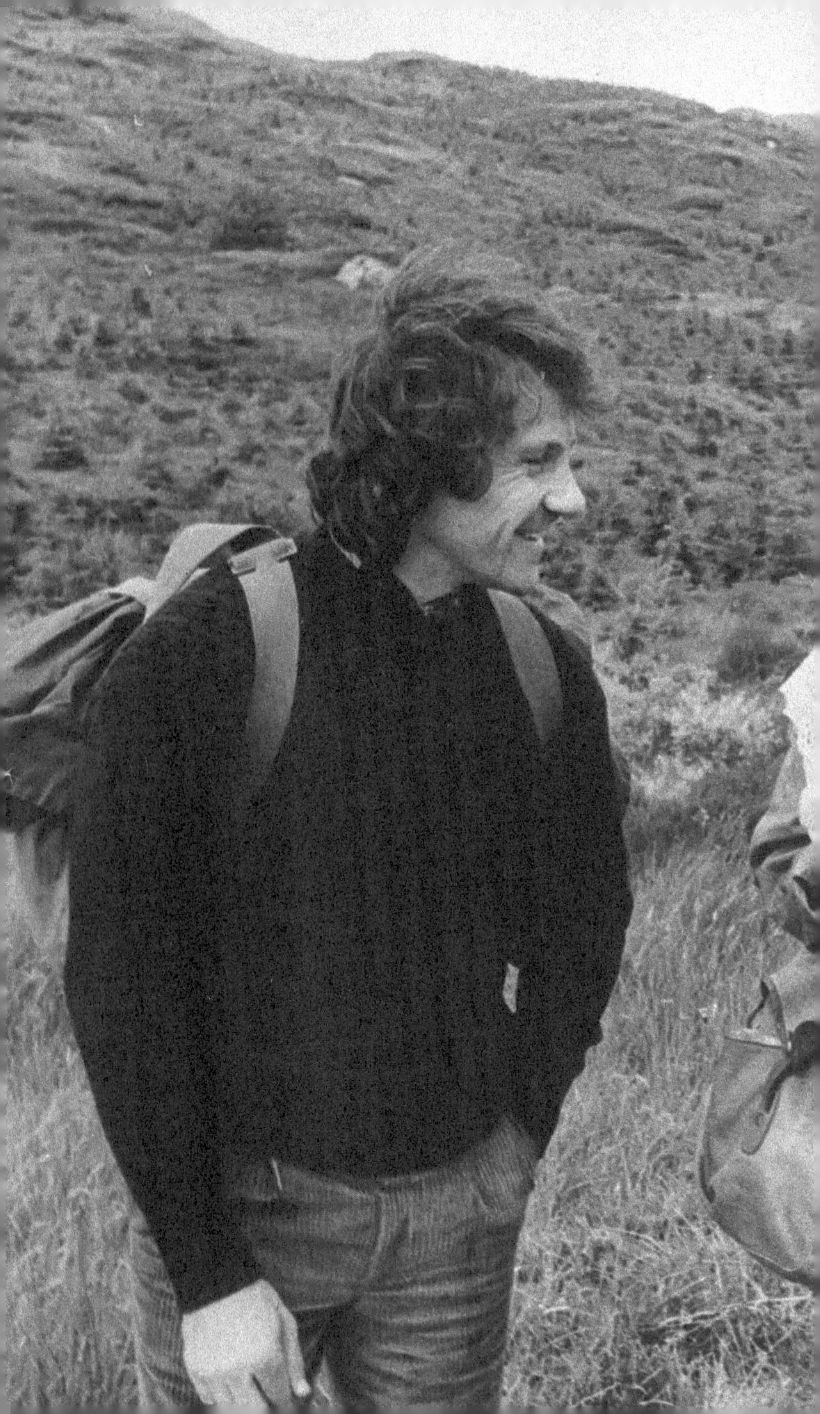

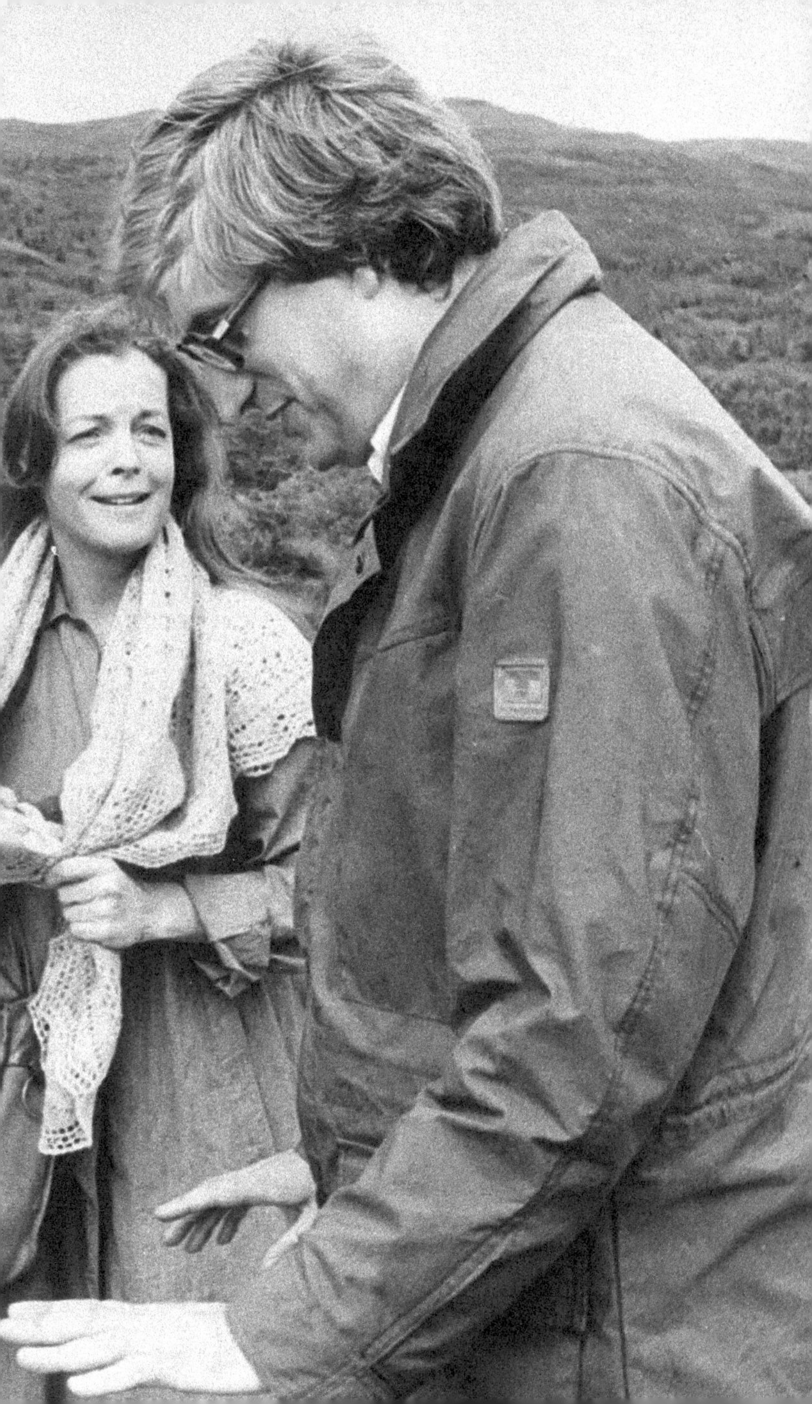

C*hristine – Der Swimmingpool – Die Ermordung Trotzkis.* Beinahe wäre es dazu gekommen, und Romy Schneider und Alain Delon hätten ihre Zusammenarbeit fortsetzen können. Ein gemeinsamer vierter Film dieses legendären Liebespaares der Sechzigerjahre wird jedoch nicht mehr zustande kommen, obwohl es einmal ganz konkrete Pläne hierfür geben soll. Als Joseph Loseys Polit-Drama über Leo Trotzki Ende März 1972 in Paris seinen Kinostart erlebt, da liegen noch genau zehn Lebensjahre vor Romy Schneider. In diesem Jahrzehnt der 1970er-Jahre drehen Romy Schneider und Alain Delon Film auf Film, für beide ist es auf künstlerischer Ebene ein kreatives, ein gutes Jahrzehnt – beide können sie große Erfolge feiern, werden mit Preisen ausgezeichnet, haben *box office*-Hits an der Kinokasse und werden von der Kritik respektiert. Doch ein Romy-Alain-Film numéro 4 bleibt aus.

Dieser vierte gemeinsame Film mit dem Titel *L'un contre l'autre* wird einmal angedacht sein und ein konkretes Projekt mit fertigem Drehbuch und angesetztem Drehbeginn werden – doch das Schicksal kommt dazwischen.

In den Jahren, die auf die Dreharbeiten in Mexico City und Rom folgen sollen, sehen sich Romy und Delon eher sporadisch – mal ist es auf einer der Filmpremieren des anderen, mal auf einem der Filmfestivals, auf die sie eingeladen sind, mal bei *soirées* und *dîners* gemeinsamer Pariser Freunde und Kollegen. Ab und an telefonieren sie miteinander. Mögen Begegnungen auch nur noch gelegentlich stattfinden, mögen sie manches Mal etwas oberflächlich wirken – ihr Bezug zueinander reißt nie ganz ab.

Alain Delon – der seit der Trennung von Nathalie Delon im Sommer 1968 mit der Schauspielkollegin Mireille Darc zusammen ist und mit ihr wiederholt vor der Kamera steht, etwa in *Jagd auf Jeff* (*Jeff*, 1969), in *Madly* (1970) und in *Eiskalt wie das Schweigen* (*Les seins de glace*, 1974) – dreht in diesem Jahrzehnt denkbar disparate Filme aller Genres wie *Der Schocker* (*Traitement de choc*, 1973) mit Annie Girardot, *Endstation Schafott* (*Deux hommes dans la ville*, 1973) mit Jean Gabin, Jacques Derays *Flic Story* (1975), bis hin zum populär besetzten frühen Katastrophenfilm *Airport '80* (1979).

Delons wahrscheinlich bedeutendster Film der Siebzigerjahre ist Joseph Loseys *Monsieur Klein* – gedreht in Paris und Straßburg von Dezember 1975 bis Februar 1976 –, in den Delon als Co-Produzent mit seiner Pariser Produktionsfirma Adel eigenes Geld steckt, um den ebenso anspruchsvollen wie schwierigen, zur Zeit der deutschen Besatzung während des Zweiten Weltkriegs angesiedelten Politfilm, der motivisch und atmosphärisch stark Kafkas Roman *Der Prozeß* assoziiert, überhaupt realisieren zu können. Alain Delon *will* diesen Film machen, unbedingt, koste es, was es wolle.

Robert Klein lebt im von den Deutschen besetzten Paris im Jahr 1942. Der aus dem Elsass stammende Monsieur Klein ist Kunst- und Antiquitätenhändler und schlägt Profit aus dem Leid seiner jüdischen Mitbürger in diesen Zeiten, in denen er sich weitgehend mit dem Antisemitismus arrangiert. Als ihm eines Tages eine jüdische Zeitung zugestellt wird, *Informations Juives*, die nur im Abonnement erhältlich ist, nimmt ihn die Polizei ins Visier. Monsieur Klein ist fest davon überzeugt, dass es sich nur um eine Verwechslung handeln kann, und unternimmt alles, diese aufzuklären: Er begibt sich auf die Suche nach seinem

Namens-Doppelgänger. Es ist eine verzweifelte, aussichtslose Suche, die derjenigen von Kafkas Figur Josef K. in vielen Elementen sehr ähnelt. Das Unheil nimmt seinen Lauf – Monsieur Klein, der erst mit dem Besitz der jüdischen Bevölkerung handelte, wird während der großen Pariser Razzia Mitte Juli 1942 letztlich ebenfalls ins Sammellager in der alten Radrennbahn Vélodrome d'Hiver nahe dem Eiffelturm abgeführt und daraufhin auch mit jenen Juden, mit deren Schicksal er zuvor noch Geschäfte machte, ins Konzentrationslager deportiert. Über den letzten Bildern, die den abfahrenden Zug zeigen, ist aus dem Off erneut das Gespräch zu hören, das Monsieur Klein zu Beginn des Films mit einem jüdischen Verkäufer führt, der Klein ein Bild verkaufen will, um dessen Preis Klein jedoch noch handelt.

»*Un film produit par Alain Delon*« steht vor den Abspann-Titeln noch über dem fahrenden Zug. Es zeigt nicht zuletzt die Bedeutung dieses Films für seinen Hauptdarsteller und Produzenten. Bis heute zählt Delons zweiter Film unter Loseys Regie – einer wahrlich kafkaesken Parabel über die moralische Schuldhaftigkeit des Menschen an sich – für den Schauspieler selbst zu seinen wichtigsten, zu seinen persönlichsten Arbeiten.

Monsieur Klein erlebt im Mai 1976 auf den Filmfestspielen in Cannes seine Weltpremiere und wird angesichts seines sensiblen Sujets überaus kontrovers rezipiert: Losey, kein Franzose, sondern US-Amerikaner, zeigt deutlich, dass es zur Zeit des Vichy-Régimes vor allem die französische Polizei war, die 1942 mit mindestens 4500 Gendarmen die jüdische Bevölkerung von Paris einsammelte. Nicht jeder in Frankreich, auch in der Presse, goutiert das. 1977 erhält das intelligente, kühl stilisierte Drama dennoch den französischen Filmpreis César in den wichtigen Kategorien bester Film und beste Regie.

»*Monsieur Klein* ist der beste Film, den ich je produziert habe, die schönste Rolle, die ich je gespielt habe«, so Alain Delon selbst.

»Ich bekam das Drehbuch von einem befreundeten Produzenten, nachdem es ein Jahr lang herumgelegen hatte. Ich habe zwei Jahre vergebens nach einem Regisseur gesucht und gab allmählich den Mut auf, den Film noch je machen zu können. Ich mag Losey sehr gerne; als wir einmal zusammen zum Essen waren, sagte ich ihm, es sehr zu bedauern, ein bestimmtes Projekt nicht verwirklichen zu können. Er wollte es gerne lesen, aber da er kein Französisch liest, mußte seine Frau es ihm zuerst übersetzen. Kurz danach rief er mich an und teilte mir mit, *Mr. Klein* machen zu wollen.«[191]

Insgesamt sind es nicht weniger als fünfundzwanzig Kinofilme, die Delon bis zu jenem Moment im Jahr 1981 dreht, in dem es darum geht, mit Romy wieder gemeinsam vor der Kamera zu stehen. Es ist der Moment, in dem Produzent Alain Terzian ihm das Projekt *L'un contre l'autre* anbietet. Alain Delon sagt sofort zu.

L'un contre l'autre – geschrieben von Christopher Frank und Michel Grisolia – ist die Geschichte zweier Menschen, die sich lieben und sich an einem Ort am Wasser, es stehen etwa die Drehorte Biarritz oder auch der Genfer See zur Diskussion, wiederfinden. Produzent Terzian, ein Freund Alain Delons, beginnt mit den Vorbereitungen des Projekts, ein Regisseur wird gesucht, Nebenrollen werden gecastet. Es soll das feierliche Leinwand-Comeback des mythischen Liebespaares Romy Schneider/Alain Delon werden.

*

In Romy Schneiders Leben geschieht in den 1970er-Jahren nach der dritten und letzten Zusammenarbeit mit Alain Delon nicht weniger viel, als es bei Alain Delon der Fall ist – sei es vor der Kamera auf der Leinwand, sei es hinter der Kamera im Leben.

Die wichtige Zusammenarbeit mit Regisseur Claude Sautet etwa, den sie bei Synchronarbeiten zu *Der Swimmingpool* kennenlernte, soll in den Jahren zwischen 1970 und 1978 zu insgesamt fünf Filmen führen: *Die Dinge des Lebens* (1970), *Das Mädchen und der Kommissar* (1971), *César und Rosalie* (1972), *Mado* (1976) und schließlich *Eine einfache Geschichte* (*Une histoire simple*, 1978). Sautets filmisches Romy-Quintett – einer berückend schöner wie der andere, vom Zauber der Sautet'schen Inszenierungskunst durchdrungen – ist ein eigenständiges kleines Werk in Romy Schneiders umfangreichem Œuvre von achtundfünfzig Filmen.

Den Sommer 1975 verbringt Romy mit Sohn David und Daniel Biasini, der seit 1974 ihr Privatsekretär ist. Er, neun Jahre jünger als sie, ist die neue Liebe in ihrem unruhigen Leben. Sie entscheiden sich zu heiraten, nachdem die Scheidung zwischen Harry Meyen und Romy offiziell vollzogen ist. Am 18. Dezember 1975 feiern sie ihre Hochzeit in Berlin. Nach einer Fehlgeburt bemerkt Romy, dass sie erneut schwanger ist: Es ist am 21. Juli 1977, als ihre Tochter Sarah Magdalena Biasini das Licht der Welt erblickt.

Senta Berger erfährt nachts am Telefon von Romy Schneiders Schwangerschaft: »Als sie schwanger wurde, mit der Sarah, rief sie mich um halb zwei in der Nacht an, das war ja ihre Lieblingszeit, um Anrufe zu machen – das ist so bei allen schlaflosen Menschen –, und hat gesagt: ›Ich sag's euch gleich, weil, ihr werdet euch vielleicht mit mir freuen.‹ Und das fand ich einen ganz, ganz großen Vertrauensbeweis, nach all dem, was vorher in der Presse immer geschrieben wurde. Das ist einfach berührend, wenn dich jemand anruft und sagt: ›Ich bekomme ein Kind, und du wirst dich darüber freuen.‹ Das werde ich nie vergessen. So war sie.«

Als Harry Meyen sich am 15. April 1979 erhängt, da ist er seit vier Jahren von Romy Schneider geschieden und sieht seinen Sohn David, der in Paris lebt, nur selten. Beruflich steht Meyen an einem Nullpunkt, seit Jahren schon leidet er unter Depressionen, nimmt Tabletten, trinkt. Auch Entziehungskuren und Klinikaufenthalte scheinen nicht zu helfen. Für Romy Schneider mag mit diesem Suizid des Vaters ihres Sohnes in ihrer eigenen Wahrnehmung eine Mitschuld einhergehen, der sie nicht gewachsen ist. Sie sagt zu dieser Zeit, sie sei nach Hamburg angereist, da sie es Harry und David schuldig sei.

Romy bekundet in diesem April: »Tod von Harry. Ich hätte mich mehr um ihn kümmern müssen.«[192]

Mit dem 15. April 1979 soll eine Serie an tragischen Schicksalsschlägen im Leben Romy Schneiders beginnen, von denen jeder einzelne ausreicht, einem die Luft zum Atmen zu nehmen. Ein anderer, natürlicherer Verlust, nach dem des tragischen Todes von Harry Meyen, liegt im Sommer 1980: Am 26. August stirbt Romys Großmutter Rosa Albach-Retty in Wien im biblischen Alter von hundertfünf Jahren.

Zu Beginn des Jahres 1979 erhält Romy am 3. Februar in Paris zum zweiten Mal den César, diesmal für ihre Rolle in Claude Sautets *Eine einfache Geschichte.* Im Frühjahr dreht sie zusammen mit Yves Montand in Paris den eher sperrigen, von Costa-Gavras inszenierten Liebesfilm *Die Liebe einer Frau.* Nachdem sie noch 1979 unter der Regie von Bertrand Tavernier das epische Science-fiction-Drama *Der gekaufte Tod* (*La mort en direct*) im schottischen Glasgow abgedreht hat, mit dem damals noch nicht sehr bekannten Method-Acting-Schauspieler Harvey Keitel (*Taxi Driver*, 1976), steht Romy im Jahr darauf erst für Francis Girods *Die Bankiersfrau* (*La banquière*, 1980) vor der Kamera, dann spielt sie im Herbst desselben Jahres in Dino Risis parapsychologischer Geschichte *Die zwei Gesichter einer Frau* (*Fantasma d'amore*, 1981) an der Seite Marcello Mastroiannis.

Bei diesen Dreharbeiten in Italien lernt Romy den zehn Jahre jüngeren Produktionsleiter Laurent Pétin kennen. Bald schon werden sie ein Paar. Viel Zeit miteinander sollen sie nicht haben.

Laurent Pétin dürfte der Mann sein, der sich mithin am meisten um Romy sorgt und sich geradezu altruistisch um sie kümmert.

*

Für Romy geht es im Sommer 1979 nach Schottland. In Glasgow und Umgebung stehen von Juni bis Anfang August die Dreharbeiten zu Bertrand Taverniers dystopischem Science-Fiction-Thriller *Der gekaufte Tod* an. Das Projekt zählt zu der letzten Handvoll Filme, die Romy Schneider in den beiden ihr noch verbleibenden Lebensjahren realisiert.

Der gekaufte Tod kann als französisches Pendant zu Sidney Lumets US-Film *Network* (1976) betrachtet werden. In Taverniers mediale Entwicklungen antizipierendem Zukunfts-Thriller scheinen durch den medizinischen Fortschritt alle Krankheiten besiegt, die Fernsehzuschauer jedoch können live das ultimative Spektakel miterleben: den Tod eines Menschen. Der Reporter Roddy (Harvey Keitel), dessen Sehnerv mit einer Miniaturkamera versehen ist, soll die todkranke Katherine Mortenhoe (Romy Schneider) bis zu ihrem letzten Tag ständig begleiten. Es ist ihre Todesangst, die die Quoten in die Höhe katapultiert. Das Leben jedoch kommt ihnen dazwischen: Roddy beginnt, sich in Katherine zu verlieben und sich dagegen zu wehren, dass ihre Gefühle derart schamlos ausgebeutet werden. Er zerstört die Kamera in seinem Kopf und erblindet letztlich dadurch.

Der gekaufte Tod hat seine Weltpremiere auf den Berliner Filmfestspielen im Februar 1980, wo ihn Tavernier gemeinsam mit Romy und Harvey Keitel vorstellt, und gelangt im Anschluss in die Kinos. Da sind es nur noch knapp anderthalb Jahre, bis Romy der Unfalltod ihres Sohnes David – der in Taverniers Dystopie in einer gemeinsamen Szene mit seiner Mutter einmal kurz als der Junge mit dem Ball zu sehen ist – völlig aus der Lebensbahn werfen soll.

In diesen späten Februartagen des Jahres 1980 bekundet Romy anlässlich von Festival-Premiere und Kinostart: »Auf die Rolle der Katherine Mortenhoe in *Der gekaufte Tod* kann ich nicht ohne Betroffenheit eingehen. Sie wissen, wie hoch ein Privatfoto von mir, zum Beispiel nach einer Fehlgeburt, in der Presse gehandelt wird. Ganz egal wo.« An anderer Stelle fährt sie fort: »Natürlich habe ich diese Rolle in *Der gekaufte Tod* nicht ohne eigene Betroffenheit gespielt. Drei Viertel dieser Filmfigur haben mit mir zu tun. Dieser Film ist für mich mehr als nur irgendein weiterer Film, ganz bestimmt.«[193]

In Gesprächen in Paris sowie im süditalienischen, an der Ostküste gelegenen Bari erinnert sich der 1941 in Lyon geborene Regisseur Bertrand Tavernier – neben anderen Arbeiten bekannt etwa für *Der Uhrmacher von St. Paul* (*L'horloger de Saint-Paul*, 1974) oder *Ein Sonntag auf dem Lande* (*Un dimanche à la campagne*, 1984) – lebhaft an die Zusammenarbeit mit Romy Schneider. Tavernier, der Romy noch aus Zeiten von *Der Swimmingpool* kennt, den er seinerzeit als junger Presseagent betreute, liefert ein regelrecht Funken sprühendes Feuerwerk an Anekdoten:

»Die Begegnung mit Romy war etwas ganz Besonderes, sie war voller Leidenschaft und spielte fantastisch. Wir waren sehr schnell fertig, hatten nach acht Wochen abgedreht. Ich musste niemals auf sie warten, alles, was man mir von ihr erzählt hatte, war falsch. Es hieß ›Vor Mittag siehst du die nie‹, aber sie war punkt neun zur Stelle. An manchen Tagen fühlte sie sich mit der Crew so wohl, dass sie alle zum Essen einlud. Ich glaube, sie hatte viel Spaß an diesem Film. Ständig schob sie mir Dankesnachrichten unter der Tür durch. ›Ihre Romy, die nicht anders kann, als immer alles zu geben.‹ Sie klebte Blüten auf die Briefe, schrieb mir Gedichte von Heine und Goethe auf. Ich musste immer zurückschreiben. Wenn sie einen etwas fragte, musste man auch eine Antwort parat haben. Man durfte das niemals auf die leichte Schulter nehmen. Und manchmal war ihr etwas wahnsinnig wichtig, auf das man keine Antwort wusste. Aus heiterem Himmel konnte sie fragen: ›Wie kann das sein, dass so viele von Brechts Gedichten nie ins Französische übersetzt wurden?‹ Ich sagte: ›Das weiß ich nicht, Romy, ich habe damit nichts zu tun.‹«[194]

»›Meine Figur, Katherine, wird nicht das kleinste bisschen Selbstmitleid zeigen‹, hatte sie mir vor dem Dreh geschrieben. Ich habe selten erlebt, dass jemand so gut in einem Satz das Wesen einer Figur erfasst hat. Sie hatte das sofort erkannt. Seltsam war das, weil sie sich für nicht sehr intelligent oder gebildet hielt, glaubte, sie könne nicht improvisieren. Sie haderte mit allem, vor allem mit sich selbst. Sie hatte jede Menge Komplexe.«

Tavernier erzählt angeregt weiter: »Romy war immer grenzenlos großzügig. Aber sie hatte ein echtes Problem: Manchmal nahm sie Dinge persönlich, die das gar nicht waren. Und wenn man ihr erklärte, dass sie falsch lag, verstrickte sie sich in Ausreden. Sie sagte: ›Na ja, manche Feinheiten im Französischen versteh ich eben nicht.‹

Einmal kam meine Tochter Tiffany zum Dreh, sie war da gerade zwölf oder dreizehn und hat ein bisschen mitgemacht, sie ist in einer Einstellung zu sehen. Nach dem Abendessen ist Romy müde geworden und gleich ins Bett gegangen. Am nächsten Morgen sagte sie: ›Ach furchtbar, ich bin gegangen, ohne mich von deiner Tochter zu verabschieden. Wie unhöflich von mir.‹ Sie schrieb ihr einen Brief, eine ganze Seite voller Entschuldigungen. Und Tiffany rief: ›Papa, ich hab einen Brief von Romy Schneider gekriegt!‹ Sie hat ihn all ihren Klassenkameradinnen gezeigt. ›Nicht zu glauben, ich hab einen Brief von Romy Schneider!‹ Ich hatte gut verstanden, dass Romy hatte schlafen wollen, sie hatte ja den ganzen Tag gearbeitet. Aber sie konnte plötzlich Sorge haben, dass sie jemanden verletzt hatte.«

Dann fällt Tavernier eine Begebenheit ein, die sich in einem Restaurant in Paris zugetragen hat und Romys Verhältnis zu Mutter Magda anschaulich charakterisiert: »Ich glaube, sie litt fürchterlich unter ihrer Mutter. Bei meinem ersten Essen mit ihr vor *Der gekaufte Tod,* bei einem Nobel-Inder im 8. Arrondissement, fing sie ganz plötzlich von ihr an. Sie sagte: ›Bertrand, meine Mutter hat ein Haus in Berchtesgaden gekauft, verstehst du?‹ Dann fing sie an zu weinen. Sie weint! Und ich sehe, wie die Leute mich ansehen, denken: Was ist das denn für einer, der Romy Schneider so zum Weinen bringt? Der muss ja ein schlimmer Unmensch sein! Und sie war völlig … das passierte immer wieder. Die Verbindungen ihrer Mutter mit den Nazis, die quälten immer wieder ihr Gewissen.

Die oft einfach nur widerwärtigen Artikel in der deutschen Presse haben ihr schwer zugesetzt. Die gingen schrecklich ungerecht damit um, dass jemand von Hollywood willkommen geheißen wurde, der sich nach Sissi gewagtere Rollen zutraute und gern mit Regisseuren wie Orson Welles, Visconti oder Sautet arbeiten wollte. Nachdem sie ihre Karriere selbst in die Hand genommen hatte, wurde daraus eine erstaunliche Hitliste. Keine – nicht eine einzige – deutsche Schauspielerin, die je in Frankreich drehte, konnte ihr das Wasser reichen.«

Tavernier schließlich: »Und dann war da die schreckliche Geschichte mit ihrem Sohn David, der bei *Der gekaufte Tod* mitgemacht hat. Zwei, drei Wochen war er jeden Tag beim Dreh, und wir behandelten ihn quasi als zusätzlichen Assistenten. Die ganze Crew hat ihn geliebt. Ich mochte ihn auch, er war gut erzogen, lustig, lebhaft. Unglaublich charmant. Hochintelligent. An seinem Tod ist sie zerbrochen, glaube ich. Zu Grunde gegangen. Ich glaube nicht, dass ihr Tod ein Selbstmord war. Eher eine Verkettung unglücklicher Umstände, man nimmt Beruhigungsmittel, trinkt Alkohol, und dann … Selbstmordgefährdet war sie nicht. Nein, das war sie nicht.«

Bertrand Tavernier erzählt außerdem, dass für die Rolle des Ehemannes von Katherine Mortenhoe in *Der gekaufte Tod* ursprünglich Alain Delon vorgesehen war, sodass es letztlich dieser Film gewesen wäre, der Romy und Delon nach Joseph Loseys *Die Ermordung Trotzkis* wieder vor der Kamera zusammengebracht hätte – noch vor dem geplanten Projekt *L'un contre l'autre.*

»Max von Sydows Rolle hätte eigentlich Philippe Noiret spielen sollen, aber der musste operiert werden. Auf der Suche nach Ersatz – ein paar Tage vor Drehbeginn – dachte ich an Delon und habe ihm das Drehbuch geschickt. Er war ausgesprochen nett und höflich. Er rief sofort an und sagte: ›Das ist ein sehr schönes Projekt, aber ich mache lieber nicht mit. Mein Name würde nur falsche Erwartungen wecken. Wegen meiner Beziehung zu Romy würden die Leute die ganze Zeit auf meinen Auftritt warten. Wenn ich dann erst ganz zum Schluss auftauche, wären sie nur enttäuscht.‹ Ich glaube, das war sehr hellsichtig von ihm. Das war nicht bloß ein Schauspieler, der eine kleine Nebenrolle ablehnt. Er hat mir wirklich einen Gefallen getan, hat das ganz logisch erklärt. ›Ich rate Ihnen davon ab, Bertrand‹, hat er gesagt, ›sonst geben Sie dem Film eine völlig falsche Richtung.‹ Mir leuchtete das sofort ein. ›Das zieht nur unguten Presserummel an‹, meinte er, ›und die Leute werden mit ganz anderen Erwartungen ins Kino gehen.‹ Dann dachten wir an Max von Sydow, der sofort zugesagt hat.«

Die mögliche Besetzung Alain Delons in *Der gekaufte Tod* ist nicht der einzige Berührungspunkt zwischen Tavernier, Schneider und Delon – durch seine Tätigkeit als Presseagent für *Der Swimmingpool* sowie für die Filme Claude Sautets, ist der Regisseur den beiden Schauspielern immer wieder auch begegnet.

»Das Paar in *Der Swimmingpool* war magisch, echte Raubtiere, ein Traum, den beiden zuzusehen. In dem Film steckt jede Menge Talent. Es gibt viele Stärken, ausgesprochen starke Spannungsszenen. Die Schauspieler haben eine tolle Präsenz, alle vier.

Und es gibt wirklich diesen besonderen Aspekt Delon–Schneider. Etwas Körperliches in den Bewegungen. Die Kamera hat das wunderbar eingefangen.«

Bertrand Tavernier fügt abschließend hinzu: »Romy war immer mit Männern zusammen, die sie einfach nicht zu schätzen wussten. Abgesehen vielleicht von Laurent Pétin, der hat sie verstanden, der hatte das nötige Einfühlungsvermögen.«

*

Es ist auch in dieser Zeit um 1979, 1980 herum, dass sich Romy Schneider und Senta Berger zum letzten Mal sehen sollen. An diese letzte Begegnung kann sich Senta Berger bis heute gut erinnern. In ihrem Haus in München-Grünwald – im Wohnzimmer unten im Erdgeschoss stehen die Flügeltüren offen und führen auf den schönen Terrassen-Garten hinaus – blickt sie auf diesen Moment des Abschieds zurück:

»Wir haben uns einmal getroffen, da hat der Schlafwagenschaffner uns das Abteil aufgemacht, das hätte er gar nicht gedurft. Es war so, dass ich aus Wien kam. Ich kam aus Wien und bin in Salzburg umgestiegen in einen Zug nach München, saß dann in einem Abteil, da kam der Schlafwagenschaffner und sagte: ›Entschuldigen Sie bitte, sind Sie Frau Berger?‹ – ›Ja.‹ – ›Ich soll Ihnen etwas geben.‹ Dann gab er mir ein Zettelchen, und da stand drauf: ›Ich bin im gleichen Zug, möchtest du zu mir kommen? Der Schaffner wird dich bringen.‹

Auf dem Weg zum Schlafwagen hat er mir gesagt (*Senta Berger spricht es auf Bairisch*): ›I derfet des eigentlich goa ned. Aber i sperr euch jetz auf.‹ Er dürfe die Kabinen erst in München aufsperren, wenn der Schlafwagen dann offiziell nach Paris gehe. – Und da war sie …«

Senta Berger seufzt und holt tief Luft.

»Ach, und das war meine letzte Begegnung mit ihr.

Der Schlafwagen war noch nicht gerichtet, wir saßen unten auf dem Bänkchen, das war noch nicht richtig aufgeklappt, und über uns war das zweite Bett. Eigentlich schön. Ich könnte sie dir genau beschreiben – sie hatte wieder eine ihrer schönen kleinen schrägen Kappen auf. Weil sie ja immer gedacht hat, wenn sie ihre Haare nicht zeigt, dann wird man sie nicht erkennen. Das wiederum fand ich immer so schön an ihr, weil sie dann so ein Kindergesicht hatte. Total ungeschminkt.«

Senta Berger weiter: »Es war vor dem Tod vom David. Und worüber haben wir gesprochen? Wir haben über Kinder gesprochen. Über Kinder und dass meine Mutter bei mir im Haus lebt. Und über ihre ›Mammi, mein Mammile‹, hat sie gesagt: ›Weißt du, ich hab sie so lieb, die Mammi, aber sie ist ja so dumm.‹ Und dann hat sie mir auch gesagt, warum, wie sie das meint, ›Weil sie mit der *Bild*-Zeitung spricht, weißt du, und weil sie denen alles erzählt. Weil sie glaubt, sie muss meinen Ruf richten. Sie muss mir helfen. Dann redet sie mit den Springer-Leuten. Springer-Leute, verstehst du, am Mariengrund, in unserem Haus. Ich verstehe das nicht.‹ Dann hat sie gesagt: ›Weißt du, mit welchem Gefühl ich jetzt wegfahre von hier?‹

Wir sind gerade an Reichenhall vorbeigefahren – und ich kenne das ja alles gut, diese Berge –, da sagte sie: ›Dort bin ich aufgewachsen. Ich fahr nun mit dem Gefühl weg, dass ich meine Mutter nicht mehr sehen werde.‹ – Und die Erste von den beiden, die gestorben ist, war sie, Romy.«

Wenn Senta Berger über Romy Schneider spricht – Freundin, Kollegin, Weggefährtin –, dann ist immer auch deutlich spürbar, wie sehr es ihr ein Anliegen ist, eben nicht nur das weithin tradierte Romy-Bild zu bedienen und weiterzugeben, nicht in den bekannten Klischees zu denken. Sondern all das zu durchbrechen, zu hinterfragen und somit zu relativieren. Wenn die gebürtige Wienerin Senta Berger über die gebürtige Wienerin Romy Schneider spricht, dann sind da immer auch Loyalität und Kollegialität herauszuhören. Dabei betont sie manche Stelle durchaus mit charmant-energischer Verve:

»Ich möchte etwas richtigstellen bezüglich der, wie ich meine, zu Unrecht pauschalierten Verdächtigung, sie sei schwierig gewesen. Ich habe sehr oft Maskenbildner mit Romy geteilt – meine französischen Filme habe ich mit gleichem Maskenbildner und Friseurteam gemacht wie sie. Auch mit dem gleichen Produzenten und seinem Team. Da hört man dann einiges. Aber ich denke, dass Romy eigentlich in den allermeisten Fällen im Recht war. Überhaupt muss man sich fragen: Schwierig für wen? Denn, einfach nur schwierig als Caprice, als Laune, das, so glaube ich, hat ihr überhaupt nicht gelegen.«

Senta Berger weiter: »Da kamen sehr oft zwei Sachen zusammen, die ich sehr gut nachvollziehen kann: Die Angst vor einem Projekt, die Angst vor einem Drehtag, einer schwierigen Szene, und dann der Anspruch an sich selbst. Diese Hingabe an ihren Beruf, die erwartete sie auch von jedem Einzelnen im Team. Wenn das in ihren Augen nicht zutraf, dann fühlte sie sich verletzt, ja, boykottiert. Romy hat dann oft und unbewusst auf ein Verhaltensmuster ihrer Jugend, ihrer Anfänge zurückgegriffen, das des ›verwöhnten Kindes‹. Da ist ein Mechanismus durchgebrochen. Da konnte sie dann ungeduldig sein und ungerecht. Sie hat sich aber eigentlich immer sofort am Riemen gerissen, sich entschuldigt, die Leute überschüttet mit Geschenken, und mit ehrlichem Bedauern auf einen ihrer vielen Zettel in ihrer schönen Schrift geschrieben: ›Es tut mir leid, vergib mir‹.«

Annus horribilis:

1982

Ich habe den Vater begraben –
Ich habe den Sohn begraben –
Ich habe sie beide nie verlassen,
und sie mich auch nicht.

ROMY SCHNEIDER, 1982

Meine Erinnerungen an Romy
sind süß und schmerzhaft.

ALAIN DELON, 2011

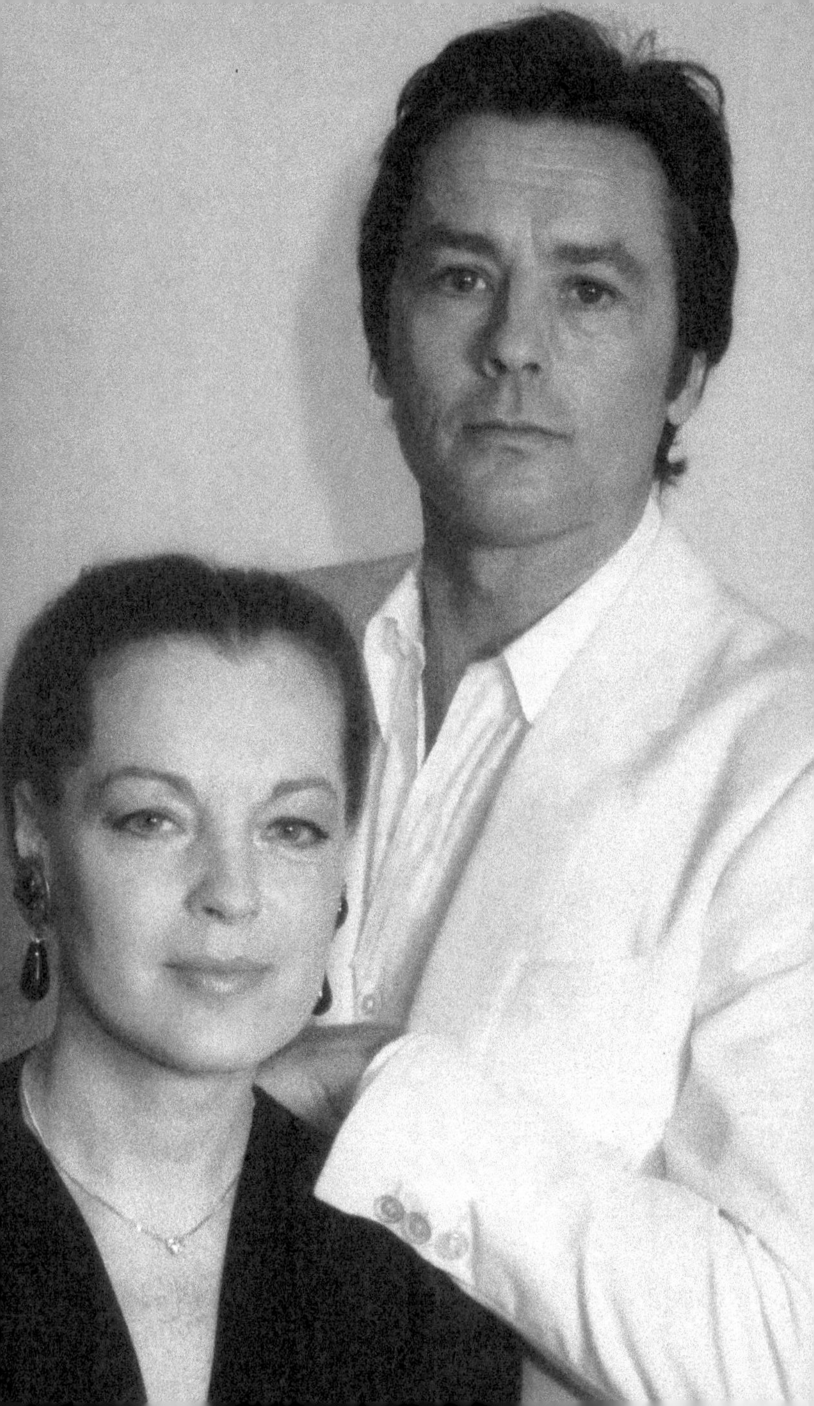

Paris. Es ist ein Sonntagvormittag Anfang Januar 1981. Alain Delon und Romy Schneider treffen sich für ein Foto-Shooting in Delons direkt an der Seine gelegenem neuen Triplex-Appartement in der Avenue du Président Kennedy im 16. Arrondissement, in unmittelbarer Nachbarschaft von Eiffelturm und Trocadéro. Zum zweiten Mal sollen sie gemeinsam auf das Cover der Zeitschrift *Paris Match.*

Es ist die Ausgabe vom 9. Januar 1981, deren Cover sie schließlich zieren – neben ihnen titelt *Paris Match* in großen gelben Lettern: »*Romy et Alain, les Français les ont élus stars de l'année.*« Die Franzosen haben sie zu den beliebtesten Schauspielern gewählt. Sie seien, schreibt *Paris Match,* ein Wahrzeichen.

Als Delons persönlicher Fotograf Michel Ginfray die Fotos von ihnen beiden macht – er in weißem Hemd und weißem Jackett, sie in dunklem Abendkleid mit zurückgestecktem Haar –, da soll Delon zu Romy gesagt haben: »Siehst du, wir sind noch die Besten. Ich hoffe, dass wir in zwanzig Jahren immer noch die Nummer Eins sind!«[195]

In diesen frühen Januartagen können sie beide nicht wissen, Romy nicht, Delon nicht, dass Romys Leben bald schon eine unerwartete Wendung nehmen wird. Es birgt etwas Tragisches in sich, dass sie ausgerechnet im Jahr 1981 von den Franzosen zu ihren »*stars de l'année*« auserkoren werden.

Zu Jahresbeginn '81 bereitet Alain Delon außerdem sein Regie-Debüt vor: Nach einem Drehbuch, verfasst von Christopher Frank und Delon selbst, basierend auf einem *roman policier* von Jean-Patrick Manchette, wird er im Mai und Juni in Paris *Rette deine Haut, Killer (Pour la peau d'un flic)* inszenieren, wieder selbst produzieren sowie die männliche Hauptrolle des Privatdetektivs Choucas übernehmen. An seiner Seite ist die zwanzigjährige Anne Parillaud zu sehen, die durchaus gewisse Ähnlichkeiten mit Nathalie Delon aufweist und bald schon nicht mehr nur auf der Leinwand Delons Partnerin sein wird, sondern, nach der Trennung von Mireille Darc 1983, auch im echten Leben.

Das mit einer Romy und Alain zelebrierenden Cover-Story begonnene Jahr 1981 soll sich für Romy Schneider als Schreckensjahr erweisen: Schicksalsschlag wird sich an Schicksalsschlag reihen. Im Februar trennen sich Romy und Daniel Biasini, diesmal ist es endgültig. Die Beziehung scheint längst unlebbar geworden zu sein, ist längst ein dauerhaftes Ohneeinander, das der den Luxus liebende Lebemann Biasini mit anderen Frauen und mit Romys Geld verbringt. Immer wieder kommt es auch zu Auseinandersetzungen wegen Sohn David, der nicht bei seiner Mutter lebt, sondern bei Daniel Biasinis Eltern, draußen in Saint-Germain-en-Laye vor den Toren von Paris.

*

Der März hält in künstlerischer Hinsicht einen hell leuchtenden Lichtblick bereit, eine Ablenkung von allem Ungemach mit dem scheidenden Ehemann Biasini: Romy dreht in den Studios Éclair in Saint-Denis bei Paris unter der Regie von Claude Miller das bezwingende Drama *Das Verhör* (*Garde à vue*, 1981). Michel Audiards brillant-subtiles Dialogbuch basiert auf dem gleichnamigen 1979 veröffentlichten Kriminalroman (im Original *Brainwash*) des Briten John William Wainwright. Romys Partner sind keine Geringeren als – wie man im Französischen zu sagen pflegt – *deux monstres sacrés* des französischen Films: Die Stars Michel Serrault und Lino Ventura.

Es ist eine kleine Rolle in einem großen Film.

Silvesternacht in Cherbourg. Diese letzte Nacht des Jahres ist düster, und sie ist verregnet. Der Regen plätschert laut auf das Dach des Polizeireviers, auf das der gut situierte Notar Jerome Martinaud (Michel Serrault) einbestellt wird. Es ist Kommissar Antoine Gallien (Lino Ventura), der ihn heute Abend noch sprechen will. Gallien ermittelt in einem Fall der Misshandlung und Ermordung zweier Mädchen, und es ist ausgerechnet der distinguierte Martinaud, der eines der beiden Mädchen tot am Strand aufgefunden hat. Zunächst scheint es sich um reine Routine zu handeln, Martinaud wird von Gallien höflich und zuvorkommend befragt. Doch dann gerät die Befragung zusehends zu einem forschen Verhör. Plötzlich sieht sich der Anwalt in diesem Katz-und-Maus-Spiel als Hauptverdächtiger des Kommissars. Es ist ausgerechnet Martinauds Frau Chantal (Romy Schneider), die spät in der Nacht auf das Kommissariat kommt und im abgedunkelten Nebenraum wartet. Sie wird Gallien mitteilen, ihr Mann sei der gesuchte Mädchenmörder. Dass sie die Unwahrheit sagt, kann Gallien nicht wissen. Noch nicht. Dann ist es zu spät.

Romy Schneider ist in Claude Millers Drama von einer großen auratischen Präsenz, alles scheint in diesem konzisen Kammerspiel – in dem es vordergründig um die Aufklärung zweier Mädchenmorde geht, eigentlich aber um die Identität und die tiefe Einsamkeit des Menschen an sich – nur auf ihren Auftritt zuzulaufen.

Es ist Claude Millers frühes und Romys spätes Meisterwerk, ihr bester Film seit Jahren.

Das Verhör kommt nach seiner Weltpremiere im August auf dem Filmfestival im kanadischen Montréal am 23. September 1981, es ist Romy Schneiders letzter Geburtstag, in die französischen Kinos.

Der Film stößt bei Publikum und Kritik auf Begeisterung. Die Presse ist voll des Lobes für Claude Miller und seine drei Akteure.

Le Figaro etwa schwärmt: »Romy Schneider genügen zwei Szenen, uns mehr zu erschüttern, als es die volle Aufführungsdauer mehrerer anderer Filme vermag.« Die so herausragende Rolle der elegant unterkühlten Anwaltsgattin Chantal Martinaud in *Das Verhör* wird Romys vorletzter Leinwand-Auftritt sein.

*

In diesem Frühjahr, im April, begibt sich Romy erneut in das Seebad Quiberon in der Bretagne, um sich in der Kurklinik dort zu entgiften, um wegzukommen von den Süchten. Schon früher kam sie hierher, um abzunehmen. Romy Schneider muss große Angst haben, nicht mehr schön zu sein, zu viel zuzunehmen, nicht mehr gefragt zu sein, alt zu werden. Diese Themen brechen bei ihr zusehends durch. Alter und Tod, sagt ihr Lieblings-Regisseur Claude Sautet später einmal, seien absolute Angst- und Tabu-Themen für sie.

Auch hier liegen die Tabletten auf dem Nachttisch, muss der Alkohol die Depressionen und Angstzustände betäuben, die körperlichen Schmerzen auch. Dem Presse-Besuch aus Deutschland, dem damaligen *Stern*-Journalisten Michael Jürgs und dem Hamburger Fotografen Robert Lebeck, die eine Geschichte über sie machen wollen, schiebt sie nachts einen ihrer berühmten Zettel unter der Tür durch – es kommt einem verzweifelten Hilferuf gleich: »*Und saufe … Wo Seid Ihr? Merde!*«[196]

Der *Stern* ist neben der *Bunten* und *Quick* dabei das deutsche Print-Medium, das über die Jahre hinweg die meisten Storys über Romy bringt. Im Oktober 1982, nur wenige Monate nach ihrem Tod, bringt die Zeitschrift gleich eine mehrteilige Serie und titelt auf dem Cover: »Die Ausbeutung der Romy Schneider«.

Romy muss sich im American Hospital in Neuilly-sur-Seine bei Paris einer Nierenoperation unterziehen, da ein gutartiger Tumor gefunden wurde. Am 23. Mai erfolgt die vierstündige Operation, danach ist sie geschwächt, ihre Genesung geht nur langsam voran, eine fünfundzwanzig Zentimeter lange Narbe zeichnet sie. Nacktszenen, so meint sie lakonisch, könne man nun also auch vergessen.

Romy hat sich noch kaum von den Folgen des Eingriffs erholt, da folgt die offizielle Scheidung von Daniel Biasini. Wieder macht sich die Presse über das »Ereignis« her, beleuchtet es von allen Seiten, zählt Romys Konten und die von Biasini ausgegebenen horrenden Beträge auf, zählt die teuren Yachten und diversen Autos des Lebemanns, des Vaters von Romys Tochter Sarah. Auch in der Causa Biasini mag Romy oftmals die Augen verschlossen haben.

Als Romy im Juni in die Studios von Boulogne-Billancourt muss, um Claude Millers *Das Verhör* während der Postproduktion nachzusynchronisieren, da ist David mit dabei. Er hilft seiner durch die Operation noch angeschlagenen und geschwächten Mutter ein wenig bei den Sprachaufnahmen. Auf den Schwarz-Weiß-Fotografien, die am Abschlusstag im Studio entstehen, ist Romy zu sehen, zu ihrer Rechten sitzt Regisseur Claude Miller, zu ihrer Linken David. Die Erwachsenen trinken ein Gläschen, man stößt in einer dieser typischen kargen und sterilen Filmstudio-Kantinen auf den Abschluss einer weiteren Arbeit an. David hält mal die Hand seiner Mutter, mal gibt er ihr ein Küsschen auf die Wange, mal scherzt er und flachst herum. Er wirkt ausgelassen und ungeduldig zugleich. Es sind die letzten Fotografien von ihnen.

Zehn Tage später wird Romy David verlieren.

*

Am 5. Juli klettert David über den hohen schmiedeeisernen Gartenzaun von Daniel Biasinis Elternhaus in der Rue Lorraine im Pariser Vorort Saint-Germain-en-Laye. Er macht das öfter, wenn das zwei Meter hohe Tor verschlossen ist, hat meistens keinen Schlüssel, klettert über den hohen Zaun mit seinen scharfen Spitzen. Diesmal geht es schief, er rutscht ab und wird auf dem Zaun aufgespießt. Das Gitter durchbohrt seinen Unterleib. Im Krankenhaus erliegt er später seinen inneren Blutungen. David wird nur vierzehn Jahre alt.

»Seit dem Tag, an dem David gestorben ist, war Romy klinisch tot«, bekundet Delon später. »Von diesem Augenblick an wollte sie nicht mehr leben.«

Als Romy nach einem Anruf zusammen mit Laurent Pétin im Centre Hospitalier ankommt, wird ihr dort nur mehr der Tod ihres geliebten Sohnes mitgeteilt. Es heißt, sie habe im Gang des Krankenhauses einen gellenden, markerschütternden Schrei ausgestoßen. Einem Yellow-Press-Fotografen gelingt es, in der Klinik ein Foto des aufgebahrten, bis auf den Kopf von einem weißen Tuch bedeckten Jungen zu machen und es den Medien zu verkaufen. Es mag kaum fassbar sein, dass es seinerzeit tatsächlich publiziert wird und dadurch auch heute noch zugänglich ist.

Zu Davids Beerdigung am 7. Juli reist Romys Bruder Wolfdieter mit seiner Frau Alba an – und es ist auch Alain Delon, der Romy zur Beisetzung ihres Sohnes begleitet. Auch während der Scheidung von Daniel Biasini beschützt Alain Romy, immer wieder auch nimmt er sie bei sich auf, da sie nun unentwegt die Appartements wechselt und keine feste Pariser Adresse mehr hat. Zehn Monate später, nach Romys Tod, ist es Alain Delon, der veranlasst, dass David nach Boissy-sans-Avoir umgebettet wird: Der Sohn kommt zur Mutter. Dorthin, nach Boissy-sans-Avoir, wo Romy mit Laurent Pétin leben wollte und bereits ein Grab für David gekauft hatte.

Als am 8. September 1981 die feierliche Pariser Premiere von Delons Regie-Debüt *Rette deine Haut, Killer* an den Champs-Élysées im großen Kino UGC Normandie stattfindet, da erscheint Delon in Begleitung von Mireille Darc, zusammen mit Hauptdarstellerin Anne Parillaud und Delons Sohn Anthony. Aber es sind nicht nur sie, die Delon begleiten.

Auch Romy ist für ihn gekommen.

»Sie ist nur Mireilles und meinetwegen gekommen, weil das mein Regie-Debüt war«, bekundet Alain Delon, und es schwingt ein wenig Stolz in seinen Worten mit.

Auf den Fotografien dieses Abends ist zu sehen, wie sich zu seiner Rechten Romy eingehakt hat, während sie auf dem roten Teppich entlang zum Premieren-Kino schreiten. Der Tod Davids ist acht Wochen her. Arm in Arm gehen sie zusammen an den Fotografen und Reportern vorbei, und es wirkt beinahe so, als halte Romy sich an Delon fest.

Alain Delon wird eines dieser Fotos einmal selbst kommentieren: »Das Erschütternde an diesem Foto ist, dass Romy da schon weg war. Man sieht es in ihren Augen. Sie ist in einer anderen Welt. Nicht mehr da. Sie hält sich an Mireilles und meinen Armen fest, aber sie ist schon nicht mehr bei uns.«

Es ist das erste Mal, dass Romy sich in diesem Herbst überhaupt öffentlich zeigt. Zu schwer ist die Last, die auf ihr ruht, ihr bald allen Lebensmut nehmen wird.

*

Im Oktober 1981 schließlich werden in Berlin die unterbrochenen Dreharbeiten zu *Die Spaziergängerin von Sans-Souci* (*La passante du Sans-Souci*, 1982) unter der Regie von Jacques Rouffio wieder aufgenommen, Drehschluss ist im Dezember. Es soll das letzte Mal sein, dass Romy Schneider in ihrem Leben vor einer Kamera steht.

1982 heiratet Magda Schneider schließlich ihren dritten Ehemann, den zehn Jahre jüngeren ehemaligen Kameramann Horst Fehlhaber, mit dem sie bis zu ihrem Tod im Jahre 1996 auf Mariengrund lebt. Am 14. April findet in Paris die Premiere von *Die Spaziergängerin von Sans-Souci* statt – Romy schafft es allerdings nicht mehr, die deutsche Fassung des Films selbst zu synchronisieren, wie sie es sonst bei nahezu allen ihren Filmen immer tat.

In den letzten Monaten ihres Lebens liest Romy ein Buch, es ist die Autobiographie der Schauspiel-Diva Eleonora Duse. Darin unterstreicht sie einen Satz, den die Duse zitiert, es ist ein Satz des italienischen Dichters Gabriele D'Annunzio: »Ich weiß, was der Ruhm bedeutet und was das Nahen der Nacht.« Beides kennt auch sie, diesen unermesslichen Ruhm und das Nahen der Nacht.

Anfang Mai reist Romy mit ihrem Lebensgefährten Laurent Pétin nach Zürich und sucht dort ihren Vermögensverwalter, Rechtsanwalt Dr. Jürg Henrik Kaestlin auf. Romy hat finanzielle Probleme, doch sie will draußen in Boissy-sans-Avoir, etwa fünfzig Kilometer westlich von Paris, unbedingt ein altes Landhaus kaufen. In der Nacht des 10. Mai 1982 setzt sie handschriftlich ihr Testament auf. Es ist, als nehme sie das bevorstehende Nahen der Nacht vorweg, als ahne sie ihr eigenes nahendes Ende. Von den noch lebenden Verwandten – Mutter Magda Schneider, Tochter Sarah Biasini, Ex-Ehemann Daniel Biasini, Bruder Wolfdieter Albach – tritt kurz darauf keiner das Erbe Romy Schneiders an, da vom Vermögen, an dem sich so manche aus ihrem Umfeld so ungehemmt bedienten, nichts mehr geblieben ist außer Schulden, französischen Steuerschulden vor allem, die Angaben variieren zwischen drei Summen: sieben, neun und elf Millionen Francs.

Die Vorbereitungen für die große Rückkehr des Paares Romy Schneider–Alain Delon laufen währenddessen auf Hochtouren, *L'un contre l'autre* ist endlich in Preproduktion.

Beide Stars haben Produzent Alain Terzian längst zugesagt, die Arbeit am Drehbuch ist inzwischen abgeschlossen, die Regie übernimmt Pierre Granier-Deferre, mit dem Romy bereits bei *Le Train* (1973) und *Die Frau am Fenster* (*Une femme à sa fenêtre*, 1976) zusammengearbeitet hat und Delon bei *Jet Set* (*La race des seigneurs*, 1974) sowie *Die Waffe des Teufels* (*Le toubib*, 1979). Sie kennen sich also, der Regisseur und die beiden Schauspieler, sind sich durch mehrfache Zusammenarbeit vertraut, eine wichtige Voraussetzung für das vor ihnen allen liegende sensible Projekt. So wird der bereits verschobene Drehbeginn dieses Zwei-Personen-Kammerspiels schließlich für den 1. Juni 1982 festgesetzt. Alle sind bereit.

»Kurz hatte ich die Hoffnung, der neue Film könnte ihr nach Davids Tod neuen Kampfgeist einflößen«, so Alain Delon. »Aber ich lag falsch, es war zu spät: Romy war zu nichts mehr in der Lage.«[197]

*

Der 28. Mai 1982 ist ein Freitag, Romy Schneider und Laurent Pétin gehen zu Laurents Bruder Jérôme und dessen Frau Claude zu einem *dîner* – sie essen alle gemeinsam in deren Appartement, trinken, reden miteinander, etwa über das im März gekaufte Haus in Boissy-sans-Avoir, wo sie sich noch einrichten müssen und den Sommer miteinander verbringen wollen, nur sie beide und Tochter Sarah. Am bevorstehenden Pfingstwochenende sind sie mit Jean-Claude Brialy verabredet, ebenfalls zum Abendessen. Romy und Jean-Claude, die sich kennen, seit sie mit Alain zusammen in *Christine* spielten. Das war 1958 – es ist fast fünfundzwanzig Jahre her. Eine Freundschaft, die ein Vierteljahrhundert anhält. In Romys persönlichem Umfeld ist er es, der sie mithin am besten kennt. Doch auch er bemerkt offenbar nicht, dass der Tod um seine Freundin Romy herumstreicht, wie er es später einmal selbst formulieren wird.

Am frühen Morgen des 29. Mai wacht Laurent Pétin allein im Bett in der im 7. Arrondissement unweit des Invalidendoms gelegenen kleinen provisorischen Wohnung in der Rue Barbet-de-Jouy 11 auf. Romy liegt nicht neben ihm. Es ist etwa sieben Uhr. Tochter Sarah schläft noch. Laurent Pétin steht auf und geht durch die Wohnung, er findet Romy im Salon am Schreibtisch sitzend, den Kopf vornüber auf der Tischplatte, ein Arm hängt über die Lehne, berührt beinahe den Boden. Daneben eine leere Flasche Rotwein, ein voller Aschenbecher. Vor ihr liegt ein handschriftlich begonnener Brief an eine französische Zeitschrift. Der Brief bricht abrupt ab.

Laurent Pétin spricht Romy an, doch sie reagiert nicht, sie ist nicht beim nächtlichen Schreiben des Briefes einfach nur eingeschlafen. Romys Herz hat gegen fünf Uhr morgens aufgehört zu schlagen.

Romy Schneider ist mit nur dreiundvierzig Jahren an Herzversagen gestorben.

Jean-Claude Brialy, der von Romys Tod im Radio in den Acht-Uhr-Nachrichten erfährt – wo es zunächst, wie bald darauf auch auf den Titelseiten der Mittagsausgaben der Tageszeitungen, heißt, *»Romy s'est suicidée«*, sie habe sich umgebracht –, fährt sofort in die Rue Barbet-de-Jouy 11, wo ihn Laurent Pétin einlässt.

Brialy erinnert sich Jahre später an diesen Pfingstsamstag: »Laurent nahm mich in Empfang, mit seiner Schwester und einigen Freunden, dann ging ich zu Romy. Sie lag auf ihrem

Bett, schön, entspannt, ein Lächeln auf den Lippen. Sie trug ein Kattunkleid von Saint Laurent, das sie immer geliebt hat, und sah aus, als würde sie schlafen. Alain Delon trat kurz nach mir ins Zimmer und drückte mir die Hand. Die beiden so zusammen zu sehen, nach all der Liebe, den Streits, den Versöhnungen, war ein beinahe unerträglich starker Eindruck. Alain murmelte: ›Lass uns allein‹, und ich ließ sie noch ein letztes Mal zu zweit sein.«[198]

Alain Delon erreicht die traurige Nachricht telefonisch, es ist Produzent Alain Terzian, der ihn anruft. Delon, der sich zusammen mit Anne Parillaud im Kurzurlaub im Périgord im Südwesten Frankreichs aufhält, kehrt sofort nach Paris zurück. Binnen drei Stunden steht Delon bei dem vollkommen perplexen Alain Terzian vor der Tür. Gemeinsam begeben sie sich schließlich in die Rue Barbet-de-Jouy – es ist Alain Delons schwerster Gang.

»Für die Trauer, die mich in dem Moment ergriff, gibt es keine Worte. Ich bin sofort zurück nach Paris gefahren. Nicht, dass das etwas genutzt hätte, aber ich musste einfach näher bei Romy sein, wenigstens geographisch.«

Als Romy stirbt, da ist Alain nicht nur so schnell er irgend kann bei ihr – er ist es auch, der sich um alles kümmert, ihre Beerdigung organisiert, alles abschirmen lässt, alle Kosten ungefragt übernimmt. Es ist die andere Seite des eiskalten Engels mit den blauen Augen. Als Alain an Romys Totenbett sitzt, macht er drei Polaroid-Fotos von seiner großen Liebe, wie sie dort im kleinen provisorischen Pariser Appartement liegt. Seither, so heißt es, trage er die Polaroids in seinem Portemonnaie in der linken Innentasche seines Jacketts, genau dort, wo das Herz ist.

»Keiner von uns, nicht mal ihr Arzt, konnte das voraussehen«, so Delon. »Man kann von ihrer schlechten Gesundheit sprechen, von einer Krise – aber in Wirklichkeit ist Romy am gebrochenen

Herzen gestorben. Ihr Sterben begann mit dem Tod ihres Sohnes David.«[199]

Es war Romys Großmutter Rosa Albach-Retty, von der der viel zitierte Satz stammt, der den Verlauf der Dinge regelrecht zu antizipieren scheint und den sie zu Romys Lebzeiten noch äußert: »Wer sich wie sie so hemmungslos von seinen Emotionen, Leidenschaften und Begierden treiben lässt, denkt sicher nicht daran, dass eine Kerze, die man an beiden Seiten anzündet, auch schneller abbrennt.«

Auch in Deutschland erreicht die traurige Nachricht über Romy Schneiders frühen Tod rasch Kollegen und Freunde. In München-Grünwald etwa klingelt bei Senta Berger und Michael Verhoeven frühmorgens das Telefon, Reporter Fritz Janda von der Münchner *Abendzeitung* ist am anderen Ende der Leitung: »Als mich dann der Herr Janda anrief, morgens um sechs oder sieben Uhr früh am Pfingstsonntag, da hatte ich sofort Angst. Natürlich habe ich sofort einen großen Schrecken gespürt, schon vorher, beim Klingeln des Telefons. Michael war nicht da, er hat irgendwo gedreht oder war auf Motivsuche. Herr Janda sagte (*Senta Berger macht eine tiefe Männerstimme in breitem Bairisch nach*): ›Guten Morgen, gnädige Frau, eine schlechte Nachricht – die Romy hat sich um'bracht, was sagen Sie dazu?‹ So ist man seitens der Presse umgegangen. Ich wurde wirklich wütend und schrie in das Telefon, es sei traurig, ich müsse darüber nachdenken und er möge mich in Ruhe lassen. So in etwa war das.«

Auch Mario Adorf ist dieser späte Tag im Mai heute noch sehr präsent: »Ich kann mich noch gut daran erinnern. Ich habe Theater gespielt. Dann hat man davon gehört. Es war … eigentlich nicht groß überraschend. Ja, Romy … und im Jahr davor der Sohn. Schrecklich, dieser Gedanke, dass man so sein Kind verlieren kann auf diese Weise, und dass ausgerechnet ihr so was passiert. Das hat schon viele Leute sehr berührt und beschäftigt. Sie hätte natürlich noch eine wunderbare gute ältere Schauspielerin werden können. Sie wäre mit Sicherheit eine große Schauspielerin geworden – geblieben –, die sich leicht einreiht in die Reihe von Elisabeth Bergner, Marlene Dietrich und anderen Frauen. Leicht. Bei Romy gab es eine tragische Komponente, die hatte sie, und das machte sie auch so außerordentlich.«

Adorf fügt noch hinzu: »Sie hat diesen ganz seltenen, großen Star-Touch. Romy ist die, die bleibt.«

Romy Schneiders Begräbnis findet am Mittwochvormittag des 2. Juni 1982 draußen in Boissy-sans-Avoir statt. Es ist der Ort, an dem sie ihr neues Leben beginnen wollte, in dem Landhaus, das sie dieses Frühjahr erst gekauft hat. Nun wird sie ebendort beerdigt.

Hubschrauber kreisen über dem kleinen Friedhof mit der mittelalterlichen Dorfkirche Saint-Sébastien, Fotografen sitzen in den Hubschraubern, die als erste das beste Foto schießen und meistbietend an die Weltpresse verkaufen wollen – das Foto vom Sarg und der Bestattung eines Weltstars. In der kleinen Straße, die zur Kirche führt, stehen Hunderte Menschen hinter Absperrungen – darunter Dutzende Reporter, Fotografen und Fernsehteams –, als der Wagen mit dem Sarg vorfährt, um zum Kirchenportal zu gelangen. Um 10 Uhr beginnt der kurze Trauergottesdienst für Romy Schneider.

Die Grabrede, die Romys letzter Regisseur Jacques Rouffio im Anschluss auf dem angrenzenden kleinen Friedhof hält, ist stellenweise nicht gut zu hören, da die Motoren- und Propellergeräusche in der Luft derart laut sind. Eine gute Stunde später, die Kirchturmuhr schlägt gerade elf Uhr, ist alles vorbei.

Viele sind gekommen an diesem Tag. Neben Romys Familie, Bruder Wolfdieter mit Frau Alba und Tochter, Laurent Pétin sowie dem geschiedenen Ehemann Daniel Biasini, nehmen auch langjährige Wegbegleiter und Kollegen von ihr Abschied, allen voran Michel Piccoli und Jean-Claude Brialy, aber auch Schauspieler Jean Rochefort, Drehbuch-Autor Jean-Loup Dabadie, die Regisseure Pierre Granier-Deferre, Jacques Deray und Bertrand Tavernier und andere sind unter den etwa fünfzig Trauergästen an diesem sonnigen Vormittag.

Romys Mutter Magda Schneider hingegen kann nicht anreisen, sie bleibt nach einem zweiten Herzinfarkt zu Hause in Berchtesgaden und bekundet: »Was um Himmels willen ist natürlich am Tod einer schönen jungen Frau von 43 Jahren?«[200]

Ihre Tochter ist nicht einmal ein halbes Jahr tot, da schreibt Magda Schneider im Herbst 1982 in ihrer Artikelserie für die *Bild*-Zeitung über das Leben von Romy. Es sind Texte, die zum Teil peinlich berühren, die ob des relativ kurzen Abstands zum Tod ebenso geschmacklos wie pietätlos wirken und dennoch von dem, was war, etwas einfangen. Auch von der Verbindung Romys zu Alain Delon weiß Magda Schneider auf ihre eigene Art mit folgenden Beschreibungen zu berichten:

»Er konnte buchstäblich mit ihr machen, was er wollte. Er tat ihr Gewalt an, körperlich wie seelisch. Was Alain Delon mit Romy machte, war im Grunde eine Gehirnwäsche. Mit Küssen und Schlägen brachte er sie dazu, an eine neue Moral zu glauben, die keine Moral war. Diese Moral hieß: Alles ist erlaubt. Männer dürfen Frauen schlagen. Männer dürfen mit Männern schlafen. Männer dürfen dafür auch von Männern Geld oder Filmrollen oder Wohnungen nehmen (…).«[201]

Nur einer fehlt auf der Beerdigung.

Er kommt an einem der anderen Tage, als die gierige Pressemeute nicht mehr da und aller Rummel vorbei ist, seine Anwesenheit auch nicht vom Eigentlichen ablenken kann.

Unbemerkt nimmt Alain Delon von seiner Romy, von seinem »Puppelé« Abschied.

Still und leise. Allein.

*

Begibt man sich um einen ihrer beiden Jahrestage herum auf den Weg zu der kleinen Dorfgemeinde Boissy-sans-Avoir im Département Yvelines, dann ist das Grab Romy Schneiders meist überhäuft mit Blumen und Pflanzen und Töpfen und Fotos und Schriftsprüchen und kleinen Steinen. Selbst ein Stück Zelluloid ist einmal an zwei Enden eines Blumenkorbes befestigt. Die Sonne scheint auf dieses Fleckchen Erde, an dem der Actrice weiter gedacht, sie weiterhin geehrt wird.

Das Grab von Romy Schneider liegt am hinteren Ende des sehr kleinen Dorffriedhofs, in der zweiten Reihe vor der Friedhofsmauer. Jenseits der Friedhofsmauer liegt ganz in der Nähe das Anwesen Les Grands Prés, das sie wenige Monate vor ihrem Tod für sich, Laurent Pétin und Tochter Sarah gekauft hatte. Bereits beim Betreten des Friedhofs ist Romys Grab aus der Ferne zu sehen. Wegen des Blumenmeeres, nicht, weil es das Auffälligste wäre, es ist vielmehr sehr schlicht gehalten, mit einer einfachen granitgrauen Grabplatte, ohne aufgestelltem Stein, ohne Kreuz. Unauffällig und unprätentiös.

Auf der flachen Grabplatte ist oben der Name ihres Sohnes zu lesen, versehen mit dem ursprünglichen Nachnamen des Vaters Harry Meyen – *David Haubenstock, né à Berlin le 3. Déc. 66.* Darunter ihr Geburtsname – *Rosemarie Albach, 23.9.38–29.5.82.*

Die Reise zu diesem Grab nimmt sich ohne Auto fast wie eine Pilgerreise aus. Es gibt von Paris aus keine öffentlichen Verkehrsverbindungen zu dem knapp fünfzig Kilometer westlich der Metropole gelegenen Dorf. Nur ein Regionalzug hält Richtung

Versailles in der Ortschaft Garancière, von dort geht ein Bus, ab und an zumindest, es bedarf durchaus etwas Zeit und ein wenig Glück. Oder man geht ab Garancière mehrere Kilometer zu Fuß zu Romys letzter Ruhestätte, vorbei an den sprichwörtlich weiten Wiesen und Feldern, vorbei an einem Wäldchen, durch das kleine Dorf Le Breuil auf einer Anhöhe, bis schließlich das rot umrahmte weiße Ortsschild am rechten Wegesrand erscheint: Boissy-sans-Avoir.

Erst die Hauptstraße Rue des Lierres entlang, die auf beiden Seiten von kleinen Einfamilienhäusern gesäumt wird, dann eine Gabelung nach links in die schmale Rue de l'Église, in der bereits die kleine Kirche Saint-Sébastien zu sehen ist.

Hier ist der kleine Friedhof mit seiner großen Prominenten. Hier liegt ein Weltstar begraben, zusammen mit dem Sohn. Hier, das ist letztlich gleichbedeutend mit dem Ende der Welt. Je entlegener, desto besser. Hier wollte Romy Schneider sein.

Hinzu kommt: Entstammt die Bezeichnung Boissy dem lateinischen *buxiacum*, dem Buchsbaum, so geht der Ortsname auf den Wahlspruch der Herren von Boissy zurück: *Sans avoir peur* (Ohne Angst zu haben). Es ist ein Ort, an dem es keine Angst braucht.

Etwas unaussprechlich Schönes, Beruhigendes geht von diesem französischen Ortsnamen aus. Romy ist angekommen.

Abspann

Delon.
Die Gegenwart

Ich denke an Romy.

ALAIN DELON, 2019

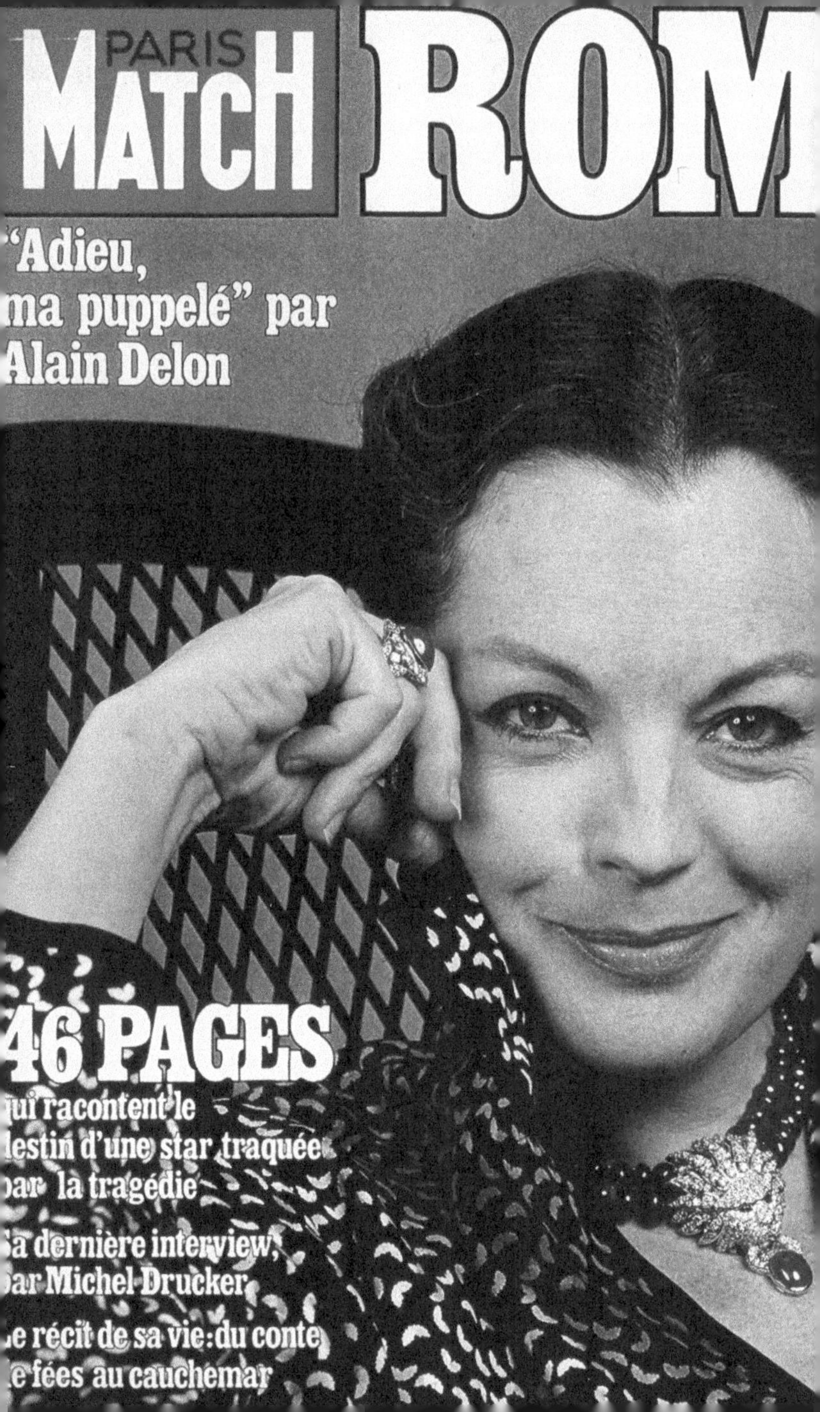
PARIS MATCH
ROM
'Adieu,
ma puppelé" par
Alain Delon
46 PAGES
ui racontent le
lestin d'une star traquée
ar la tragédie
a dernière interview,
ar Michel Drucker,
e récit de sa vie: du conte
e fées au cauchemar

Ob Alain Delon noch immer die Polaroid-Fotos in seiner linken Jackett-Innentasche trägt, über all die Jahre hindurch? Das weiß nur er allein. Je mehr Zeit seit dem Tod Romy Schneiders vergeht, umso mehr ist er darum bemüht, das Andenken an sie insbesondere in Frankreich mit öffentlichen Würdigungen aufrechtzuerhalten. Um *seiner* Romy zu gedenken. Die Art und Weise, wie er das publik macht, ist dabei nicht ganz unumstritten.

Das beginnt zunächst mit dem ebenso legendären wie ambivalenten Brief *»Adieu, ma Puppelé«*, den er lediglich eine Woche nach Romys Tod in der ersten Juni-Ausgabe von *Paris Match* vom 11. Juni 1982 öffentlich macht.

Der Brief ist eine Mélange aus Liebeserklärung, Geständnis und Rückblick. Es heißt, Delons getreuer Freund Georges Beaume habe maßgeblich an dem Aufsetzen des Briefes mitgewirkt. Es ist ein persönlicher, in Teilen sehr intimer Brief, dessen sanfter nostalgischer Ton ebenso liebevoll wie wehmütig anmuten mag, und vielleicht, bei alledem, auch reuevoll erkennend ist.

»Ich sehe Dich schlafen. Ich bin bei Dir, an Deinem Totenbett. Du trägst eine lange Tunika, schwarz und rot, mit Stickereien auf dem Oberteil. Es sind Blumen, glaube ich, aber ich schaue sie nicht an. Ich sage Dir adieu, das längste Adieu, ma Puppelé. So hatte ich Dich immer genannt. Ich schaue die Blumen nicht an, sondern Dein Gesicht, und ich denke, daß Du schön bist, wahrscheinlich warst Du nie so schön wie jetzt. Ich denke auch, daß ich Dich zum ersten Mal im Leben so heiter und friedlich sehe. Man möchte sagen, daß eine sanfte Hand aus Deinem Gesicht alle Aufregungen, alle Ängste fortgewischt hat (…).

Ich sehe Dich schlafen. Man sagt mir, Du seist tot. Wie bin ich schuldig? Man stellt sich diese Frage vor einem Wesen, das man geliebt hat und noch liebt. Dieses Gefühl überflutet einen, fließt dann zurück, und dann sagt man sich, daß man nicht schuldig ist, aber verantwortlich … Ja, das bin ich. Wegen mir hat Dein Herz (in Paris) in der vergangenen Nacht aufgehört zu schlagen. Wegen mir, weil ich vor 25 Jahren ausgesucht wurde, Dein Partner in *Christine* zu sein. (…).«

Immer wieder spricht Delon seine Romy direkt an, ruft einzelne Momente ab, die sie miteinander erlebt haben, erinnert an dunkle, schwierige Zeiten, aber auch an den so unschuldigen Anfang ihrer Liebe 1958, als sie zunächst auch die Sprache des anderen nicht verstanden:

»Am Anfang liebten wir uns ohne Worte. Wir sahen uns an, und wir lachten. Puppelé … Und ich war ›Pépé‹. Nach ein paar Monaten sprach ich noch immer nicht Deutsch, aber Du sprachst Französisch, so gut, daß wir zusammen in Frankreich Theater spielten. Visconti führte Regie. Er sagte uns, wir glichen uns, und wir hätten zwischen den Brauen das gleiche V, das sich kräuselte, aus Zorn, aus Lebensangst, aus Furcht. Er nannte es ›das V Rembrandts‹, weil, wie er sagte, dieser Maler dieses ›V‹ auf seinen Selbstbildnissen hatte. Ich sehe Dich schlafen. ›Das V Rembrandts‹ ist fortgewischt. Du hast jetzt keine Angst mehr.

Du bist nicht mehr auf der Lauer. Du wirst nicht mehr gejagt. Die Jagd ist vorüber, und Du ruhst Dich aus (...).

Wir haben mehr als fünf Jahre miteinander gelebt. Du mit mir. Ich mit Dir. Zusammen. Dann das Leben ... Unser Leben, das keinen etwas angeht, hat uns getrennt. Aber wir haben uns gerufen. Oft. Ja, das ist es genau: Wir haben uns ›Zeichen‹ gegeben (...).

Bis zum Tod von David gab es ›den Beruf‹, der Deinen Kopf über Wasser gehalten hat. Dann ist David gegangen. Und der Beruf hat nicht mehr ausgereicht. Ich bin nicht erstaunt gewesen, als ich die Nachricht bekam, daß Du auch von uns gegangen bist. Worüber ich erstaunt gewesen bin? Über Deinen Nicht-Selbstmord. Aber daß Dein Herz gebrochen war, nein. Ich habe es gesagt: ›Das war es, das Ende des Tunnels‹ (...)

Ich sehe Dich schlafen. Ich bin wieder allein. Ich sage mir: Du hast mich geliebt. Ich habe Dich geliebt. Ich habe aus Dir eine Französin, einen französischen Star gemacht. Ja, dafür fühle ich mich verantwortlich. Und dieses Land, das Du wegen mir geliebt hast, ist auch Deine Heimat geworden. Frankreich (...).«

Alain Delons öffentlicher Brief endet schließlich mit den emotionalen Worten:

»(...) Ma Puppelé, ich schau Dich immer wieder an, immer wieder. Ich will Dich mit meinen Blicken verschlingen und Dir immer wieder sagen, daß Du nie so schön und ruhig warst. Ruhe Dich aus. Ich bin da. Ich habe von Dir ein wenig Deutsch gelernt. Die Worte: Ich liebe Dich. Je t'aime. Je t'aime, ma Puppelé.

Alain.«[202]

Dass Alain Delon diese Zeilen publik macht – der hier gekürzte Brief umfasst zwei vollständige Druckseiten à jeweils drei Druckspalten –, das wirft man ihm zu dieser Zeit, und auch später noch, immer wieder vor. Wie kann man, zumal im Moment der Trauer, lediglich etwas mehr als eine Woche nach dem Tod der Betrauerten, mit derart privaten Gedanken an die Öffentlichkeit treten, das Private medial derart ausstellen? Umgehend übernehmen auch deutschsprachige Medien Auszüge davon, den vollständigen Brief in deutscher Übersetzung druckt die Zeitschrift *Quick* ab und erscheint in der Bundesrepublik lediglich um einen Tag versetzt.

Schauspielkollege Mario Adorf erinnert sich heute noch an Delons Umgang mit Romys Tod: »Delon ist in der Filmbranche als ein harter Knochen bekannt. Das, was er seit einiger Zeit mit der Romy aufführt, das halten viele auch für Heuchelei, für eine späte Wiedergutmachung. Sie sind ja nun lange auseinander gewesen.«

Und weiter: »Wenn man die Männer nebeneinandersetzt, ist natürlich die strahlende Figur Delon, zweifellos. Die sehr viel weniger strahlende der Meyen. Und dann die anderen.« Adorf ergänzt: »Es gibt Leute, die sagen, Delon ist ein Gangster. Das würde ich nicht tun. Aber er hat natürlich gewisse Verbindungen gehabt, merkwürdige Verbindungen. Das war schon nicht ganz sauber.

Diese Verbindung ist sicher schwer zu verstehen. Aber er hat eine Seite, die man offenbar lieben kann. Er war wirklich ein schöner Mann. Inwieweit das für Romy eine Rolle spielen konnte? Denn er war sicher kein gescheiter Mann. Er war natürlich nicht dumm. Das ist ein gewiefter, ganz gewiefter Kerl. Aber gebildet war er nicht. Er hat sich immer diesen Anschein gegeben, mit seiner Malerei, mit dem Wein, und all dem Drum und Dran. Er hat sich immer ganz bewusst einen intellektuellen Anstrich gegeben – aber in Wirklichkeit ist er das nicht.«

Mario Adorf resümiert abschließend: »Ich will nicht an sie

denken, wie sie das Kind verloren hat, ich will nicht dran denken, was mit Delon alles war, und wie sie dieses und jenes hatte – das will ich gar nicht denken. Ich will an Romy denken, wie sie für mich letzten Endes geblieben ist.«

»Diese eigenartige Beziehung zwischen Delon und Romy hat ihren Tod überdauert«, so Serge Bromberg in Paris über Delon heute. »Immer wieder hört man sogar, Delon habe bei seinen letzten Theaterauftritten darauf bestanden, für Romy eine Loge frei zu halten. Noch vor ein paar Jahren also, so sehr hat ihn das geprägt. Sehr seltsam.«

*

»Zum Schauspieler (*comédien*) ist man berufen, Darsteller (*acteur*) wird man durch Zufall. Ich bin ein Darsteller.«

Im Gespräch mit der französischen *Vanity Fair* im August 2017 in Paris, erklärt Alain Delon in Bezug auf seine sechzig Jahre umspannende Filmkarriere: »Man kennt den Unterschied. Ein Schauspieler hat Unterricht genommen und spielt eine Rolle, ein Darsteller hat gar nichts gelernt: Er *ist* die Figur. Belmondo ist ein Schauspieler – und zwar ein großartiger! Ich dagegen bin ein Darsteller …«[203]

Delon weiter: »Ripley war perfekt für mich, weil ich Darsteller bin, kein Schauspieler. Schauspieler sein ist eine Berufung, man geht zur Schule, lernt das Theaterhandwerk und so weiter. Darsteller wird man durch Zufall. Depardieu ist ein Darsteller. Jean-Paul Belmondo ist ein herausragender Schauspieler, er wollte schon als kleiner Junge einer werden, hat auf der Schauspielschule gelernt. Ich bin der Sohn eines Schlachters. Und obwohl mein Vater auch der Direktor des Regina war, des Kinos in Bourg-la-Reine, wäre ich auf die Schauspielerei niemals gekommen, bis sie mir vor die Füße fiel. Das war purer Zufall.«

Schließlich ergänzt Delon noch: »Darsteller haben eine starke Persönlichkeit, die Regisseure für den Film nutzen. Der Schauspieler spielt, der Darsteller lebt. Das ist nicht abwertend gemeint, es ist einfach so. Ich kann sehr unterschiedliche Rollen leben, aber nicht alles.«[204]

*

Mit den ausgehenden 1980er-Jahren sinkt der leuchtende Stern des *acteurs* Alain Delon am Kino-Firmament. Die Filme, in denen er zu sehen ist, sind nicht mehr zeitgemäß, seine Rollen, sie sind es auch nicht mehr. In vielen der jüngeren Filme wirkt er seltsam aus der Zeit gefallen, anachronistisch, einem Fremden gleich. Einmal engagiert ihn Jean-Luc Godard für *Nouvelle Vague* (1990), ein anderes Mal tritt er in Agnès Vardas verträumter Hommage anlässlich des 100-Jahr-Jubiläums der Erfindung der Kinematographie auf, *101 Nacht* (*Les cent et une nuits*, 1995). Der Glanz des *Eiskalten Engels* jedoch, er schwindet merklich. Der Beau altert. Die Rollen werden medioker.

Die Filme, die Delon noch dreht, sind sehr disparat und weit entfernt von dem künstlerisch hohen Niveau, das seine Arbeiten vor allen Dingen in den Sechziger-, teils auch in den Siebzigerjahren noch ausmachte.

Unter diesen meist mittelmäßigen Produktionen sind etwa *Der Panther* (*Parole de flic*, 1985) und *Casanovas Rückkehr* (*Le retour de Casanova*, 1992), oder auch *Der Anwalt* (*Un crime*, 1993) und *Der Teddybär* (*L'ours en peluche*, 1994), die beiden letzten Kinofilme von *Swimmingpool*-Regisseur Jacques Deray, der 2003 verstirbt. Mit keinem dieser Filme vermag es Delon, an die früheren großen Erfolge anzuknüpfen. Diese Zeit scheint vorbei. Seine Zeit scheint vorbei.

1997 dreht Regisseur Patrice Leconte *Alle meine Väter* (*Une chance sur deux*, 1998) – neben Vanessa Paradis sind in den Hauptrollen zu sehen: Alain Delon und Jean-Paul Belmondo, die seit Jacques Derays *Borsalino* (1970) erstmals wieder zusammen vor der Kamera stehen: *deux monstres sacrés.* Die beiden Großen vereint, Leconte kann sein Glück kaum fassen, als sie beide für diese Produktion zusagen. Zwei Jahre später, 2000, beschreibt Leconte seine Erfahrungen mit Delon, als er auf seine Zusammenarbeit mit dem *acteur* zurückblickt und ihn dabei sehr trefflich skizziert:

»(…) Er hat unbestreitbar zwei Persönlichkeiten: Eine sehr kontrollierte, oft ruppige, die er in der Öffentlichkeit zeigt (und sei die Öffentlichkeit auch nur eine Filmcrew), und eine ausgesprochen herzliche, die nur zum Vorschein kommt, wenn er sich sicher fühlt (…). Im einen Augenblick entspricht er haargenau seinem Image, im nächsten ist er das exakte Gegenteil davon. Für einen Regisseur ist das nicht immer leicht: Er hat gute und schlechte Tage, aber die haben wir natürlich alle.« Leconte weiter: »Vor allem wird er heimgesucht von seiner langen, ruhmreichen Laufbahn. Alain Delon lebt in und von seiner Vergangenheit. Die einzigen Regisseure in seinem persönlichen Museum sind Visconti, Losey, Melville und sein Meister René Clément. Danach war es in seinen Augen mit dem Kino aus.«[205]

Einer von Lecontes Sätzen, die den Delon der letzten Jahrzehnte, der Gegenwart auch, punktgenau charakterisieren, ist eben der: Alain Delon lebt in und durch die Vergangenheit, seine Vergangenheit. Die Welt, wie sie heute ist – *il s'en fout.*

Delon selbst gibt in jenem ausführlichen Gespräch mit *Le Monde* im September 2018 auch unumwunden zu, dass er mit dieser Gegenwart, mit dieser Welt nichts mehr anfangen könne. Diese »schreckliche neue Epoche«, wie er es nennt, sei nicht mehr seine Welt.

Neben seinem ausgeprägten Unbehagen spricht auch Sorge daraus:

»Ich werde das wohl nicht mehr erleben, glaube aber wirklich, dass die Männer – die größten Mistkerle – die Welt zugrunde richten werden. In fünf, zwanzig oder vierzig Jahren ist alles vorbei. Davon bin ich überzeugt.« Delon weiter: »So wie es läuft, sehe ich keinen Ausweg. Ich habe Kinder, habe Enkel, und diese neue Zeit wird furchtbar für sie werden. Wo soll das nur enden? Ich werde dieser Zukunft nicht nachtrauern, wenn ich mal nicht mehr bin. Meinem bisherigen Leben schon. Aber wie meine Kinder ihres leben sollen, kann ich mir nicht vorstellen.«[206]

Schließlich das Finale im Werk: Mit seinem denkwürdigen Auftritt als Caesar in *Asterix bei den Olympischen Spielen* (*Astérix aux jeux olympiques*) setzt Alain Delon 2008 – bis auf eine Handvoll noch folgender kleiner französischer Fernsehfilme – zu guter Letzt den Schlussstein unter seine fünf Jahrzehnte umspannende internationale Kino-Karriere.

*

Alain Delon hat über all die Jahre zusätzliche Tätigkeitsbereiche und Geschäftsfelder aufgetan – er wird unter anderem Pferdezüchter und führt einen Rennstall, er wird Box-Promoter und veranstaltet Boxkämpfe, er wird erfolgreicher Promoter von Parfüms, Champagner und Cognac und Besitzer diverser Firmen, die das Logo AD tragen. Sein Vermögen vermehrt sich dadurch ganz beträchtlich. Sind es nun nicht mehr die Gagen für seine Leinwand-Auftritte, die ihn gut leben lassen, so bleiben ihm doch diese etwas banaleren Geschäfte als Geldquelle.

Den Beziehungen mit den Schauspielerinnen Romy Schneider, Nathalie Delon, Mireille Darc und Anne Parillaud folgt in den Jahren 1987 bis 2002 eine fünfzehnjährige Verbindung mit dem niederländischen, 1966 geborenen ehemaligen Model Rosalie van Breemen.

Aus der Beziehung mit van Breemen, die heute als Journalistin arbeitet, gehen die beiden Kinder Anouchka, geboren am 25. November 1990, und Alain-Fabien, geboren am 18. März 1994, hervor. Bis heute ist es Tochter Anouchka, der Vater Delon am nächsten steht. Mehrfach steht er mit seiner schauspielenden Tochter in verschiedenen Theaterstücken in Paris, etwa in der Komödie *Une journée ordinaire* am Théâtre des Bouffes-Parisiens, und in der Schweiz auf der Bühne.

Sein Verhältnis zu den beiden Halbbrüdern Anthony und Alain-Fabien hingegen ist über die Jahre ein kompliziertes, unterkühltes, meist sehr distanziertes geworden. Mit seinen Söhnen scheint Alain Delon letztlich niemals wirklich warm geworden zu sein, etwas scheint zwischen dem alternden Beau und seinen männlichen Sprösslingen zu stehen. »Ich habe aufgehört, auf eine Beziehung zu meinem Vater zu hoffen«[207], sagt der jüngere Sohn Alain-Fabien 2017.

Beide Söhne sind immer wieder Inhalt der Berichterstattung durch die Yellow Press, wenn es über kleinere Skandale zu berichten gilt. Anthony Delon, der in den Achtzigerjahren eine Zeit lang eine Liebschaft mit Grace Kellys jüngster Tochter, Prinzessin Stéphanie von Monaco, hat, gelingt es als Schauspieler nicht, trotz Rollen in Filmen wie Francesco Rosis García-Márquez-Verfilmung *Chronik eines angekündigten Todes* (*Cronaca di una morte annunciata*, 1987), aus dem überdimensionierten Schatten seines weltbekannten Vaters herauszutreten. Der jüngere Alain-Fabien – der seinem Vater wesentlich ähnlicher sieht als der dreißig Jahre ältere Anthony – versucht sich als Model und ebenfalls auch als Schauspieler. Beides ist jedoch von sehr überschaubarem Erfolg gekrönt, wenngleich er zeitweise für Dior und für Gucci über den Laufsteg läuft. Doch immer wieder ist von Drogen, Alkohol und anderen Exzessen die Rede. Seine Familie bezeichnet Alain-Fabien einmal als »Hölle«.[208]

»Ich weiß, dass ich als Vater versagt habe«[209], bekennt Alain Delon einmal mit Blick auf seine unübersichtlichen Familienverhältnisse.

Mutter eines weiteren Kindes Alain Delons, heißt es, sei die deutsche Pop-Künstlerin Nico alias Christa Päffgen (1938–1988). Am 11. August 1962 kommt ihr Sohn Christian Aaron »Ari« Päffgen zur Welt. Delon hatte sie zur Zeit von *Nur die Sonne war Zeuge* kennengelernt, denn eigentlich war Nico in der Rolle der Marge besetzt – als sie jedoch in Italien eintrifft, ist der Part bereits an die Französin Marie Laforêt vergeben. Delon und sie, wird Nico später behaupten, seien sich auf Ischia dennoch nähergekommen, hätten eine Liaison miteinander gehabt und sich dann in New York wiedergesehen. Es ist die Zeit, in der Delon offiziell mit Romy zusammen ist, die ganze Welt weiß das. Es kommt zu einem Prozess zwischen Christa Päffgen und Alain Delon, bestreitet Delon doch seit jeher vehement die Vaterschaft dieses *»pseudo-descendants«*[210], dieses Pseudo-Nachkommens. Als Alain Delons Mutter Édith den etwa zweijährigen Ari Mitte der Sechzigerjahre zu Hause in Bourg-la-Reine aufnimmt, da Nico sich überfordert fühlt, sich nicht imstande sieht, Mutter zu sein, kommt es zu einem ersten Zerwürfnis zwischen Alain und seiner geliebten, am 30. Juni 1995 verstorbenen »Mounette«. 1977 schließlich adoptieren die Boulognes Christa Päffgens Sohn, ein hinsichtlich des Verwandtschaftsgrads durchaus sensibler, delikater Vorgang, woraufhin Sohn Alain und Mutter Édith für Jahre miteinander brechen sollen. Alain Delon habe schließlich für siebzehn lange Jahre den Kontakt zu ihr konsequent verweigert, bekundet Édith Boulogne einmal und ergänzt: »À cause d'Ari«[211], wegen Ari.

Bourg-la-Reine – es ist dort, wo auch der Schlachtersohn Alain

Delon aufwuchs, damals, in den Dreißiger- und Vierzigerjahren. Dort, wo alles begann.

Längst hat sich Alain Delon aus allem zurückgezogen und lebt allein mit seinen Hunden draußen auf dem französischen Land, weit genug von Paris entfernt, und nahe genug, es mit dem Auto binnen anderthalb bis zwei Stunden zu erreichen, wenn er Termine in seinem am Boulevard Haussmann gelegenen Büro wahrnimmt. Ab und an ist er in seinem Appartement in Genf, besitzt er doch seit dem Jahr 2000 Schweizer Bürgerrecht und ist im Kanton Genf auch heimatberechtigt.

Hier, in Douchy im Département Loiret der zentral im Land gelegenen Region Centre-Val de Loire, auf dem 1971 erworbenen weitläufigen Landsitz La Brûlerie, lebt er abgelegen und abgeschottet die Einsamkeit, ohne die er nicht sein kann, die ihn ein Leben lang begleitet hat, die für ihn eben kein Makel ist, sondern etwas, was er liebt und braucht.

Alain Delon, das ist auch immer der politisch Umstrittene: Der mit Jean-Marie Le Pen, dem Gründer des Front National, im Indochina-Krieg war und hernach eine Zeit lang befreundet ist. Der keinen Hehl daraus macht, dass er konservativ denkt und auch konservativ wählt. Der ein Befürworter der Todesstrafe ist. Der von der im Herbst 2017 initiierten MeToo-Bewegung unter anderem als homophob bezeichnet und für seine Ablehnung der Abtreibung scharf kritisiert wird.

Bis heute bekennt sich Delon zu seiner »Liebe und Anerkennung für de Gaulle. Immerhin war er de Gaulle! Ich finde ihn großartig, den General. Am 18. Juni fahre ich immer nach Colombey-les-Deux-Eglises, wo er zuletzt gelebt hat.«[212]

Als Alain Delon in der dritten Maiwoche 2019 von der Verleihung der Goldenen Ehren-Palme aus Cannes zurückkommt, da vergehen einige Wochen, bis eine französische Agentur-

Meldung durch die europäischen Medien geht, die aufhorchen lässt und Fans der Film-Ikone Grund zur Besorgnis liefert: Im Juni erleidet der Dreiundachtzigjährige einen Schlaganfall und eine leichte Hirnblutung. Er kommt in ein Pariser Krankenhaus, wird operiert und liegt für drei Wochen auf der Intensivstation.

»Die ganze Familie hat sich an seinem Bett abgewechselt, mein Bruder, meine Schwester und meine Mutter Nathalie«[213], bekundet Sohn Anthony Delon, der am 9. August 2019 eine kurze Erklärung an die Agence France Presse reicht, die besagt, dass es seinem Vater, der inzwischen aus dem Krankenhaus in Paris entlassen wurde, wieder etwas besser gehe und er sich an seinem zweiten Wohnort Genf in einer Reha-Klinik erhole.

Es ist still geworden um Alain Delon.

*

Als Alain Delon an jenem Sonntagabend des 19. Mai 2019 in Cannes auf der Bühne der Salle Debussy im Palais des Festivals et des Congrès steht, da hat er keine Maske auf, da spielt er nicht, wie er als *acteur* ohnehin nie gespielt hat. Er posiert auch nicht. Kein eiskalter Engel. An diesem emotional aufgeladenen Abend ist er einfach er selbst, ist ganz bei sich. Jeder und jede im Saal kann das spüren. Seine Offenheit ist greifbar, seine Authentizität ist fassbar.

Was das Festival-Publikum an diesem Abend zu sehen bekommt, ist die andere, unbekanntere Seite des Alain Delon. Die, die so wenige nur je erlebten. Es ist gut, dass er diese Seite an dem Abend zeigt, dass er sie zeigen kann – und noch einmal, vielleicht ein letztes Mal an *sie* erinnert, während ihm die Tränen im Gesicht stehen:

Je pense à Romy.

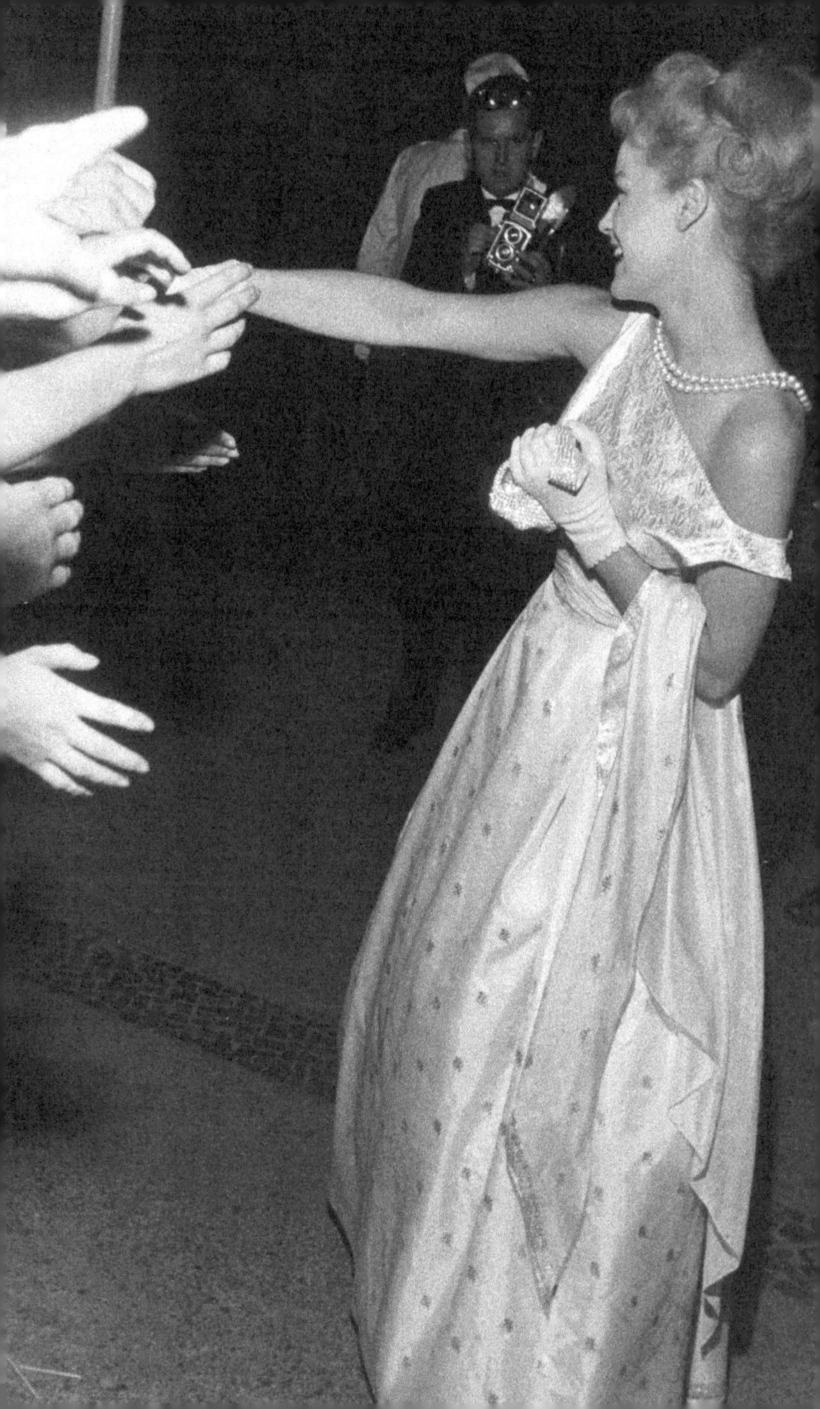

ANHANG

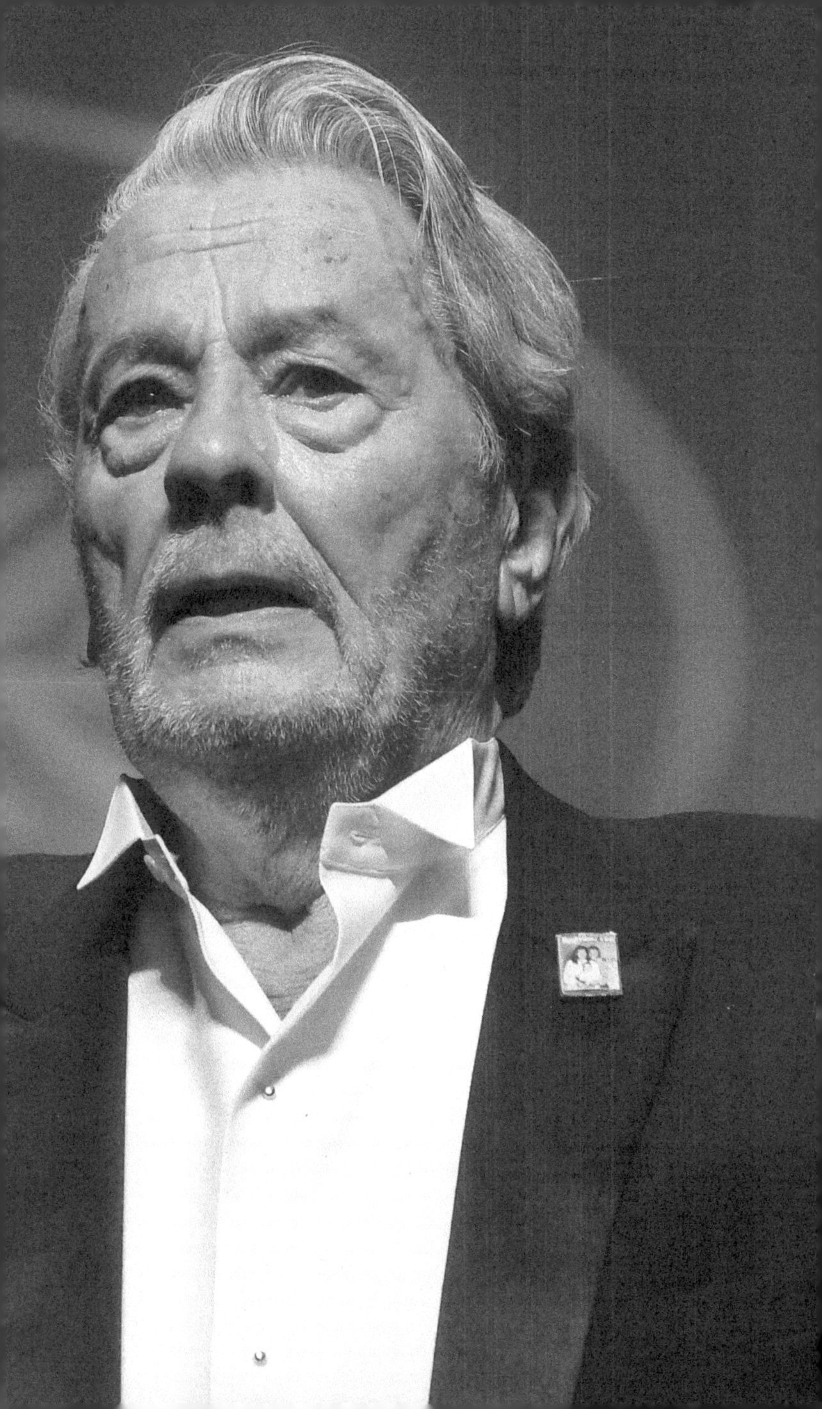

Anmerkungen

1 Dankesrede Alain Delons am 19. Mai 2019 auf den Filmfestspielen von Cannes, Salle Debussy, Palais des Festivals et des Congrès.
2 Renate Seydel (Hrsg.): *Ich, Romy.* Tagebuch eines Lebens. München 1988, S. 185.
3 *Vanity Fair:* Alain Delon, »Je me souviens«. August 2017, S. 21.
4 *Le Monde:* Samuel Blumenfeld, Interview Alain Delon, »Tout ce que j'ai fait au cinéma, je l'ai vécu«. 22. September 2018, S. 16–18.
5 ebenda.
6 Bernard Violet: *Les mystères Delon.* Paris 2000, S. 16.
7 *Le Monde:* Samuel Blumenfeld, Interview Alain Delon, »Tout ce que j'ai fait au cinéma, je l'ai vécu«. 22. September 2018, S. 16–18.
8 ebenda.
9 ebenda.
10 *Der Spiegel:* Stefanie Maeck, »Engel, Bengel, Herzensbrecher«. 8. November 2015.
11 Christian Dureau: *Alain Delon. En Plein Soleil.* Paris 2012, S. 10.
12 ebenda, S. 14.
13 *Le Monde:* Samuel Blumenfeld, Interview Alain Delon, »Tout ce que j'ai fait au cinéma, je l'ai vécu«. 22. September 2018, S. 16–18.
14 ebenda.
15 Alle Zitate Mario Adorfs sind Gesprächen mit dem Autor in München entnommen.
16 Alle Zitate Brigitte Aubers sind einem Gespräch mit dem Autor in Paris entnommen.
17 Robin Bean: *Reaching for the World. Films and Filming.* Februar 1965.
18 Stiftung Deutsche Kinemathek (Hrsg.): Hommage Alain Delon. Berlin 1995, S. 14.
19 Bernard Violet: *Les mystères Delon.* Paris 2000, S. 72.
20 *Paris Match:* »Delon. Il les a tant aimées.« Interview mit Michel Drucker. Nr. 3231 / 21. April 2011, S. 86 u. 87.
21 ebenda.
22 ebenda.

23 Renate Seydel (Hrsg.): *Ich, Romy.* Tagebuch eines Lebens. München 1988, S.175.

24 Michael Jürgs: *Der Fall Romy Schneider.* München 1998, S.18.

25 Renate Seydel (Hrsg.): *Ich, Romy.* Tagebuch eines Lebens. München 1988, S.13.

26 ebenda, S.27.

27 Das Archivmaterial mit den entsprechenden Dokumentar-Sequenzen ist unter anderem auf dieser Website einsehbar: https://footage.framepool.com/de/shot/157023439-demetra-breker-else-von-moellendorff-magda-schneider-stasi-hund / Siehe auch: Jürgen Trimborn: *Romy und ihre Familie.* München 2008, S.47.

28 Michael Jürgs: *Der Fall Romy Schneider.* München 1998, S.19.

29 *Ein Abend mit Romy.* Buch / Regie: Patrick Jeudy. Dokumentation, *Arte,* Erstausstrahlung am 16. September 2018.

30 *Die Welt:* Alice Schwarzer, »Romys Tränen einer Nacht«. 22. September 2018, S.1 und S.2.

31 *Ein Abend mit Romy.* Buch / Regie: Patrick Jeudy. Dokumentation, *Arte,* Erstausstrahlung am 16. September 2018./*Bild:* »Meine Mutter schlief mit Hitler!«, 27. August 2018, S.1 und S.20.

32 *Der Spiegel:* Legenden – »Diva mit Nazi-Trauma?«. Nr.38 / 2008, 15. September 2008, S.174./Jürgen Trimborn: *Romy und ihre Familie.* München 2008, S.49./Michael Jürgs: *Der Fall Romy Schneider.* München 1998, S.17.

33 Renate Seydel (Hrsg.): *Ich, Romy.* Tagebuch eines Lebens. München 1988, S.28.

34 *Paris Match:* Schwester Augustina über die Schülerin Romy. 6. August 1982.

35 Renate Seydel (Hrsg.): *Ich, Romy.* Tagebuch eines Lebens. München 1988, S.35.

36 Michael Jürgs: *Der Fall Romy Schneider.* München 1998, S.29.

37 Renate Seydel (Hrsg.): *Ich, Romy.* Tagebuch eines Lebens. München 1988, S.51.

38 ebenda, S.61.

39 ebenda, S.62.

40 ebenda, S.66.

41 *Ein Abend mit Romy.* Buch / Regie: Patrick Jeudy. Dokumentation, *Arte,* Erstausstrahlung am 16. September 2018.

42 Alle Zitate Senta Bergers sind Gesprächen mit dem Autor in München entnommen.

43 Renate Seydel (Hrsg.): *Ich, Romy.* Tagebuch eines Lebens. München 1988, S.73.

44 Hans Herbert Blatzheim: *Was ist schon tabu?* Berlin 1966.

45 *Ein Abend mit Romy.* Buch / Regie: Patrick Jeudy. Dokumentation, *Arte,* Erstausstrahlung am 16. September 2018.

46 Alle Zitate Joachim Fuchsbergers sind einem Gespräch mit dem Autor in München entnommen.

47 Renate Seydel (Hrsg.): *Ich, Romy.* Tagebuch eines Lebens. München 1988, S. 105.

48 Renate Seydel (Hrsg.): *Romy Schneider.* Bilder ihres Lebens. München 1987, S. 75.

49 ebenda.

50 *Ein Abend mit Romy.* Buch/Regie: Patrick Jeudy. Dokumentation, *Arte*, Erstausstrahlung am 16. September 2018.

51 Renate Seydel (Hrsg.): *Ich, Romy.* Tagebuch eines Lebens. München 1988, S. 127.

52 Renate Seydel (Hrsg.): *Romy Schneider.* Bilder ihres Lebens. München 1987, S. 73.

53 Renate Seydel (Hrsg.): *Ich, Romy.* Tagebuch eines Lebens. München 1988, S. 138 f.

54 Alle Zitate Georg Stefan Trollers sind einem Gespräch mit dem Autor in Paris entnommen.

55 Renate Seydel (Hrsg.): *Romy Schneider.* Bilder ihres Lebens. München 1987, S. 53.

56 Renate Seydel (Hrsg.): *Ich, Romy.* Tagebuch eines Lebens. München 1988, S. 236.

57 Renate Seydel (Hrsg.): *Romy Schneider.* Bilder ihres Lebens. München 1987, S. 53.

58 ebenda, S. 101.

59 Renate Seydel (Hrsg.): *Ich, Romy.* Tagebuch eines Lebens. München 1988, S. 177.

60 Christian Dureau: *Alain Delon. En Plein Soleil.* Paris 2012, S. 16.

61 Jean-Claude Brialy: *Le Ruisseau des Singes.* Autobiographie. Paris 2000, S. 123.

62 *Le Figaro:* Franz-Olivier Giesbert, Interview Alain Delon. 18. November 1998.

63 Bernard Violet: *Les mystères Delon.* Paris 2000, S. 78.

64 Renate Seydel (Hrsg.): *Ich, Romy.* Tagebuch eines Lebens. München 1988, S. 178.

65 Jean-Claude Brialy: *Le Ruisseau des Singes.* Autobiographie. Paris 2000, S. 124.

66 ebenda.

67 Renate Seydel (Hrsg.): *Ich, Romy.* Tagebuch eines Lebens. München 1988, S. 179.

68 *Christine.* Dokumentation. DVD, Studio Canal, 2004.

69 *Christine.* Deutsche Synchronfassung. DVD, Studio Canal, 2004.

70 ebenda.

71 ebenda.

72 ebenda.

73 Renate Seydel (Hrsg.): *Ich, Romy.* Tagebuch eines Lebens. München 1988, S. 181.

74 ebenda.

75 *France-Dimanche:* Jean Noli, Interview mit Marie Laforêt, 16. Mai 1963.
76 Lexikon des Internationalen Films. Reinbek bei Hamburg 1995, S. 854.
77 Joe Hembus (Hrsg.): *Romy Schneider und ihre Filme.* München 1980, S. 67.
78 Renate Seydel (Hrsg.): *Ich, Romy.* Tagebuch eines Lebens. München 1988, S. 184.
79 ebenda.
80 Michael Jürgs: *Der Fall Romy Schneider.* München 1998, S. 64.
81 *Frankfurter Allgemeine Sonntagszeitung:* Christiane Höllger, »Kannst du dir vorstellen, dass ich das bin?«, Nr. 38 / 23. September 2018.
82 Alle Zitate Senta Bergers sind Gesprächen mit dem Autor in München entnommen.
83 Renate Seydel (Hrsg.): *Ich, Romy.* Tagebuch eines Lebens. München 1988, S. 185.
84 Renate Seydel (Hrsg.): *Ich, Romy.* Tagebuch eines Lebens. München 1988, S. 185.
85 *Films / Portraits:* Alain Delon. Nr. 9 / 10, Paris, September / Oktober 1979.
86 *Le samouraï / Der eiskalte Engel.* Blu-ray, Pathé, 2012.
87 *Die Sendung der Lysistrata.* DVD, Studio Hamburg, 2014.
88 Renate Seydel (Hrsg.): *Romy Schneider.* Bilder ihres Lebens. München 1987, S. 108.
89 ebenda, S. 109.
90 ebenda, S. 105.
91 ebenda, S. 107.
92 Renate Seydel (Hrsg.): *Ich, Romy.* Tagebuch eines Lebens. München 1988, S. 187.
93 ebenda.
94 Alle Zitate Mario Adorfs sind Gesprächen mit dem Autor in München entnommen.
95 Renate Seydel (Hrsg.): *Ich, Romy.* Tagebuch eines Lebens. München 1988, S. 187.
96 ebenda, S. 188.
97 Renate Seydel (Hrsg.): *Romy Schneider.* Bilder ihres Lebens. München 1987, S. 115.
98 Renate Seydel (Hrsg.): *Ich, Romy.* Tagebuch eines Lebens. München 1988, S. 201.
99 ebenda, S. 202.
100 Renate Seydel (Hrsg.): *Romy Schneider.* Bilder ihres Lebens. München 1987, S. 115.
101 *Bild:* Magda Schneider, »Leb' wohl, Romy«, 16. / 20. Oktober 1982.
102 Alle Zitate Georg Stefan Trollers sind einem Gespräch mit dem Autor in Paris entstanden.
103 Alle Zitate Volker Schlöndorffs sind Gesprächen mit dem Autor in München und Potsdam entnommen.

104 *Der Spiegel:* Pariser Leben. Nr. 52 / 1963, 25. Dezember 1963.
105 Renate Seydel (Hrsg.): *Romy Schneider.* Bilder ihres Lebens. München 1987, S. 101.
106 ebenda, S. 138.
107 *Femme:* Gonzague Saint-Bris, Interview Alain Delon, Nr. 98 / April 1996.
108 *Delon, profession star* (TV): Olivier Todd, Interview Alain Delon, Dezember 1999.
109 Yvan Chiffre: *À l'ombre des stars.* Paris 1992.
110 Renate Seydel (Hrsg.): *Ich, Romy.* Tagebuch eines Lebens. München 1988, S. 217.
111 ebenda, S. 217.
112 Renate Seydel (Hrsg.): *Ich, Romy.* Tagebuch eines Lebens. München 1988, S. 215.
113 ebenda, S. 217.
114 *Der Spiegel:* Pariser Leben. Nr. 52 / 1963, 25. Dezember 1963.
115 Es existiert kein nachweisbares, zugängliches Dokument über diesen Moment im Dezember 1963 aus Romy Schneiders Leben; dennoch findet sich der Suizidversuch in zahlreichen franz. und dt. Biographien sowie in Zeitungsartikeln wieder. / Michael Jürgs: *Der Fall Romy Schneider.* München 1998, S. 95.
116 *Der Spiegel:* Pariser Leben. Nr. 52 / 1963, 25. Dezember 1963.
117 Bernard Violet: *Les mystères Delon.* Paris 2000, S. 177.
118 ebenda.
119 Christian Dureau: *Delon – Romy. Ils se sont tant aimés.* Paris 2009, S. 73.
120 Serge Bromberg: *Romy dans L'enfer.* Paris 2009, S. 22.
121 Renate Seydel (Hrsg.): *Ich, Romy.* Tagebuch eines Lebens. München 1988, S. 227.
122 Alle Zitate Serge Brombergs sind einem Gespräch mit dem Autor in Paris entnommen.
123 Renate Seydel (Hrsg.): *Ich, Romy.* Tagebuch eines Lebens. München 1988, S. 213.
124 Serge Bromberg: *Romy dans L'enfer.* Paris 2009, S. 19.
125 Renate Seydel (Hrsg.): *Ich, Romy.* Tagebuch eines Lebens. München 1988, S. 225.
126 *L'enfer de Henri-Georges Clouzot.* Regie / Buch: Serge Bromberg, Ruxandra Medrea. DVD, MK2, 2010.
127 ebenda.
128 Serge Bromberg: *Romy dans L'enfer.* Paris 2009, S. 134.
129 Renate Seydel (Hrsg.): *Ich, Romy.* Tagebuch eines Lebens. München 1988, S. 225.
130 *L'enfer de Henri-Georges Clouzot.* Regie / Buch: Serge Bromberg, Ruxandra Medrea. DVD, MK2, 2010.
131 Serge Bromberg: *Romy dans L'enfer.* Paris 2009, S. 99.

132 Alle Zitate Michael Verhoevens sind Gesprächen mit dem Autor in München entnommen.

133 *Der Spiegel:* Pariser Leben. Nr. 52 / 1963, 25. Dezember 1963.

134 Renate Seydel (Hrsg.): *Ich, Romy.* Tagebuch eines Lebens. München 1988, S. 220.

135 ebenda, S. 218.

136 ebenda, S. 231.

137 ebenda, S. 238.

138 Gespräche des Autors mit Senta Berger und Michael Verhoeven in München.

139 Renate Seydel (Hrsg.): *Ich, Romy.* Tagebuch eines Lebens. München 1988, S. 241.

140 ebenda, S. 241.

141 Alle Zitate Hans-Jürgen Syberbergs sind Gesprächen mit dem Autor in München und Nossendorf entnommen.

142 Sämtliche Zitate Romy Schneiders in diesem Kapitel entstammen dem Dokumentarfilm *Romy. Portrait eines Gesichts* (1966). DVD, Fernsehjuwelen, 2017.

143 *Der Spiegel:* »Romy Schneider – Beichte am Berg.« Nr. 7 / 1967, 6. Februar 1967, S. 94.

144 Alle Zitate Senta Bergers sind Gesprächen mit dem Autor in München entnommen.

145 Renate Seydel (Hrsg.): *Ich, Romy.* Tagebuch eines Lebens. München 1988, S. 252.

146 Stiftung Deutsche Kinemathek (Hrsg.): Hommage Alain Delon. Berlin 1995, S. 49.

147 Alle Zitate Jean-Claude Carrières sind Gesprächen mit dem Autor in Paris entnommen.

148 Alle Zitate Mario Adorfs sind Gesprächen mit dem Autor in München entnommen.

149 Renate Seydel (Hrsg.): *Ich, Romy.* Tagebuch eines Lebens. München 1988, S. 241.

150 Renate Seydel (Hrsg.): *Romy Schneider.* Bilder ihres Lebens. München 1987, S. 320.

151 *Der Swimmingpool.* Special Features. Blu-ray, Concorde Home Entertainment, 2011.

152 Christian Dureau: *Alain Delon. En Plein Soleil.* Paris 2012, S. 60.

153 Renate Seydel (Hrsg.): *Ich, Romy.* Tagebuch eines Lebens. München 1988, S. 255.

154 *France Soir:* Alain Delon, »J'ai conscience de n'avoir rien à me reprocher«, 30. Oktober 1968.

155 Alle Zitate Georg Stefan Trollers sind einem Gespräch mit dem Autor in Paris entnommen.

156 Renate Seydel (Hrsg.): *Ich, Romy.* Tagebuch eines Lebens. München 1988, S. 253.

157 *Fernsehen+Film:* Wolfram Knorr, »Die Kinofigur Alain Delon«. Nr. 6 / Juni 1970, S. 20.

158 Alle Zitate Jane Birkins sind einem Gespräch mit dem Autor in Paris entnommen.

159 *Fernsehen+Film:* Wolfram Knorr, »Die Kinofigur Alain Delon«. Nr. 6 / Juni 1970, S. 24.

160 *Positif:* Michel Sineux, La piscine. Nr. 104 / April 1969.

161 Philippe Barbier: *album photos, Alain Delon,* Paris 1982, S. 74.

162 *Neues vom Film:* Martin Büttner, Interview Romy Schneider. ZDF, 8. Mai 1970.

163 Renate Seydel (Hrsg.): *Ich, Romy.* Tagebuch eines Lebens. München 1988, S. 253.

164 ebenda, S. 256.

165 Alle Zitate Jane Birkins sind einem Gespräch des Autors in Paris entnommen.

166 Alle Zitate Jean-Claude Carrières sind Gesprächen mit dem Autor in Paris entnommen.

167 Albert Camus: *Der Fremde.* Reinbek bei Hamburg 1990, S. 60 f.

168 *L'Avant Scéne Cinéma:* La Piscine. Nr 509 / Februar 2002, S. 52.

169 Renate Seydel (Hrsg.): *Ich, Romy.* Tagebuch eines Lebens. München 1988, S. 257.

170 Christian Dureau: *Alain Delon. En Plein Soleil.* Paris 2012, S. 60.

171 *Les Lettres Françaises:* N. N., 5. Februar 1969.

172 *Frankfurter Allgemeine Zeitung:* N. N., 8. Mai 1970.

173 *Evangelischer Presseverband München:* Kritik Nr. 195 / 1970.

174 *Die Welt:* N. N., 10. Mai 1969.

175 *Lexikon des Internationalen Films.* Reinbek bei Hamburg 1995, S. 5444.

176 Renate Seydel (Hrsg.): *Ich, Romy.* Tagebuch eines Lebens. München 1988, S. 268.

177 *Paris Match:* »Delon. Il les a tant aimées.« Interview mit Michel Drucker. Nr. 3231 / 21. April 2011, S. 86 u. 87.

178 Christian Dureau: *Alain Delon. En Plein Soleil.* Paris 2012, S. 61.

179 Renate Seydel (Hrsg.): *Ich, Romy.* Tagebuch eines Lebens. München 1988, S. 270.

180 *Positif:* »Témoignage sur Losey«. Nr. 583, September 2009, S. 56 f.

181 Renate Seydel (Hrsg.): *Ich, Romy.* Tagebuch eines Lebens. München 1988, S. 272.

182 ebenda.

183 *Sight & Sound:* Joseph Losey and Harold Pinter-Special. Brad Stevens, The Infiltrator. Nr. 19 / Juni 2009, S. 37.

184 *Das Mädchen und der Mörder. Die Ermordung Trotzkis.* DVD, Filmjuwelen, 2019.

185 Renate Seydel (Hrsg.): *Ich, Romy.* Tagebuch eines Lebens. München 1988, S. 272.

186 *Die Zeit:* Wolf Donner, »Anonym bleibendes Ränkespiel«. Nr. 45 / 1972, 10. November 1972.

187 ebenda.

188 Philippe Barbier: *album photos, Alain Delon,* Paris 1982, S. 96.

189 Christian Dureau: *Alain Delon. En Plein Soleil.* Paris 2012, S. 75.

190 Renate Seydel (Hrsg.): *Ich, Romy.* Tagebuch eines Lebens. München 1988, S. 275.

191 *Vrij Nederland:* Ab van Ieperen, »Filmster is een vak«, Interview Alain Delon. Amsterdam 1976.

192 Renate Seydel (Hrsg.): *Ich, Romy.* Tagebuch eines Lebens. München 1988, S. 311.

193 ebenda, S. 313.

194 Alle Zitate Bertrand Taverniers sind Gesprächen mit dem Autor in Paris und Bari entnommen.

195 *Paris Match:* »Romy et Alain«. Nr. 1650 / 9. Januar 1981.

196 Renate Seydel (Hrsg.): *Romy Schneider.* Bilder ihres Lebens. München 1987, S. 302.

197 Christian Dureau: *Alain Delon. En Plein Soleil.* Paris 2012, S. 109.

198 Jean-Claude Brialy: *Le Ruisseau des Singes.* Autobiographie. Paris 2000, S. 297.

199 Renate Seydel (Hrsg.): *Romy Schneider.* Bilder ihres Lebens. München 1987, S. 320.

200 ebenda, S. 320.

201 *Bild:* Magda Schneider, »Leb' wohl, Romy«. 16./20. Oktober 1982.

202 *Paris Match:* »Adieu, ma Puppelé.« Nr. 1724 / 11. Juni 1982, S. 54 u. 55. / *Quick:* »Adieu ma Puppele.« 10. Juni 1982.

203 *Vanity Fair:* Alain Delon, »Je me souviens«. August 2017, S. 21.

204 ebenda, S. 46.

205 Patrice Leconte: *Je suis un imposteur.* Paris 2000, S. 280.

206 *Le Monde:* Samuel Blumenfeld, Interview Alain Delon, »Tout ce que j'ai fait au cinéma, je l'ai vécu«. 22. September 2018, S. 16–18.

207 *Der Tagesspiegel:* Tanja Kuchenbecker, »Die wilden Söhne des Alain Delon«. 4. März 2017.

208 ebenda.

209 ebenda.

210 Bernard Violet: *Les mystères Delon.* Paris 2000, S. 476.

211 ebenda, S. 479.

212 *Le Monde:* Samuel Blumenfeld, Interview Alain Delon, »Tout ce que j'ai fait au cinéma, je l'ai vécu«. 22. September 2018, S. 16–18.

213 *AFP / dpa:* »Alain Delon wegen Hirnblutung operiert«. 9. August 2019.

Zeittafel Romy Schneider

1938 23. September: Rosemarie Magdalena Albach wird in Wien geboren. Sie ist das erste Kind des Schauspieler-Ehepaares Magda Schneider und Wolf Albach-Retty. – Oktober: Die Familie zieht von Wien nach Schönau bei Berchtesgaden um. Romy wächst bei ihren Großeltern Maria und Franz Xaver Schneider in dem 1936 erbauten Landhaus Mariengrund auf.

1941 21. Juni: Geburt von Bruder Wolfdieter, genannt Wolfi.

1943 Romys Eltern trennen sich. Wolf Albach-Retty lebt mit der Schauspielkollegin Trude Marlen zusammen.

1944 September: Einschulung von Romy in Berchtesgaden.

1945 Scheidung von Magda Schneider und Wolf Albach-Retty.

1948 Romy kommt für ein Jahr auf ein Mädchenpensionat in Gmunden bei Bad Ischl.

1949 Juli: Romy wechselt auf das Internat Goldenstein bei Salzburg. Dort bleibt sie bis Juli 1953.

1953 September: Dreharbeiten von Romys Schauspiel-Debüt *Wenn der weiße Flieder wieder blüht* in Wiesbaden, München und Berlin. – Heirat Magda Schneiders mit dem Kölner Geschäftsmann und Gastronom Hans Herbert »Daddy« Blatzheim. – In *Feuerwerk* spielt Romy Schneider an der Seite von Lilli Palmer.

1954 Romy spielt erstmals unter der Regie von Ernst Marischka, in *Mädchenjahre einer Königin.*

1955 Ein entscheidendes Jahr in Romy Schneiders Leben: Nach *Die Deutschmeister* und *Der letzte Mann* dreht sie den ersten der drei *Sissi*-Filme. – Erster Besuch in Paris mit Mutter Magda.

1956 Fortsetzung *Sissi, die junge Kaiserin. – Kitty und die große Welt. – Robinson soll nicht sterben.* Romy steht das erste Mal zusammen mit Horst Buchholz vor der Kamera. – Erster *Spiegel*-Titel mit Romy: »Die Jungfrau von Geiselgasteig«.

1957 Februar–März: Reise mit Mutter Magda und »Daddy« Blatzheim nach Indien und Ceylon. – Helmut Käutners *Monpti.* – Im Sommer spielt Schneider in *Schicksalsjahre einer Kaiserin* zum dritten und letzten Mal die Rolle der Sissi. – *Scampolo* auf Ischia.

1958 Januar–Februar: Reise mit Mutter Magda in die USA. – Romy dreht das Remake *Mädchen in Uniform,* wieder mit Lilli Palmer. – Romy Schneider begegnet Alain Delon: Gemeinsam drehen sie in Paris und Wien *Christine. – Die Halbzarte.*

1959 Romy geht nach Paris, sie und Alain Delon sind nun ein Paar. – 22. März: Verlobung in Morcote am Luganer See. – *Ein Engel auf Erden. – Die schöne Lügnerin. – Katja. Die ungekrönte Kaiserin.* – Besuch bei Alain Delon am Set von *Nur die Sonne war Zeuge,* in dem sie einen Kurzauftritt zu Beginn des Films hat.

1960 Dreharbeiten in Deutschland zu Fritz Kortners *Die Sendung der Lysistrata,* Romys einzigem Fernsehfilm. – Vorläufiger Abschied von Deutschland.

1961 März: Blinddarmoperation. – 29. März: Premiere des Stückes *Schade, dass sie eine Hure ist* am Théâtre de Paris (120 Aufführungen). Romy Schneider und Alain Delon stehen in Viscontis Inszenierung gemeinsam auf der Bühne. Für Romy ist es die erste von zwei Theaterarbeiten. – Sommer: Visconti dreht mit Romy die Episode *Der Job* in dem Gruppenfilm *Boccaccio '70*. – November: *Der Kampf auf der Insel*.

1962 Januar – Mai: Theatertournee mit Tschechows *Die Möwe* in der Inszenierung von Sacha Pitoëff (100 Aufführungen). – März: Dreharbeiten zur Kafka-Verfilmung *Der Prozeß*, Regie Orson Welles. – *Die Sieger*. Romy dreht mehrere Filme für die Columbia.

1963 Dreharbeiten zu Otto Premingers *Der Kardinal* in Wien. Wiedersehen mit ihren Eltern. – Romy zieht nach Hollywood. – *Leih mir deinen Mann* mit Jack Lemmon. – Alain Delon trennt sich von Romy Schneider.

1964 Sommer: Dreharbeiten zu Henri-Georges Clouzots unvollendetem Film *L'enfer*. – *Was gibt's Neues, Pussy?*

1965 Vorläufige Rückkehr nach Deutschland. – 2. April: Erste Begegnung mit dem Schauspieler und Theater-Regisseur Harry Meyen im Berliner Europa-Center. – Herbst: Dreharbeiten zu *Halb elf in einer Sommernacht*.

1966 März – Mai: Dreharbeiten zu *Schornstein Nr. 4* im Ruhrgebiet. Erste Zusammenarbeit mit Michel Piccoli, fünf weitere Filme sollen folgen. – Hans Jürgen Syberberg dreht in Kitzbühel den Dokumentarfilm *Romy. Portrait eines Gesichts* für den Bayerischen Rundfunk. – 15. Juli: Während der Dreharbeiten zu *Spion zwischen zwei Fronten* Heirat Romy Schneiders mit Harry Meyen in Saint-Jean Cap Ferrat. Wohnung in Berlin-Grunewald. – 3. Dezember: Geburt des Sohnes David Christopher Haubenstock in Berlin. Rückzug ins Privatleben.

1967 21. Februar: Vater Wolf Albach-Retty stirbt im Alter von 60 Jahren in Wien an einem Herzinfarkt.

1968 Mai: Stiefvater Hans Herbert »Daddy« Blatzheim stirbt. – Frühjahr: Rückkehr zum Film *Otley* in London. – 12. August: Alain Delon empfängt Romy Schneider am Flughafen von Nizza. – August bis Oktober: Die Dreharbeiten zu Jacques Derays *Der Swimmingpool* in Ramatuelle bei Saint-Tropez bringen Romy und Delon wieder zusammen vor die Kamera.

1969 31. Januar: Premiere von *Der Swimmingpool* in Paris. Comeback für Romy. – Frühjahr: Dreharbeiten zu *Inzest* in London. – Erste Begegnung mit Claude Sautet. Juni–August: Dreharbeiten von *Die Dinge des Lebens.*

1970 März: Premiere von *Die Dinge des Lebens* in Paris. Erste von fünf Zusammenarbeiten mit Claude Sautet. – *Die Geliebte des anderen.* – *Bloomfield.* – *La Califfa.* – Sautets *Das Mädchen und der Kommissar,* erneut mit Michel Piccoli.

1971 *Das Mädchen und der Mörder. Die Ermordung Trotzkis,* dritter und letzter gemeinsamer Film von Romy Schneider und Alain Delon. – 5. Juni: Auftritt zusammen mit Harry Meyen in Henno Lohmeyers Talkshow *Der Stargast* (SFB).

1972 Erneute Zusammenarbeit mit Luchino Visconti bei *Ludwig II.* – *César und Rosalie* von Sautet.

1973 *Le Train. Nur ein Hauch von Glück.* – *Sommerliebelei.* – *Das wilde Schaf.* – *Trio Infernal.* – Romy Schneider und Harry Meyen trennen sich. Romy geht wieder nach Paris, Meyen bleibt in Hamburg.

1974 *Nachtblende* von Andrzej Zulawski. – *Die Unschuldigen mit den schmutzigen Händen* von Claude Chabrol. – Daniel Biasini wird Romys Privatsekretär. – 30. Oktober: Romys Auftritt in Dietmar Schönherrs WDR-Talkshow *Je später der Abend* in Köln. Pressewirbel um Romys Äußerungen zu Burkhard Driest.

1975 *Das alte Gewehr* (alternativ: *Abschied in der Nacht*). – Juli: Scheidung von Romy Schneider und Harry Meyen. – Romy und Biasini werden ein Paar. – 18. Dezember: Heirat mit Daniel Biasini in Berlin.

1976 3. April: Romy wird mit dem César für *Nachtblende* und *Das alte Gewehr* ausgezeichnet. – *Die Frau am Fenster.* – *Mado* von Sautet. – Dreharbeiten zur Böll-Verfilmung *Gruppenbild mit Dame.*

1977 24. Juni: Romy Schneider wird für ihre Darstellung in *Gruppenbild mit Dame* mit dem Deutschen Filmpreis in Gold ausgezeichnet. – 21. Juli: Geburt der Tochter Sarah Magdalena in Gassin bei St. Tropez.

1978 *Eine einfache Geschichte*, fünfte und letzte Arbeit von Claude Sautet mit Romy. – 40. Geburtstag. – *Blutspur.*

1979 3. Februar: César für ihre Rolle in Sautets *Eine einfache Geschichte.* – Frühjahr: Dreharbeiten zu *Die Liebe einer Frau* von Costa-Gavras. – 15. April: Harry Meyen erhängt sich am Ostersonntag in Hamburg. Er ist 54 Jahre alt. – *Der gekaufte Tod* von Bertrand Tavernier.

1980 *Die Bankiersfrau.* – *Die zwei Gesichter einer Frau.* Während der Dreharbeiten in Italien lernt Romy den zehn Jahre jüngeren Produktionsleiter Laurent Pétin kennen, mit dem sie bis zu ihrem Tod zusammenbleibt. – 26. August: Romys Großmutter Rosa Albach-Retty stirbt in Wien im Alter von 105 Jahren.

1981 Romy und Biasini trennen sich. – Im Frühjahr Dreharbeiten zu Claude Millers *Das Verhör.* – Scheidung von Daniel Biasini. – Beginn der Dreharbeiten zu Romys letztem Film, *Die Spaziergängerin von Sans-Souci.* – Mai: Abbruch der Dreharbeiten. Nierenoperation. – 5. Juli: Sohn David verunglückt im Alter von 14 Jahren tödlich. – Oktober:

Wiederaufnahme der Dreharbeiten in Berlin, Drehschluss im Dezember.

1982 Magda Schneider heiratet ihren dritten Ehemann, Horst Fehlhaber. – 14. April: Premiere von *Die Spaziergängerin von Sans-Souci* in Paris. Romy kann die deutsche Fassung des Films nicht mehr synchronisieren. – Neues Filmprojekt mit Alain Delon: *L'un contre l'autre.* – 29. Mai: Romy Schneider stirbt im Alter von 43 Jahren am Pfingstsamstag in Paris an Herzversagen. – 2. Juni: Beerdigung auf dem Friedhof von Boissy-sans-Avoir, 50 Kilometer westlich von Paris.

1996 30. Juli: Magda Schneider stirbt im Alter von 87 Jahren in Berchtesgaden, wo sie auf dem Bergfriedhof beerdigt wird.

2007 29. Mai: Romy Schneiders 25. Todestag findet in den Medien große Resonanz und wird zur Titelgeschichte des *Spiegel.*

2008 Anlässlich des 70. Geburtstags werden mehrere Film- und Fernsehprojekte über ihr Leben angekündigt. – 17. September: Eröffnung einer Romy-Schneider-Ausstellung in der Deutschen Kinemathek, Berlin.

2009 11. November: Der Fernsehfilm *Romy* (Regie: Torsten C. Fischer) läuft in der ARD in Erstausstrahlung.

2018 12. April: Im Jahr von Romys 80. Geburtstag startet der Spielfilm *3 Tage in Quiberon* (Regie: Emily Atef) in den Kinos.

2022 29. Mai: 40. Todestag von Romy Schneider.

Zeittafel Alain Delon

1935 8. November: Alain Fabien Maurice Marcel Delon wird in Sceaux, einem Vorort von Paris, als Sohn von Édith Arnold und Fabien Delon geboren und wächst in Bourg-la-Reine auf.

1949 Alain Delon verlässt die Schule, nachdem er sechs Schulwechsel hinter sich hat. – Er beginnt eine Schlachterlehre bei seinem Stiefvater Paul Boulogne.

1952 Alain Delon meldet sich zum Militärdienst und geht im Alter von 17 Jahren in den Indochina-Krieg, wo er drei Jahre bleibt.

1956 Rückkehr aus Indochina. – Begegnung mit Schauspielerin Brigitte Auber, die gerade in Alfred Hitchcocks *Über den Dächern von Nizza* mitspielte und Delon in die Filmwelt einführen wird. Sie sind etwa zwei Jahre ein Paar.

1957 *Killer lassen bitten*, Alain Delons erste Rolle in einem Kinofilm.

1958 Erste Begegnung von Alain Delon und Romy Schneider am Flughafen Paris Orly. – *Christine. – Mal diese – mal jene. – Sei schön und halt den Mund*

1959 *Die Schüler.*

1960 Hauptrolle als Tom Ripley in René Cléments Patricia-Highsmith-Verfilmung *Nur die Sonne war Zeuge.* Der Film wird Delons internationaler Durchbruch.

1961 Luchino Viscontis *Rocco und seine Brüder.* – 29. März: Premiere von John Fords Stücks *Schade, dass sie eine Hure ist* am Théâtre de Paris. Romy Schneider und Alain Delon stehen in Luchino Viscontis Inszenierung in 120 Vorstellungen auf der Bühne. Es wird ihre einzige gemeinsame Theaterarbeit bleiben.

1962 *Liebe 1962*. Regie Michelangelo Antonioni.

1963 April: Alain Delon begegnet Nathalie Barthélémy. – *Lautlos wie die Nacht.* – *Wie Raubkatzen.* – *Die schwarze Tulpe.* – Dezember: Alain Delon trennt sich von Romy Schneider.

1964 August: Heirat von Alain Delon und Nathalie Barthélémy, die nun Nathalie Delon heißt. – 30. September: Geburt von Sohn Anthony Delon in Los Angeles. – *Die Hölle von Algier.* – *Der gelbe Rolls-Royce.*

1965 *Brennt Paris?*

1967 Alain Delon dreht unter Jean-Pierre Melvilles Regie *Der eiskalte Engel.* – *Mit teuflischen Grüßen*, mit Filmpartnerin Senta Berger. Regie Julien Duvivier.

1968 12. August: Alain Delon empfängt Romy Schneider am Flughafen von Nizza. – August bis Oktober: Dreharbeiten zu *Der Swimmingpool.* – Sommer: Alain Delon und Schauspielkollegin Mireille Darc werden ein Paar. – 25. August: Scheidung Delons von Nathalie Delon. – Die Markovic-Affäre um Delons ermordeten Leibwächter beherrscht die Schlagzeilen. Delon wird viermal verhört, ebenso Nathalie Delon.

1969 *Der Clan der Sizilianer.*

1970 *Borsalino* mit Delon und Belmondo. – Melvilles *Vier im roten Kreis.*

1971 *Das Mädchen und der Mörder. Die Ermordung Trotzkis.* Dritter und letzter gemeinsamer Film von Romy Schneider und Delon. Dreharbeiten in Mexico City und Rom.

1973 *Endstation Schafott.* – *Scorpio, der Killer.* – *Der Schocker.* – *Die Löwin und ihr Jäger.*

1974 *Eiskalt wie das Schweigen.* – *Borsalino & Co.*

1975 *Zorro.* – *Flic-Story.* – *Der Zigeuner.*

1976 *Monsieur Klein.* Regie Joseph Losey.

1977 *Der Fall Serrano.*

1979 *Airport '80.*

1980 *Killer stellen sich nicht vor.*

1981 *Rette deine Haut, Killer.* Delons Regie-Debüt.

1982 *Der Schock.* Neues gemeinsames Filmprojekt für Alain Delon und Romy Schneider: *L'un contre l'autre.* – Mai/Juni: Delon kümmert sich um Organisation, Ablauf und Bezahlung von Romy Schneiders Beerdigung.

1983 *Der Kämpfer.* Alain Delon und Mireille Darc trennen sich.

1984 *Eine Liebe von Swann.* Regie Volker Schlöndorff.

1987 Alain Delon und Rosalie van Breemen, niederländisches Model und Journalistin, werden ein Paar.

1990 25. November: Geburt von Tochter Anouchka Delon.

1990 *Nouvelle Vague.* Regie Jean-Luc Godard. *Der eiskalte Wolf.*

1992 *Casanovas Rückkehr.*

1993 *Der Anwalt.*

1994 18. März: Geburt von Sohn Alain-Fabien Delon. – *Der Teddybär.*

1995 *101 Nacht. Die Träume des M. Cinéma.* Regie Agnès Varda.

1996 *Der Tag und die Nacht.*

1998 *Alle meine Väter.*

2000 *Les acteurs.*

2001 *Fabio Montale.* Fernseh-Dreiteiler. – Trennung von Rosalie van Breemen nach 14 Jahren. Delon lebt fortan allein auf seinem Landsitz in Douchy sowie in seinem Appartement in Genf.

2003 *Le lion.* – *Frank Riva.* Sechsteilige Fernsehserie.

2007 *Sur la route de Madison* am Théâtre Marigny, Paris, mit Mireille Darc.

2008 *Love Letters* am Théâtre de la Madeleine, Paris, mit Anouk Aimée. *Asterix bei den Olympischen Spielen.* Alain Delons letzter Kinofilm.

2010 *Un mari de trop.* Letzter Fernsehfilm.

2011 *Une journée ordinaire* am Théâtre des Bouffes-Parisiens, Paris, mit Tochter Anouchka Delon.

2013 Gemeinsame Theatertournee mit *Une journée ordinaire.*

2019 19. Mai: Verleihung der Palme d'Or d'Honneur der Internationalen Filmfestspiele von Cannes an Alain Delon. – Sommer: Sohn Anthony Delon gibt bekannt, dass sein Vater einen Schlaganfall und eine Gehirnblutung erlitten hat und in Paris operiert wurde.

2020 8. November: 85. Geburtstag von Alain Delon.

Filmographie

Gemeinsame Filmographie von Romy Schneider und Alain Delon

1958
Christine
(*Christine*)

Regie: Pierre Gaspard-Huit.
Drehbuch: Pierre Gaspard-Huit, Hans Wilhelm, nach dem Roman *Liebelei* von Arthur Schnitzler.
Dialoge: Georges Neveux.
Kamera: Christian Matras.
Musik: Georges Auric.
Liedtexte: Max Colpet.
Ausstattung/Dekor: Jean d'Eaubonne.
Kostüm: Rosine Delamare.
Maske: Anatole Paris.
Frisuren: Alexandre.
Ton: Antoine Petitjean.
Montage: Louisette Hautecoeur.
Produktionsleitung: Heinz Baum.

Produzent: Michel Safra.
Produktion: Speva Films, Play Art (Paris), Rizzoli Film (Rom).

Darsteller: Romy Schneider (Christine Weiring), Alain Delon (Fritz Lobheimer), Jean-Claude Brialy (Theo Kaiser), Micheline Presle (Baronin Lena Eggersdorf), Fernand Ledoux (Hans Weiring), Sophie Grimaldi (Mizi Schlager), Jean Galland, Jacques Duby, François Chaumette, Bernard Dhéran, Jacques Toja, Jean Lagache, Jean Davy, Josef Egger, Claudine Auger.

Länge: 100 Minuten (Frankreich)/109 Minuten.
Format: 35 mm, Farbe, Eastmancolor, 1,37:1.
Uraufführung: 19. Dezember 1958, Stuttgart, Gloria Palast.
Französische Erstaufführung: 24. Dezember 1958, Paris.

1969
Der Swimmingpool
(La piscine)

Regie: Jacques Deray.
Drehbuch: Jean-Emmanuel Conil.
Adaption und Dialoge: Jean-Claude Carrière, Jacques Deray.
Kamera: Jean-Jacques Tarbès.
Musik: Michel Legrand.
Lieder: *Ask Yourself Why,* gesungen von Sally Stevens; *Run, Brother Rabbit, Run,* gesungen von Delaney Bramlett.
Liedtexte: Alan Bergman, Marilyn Bergman.
Ausstattung/Dekor: Auguste Pace.

Maske: Fernande Hugi.
Frisuren: Mariel Bernard.
Ton: René Longuet.
Montage: Paul Cayatte.
Produzent: Gérard Beytout.
Produktion: SNC (Paris), Tritone Filmindustria (Rom).

Darsteller: Alain Delon (Jean-Paul), Romy Schneider (Marianne), Jane Birkin (Pénélope), Maurice Ronet (Harry), Paul Crauchet (Inspektor Lévêque), Steve Eckardt, Madly Barny, Suzie Jaspard, Thierry Chabert, Stéphanie Fugain.

Länge: 122 Minuten (ungekürzte Fassung) / 110 Minuten.
Format: 35 mm, Farbe, Eastmancolor, 1,66:1.
Uraufführung: 29. Januar 1969, Paris, Le Balzac.
Deutsche Erstaufführung: 8. Mai 1970.

1972
Das Mädchen und der Mörder. Die Ermordung Trotzkis
(*The assassination of Trotsky*)

Regie: Joseph Losey.
Drehbuch: Nicholas Mosley, Masolino d'Amico.
Dialoge: Eric Kahane.
Kamera: Pasqualino De Santis.
Schnitt: Reginald Beck.
Musik: Egisto Macchi.
Ausstattung / Dekor: Richard Mac Donald, Arrigo Equini.
Kostüme: Pierluigi Basile, Anna-Lisa Nasalli-Rocca.

Ton: Peter T. Davies.
Montage: Reginald Beck.
Produzent: Norman Priggen.
Produktion: Cinétel (Paris), CIAC (Rom), Dino de Laurentiis (Rom), Josef Shaftel Productions (London).

Darsteller: Alain Delon (Frank Jacson / Jacques Mornard), Romy Schneider (Gita Samuels), Richard Burton (Trotzki), Valentina Cortese (Natalia), Giorgio Albertazzi, Jean Desailly, Simone Valère, Peter Chatel, Luigi Vanucchi, Duilio Del Prete, Hunt Powers, Gianni Lofredo, Claudio Brook, Carlos Miranda, Mike Forest, Marco Jucantoni.

Länge: 103 Minuten.
Format: 35 mm, Farbe, Technicolor, 1,66:1.
Uraufführung: 30. März 1972, Paris.
Deutsche Erstaufführung: 26. Oktober 1972.

Theatrographie

Gemeinsame Theatrographie von Romy Schneider und Alain Delon

1961
Schade, dass sie eine Hure ist
(*Dommage qu'elle soit une putain*)

Stück in zwei Akten von John Ford (ca. 1633).
Französische Fassung von Georges Beaume.
Inszenierung: Luchino Visconti.
Bühnenbild: Luchino Visconti, Jerry Macc, Stéphane Iscovesco.
Musik: Nino Rota, Palestrina, Estrienne du Tertre, Giraldo Fantini, Carlo Gesualdo de Venoza, Frescobaldi.

Darsteller: Romy Schneider (Annabella), Alain Delon (Giovanni), Valentine Tessier (Putana), Pierre Asso (Bruder Bonaventura), Daniel Sorano (Vasquès), Lucien Baroux (Donado), Silvia Montfort (Hippolyta).

Premiere: 29. März 1961, Théâtre de Paris.
120 Vorstellungen von März bis Oktober 1961.

Bibliographie

Deutschsprachige sowie ins Deutsche übersetzte Literatur

(Biographien, Monographien, Ausstellungskataloge, Sonderhefte und Schriften)

Robert Amos: *Mythos Romy Schneider. Ich verleihe mich zum Träumen.* München 1999.

Françoise Arnould/Françoise Gerber: *Romy Schneider.* Paris 1985/Bergisch Gladbach 1988.

Pierre J.-B. Benichou/Sylviane Pommier: *Romy Schneider. Ihre Filme – ihr Leben.* Paris 1976/München 1981.

Daniel Biasini: *Meine Romy.* Aufgezeichnet von Marco Schenz. München 1998.

Giancarlo Botti: *Romy – C'est la vie. Bilder aus den Pariser Jahren.* München 1992.

Bundeskunsthalle Bonn (Hrsg.): *Romy Schneider.* Ausstellungskatalog. Bonn 2012.

Bettina Dahse: *Romy. »Ich hätte Ihnen so gern noch was gesagt …«.* Hamburg 2002.

Deutsches Filmmuseum (Hrsg.): *Romy Schneider. Ausstellung/Filmreihe.* Broschüre. Frankfurt am Main 1999.

Earbooks (Hrsg.): *Romy. Ich werde nie halbe Sachen machen.* Hamburg 2007.

Isabelle Giordano: *Romy Schneider. Das private Album.* Berlin 2006.

Isabelle Giordano: *Romy Schneider. Film für Film.* München 2017.
Joe Hembus (Hrsg.): *Romy Schneider und ihre Filme.* München 1980.
Michael Jürgs: *Der Fall Romy Schneider.* München 1991.
Hildegard Knef: *Romy. Betrachtung eines Lebensweges.* München 1983.
Helga Kneidl: *Romy. Drei Tage im Mai.* Berlin 2001.
Robert Lebeck: *Romy Schneider. Letzte Bilder eines Mythos.* Kilchberg 1986.
Ernst Marischka: *Sissi. Ein Filmroman.* Hamburg 1960.
Will McBride: *Romy. Fotografische Erinnerungen – Paris 1964.* München 2002.
Megastars (Reihe): *Romy Schneider. Portraits und Filmstills 1954-1981.* Mit einem Text von Hanna Schygulla. München 1988/1998.
Opelvillen Rüsselsheim (Hrsg.): *Fotografische Porträts von Romy Schneider.* Ausstellungskatalog. München 2008.
Michael Petzel (Hrsg.): *Romy Schneider. Das große Album. Fotografien von 1952 bis 1959.* Berlin 2004.
Curt Riess: *Romy Schneider.* Rastatt 1990.
Alice Schwarzer: *Romy Schneider. Mythos und Leben.* Köln 1998.
Klaus-Jürgen Sembach: *Adieu Romy. Photographische Erinnerungen an Romy Schneider.* München 2002.
Eva Sereny: *Romy in Rom. Zärtliche Blicke.* München 1998.
Renate Seydel (Hrsg.): *Ich, Romy. Tagebuch eines Lebens.* München 1988.
Renate Seydel (Hrsg.): *Romy Schneider. Ein Leben in Bildern.* München 1987.
Margret Steenfatt: *Eine gemachte Frau.* Hamburg 1991.
Marie Louise Steinbauer: *Die andere Romy. Momentaufnahmen.* München 1999.

Stiftung Deutsche Kinemathek (Hrsg.): *Hommage Alain Delon.* Berlin 1995.
Hans-Jürgen Syberberg: *Romy in Kitzbühel 1966.* München 2018.
Johannes Thiele: *Romy. Ihre Filme. Ihr Leben. Ihre Seele.* Wien 2007.
Michael Töteberg: *Romy Schneider.* Reinbek bei Hamburg 2009.
Jürgen Trimborn: *Romy und ihre Familie.* München 2008.
Gabor von Vaszary: *Romy.* Hamburg 1957.
Thilo Wydra: *Romy Schneider. Leben – Werk – Wirkung.* Frankfurt 2008.
Rein A. Zondergeld: *Alain Delon. Der eiskalte Engel.* München 1984/1995.

Französischsprachige Literatur

(Biographien, Monographien, Ausstellungskataloge, Sonderhefte und Schriften)

L'Avant-Scène Cinéma: *La piscine.* Nr. 509/Février 2002.
Philippe Barbier: *album photos. Alain Delon.* Paris 1982.
N. T. Binh/Dominique Rabourdin: *Sautet par Sautet.* Paris 2005.
Evelyne Bloch-Dano: *Romy, ma mère et moi – La biographe.* Paris 2007.
Michel Boujut: *Conversations avec Claude Sautet.* Lyon 1994/2001.
Jean-Claude Brialy: *Le ruisseau des singes.* Paris 2000.
Emmanuel Bonini: *La veritable Romy Schneider.* Paris 2001.
Serge Bromberg: *Romy dans l'enfer.* Paris 2009.
Augustin Burger: *Jacques Deray. Un cinéaste à mi-chemin.* Paris 2012.
Georges Cohen: *Romy Schneider. Les grands acteurs.* Paris 1988.
Philippe Crocq/Jean Mareska: *Alain Delon et Romy Schneider. Les fiancés de l'éternel.* Paris 2010.

Nathalie Delon: *Pleure pas, c'est pas grave.* Paris 2006.
Jean-Luc Douin: *Bertrand Tavernier. Biographie.* Paris 1997.
Jean-Luc Douin: *Tavernier.* Paris 1988.
Christian Dureau: *Alain Delon. En Plein Soleil.* Paris 2012.
Christian Dureau / Philippe Barbier: *Delon Romy. Ils se sont tant aimés.* Paris 2009.
Isabelle Giordano: *Alain Delon. Film par film.* Paris 2019.
Sophie Guillou: *Romy Schneider.* Paris 2006.
Paul Guimard: *Les choses de la vie.* Paris 1967.
Catherine Hermary-Vieille: *Romy.* Paris 1986.
Gérard Langlois: *Claude Sautet. Les choses de sa vie.* Paris 2002.
Patrice Leconte: *Je suis un imposteur.* Paris 2000.
Patrice Leconte/Guillaume Evin: *L'encyclopédie Delon.* Paris 2016.
Gerard Lenne: *Jane Birkin.* Paris 1985.
Bernard Pascuito: *La double mort de Romy.* Paris 2002.
Henry-Jean Servat: *Alain Delon. L'Insoumis. 1957–1970.* Paris 2000.
Henry-Jean Servat: *Alain Delon. L'Indompté. 1970–2001.* Paris 2001.
Bertrand Tessier: *Delon & Romy. Un amour impossible.* Paris 2010.
Bernard Violet: *Les mystères Delon.* Paris 2000.

Weiterführende deutschsprachige Sekundärliteratur

Mario Adorf: *Der Fenstersturz.* Köln 1996.
Senta Berger: *Ich habe ja gewußt, daß ich fliegen kann.* Berlin 2011.
Friedemann Beyer: *Karlheinz Böhm. Seine Filme – sein Leben.* München 1992.
Jane Birkin: *Munkey Diaries. Die privaten Tagebücher.* München 2019.

Heiko R. Blum: *Michel Piccoli. Seine Filme – sein Leben.* München 1993.

Peter Cornelsen: *Helmut Käutner. Seine Filme – sein Leben.* München 1980.

Französische Filmtage Tübingen-Stuttgart (Hrsg.): Thilo Wydra: *Die Einzigartigkeit des Menschen – Claude Sautet (1924–2000) in einem seiner letzten Gespräche.* Katalog. Tübingen 2004.

Peter W. Jansen / Wolfram Schütte (Hrsg.): *Claude Chabrol.* Reihe Film. München 1975 / 1986.

Peter W. Jansen / Wolfram Schütte (Hrsg.): *Joseph Losey.* Reihe Film. München 1977.

Peter W. Jansen / Wolfram Schütte (Hrsg.): *Luchino Visconti.* Reihe Film. München 1975 / 1985.

Peter W. Jansen / Wolfram Schütte (Hrsg.): *Orson Welles.* Reihe Film. München 1977.

Franz Marischka: *»Immer nur lächeln«.* Wien 2001.

Museum Wiesbaden / Matthias Knop / Harald Schleicher (Hrsg.): *Rote Rosen und weißer Flieder. Die Blütezeit der Filmstadt Wiesbaden.* Ausstellungskatalog. Wiesbaden 1995.

Alain Rémond: *Yves Montand. Seine Filme – sein Leben.* München 1982.

Arthur Schnitzler: *Liebelei.* Stuttgart 2002.

Claudius Seidl: *Der deutsche Film der fünfziger Jahre.* München 1987.

Bernhard Struckmeyer (Hrsg.): *»Kinder, wie die Zeit vergeht …«.* München 2003.

Katrin Unterreiner: *Sisi. Mythos und Wahrheit.* Wien 2005.

Personenregister

Adorf, Mario 30 f., 64, 73 f., 119 ff., 135 f., 140, 178, 201 f., 240, 290 f., 300 f.
Albach, Alba 284, 291
Albach, Karl 43 f.
Albach, Wolfdieter 47, 56, 126, 199, 284, 286, 291
Albach-Retty, Rosa 43 f., 267, 290
Albach-Retty, Wolf 43 ff., 48, 52 ff., 61, 63, 103, 108, 126, 136, 144, 199
Albers, Hans 66 f.
Albertazzi, Giorgio 252
Allégret, Catherine 164
Allégret, Yves 34, 37 ff., 164
Allen, Woody 165
Alten, Jürgen von 53, 57
Andress, Ursula 165
Ann-Margret (Ann-Margret Olssen) 141
Anouilh, Jean 175
Antonioni, Michelangelo 132, 200, 225
Arens, Peter 115
Aristophanes 114, 116
Auber, Brigitte 31 ff., 37 ff.
Audiard, Michel 280
Augustina, Schwester 54 f.
Aymé, Marcel 109
Aznavour, Charles 182

Bachmann, Ingeborg 180
Baillot, Pierre 163
Báky, Josef von 48, 71
Bardot, Brigitte 202
Barrault, Jean-Louis 31
Barry, John 220
Barthélémy, Guy 137
Béart, Emmanuelle 159
Beaume, Georges 97 f., 109, 143, 145, 177, 297
Beauvoir, Simone de 31
Becker, Jacques 32, 38
Belmondo, Jean-Paul 35, 128, 245, 301, 303
Bercq, Jean-Claude 157
Berger, Helmut 119
Berger, Senta 51, 60 f., 103 ff., 106 ff., 140, 150, 175, 197 f., 266, 273 ff., 290
Bergman, Ingrid 36, 126
Bergner, Elisabeth 291
Beytout, Gérard 200
Biasini, Daniel 266, 280, 283 f., 286, 292
Biasini, Sarah Magdalena 266, 286 ff., 293
Biederstaedt, Claus 62
Birkin, Jane 211 f., 217 ff., 220 ff., 225, 227 f., 235, 239 f.
Blatzheim, Hans Herbert 52, 56 f., 63 ff., 67, 69 f., 74, 77, 90, 99, 101 ff., 172 f.
Blier, Bernard 38
Bogarde, Dirk 246
Böhm, Karlheinz 35, 69 ff.
Boisrond, Michel 109
Böll, Heinrich 114
Boulogne, Paul 21
Bramlett, Delaney 216
Brando, Marlon 248
Braun, Eva 50
Braun, Harald 66
Breemen, Rosalie van 305

Brel, Jacques 87
Breuer, Siegfried jr. 66
Brialy, Jean-Claude 34 f., 87 ff., 91, 94 f., 112, 287 f., 292
Bromberg, Serge 152 f., 155 f., 160, 162 ff., 301
Brynner, Yul 177
Buchholz, Horst 71 ff.
Buñuel, Luis 200
Burton, Richard 246, 248 f., 251 f., 256

Camus, Albert 31, 229 f., 234 f.
Canovas, Louis 137
Capucine 165
Cardinale, Claudia 135
Carrel, Dany 157, 163
Carrière, Jean-Claude 200 f., 204, 215, 218, 229, 232
Cavalier, Alain 97
Chabrol, Claude 151, 153, 159
Chanel, Coco 132, 166, 177, 179
Chapot, Jean 181
Charrier, Jacques 111
Chiffre, Yvan 139
Christian-Jaque 139
Clement, Dick 203
Clément, René 109 ff., 117, 218, 303
Clouzot, Henri-Georges 150 f., 153 ff., 156 ff., 161 ff.
Clouzot, Inès 155 f., 164
Cluzet, François 159
Cocteau, Jean 126
Cordoue, Michèle 37, 39
Cortese, Valentina 246, 250
Costa-Gavras 154, 163, 246, 267
Crauchet, Paul 213

D'Annunzio, Gabriele 286
Dabadie, Jean-Loup 292
Darc, Mireille 14, 207, 228, 263, 280, 285, 304
Dassin, Jules 36
Daumier, Sophie 29
David, Mario 157
Davis jr., Sammy 187
De Gaulle, Charles 85, 209, 307
Delon, Alain-Fabien 305 f.
Delon, Anouchka 13 f., 305
Delon, Anthony 139, 141, 222, 285, 305, 308
Delon, Édith Arnold (in 2. Ehe verh. Boulogne) 21, 23 f., 34, 126, 196, 306
Delon, Fabien 21, 25 f.
Delon, Nathalie (verh. Barthélémy, geb. Francine Canovas) 137 ff., 141, 143, 146, 197, 207 ff., 263, 280, 304, 308
Demy, Jacques 138
Depardieu, Gérard 301
Deppe, Hans 57 f.
Deray, Jacques 112, 200, 204, 215 f., 220 ff., 225, 232, 235 ff., 240, 245, 263, 292, 302 f.
Dickinson, Angie 200, 203
Dieterle, William 84
Dietrich, Marlene 85, 245, 291
Doillon, Lou 219
Dolgoruki, Katja 104
Donner, Clive 165
Dufay, Louis 159
Dunaway, Faye 223
Duse, Eleonora 286
Dutronc, Jacques 223
Duvivier, Julien 108, 196, 198

Ekberg, Anita 131
Elisabeth von Österreich, Kaiserin 68
Engel, Erich 48
Everding, August 122

Faye, Monique 201
Fehlhaber, Horst 286
Fellini, Federico 131
Ferrars, Elizabeth 212
Feuillère, Edwige 38
Finney, Albert 107
Fonda, Peter 107
Ford, John 97, 124, 133
Foreman, Carl 106, 154
Frank, Christopher 265, 279
Frisch, Max 128
Fritsch, Willy 59
Fröbe, Gert 177
Fuchsberger, Joachim 66 f.

Gabin, Jean 23, 196, 263
Gainsbourg, Charlotte 219, 222
Gainsbourg, Serge 218 f., 228
Galland, Jean 92
García Márquez, Gabriel 305
Gardner, Herb 173
Gaspard-Huit, Pierre 84, 88, 93 f.
Gégauff, Paul 110
George, Götz 59
Gerron, Kurt 44 f.
Giehse, Therese 85
Ginfray, Michel 279
Girardot, Annie 122, 263
Girod, Francis 267
Godard, Jean-Luc 35, 130, 151, 302
Goebbels, Joseph 45
Gordon, Michael 142
Granier-Deferre, Pierre 287, 292
Grant, Cary 38
Grass, Günter 128
Gréco, Juliette 31, 210
Grimaldi, Sophie 91, 94 f.
Grimblat, Pierre 220 f.
Grisolia, Michel 265

Habsburg, Otto von 70 f.
Hackmann, Heinrich 133
Hamilton, George 107
Hardy, Françoise 223
Haubenstock, David Christopher 177, 180, 189, 198, 200, 203, 217, 222, 224, 237, 266 ff., 274, 280, 283 ff., 290, 293, 299
Hawks, Howard 200
Herzog, Werner 180
Highsmith, Patricia 109 ff.
Hitchcock, Alfred 36, 38, 110, 153, 157 f.
Hitler, Adolf 50 f.
Hoffmann, Kurt 62
Hörbiger, Christiane 181
Hörbiger, Paul 63
Horstig, Olga 97, 109, 202
Houwer, Rob 183
Hoven, Adrian 63
Hubschmid, Paul 74
Hudson, Rock 36

Jacob, Gilles 238
Jacson, Frank (Ramón Mercader) 246, 250 ff.
Janda, Fritz 290
Jannings, Emil 66
Jarnac, Simone 37
Jeudy, Patrick 51 f., 65
Jones, Jennifer 36
Jones, Tom 165
Jürgens, Curd 104, 126, 160, 202
Jürgs, Michael 282

Kaestlin, Jürg Henrik 286
Kafka, Franz 135, 168, 222, 263 f.
Kahlo, Frida 249
Käutner, Helmut 71 f., 74, 173
Kearns, Billy 110
Keitel, Harvey 267 f.
Kelly, Grace 38, 305
Kennedy, John F. 203
Kieling, Wolfgang 115
Kluge, Alexander 181
Knef, Hildegard 85
Knuth, Gustav 69
Koller, Karl 184
Kortner, Fritz 114 ff., 119, 132 f., 175, 181 f.
Krahl, Hilde 47
Kubitschek, Ruth Maria 115

Laforêt, Marie 99, 306
Lampedusa, Giuseppe Tomasi di 135
Lancaster, Burt 135, 142, 151
Laurentiis, Dino De 246
Le Pen, Jean-Marie 307
Lebeck, Robert 282
Leconte, Patrice 303
Legrand, Michel 216
Leigh, Vivien 36
Lemmon, Jack 140
Lenin, Wladimir Iljitsch 249
Liechtenstein, Prinz Ferdinand von 184
Lieffen, Karl 115
Lisi, Virna 139
Lohmeyer, Henno 178 f.
Lohner, Helmut 181

Loren, Sophia 131
Lorenz, Kurt 180 ff.
Losey, Joseph 112, 138, 246 ff., 249 ff., 253 ff., 257, 262 ff., 272, 303
Lubtchansky, William 161
Lumet, Sidney 268

Macchi, Egisto 254
MacLaine, Shirley 126
Magnani, Anna 126
Malle, Louis 128, 130, 200
Manchette, Jean-Patrick 280
Mann, Thomas 66
Marais, Jean 126
Marcantoni, François 209
Marischka, Ernst 46, 63, 66 ff.
Marischka, Hubert 53
Markovic, Stefan 113, 208 ff., 237
Marlen, Trude 48 f.
Martin, Dean 142
Mastroianni, Marcello 267
Maupassant, Guy de 131
Meier-Hörmann, Maria 45, 47
Melville, Jean-Pierre 112 f., 128 f., 138, 196, 211, 245, 254, 303
Mercouri, Melina 107
Meyen, Harry 67, 172 ff., 175 ff., 182 ff., 187 f., 198, 204, 217, 224, 235 f., 266 f., 293
Milian, Tomas 131
Milicevic, Uros 210
Miller, Arthur 128
Miller, Claude 280 ff.
Möllendorff, Else von 50
Monaco, Stéphanie von 305
Monicelli, Mario 131
Montand, Yves 154, 160, 267
Moreau, Jeanne 107
Mosley, Nicholas 246
Murnau, Friedrich W. 66

Nérot, Familie 24
Neusser, Erich von 45
Nguyen, Thi Lan 161 f.
Nico (Christa Päffgen) 306
Noiret, Philippe 272
Novak, Kim 158

O'Toole, Peter 165
Ophüls, Max 45, 86
Osborne, John 176

Päffgen, Christian Aaron »Ari« 306
Palance, Jack 141
Palmer, Lilli 62, 85
Paradis, Vanessa 303
Parillaud, Anne 280, 285, 289, 304
Patalas, Enno 116
Pétin, Claude 287
Pétin, Jérôme 287
Pétin, Laurent 224, 267 f., 273, 284, 286 ff., 293
Piaf, Édith 126
Piccoli, Michel 173, 181, 292
Pietrangeli, Antonio 67
Pinheiro, José 196
Pitoëff, Sacha 129 f.
Plummer, Christopher 177
Pompidou, Claude 209 f.
Pompidou, Georges 209 f.
Poniatowski, Jean 138
Ponti, Carlo 131
Preminger, Otto 136, 167, 183
Presle, Micheline 92
Prévost, L'Abbé 159

Radványi, Géza von 35, 84
Reggiani, Serge 157, 160 ff.
Reinhardt, Max 61
Risi, Dino 267
Rivera, Diego 249
Robinson, Edward G. 140
Roche, France 145 f.
Rochefort, Jean 292
Rodriguez, Antoinette 137
Römer, Anneliese 172, 176 f.
Ronet, Maurice 110, 112, 114, 200, 212, 215, 218, 221, 235, 241
Rosi, Francesco 305
Rosmer, Alfred 250
Rosmer, Marguerite 250
Rouffio, Jacques 285, 291
Royant, Olivier 196
Rütting, Barbara 115

Sagan, Françoise 176, 210, 216
Salazar, Sanchez 252
Salvatori, Renato 122
Samuels, Gita (Sylvia Ageloff) 247, 250
Santis, Pasqualino De 254
Sartre, Jean-Paul 31
Sautet, Claude 119, 216, 221, 245, 247, 266 f., 271 f., 282
Schatzberg, Jerry 223
Schlöndorff, Volker 128 ff.
Schneider, Franz Xaver 45, 47
Schneider, Magda 35, 43 ff., 48 ff., 52 ff., 56 ff., 60 ff., 64 ff., 69 ff., 73 f., 77, 84, 86, 90, 94, 101 f., 126 f., 137, 145, 172 f., 271, 286, 292
Schnitzler, Arthur 45, 90
Schwarzer, Alice 51 f., 65
Sellers, Peter 165
Selznick, David O. 35 ff.
Serrault, Michel 281
Servais, Jean 38
Seyrig, Delphine 130, 201
Shaftel, Josef 246
Sica, Vittorio de 131
Signoret, Simone 164
Simmel, Johannes Mario 72
Sinjen, Sabine 51
Siodmak, Robert 62, 104 f., 109
Sommer, Elke 107
Stein, Joël 158
Steinhoff, Hans 45
Stevens, Sally 216
Stolz, Robert 66
Strauss, Johann 46
Strindberg, August 178
Swift, David 140
Syberberg, Hans-Jürgen 180 ff., 184 ff., 187 ff.
Sydow, Max von 272

Tavernier, Bertrand 267 ff., 271 ff., 292
Tavernier, Tiffany 270
Terzian, Alain 265, 287, 289
Theresa, Schwester 54
Thiele, Rolf 59 f.
Trebitsch, Gyula 115 f.
Tremper, Will 166
Tressler, Georg 72
Trintignant, Jean-Louis 162, 173
Troller, Georg Stefan 75 ff., 128, 133, 210
Truffaut, François 151
Tschechow, Anton 129

Ulrich, Kurt 57 f.

Vadim, Roger 138
Varda, Agnès 302
Vasarely, Victor 158
Vaszary, Gábor von 72
Ventura, Lino 281
Verhoeven, Lis 51
Verhoeven, Michael 104, 166, 175, 198, 290
Verneuil, Henri 141
Vidor, Charles 36
Vignac, Henri Guy de 28
Visconti, Luchino 67, 69, 77, 97, 106, 117 ff., 123 ff., 127 ff., 131 ff., 135, 140 f., 145, 151, 153, 165, 183, 227, 257, 271, 298, 303
Vitti, Monica 132, 200 f.

Wainwright, John William 280
Wald, Hubertus 217
Weidenmann, Alfred 71, 74
Welles, Orson 135, 168, 183, 271
Wessely, Paula 68
Wilde, Oscar 220
Wilson, Harry 36
Winner, Michael 142
Wolkow, Wsewolod 250

Young, Terence 177
Yvaral (Jean-Pierre Vasarely) 158

Zuckmayer, Carl 173
Zulawski, Andrzej 106

Werkregister

101 Nacht 302

Airport '80 263
Alle meine Väter 303
Der Anwalt 302
Asterix bei den Olympischen Spielen 304

Die Bankiersfrau 267
Borsalino 204, 245, 303

Casanovas Rückkehr 204, 302
César und Rosalie 222 f., 266
Der Chef 245
Christine 16, 28, 40, 45, 84, 86, 88 ff., 90 ff., 95, 99 f., 109, 112, 207, 253, 262, 287, 298

Die Deutschmeister 66
Die Dinge des Lebens 216, 222, 245, 247, 266
Doucement les basses 245

Ein Engel auf Erden 35, 109, 111
Eine einfache Geschichte 266 f.
Eiskalt wie das Schweigen 263
Der eiskalte Engel 38, 112 f., 128, 138, 196, 211, 254, 302
Endstation Schafott 263

Fabio Montale 196
Feuerwerk 62
Flic Story 263
Die Frau am Fenster 287

Der gekaufte Tod 267 ff., 271 f.
Die Geliebte des anderen 245
Gruppenbild mit Dame 114
Der gute Gott von Manhattan 180

Die Halbzarte 60, 84, 109
Die Hölle (L'enfer) 150 ff., 155 ff., 159 ff., 163 f.
Die Hölle von Algier 97

Jagd auf Jeff 263
Jet Set 287
Der Job (Boccaccio '70) 131 ff., 165

Der Kardinal 136, 140, 167
Katja, die ungekrönte Kaiserin 62 f., 104, 109, 111, 117
Killer lassen bitten 37, 39
Kitty und die große Welt 71, 74

La Califfa 245
Lautlos wie die Nacht 141
Le Train 173, 287
Leih mir deinen Mann 140, 142
Der Leopard 135, 141, 151
Der letzte Mann 66 f.
Liebe 1962 132, 200
Die Liebe einer Frau 154, 267
Ludwig II. 69, 119
L'un contre l'autre 262, 265, 272, 287

Mädchen in Uniform 62, 84 f.
Das Mädchen und der Kommissar 222, 245, 266

Das Mädchen und der Mörder. Die Ermordung Trotzkis 16, 246 ff., 253 ff., 257, 262, 272
Mädchenjahre einer Königin 63, 84
Madly 263
Mado 266
Mal diese – mal jene 109
Millionenraub in San Francisco 141
Mit teuflischen Grüßen 108, 196
Die Möwe 129 f., 207
Monpti 71 f., 74
Monsieur Klein 257, 263 ff.

Nouvelle Vague 302
Nur die Sonne war Zeuge 38, 99, 110 ff., 144, 218, 306

Otley 65, 203

Der Panther 302
Der Prozeß 135, 168, 263

Rette deine Haut, Killer 280, 285
Robinson soll nicht sterben 30, 71 ff., 119
Rocco und seine Brüder 118 f., 123, 227,
Romy. Portrait eines Gesichts 180 ff., 185 ff.

Scampolo 74
Schade, dass sie eine Hure ist 97, 124 ff., 128 f., 207
Der Schocker 263
Die schöne Lügnerin 109, 111
Schornstein Nr. 4 181
Die Schüler 109
Die schwarze Tulpe 139
Scorpio, der Killer 142
Sei schön und halt den Mund 38 f.
Die Sendung der Lysistrata 115 ff., 133, 175
Die Sieger 106 ff., 157
Sissi 35, 63, 67 ff., 85, 104
Sissi, die junge Kaiserin 35,63, 67 ff., 85, 104
Sissi – Schicksalsjahre einer Kaiserin 35, 63, 67 ff., 74, 85, 104
Die Spaziergängerin von Sans-Souci 285 f.
Spion zwischen zwei Fronten 177
Der Swimmingpool 16, 38, 112 ff., 164 f., 179, 196, 200 ff., 207 ff., 212 ff., 216 ff., 220 ff., 225 ff., 232 ff., 235 ff., 245 ff., 253, 262, 266, 269, 272, 302

Der talentierte Mr. Ripley 109 ff., 301
Der Teddybär 302

Une journée ordinaire 305
Die Unschuldigen mit den schmutzigen Händen 159

Das Verhör 280 ff.
Vier im roten Kreis 245

Die Waffe des Teufels 287
Was gibt's Neues, Pussy? 165 f., 222
Wenn der weiße Flieder wieder blüht 53, 57 ff., 62
Das wilde Schaf 223

Die zwei Gesichter einer Frau 267
Zwei tolle Kerle in Texas 142

Dank

Dieses Buch wäre ohne einige helfende, beratende, unterstützende Menschen ebenso wenig denkbar wie ohne die wichtigen Zeitzeugen und Zeitzeuginnen, die bereitwillig und offen Auskunft gaben und auch bei wiederholten Nachfragen stets weiterhalfen:

Mario Adorf (München/Paris) · Brigitte Auber (Paris) ·
Senta Berger (München) · N. T. Binh (Paris) · Jane Birkin (Paris) ·
Katja Birnmeier (Arte, Straßburg) · Serge Bromberg (Paris) ·
Jean-Claude Carrière (Paris) · Joachim Fuchsberger (†) ·
Tanja Handels (München) · Gerhard Midding (Berlin) ·
Isabelle Münch (Berlin) · Volker Schlöndorff (Potsdam) ·
Hans-Jürgen Syberberg (München / Nossendorf) ·
Bertrand Tavernier (Paris) · Georg Stefan Troller (Paris) ·
Margarethe von Trotta (München/Paris) ·
Michael Verhoeven (München)

Mein sehr herzlicher Dank gilt ebenso dem Team des Münchner Heyne Verlags, das dieses Buch ermöglicht und begleitet hat.

Die für dieses Buch neu geführten Interviews wurden aus dem Französischen und dem Englischen übersetzt von Tanja Handels, Jan Schönherr und Thilo Wydra.

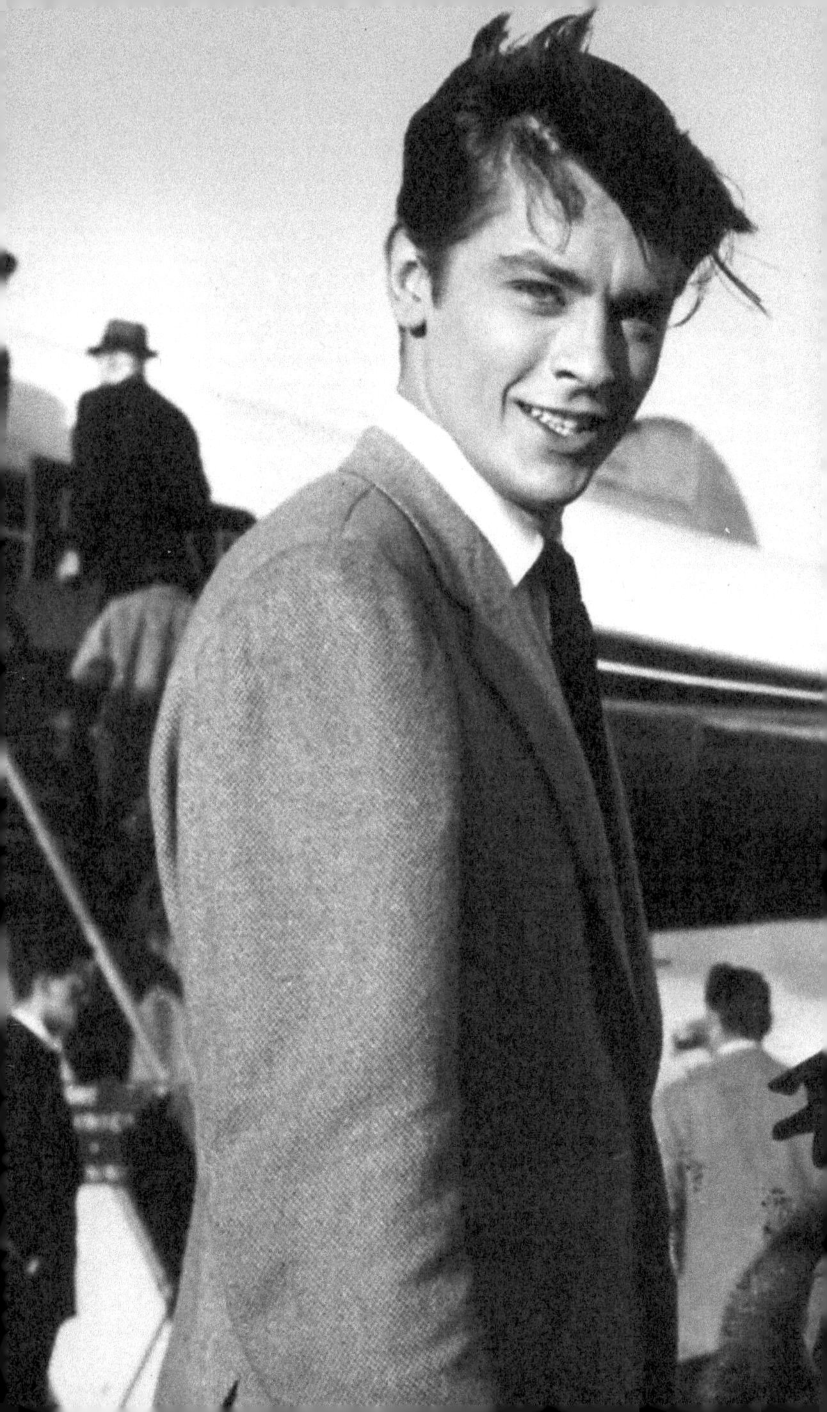

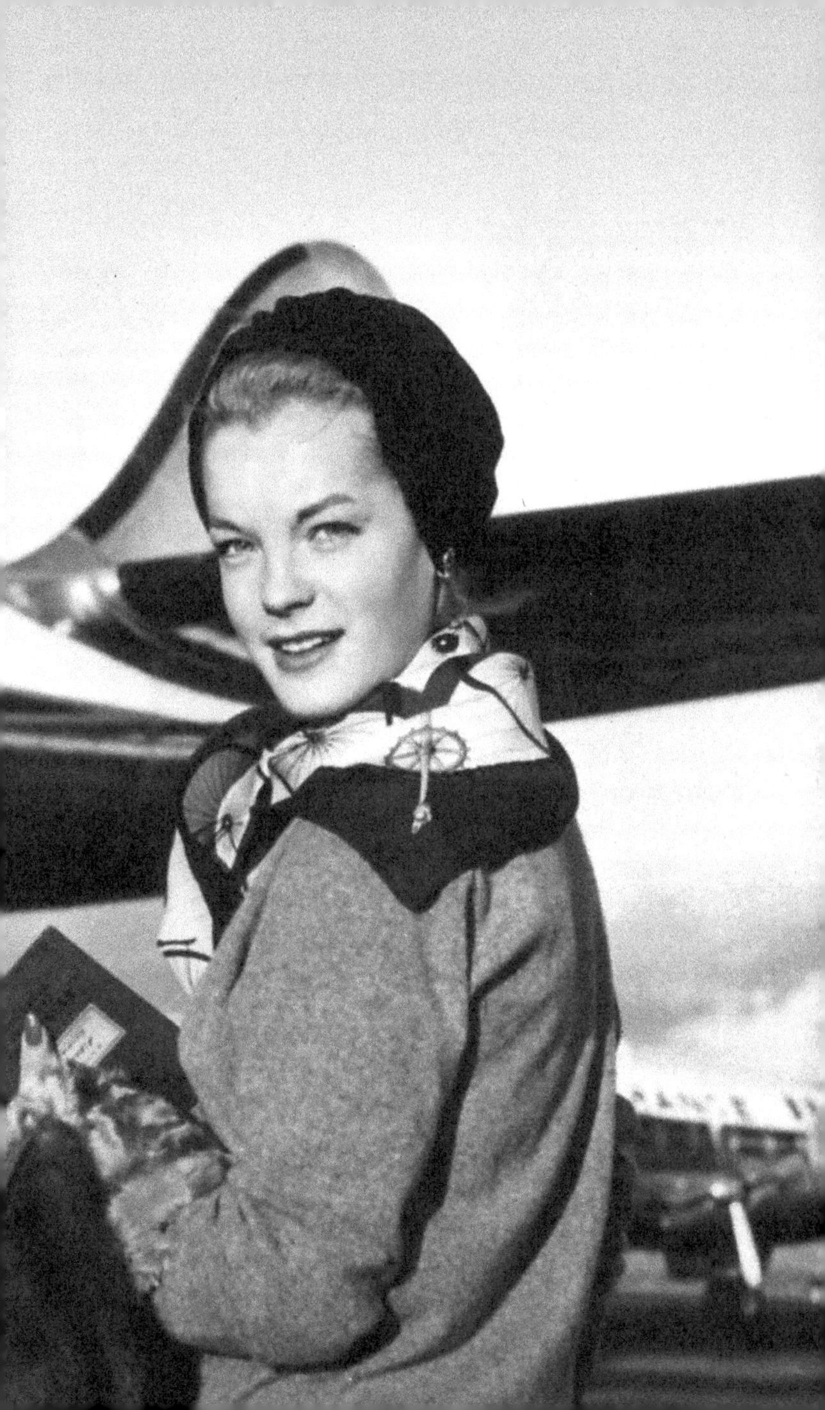

Bildnachweis

Innenteil

Textteil (Kapitelaufmacher):

Getty Images: S. 8/9 (JARNOUX Maurice/Kontributor), S. 12 (VALERY HACHE/Kontributor), S. 20 (Sunset Boulevard/Kontributor: French actor Alain Delon on set of Faibles Femmes (Three Murderesses), written and directed by Michel Boisrond), S. 42 (United Archives/Kontributor), S. 170/171 (Jean-Pierre BONNOTTE/Kontributor), S. 194/195 (Jean-Pierre BONNOTTE/Kontributor: On set of *La Piscine* directed by Jacques Deray In Saint Tropez, France In August, 1968 – Alain Delon and Romy Schneider), S. 278 (Michel GINFRAY/Kontributor), S. 312/313 (Stephane Cardinale – Corbis/Kontributor), S. 350/S. 351 (AFP/Kontributor);

Ullstein bild: S. 82 (ullstein bild: Schneider, Romy mit Alain Delon am Rande der Dreharbeiten zu dem Film *Christine* in Versailles Regie: Pierre Gaspard-Huit Frankreich/Italien 1958), S. 244 (ullstein bild: Rollenportrait als Gita Samuels mit Alain Delon als Frank Jacson in dem Film *Das Mädchen und der Mörder – Die Ermordung Trotzkis,* I/F), S. 260/261 (United Archives: DER GEKAUFTE TOD/La mort en direct/Deathwatch Frankreich/GB/BRD 1980/Bertrand Tavernier HARVEY KEITEL, ROMY SCHNEIDER, BERTRAND TAVERNIER während der Dreharbeiten Regie: Bertrand Tavernier aka), S. 309 (ullstein bild);

MANUEL LITRAN/PARIS MATCH/SCOOP: S. 296 (cover PARIS MATCH N°1724 DATED june 11, 1982);

Shutterstock editorial: S. 148/149 (Lobster/Kobal: Die Hölle von Henri-Georges Clouzot, Originaltitel: L'enfer d'Henri-Georges Clouzot)

Bildteil

Action Press: S. 5 u., S. 6, S. 8 o. (DALMAS/SIPA);

Bridgeman Images: S. 3, S. 4 o. (Spéva Films/Play Art/Rizzoli Film/Diltz/Bridgeman Images);

Getty Images S. 1 (SLADE Paul/Kontributor), S. 4 u. (MENAGER Georges/Kontributor), S. 5 o. (MENAGER Georges/Kontributor), S. 8 u. (Reporters Associati & Archivi/Kontributor), S. 9 u. (JARNOUX Maurice/Kontributor), S. 12 o. (REPORTERS ASSOCIES/Kontributor), S. 12 u. (Jean-Pierre BONNOTTE/Kontributor), S. 13 o., S. 13 u. (LE TELLIER Philippe/Kontributor), S. 15 o., S. 15 u. (Alain Dejean/Kontributor), S. 16 (Serge BENHAMOU/Kontributor);

Süddeutsche Zeitung Photo: S. 2, S. 7, S. 14 o., S. 14 u. (Rue des Archives/AGIP);

Ullstein bild: S. 9 o. (Roger-Viollet), S. 10 (Jochen Blume), S. 11 (AP)

Es folgt eine Leseprobe aus »Grace Kelly und Diana Spencer« von Thilo Wydra

Grace Kelly und Diana Spencer:
Zwei Frauen. Zwei Leben. Ein Schicksal. Diese erste Doppelbiographie über das außergewöhnliche Leben zweier außergewöhnlicher Frauen zeichnet nicht nur beider Wege nach, die oftmals steinig und schwer waren, sondern richtet den Fokus auf die erstaunlichen Parallelen, die sie miteinander verbinden. Beide vereint die Haltung, mit der sie durchs Leben gehen: aufrecht, mutig, klar.

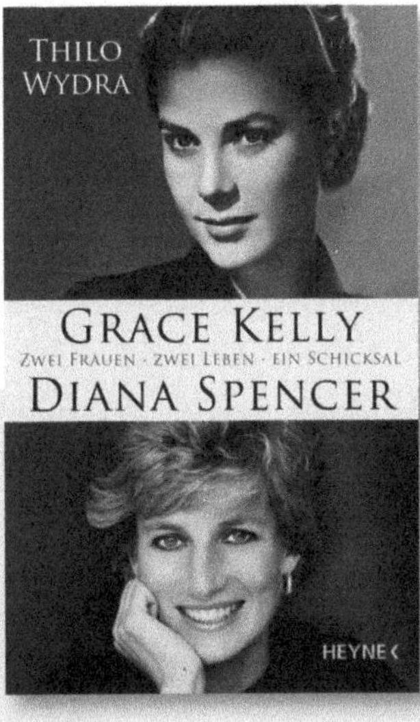

Heyne Hardcover
Mit drei Farbbildteilen, über 60 Fotos und erstmals veröffentlichten Dokumenten
ISBN 978-3-453-20617-5
Auch als E-Book erhältlich

HEYNE

Wir standen uns seelisch nahe.

DIANA SPENCER ÜBER GRACE KELLY

Vorspann

London, 9. März 1981

Ich wünsche mir,
dass man mich als eine Frau in Erinnerung behält,
die sehr menschlich war und Verständnis für die Nöte anderer hatte.

GRACE KELLY

Bei meiner Geburt war ich unerwünscht.
Als ich Charles heiratete, war ich unerwünscht.
Als ich zur königlichen Familie gehörte, war ich unerwünscht.
Ich wünsche mir, erwünscht zu sein.

DIANA SPENCER

Als die Limousine mit ihr vorfährt, prasselt das Blitzlicht-Gewitter nur so auf sie nieder. Scharen von Fotografen, Journalisten und Fernseh-Reportern sind an diesem Abend vor dem Eingang der unweit von St Paul's Cathedral gelegenen Goldsmiths' Hall im Herzen Londons versammelt, um sie zu sehen, um sie zu erleben, um sie abzulichten. Anlass dieses besonderen Abends ist eine Wohltätigkeits-Gala zur Unterstützung des Royal Opera House. Es ist ihr erster öffentlicher Auftritt. Sie ist frisch verlobt. Bilder von ihr, der neuen Frau im Leben des britischen Thronfolgers Prince Charles, sind auf dem medialen Markt überaus begehrt. Wer das schönste, das beste, das überraschendste Foto von ihr schießt, der wird anderntags das höchste Bildhonorar bekommen. Sie soll einmal die meistfotografierte Frau der Welt sein.

Lady Diana Spencer sitzt neben ihrem Verlobten Prince Charles in dem Wagen, der sie vor die Goldsmiths' Hall fährt, und sie kann sehen, wie viele Menschen dort draußen stehen und warten. Auf *sie* warten. Der Wagen hält an, die Türen werden geöffnet, und es ist Prince Charles, der als Erstes aussteigt. Es heißt, er habe der versammelten Presseschar, unter der sich einzelne Reporter befinden, die er seit Jahren schon kennt, den Satz zugerufen: »Wartet nur, bis ihr einen Blick auf sie werfen könnt!«

Dann steigt Diana aus. Sie ist neunzehn Jahre jung.

Es sind an diesem frühen März-Tag des Jahres 1981 noch vier Monate bis zu ihrem zwanzigsten Geburtstag am 1. Juli. So wie es noch vier Monate sein sollen, bis sie den Mann, der sie eben verheißungsvoll der ungeduldig wartenden Presse angekündigt hat, heiraten und Princess of Wales werden wird. Als Diana aus der Limousine ausgestiegen ist, flackern die Blitzlichter auf ihrem schwarzen trägerlosen Ballkleid, das sehr tief ausgeschnitten ist, Schultern und Dekolleté zeigt und in einen weiten Rock übergeht. Verlegen lächelt sie. Oftmals blickt sie zu Boden. Sie hat so etwas noch nie gemacht. All ihre Unerfahrenheit, ihre Naivität spiegelt sich in diesem Lächeln wider, einem Lächeln, mit dem sie die Menschen über die Jahre hinweg erobern und für sich einnehmen wird. Premierminister Tony Blair wird sie 1997 einmal »*the People's Princess*« nennen.

Das schwarze Ballkleid aus Taftseide, das sich Diana mit dem kundigen Rat von Anna Harvey, Freundin ihrer Schwester und Mode-Redakteurin der *Vogue*, bei den Londoner Mode-Designern Elizabeth und David Emanuel für diesen Auftritt, auf dem so viele Erwartungen ruhen, zuvor ausgesucht hat, schlägt, wie Augenzeugen später berichten, wie eine Bombe ein.

Diana selbst wird sich zehn Jahre später, 1991, gut an das vieldiskutierte Abendkleid erinnern: »Ein schwarzes Kleid von den Emanuels, und ich dachte, es sei okay, weil Mädchen meines Alters so ein Kleid tragen. Schwarz war für mich die schickste Farbe, die man mit neunzehn tragen konnte. Es war ein richtig erwachsenes Kleid.«[1]

Langsam begeben sich Charles und Diana zum Eingang der Goldsmiths' Hall, die Fotoapparate linker und rechter Hand klicken und surren, im Foyer nimmt man sie schließlich in Empfang, bevor es die große, weit ausladende Freitreppe nach oben geht, wo die Gesellschaft auf sie wartet. Immer wieder blickt Diana, während sie und Charles, begleitet von den Veranstaltern, in gemächlichem Gang die Freitreppe heraufgehen, nach unten und achtet auf das lange Kleid. Auf Fotografien dieses Abends ist sie zu sehen, auch, wie sie diese breite Treppe hinaufgeht, Prince Charles neben ihr: Ihr Blick, unsicher, verhuscht auch, hat neben ihrem scheuen Lächeln etwas Suchendes.

Sie dürfte wissen, wer dort oben auf der Empfangs-Etage, wo die Freitreppe endet, auf sie wartet – eine Frau, die sie lange schon aus der Ferne sehr bewundert, vor der sie großen Respekt hat. Eine Frau, die Diana verehrt. Oben angekommen, steht die erwartungsvolle Gesellschaft. Und auch sie steht dort und nimmt die junge unsichere Frau, die in vier Monaten die Ehefrau des zukünftigen Königs von Großbritannien werden wird, behutsam und zugewandt in Empfang.

*

Princesse Grace de Monaco – ehemals Grace Kelly, Hollywoods filigrane, betörende Hitchcock-Heldin – steht in dem großen feudalen Empfangs-Vestibül, hinter ihr an Champagnergläsern nippende Damen und Herren der britischen *high society,* und nimmt sich Lady Dianas sogleich an. Diana macht vor Grace einen Hofknicks, das Protokoll verlangt es so, steht die Fürstin im Rang doch über der noch nicht verheirateten jungen Frau. Die Princesse de Monaco trifft auf die zukünftige Princess of Wales.

Grace trifft auf Diana.

Als auch Prince Charles und die Begleiter des Paares oben angelangt sind, nimmt Grace Diana und Charles zu sich, Diana zu ihrer Rechten, Charles zu ihrer Linken. Grace strahlt in ihrem ebenso subtil mondän wie dezent schillernd wirkenden violetten Abendkleid, über dem sie eine lange Perlenkette trägt. Sie ist sichtlich erfreut, das jung verlobte Paar zu sehen. Einmal legt sie ihren Arm auf den Dianas – die Geste hat etwas Beschützendes an sich, sie erzählt von etwas unausgesprochen Gemeinschaftlichem, von etwas, das sie beide verbindet. Sie sind Schwestern im Geiste.

An diesem Abend nimmt Grace die zweiunddreißig Jahre jüngere Diana einmal zur Seite, bemerkt sie doch, wie unsicher Diana sich fühlt, wie bedacht sie darauf ist, nur keinen Fehler zu machen, und auch, ihren Verlobten weder zu enttäuschen noch zu blamieren. Da ist schon jetzt eine Last spürbar, eine Last, die in den kommenden Monaten größer und größer werden wird. Auch entgeht der empathischen Fürstin nicht, wie rings um sie herum über Dianas gewagte Wahl des Kleides durchaus despektierlich getuschelt wird – die Wahl ihrer offenherzigen Garderobe soll in Folge im prüden Großbritannien einen regelrechten Skandal mittleren Ausmaßes auslösen, ist die Farbe Schwarz am Buckingham Palace doch ausschließlich Trauerkleidung vorbehalten.

Die beiden Frauen kommen sogleich miteinander ins Gespräch, sofort ist da ein Draht zueinander, und es heißt, dieses Gespräch habe im *powder room*, der Damentoilette der Goldsmiths' Hall stattgefunden. Es ist dort, im *powder room*, wo die junge, scheue Diana der erfahrenen, weltgewandten Grace ihr Herz ausschüttet, ihr von ihren Ängsten erzählt, die sie längst schon hat, von ihren Sorgen und Zweifeln. Unsicher fühle sie sich und bereits jetzt isoliert.

Im Verlauf dieses Gesprächs gibt die ehemalige Hollywood-Schauspielerin der angehenden Prinzessin eher scherzend und augenzwinkernd einen ambivalenten, vielfach überlieferten Hinweis auf den vor ihr liegenden Weg mit: »*Don't worry. It will get a lot worse.*« Nur keine Bange. Es wird noch viel schlimmer werden.[2]

Diana erinnert sich später an die erste ihrer Begegnungen mit der ihr so wichtigen monegassischen Fürstin. Nur eineinhalb Jahre später, das Leben will es so, im für Monaco so düsteren, schicksalhaften September 1982, wird sie Grace auf deren Trauerfeier als einzige Repräsentantin der britischen Königsfamilie die letzte Ehre erweisen – es ist Dianas ausdrücklicher Wunsch. Über ihrer beider erste Begegnung sagt sie einmal: »Ich erinnere mich noch, wie ich Princess Grace kennenlernte und wie wunderbar und gelassen sie war – aber ich sah auch, dass sie es sehr schwer hatte.«[3]

Es ist dieser besondere, letztlich so denkwürdige Londoner Abend des 9. März 1981, an dem sich Grace Kelly und Diana Spencer erstmals begegnen.

TEIL III

SICH NAHESTEHEN

Grace und Diana

März 1981 – September 1982

Mein großes Problem war, ein ganz normaler Mensch zu werden, nachdem ich so lange Schauspielerin gewesen war. Normal war für mich damals jemand, der beim Film war.

–

Ich verrichte viel soziale Arbeit, erledige Öffentlichkeitsarbeit und ziehe die Erben der Grimaldis groß.

GRACE KELLY

Von dem Tag an, da ich in diese Familie kam, war nichts – aber auch gar nichts mehr – selbstverständlich.

–

Wer immer in Nöten ist, kann zu mir kommen.
Ich komme im Laufschritt angerannt, wo immer sie sind.
Das ist mein Schicksal.

DIANA SPENCER

Sich nahestehen. Woran erkennt man, dass man einander nahesteht, dass es Vieles gibt, was einander verbindet, man das Gegenüber auf einer authentischen, unverstellten Ebene erkennt, man im Anderen im Idealfall etwas berührt, etwas zum Klingen bringt? Dass man vielleicht einem Menschen gegenübersteht, der sich ein Seelenverwandter nennen ließe.

Es mögen ganz sicher ähnliche Erfahrungen und Erlebnisse sein, ähnliche Prägungen und Muster aus Kindheit und Jugend, und gewiss auch eine verwandte emotionale und seelische Grundstruktur.

Als sich Grace Kelly und Diana Spencer am 9. März 1981 erstmals in der Londoner Goldsmiths' Hall begegnen, sich zuvor zu keinem Zeitpunkt gesehen und gesprochen haben, da gibt es diesen Moment, in dem sie beide mit ihrer Empathie und Feinfühligkeit bemerken, dass sie einander nahestehen.

Zwar ist Grace mit ihren einundfünfzig Jahren wesentlich älter als die gerade neunzehnjährige Diana und verfügt dementsprechend über ungleich mehr Lebenserfahrung, doch ihre Prägungen sind es, ihre sich ähnelnde Wesensart, die sie sofort füreinander einnehmen. An diesem besonderen Londoner Montagabend begegnen sich zwei Frauen, die sich sowohl durch ihre familiären Umstände, in denen sie beide groß geworden sind, als auch durch ihre emotionalen Veranlagungen letztlich in der jeweils Anderen spiegeln.

Da ist auf Anhieb etwas unausgesprochen Vertrautes zwischen ihnen.

Diana steht ihre ganze Kindheit über in Norfolk stets im Schatten ihrer drei Geschwister Sarah, Jane und des jüngeren Bruders Charles, die allesamt ein stabileres Selbstbewusstsein haben und sich auch in den Schulen und auf den Internaten wesentlich leichter tun. So wie Grace in Philadelphia stets zu spüren bekommt, dass es Peggy und Lizzy sind, und Bruder Kell ohnehin, die von den Eltern, vom dominanten Vater Jack zumal, bevorzugt werden. Ist Diana die Sportliche, die auf den Internaten in anderen Disziplinen sehr schwach ist, Prüfungen nicht besteht, keinen wirklichen Abschluss hat – so ist Grace von allen vier Kindern der Kellys die einzig Unsportliche, die sich früh schon allem Musischen, allem Künstlerischen zuwendet und dafür in der Familie weder Verständnis noch Anerkennung findet. Selbst in dieser Umkehrung spiegeln sie sich.

Beide tragen sie von jungen Jahren an das Gefühl der Fremdheit und des Andersseins in sich, ein Gefühl, das sie zeit ihres Lebens nicht mehr loswerden und stets in sich tragen sollen. Sich anders zu fühlen, immer und überall innerlich fremd zu sein, bedeutet zugleich, nirgendwo anzukommen, das Alleinsein mit sich zu führen, unabhängig von Zeit und Ort.

Beide, Grace wie Diana, versuchen mehrfach in ihren Leben, endlich anzukommen: Ankommen bei sich, Ankommen bei anderen, Ankommen an einem Ort. Immer wieder versuchen sie es, und immer wieder scheitern sie. So kommt Grace zwar in Hollywood äußerlich an, beruflich, finanziell – aber nicht innerlich. Sie fühlt sich fremd im Studiosystem, fremd in der Filmbranche, fremd im oberflächlichen Glamour. Diana hingegen gleitet von ihrer Jugendzeit nahezu übergangslos in jene frappierend ereignislosen Londoner Jahre, die eine merkwürdige Zwischenzeit in ihrem Leben darstellen. Sie lebt über mehrere Jahre hindurch in einer Form des Vakuums. Nichts passiert, nichts geschieht. Wirklich und endgültig angekommen ist sie letztlich auch in Coleherne Court Nr. 60 weder bei sich noch anderswo.

Grace heiratet schließlich im April 1956 in Monaco ein, Diana wird nur wenige Monate nach beider Begegnung im Juli 1981 in London vor den Traualtar treten – angekommen sind sie durch diesen jeweiligen großen und einschneidenden Schritt zumindest in einem Raum, dem Raum der Ehe, dem royalen Raum des sogenannten »Goldenen Käfigs«, dem Raum auch, in dem sie beide Mütter mehrerer Kinder werden sollen. Doch auch dieser Raum stellt für beide letztlich nicht die Erfüllung dar, auf die sie so sehr gehofft haben, sondern bringt das schmerzliche Gegenteil mit sich: Unglück.

»Grace war eine sehr einfache, auch bescheidene Frau, die das Glück gesucht hat«[202], beschreibt Grace' Freund Robert Dornhelm sie einmal.

»Es ist ein trauriger Gedanke, dass Diana nicht glücklich war«, meint ihre Freundin Virginia Clarke. »Ich glaube, innerlich war sie zufrieden, aber es gab auch diese Seite an ihr, dass sie dachte: ›Für mich ist das Glück nicht zu greifen‹.«[203]

Beide, Grace wie Diana, sehnen sich danach, gebraucht zu werden. Geliebt zu werden.

Als sie sich an diesem 9. März 1981 in London zum ersten Mal gegenüberstehen, auf ihre authentische offene Art unmittelbar miteinander ins Gespräch kommen, dürften sie beide wahrnehmen, wie sehr sie einander doch ähneln.

Sie erkennen einander.

*